LES CLABAULT

FAMILLE MUNICIPALE AMIÉNOISE

1349—1589

> Si chercher longuement, avec attention, sans se rebuter, est une grande peine, c'est aussi un grand plaisir. Découvrir est un vrai bonheur, ne découvrit on que peu de chose, et ce peu de chose se rapportât-il même à un personnage peu connu, inconnu aujourd'hui, tout à fait oublié, digne cependant qu'on rappelle son nom, ou que, pour la première fois, on le mette en lumière.
>
> A. JAL,
> *Dictionnaire critique de Biographie et d'histoire.*
> *Préface.*

LES CLABAULT

FAMILLE MUNICIPALE AMIÉNOISE

1349—1589

PAR A. JANVIER,

Membre de la Société des Antiqnaires de Picardie,
Associé correspondant de la Société Nationale des Antiquaires de France, etc.

AMIENS.
HECQUET-DECOBERT, Libraire, rue Delambre, 32.
A. DOUILLET & Cie, IMPRIMEURS DE LA SOCIÉTÉ DES ANTIQUAIRES DE PICARDIE.
Rue du Logis-du-Roi. 13.

———

M VCCC LXXXIX

N chapitre intéressant de notre histoire nationale, serait certainement celui qui aurait trait, à l'origine, au développement, et à l'influence durant plusieurs siècles, des grandes familles de la bourgeoisie française. Nées avec l'émancipation des communes, au Moyen-âge, prenant leur essor à la faveur des libertés politiques et sociales qu'elle consacrait, puisant à l'aide de ces libertés concédées ou conquises, suivant les circonstances, dans leurs nombreuses relations commerciales, ou dans leurs alliances entre elles, l'indépendance de la fortune, qui les conduisit successivement à l'exercice des plus hautes fonctions municipales, qui se perpétuaient et s'éternisaient pour ainsi dire dans leurs mains, cette situation privilégiée, leur assignait naturellement le grand rôle politique et financier, que nous leur voyons jouer dans toutes les grandes villes du royaume. Consuls, Capitouls, Jurats, Prud'hommes du Midi, Rewarts, Jurés, Maïeurs, ou Échevins du Nord, formaient à côté de la noblesse représentant les anciens conquérants du sol, une seconde aristocratie qui rivalisait parfois d'ostentation et de somptuosité avec la royauté elle-même. On se rappelle le vif désappointement éprouvé par la reine Jeanne de Navarre, femme de Philippe le Bel, quand, venue à Bruges en 1301, à la vue du luxe d'atours des femmes des bouchers et des brasseurs qui se pressaient à ses côtés, elle s'écriait dans son dépit: « Je croyais être la seule Reine ici, et j'en vois plus de six cents » (1). Si les Flandres et la Belgique conservent avec une fierté toute patriotique les noms honorés de leurs vieux bourgmestres, la ville d'Amiens peut citer aussi avec un légitime orgueil celui des familles des Firmin Leroux, des Cocquerel, des Du Gard, des Saint-Fuscien, des Du Cange, des Picquet, des l'Orfèvre et des Clabault. C'est cette dernière branche de nos anciens mayeurs qui occupa près de 160 années presque sans interruption les fonctions municipales, dont je vais essayer de reconstituer, d'après les documents les plus authentiques, l'histoire aussi complète que possible, dans les pages qui vont suivre. Leur nom, du reste, n'est pas encore éteint dans notre ville.

Les noms de famille, on le sait, ont pris leur origine de la nécessité de

(1) Meyer. Ann. rerum Flandriæ ad annum 1301.

distinguer entre eux des individus ayant tous la même appellation. Il fallut donc à ces noms que chacun d'eux avait reçu au baptême, ajouter un surnom, adjoindre une épithète, un sobriquet même, qui puisés dans les qualités ou les défauts intellectuels ou moraux de celui auquel on les appliquait, rappelant le lieu de sa naissance, l'emploi ou les qualités qu'il occupait, sa profession libérale ou manuelle, les outils dont il se servait dans sa profession, ses degrés plus ou moins rapprochés de parenté ou d'alliance avec ses semblables, finirent par la durée de la possession par constituer la désignation des familles. C'est ainsi que le premier des membres de celle qui nous occupe reçut par une allusion, soit physique, soit immatérielle, le surnom de Clabault. En vieux langage, ce mot signifie, au propre, un chien courant à longues oreilles pendantes qui chasse et aboye sans être sur la voie de la bête, et dans le bas langage et par extension au figuré, un être inepte, ignorant et bavard. Si c'est à cette dernière acception qu'il faut rattacher l'origine de ce nom, la suite de cette étude vengera victorieusement la famille Clabault de l'épithète peu gracieuse décernée à son auteur (1).

A Abbeville comme à Amiens, des Clabault occupèrent aussi durant de longues années, les plus hautes fonctions municipales. Ils enrichirent de leurs libéralités l'Hôtel-Dieu de cette ville, et leurs armoiries se voyaient encore au xviiᵉ siècle sculptées dans l'église du Saint-Sépulchre. En 1188 on trouve déjà un Gontier Clabault, Maïeur, dont le sceau est parvenu jusqu'à nous. De la collection de M. Delignières de Bommy, il fait aujourd'hui partie de celle du Musée d'Abbeville, et représente ce magistrat à cheval, en costume de guerre, coiffé du casque conique à nasal, revêtu d'une large cotte de mailles, tenant de la main droite l'épée à deux tranchants, de la gauche un bouclier rond décoré de ses armes, avec cette légende : Sigillvm maioris communie abbatis ville (Planche I). Puis en 1300, 1303, 1307, 1308, Jacques Clabault, Maïeur (soit seul, soit avec Pierre de Mareuil, Jacques Au Costé, Jean Petit et Hugues Brokete), car à cette époque dans la capitale du Ponthieu, suivant l'un de ses historiens, la mairie aurait été quelquefois confiée à deux magistrats en même temps. En 1314, Pierre Clabault, mayeur, en 1323, 1328, 1329, 1342 Jacques Clabault, en 1349 Witace ou Eustache Clabault (1). Leurs armes de sinople à

(1) La Curne de Sainte Palaye. Dictionnaire historique de l'ancien langage françois. Niort, L. Favre, éditeur. 1877. T. I, p. 36. — Littré. Dictionnaire de la langue française.

(2) Histoire généalogique des comtes de Ponthieu et maïeurs d'Abbeville. Paris. 1657. In-4º par le P. Ignace de Jesus-Maria (Jacques Sanson). Les mayeurs et les maires d'Abbeville 1184-1847, par F.-C. Louandre — Ernest Prarond. Quelques faits de l'histoire d'Abbeville.

1

2

3

1 *Sceau de Gontier Clabault, Maieur d'Abbeville, Musée d'Abbeville.*
2 *Sceau de Simon Clabault, Archives départementales de la Somme.*
3 *Sceau de Jacques Clabault,   ibidem*

Imp.Lith.J.Moncourt, A

l'escarboucle d'or, pommetée et accolée à double chaîne en croix et en sautoir, indiquent leur parenté évidemment proche avec les Clabault d'Amiens qui paraissent être une branche de cette famille venue se fixer dans notre ville. Lorsqu'en 1431, l'échevinage d'Amiens se rendit à Abbeville pour saluer le roi d'Angleterre, Henri VI, roi de France par suite des stipulations du traité de Troyes, il fut en raison de cette alliance reçu et défrayé par l'abbevillois Jacques Clabault. La ville d'Amiens, en reconnaissance de cette hospitalité, voulut lui faire un présent qu'il déclina (1).

Comme les historiens d'Abbeville, nos historiens locaux, de La Morlière, Daire, Dusevel, écrivent ce nom Clabault. Son orthographe n'est cependant pas invariable et quelquefois les registres municipaux omettent l'L antepénultième qui ne se rencontre plus dans le nom moderne. Nous adopterons l'orthographe la plus acceptée, sans tenir compte des variantes dues sans doute à l'inadvertance de quelque scribe.

Les Clabault d'Amiens appartenaient aux riches corporations des drapiers et des waidiers. C'est en effet dans le quartier où se trouvaient concentrées ces industries suivant les habitudes du Moyen-âge, rue de la Draperie aujourd'hui rue Saint-Martin, et rue des Vergeaux, que le rôle de l'aide de 5,795 livres 10 sols 4 deniers, levée, par le roi Charles VI, en 1386, sur la ville d'Amiens, pour le passage de la mer, afin d'opérer une descente en Angleterre, nous montre les demeures de la veuve de Simon Clabault, de Pierre, Jaquet et Jehennin Clabault, enfants de Colart Clabault et de son fils Simon. Nous retrouverons ces noms plus loin. Quant à cette expédition pour laquelle 1287 vaisseaux avaient été à grands frais réunis au Port de l'Ecluse, tandis que le connétable Olivier de Clisson rassemblait une autre flotte à Tréguier, en Bretagne, on sait qu'elle ne réussit pas, par suite des lenteurs du duc de Berry à se rendre en temps utile au port d'embarquement, et que la tempête acheva ce qu'avait commencé l'incurie du Régent. Le 6 septembre le roi de France était passé par Amiens « à tout gens d'armes » allant à l'Ecluse, et la ville suivant son cérémonial lui avait offert les présents ordinaires de douze pippes de vin et de six bœufs, trois rouges, un noir, un morel et un à *blanc musuel* (2). Les marées d'équinoxe devaient, nous l'avons dit, faire avorter cette agression de la France contre l'Angleterre. Constatons à ce propos que la famille Clabault se trouve inscrite au

(1) Ernest Prarond. Ibid. p. 70.
(2) Archives municipales d'Amiens. Regist. aux comptes Y³. 1385-1386. A. Dubois. Entrées royales et princières à Amiens.

rôle de cette imposition pour la somme importante de 66 livres soit plus du centième de l'impôt levé sur la ville d'Amiens.

Avant de commencer sa biographie, il ne nous paraît pas inutile de jeter un rapide coup d'œil sur la catégorie de négociants amiénois, à laquelle elle appartenait. Il nous servira d'ailleurs à expliquer la position élevée que les Clabault surent, par leur travail, acquérir dans la ville d'Amiens, et qui eut son apogée au cours du xvᵉ siècle.

Au nombre des industries les plus florissantes de cette cité, au Moyen-âge si riche en relations commerciales, il faut placer celle de la draperie. Ce n'était pas seulement par son commerce local et par ses envois à l'intérieur qu'elle prospérait. Ses marchands entretenaient des relations étendues avec l'étranger, notamment avec les Flandres et l'Anglerre et faisaient partie de la grande association industrielle des 24 principales villes françaises du Nord de la France et de la Flandre, connue sous le nom de Hanse de Londres. Nous avons la preuve par le Dit du Lendit et par les règlements sur les arts et métiers de Paris, de la grande extension qu'avaient prises, dès le xiiᵉ siècle, la fabrication et la teinture des draps à Amiens. En 1308 l'échevinage accordait, aux mayeurs des bannières des pareurs de draps, un nouveau règlement pour remplacer le chirographe qu'ils présentaient comme le bref de leur métier et qui étoit *moult anchien, souillé et effacé en plusieurs lieux, affin qu'il fut rescript de nouvel, corrigé, adjouté et déclairé plus intendiblement au prouffit de la drapperie.* Ce document réglait le mode et les conditions de la fabrication des draps, de leur teinture, la défense de faire tisser hors de la banlieue, la répression des contraventions commises, la durée des heures légales consacrées au travail. En 1335 puis en 1346, de nouvelles ordonnances réglementèrent encore la confection des draps en ville et dans la banlieue, et le commerce extérieur de cette industrie aux grandes foires de Lagny, de Compiègne, de Paris et de Champagne. En 1357, un différend grave s'éleva entre la corporation et l'échevinage au sujet de la fixation des heures de travail réglementaires auxquelles le corps municipal ne tenait pas la main, différend qui alla en appel à la cour du Parlement, sans qu'on ait connaissance de sa décision souveraine. En 1368, nouvelle ordonnance sur la matière, mais déjà au commencement du xvᵉ siècle, son commerce diminuait déjà beaucoup à cause de l'importation des draps étrangers et des habitudes paresseuses des ouvriers. Pour remédier à ce fâcheux état de choses, l'échevinage rendit une autre ordonnance maintenant les anciens statuts dans toutes leurs dispositions en y en ajoutant quelques-unes nouvelles. Cet acte du 5 juin 1406 fut confirmé par le roi Charles VI le 17 du même mois. Il se trouve reproduit dans le tome IX du Recueil des Ordonnances. Le préambule de cette confirmation montre bien le degré de prospérité qu'avait atteint autrefois cette grande industrie amiénoise.

A côté de la corporation des drapiers et rattachée à elle par des rapports journaliers indispensables, figurait celle des waidiers, négociants en matières tinctoriales. La waide ou guède *(Isatis tinctoria)* que nous appelons aujourd'hui pastel, était, avant que la découverte du Cap de Bonne-Espérance par Vasco de Gama eut doté le continent de l'indigo, la seule matière végétale dont on put extraire la couleur bleue pour la teinture des belles laines de Flandre. La culture facile de cette plante, qui se conservait encore il y a quelques années dans les régions méridionales de la France, notamment en Languedoc, devait être pratiquée sur une grande échelle en Picardie. Les feuilles de ce crucifère (1) dans lesquelles réside son principe colorant, étaient à leur maturité, broyées dans les nombreux moulins de cette province (2). Là, réduites en pâte unie, remaniée et

(1) *Isatis tinctoria*, genre de crucifères, calice à sépales étalées non gibbeux, silicule uniloculaire monosperme, oblongue aplatie en forme d'aile. L'*Isatis tinctoria* est une belle plante haute de deux à trois pieds. Ses feuilles sont d'un vert glauque, embrassantes, lancéolées, prolongées en deux oreillettes, les fleurs jaunes, petites, disposées en une ample panicule, l'ovaire surmonté d'un stygmate sessile, les silicules pendantes, linéaires, lancéolées, à une seule loge monosperme, très brunes à l'époque de la maturité, elles ressemblent presque au fruit du chêne. Dr Hœfer, Dictionnaire de Botanique pratique. Paris 1850.

(2) L'on trouve dans les anciens titres la preuve de l'existence de ces moulins. Nous y avons relevé les indications suivantes pour les environs d'Amiens :

Amiens. Moulin sur la rivière de Selle près l'abbaye de St Jean, du molin a waide et du pré derrière Saint-Jehan. Somme VI livres, registre aux comptes de la ville d'Amiens de 1387, loué à Noël 1391 à raison de 7 livres l'an, loué en 1403 à Jehan de Maillefeu l'aîné, en 1414 à Mahiot de Crocquoison pour trois ans pour 60 sols parisis l'an, en 1421 pour vingt ans à Mahieu Mayocquel pour 9 livres. Le Moulin (*Molendinum ad Wesdum vel Wesdiorum*), cité dans un titre de 1482 rue des Quatre-Moulins, aujourd'hui rue des Poulies. (Goze, Histoire des rues d'Amiens, I, 144).

Fréchencourt (canton de Villers-Bocage). Moulin en ruines démoli en 1546. Discours de réception de M. Poujol de Fréchencourt à la Société des Antiquaires de Picardie. Bulletin de la Société, T. XIII, p. 314. Hédicourt-Saint-Sauveur. Titres de la famille de Mons.

Cagny. Au lavoir de Cagny, près du moulin à waides. Pagès, édition Douchet, tome III, p. 75. Le registre aux chartes de la ville d'Amiens, coté A, fº 159, au sujet d'un différend entre la commune et Mme Marie de Bullecourt, dame de Caigny en 1379, indique ce moulin près de la maison de la Bouteillerie. La transaction qui met fin à ce conflit nous apprend qu'il y avait alors *quantité de claies et waides pour ce en icelles faire sécher* et aussi un lavoir *pour laver waides*.

Camon. Il existait en 1383 à Camon trois moulins à waides. Goze : Excursions dans les environs d'Amiens.

séchée à l'air libre, elles étaient ensuite livrées à l'industrie sous forme de tourteaux ou de barreaux, ou bien encore en poudre, soit pour les besoins du
commerce intérieur dans les grandes cités de Rouen, Abbeville, Paris, Chartres (1) ou pour l'importation en Angleterre, dans le pays de Galles, l'Ecosse,
l'Irlande et la Flandre (2). Aux portes d'Amiens, on vient de le voir, le commerce
des guèdes se faisait en grand à Corbie, et la collection de Dom Grenier qui
renferme un certain nombre de statuts des métiers de cette ville, édictés vers la
fin du xvᵉ siècle, nous a conservé le texte des 35 articles de l'ordonnance de la
marchandise de waide *faite et ordonnée en la dicte ville de Corbye a grant*

Montières-lès-Amiens. *Molendinum ad waidie de Monasteriis.* Dénombrement de l'évêque Guillaume
de Macon 1301.

Boves. Un journal et demye de pré, d'un bout à la rivière, d'autre bout à travers de la rivière du
moulin à waides. Archives Départementales de la Somme, titres de l'abbaye du Paraclet.

Pierregot. Item son molin à waide et ne pouivent ou doivent aucuns aller battre à autre molin à
waide qui ait cru sur les terres de lui (l'évêque d'Amiens) esdites villes de Mirvaux et Pierregot. Comptes
de l'Evêché de 1390.

Rouvroy. *Molendinum de Roboreto.* Dénombrement de 1301. D'après des comptes de 1539 il ne
fonctionnait plus en raison de l'abandon de la culture de ce végétal.

Jumel : et men molin aux waides. Dénombrement du 10 Mars 1404 de Jehan de Digneuce, chevalier.

Esclainvillers. Sept journaux et demye de terre que l'on dit la terre du molin aux waides.

Beaufort. Place du Priez, une butte de terre circulaire s'y trouve ; sur ce monticule en 1407 était le
moulin à waides où tous les manans devaient aller battre. L'abbé Joseph-Ouen : Beaufort et ses Seigneurs.
Dénombrement de Colart de Mailly en 1407.

Happeglène. Depuis le moulin à waide jusqu'au tournant d'Aubercourt. La Picardie. Janvier 1881.

(1) Bouthors. Coutumes locales du Bailliage d'Amiens,

(2) A. Thierry, Recueil des Monuments inédits de l'Histoire du Tiers-État, a indiqué et donne les
textes d'un certain nombre de pièces relatives au commerce d'exportation de la ville d'Amiens. En 1237,
les marchands d'Amiens, de Corbie et de Nesle obtinrent de la commune de Londres, en plein husting,
le droit de charger, de décharger et d'emmagasiner leurs waides, de les vendre aux étrangers comme
aux bourgeois, de les transporter par eau ou par terre dans toutes les provinces de l'Angleterre et d'en
trafiquer comme ils l'entendraient, moyennant une rente de 50 marcs d'esterlins. A ces documents tirés
des archives de Guild-Hall, de la Tour de Londres et du Musée Britannique, Bibliothèque Cotton, nous
ajouterons l'indication des titres suivants donnée par l'inventaire des archives de l'Oeuricul des Cloquiers dressé en 1458. 1ᵒ Vidimus de lettres du mois d'avril 1333 de Philippe de Valois confirmant les
ordonnances sur le fait de la marchandise des waides menées en Angleterre ; 2ᵒ Lettres royales du
30 Mars 1346 autorisant l'exportation des waides à Valenciennes et de les vendre à tout acheteur anglais, flamand, allemand ou autre, sous condition de rapporter au royaume le prix de ces ventes ou
l'équivalent en achat de marchandises. Remarquons aussi que dans le traité de commerce de 1237, au
nombre des députés des marchands amiénois, figure un Jehan de Cocquerel, et parmi les représentants
de la commune de Londres, au premier rang comme maire de cette cité, Andrew Kokerel. Il y a dans
ce fait un point intéressant pour celui qui voudra à son tour écrire l'histoire de cette grande et célèbre
famille picarde.

délibération du conseil anciennement par Monsieur de Corbie (c'est-à-dire l'abbé) *et par les habitans d'icelle pour le prouffit commun des marchands vendeurs et achepteurs* (1). Bruges, le grand entrepôt des villes hanséatiques, par le canal qui passait entre Dam et l'Ecluse, était au xive siècle avec Londres et Novogorod, l'un des trois marchés commerciaux les plus importants du Nord de l'Europe. Jusqu'à 150 navires y entraient parfois dans une seule journée, et seize associations de négociants de nations différentes y avaient leurs comptoirs et leurs maisons consulaires. En 1407 le duc de Bourgogne, Jean-sans-Peur, toujours préoccupé des intérêts de l'industrie de ses turbulents sujets flamands, par l'entremise de Raoul Le Maire, chanoine de Tournay et d'Amiens, faisait demander à la ville d'Amiens que ses waidiers vinssent dans la riche cité belge tenir estaple de leur marchandise, c'est-à-dire ouvrir un entrepôt et un comptoir pour la vente de cette matière tinctoriale (2), mais nous ignorons quel fut le résultat de cette démarche. En 1448 il existait une étaple de cette industrie dans la cité alors anglaise de Calais, comme nous l'apprend un procès survenu entre Guillaume Frerot, Jacques Clabault et d'autres marchands amiénois et leur débiteur récalcitrant, Guillaume Baux (3). Après le duc de Bourgogne, Charles VI voulut aussi attirer au Crotoy l'estaple d'Amiens. En 1424 le roi d'Angleterre, Henri VI, ordonna l'exécution de ce projet, enjoignant à tous les trafiquants d'y porter leurs marchandises sans plus faire et tenir estaple de guède à Amiens *sur certaines grosses peines à appliquer au roy notre sire comme les dites lettres le contiennent plus à plain*. Une assemblée générale des citoyens, réunie à son de cloque à la Male-Maison, après avoir entendu Me Tristan de Fontaines avocat et conseiller de la ville (4), décida que le Corps municipal s'adjoindrait le Prévôt des marchands de guède et que de concert avec lui, ils feraient en Cour les démarches nécessaires pour éviter les dommages que l'exécution de cette ordonnance devait faire éprouver aux négociants d'Amiens. Malgré l'héroïque défense de Jacques d'Harcourt, le Crotoy était alors tombé au pouvoir des Anglais, mais

(1) A. Thierry. Recueil des Monuments inédits de l'Histoire du Tiers-Etat, III.
(2) A. Thierry. Ibid. II, 25.
(3) Ibid. II, 188.
(4) La ville d'Amiens avait déjà à la fin du xive siècle aux gages de 8 livres et 5 livres, un avocat et un procureur en cour d'église, 5 avocats aux gages de 8 livres et un procureur aux gages de 12 livres par an chacun, pour suivre les procès pendant en cour de parlement; les autres conseillers dont elle prenait les avis pour l'expédition des causes extraordinaires ou qu'elle employait à des négociations difficiles recevaient 120 livres, 50 livres, 30 ou 10 de pension annuellement, selon l'importance de leurs services. Regist. aux Comptes, V, 3, rubrique Pensionnaires. Bouthors. Les Sources du Droit rural, p. 439.

les nombreux sièges que cette place eut à subir depuis cette époque, empêchèrent sans doute la réalisation de ce projet.

Si les statuts primitifs de la corporation des waidiers ne sont pas parvenus jusqu'à nous, les archives municipales d'Amiens sont néanmoins très riches en documents sur cette industrie. Ceux du 30 mai 1308 sur l'exercice du métier de draperie, reproduction d'une ordonnance plus ancienne, règlent que chaque drap de waide devait, sous peine d'une amende de XL sols, avoir deux aunes et demie, et demi quartier, et que nul ne pouvait teindre en écorce, qui teignait en waide et réciproquement (1). Mais ce qu'il nous importe surtout de faire remarquer ici, c'est le chiffre important d'affaires de cette industrie. Les droits perçus sur ses produits, constituaient l'un des revenus les plus précieux de la fortune communale. Au XIIᵉ siècle, la charrette de guède, comme le montre la déclaration du tonloyer de l'Évêché, devait au prélat, alors l'un des quatre coseigneurs de la ville, un ou deux deniers suivant le nombre de chevaux dont elle était attelée. L'on verra plus loin quels impôts cette marchandise supportait pour venir en aide aux besoins de l'Etat. Philippe-le-Bel, toujours à court d'argent, ayant cédé à Pierre de Machaut son chambellan pour lui et ses ayant causes, les droits qu'il percevait dans la ville sur le tonlieu de la guède, celui-ci les revendit moyennant le prix de 1,000 livres parisis, une fois compté, à un riche bourgeois d'Amiens, Dreux Malherbe, qui acquit en même temps une rente que Pierre de Machaut possédait aussi d'octroi royal sur la prévoté. Dreux Malherbe ou Andrieu Malherbe, comme l'appellent nos historiens locaux, fut l'un des bienfaiteurs de la cité. Maire en 1292, il laissa, par son testament, à la ville qu'il avait administrée son tonlieu de guède qui, dit La Morlière, *étoit alors de revenu non petit pour le grand trafic qui se faisoit de ceste marchandise en la ville d'Amiens, laissant d'abandon à la ville 24 livres de rentes qu'il prenoit sur la prévosté et s'il fonda encore deux chapelles, l'une à Notre-Dame, l'autre en l'église de Saint-Nicolas des Pauvres clers qui est le collège, pour quoy il donna plusieurs biens* (2). L'aide des waides pour l'année 1386, sur laquelle la ville prélevait de chaque tonneau deux francs, produisit 1,774 livres 9 sols *(Pièce justificative A)*, en 1388, 1,364 livres 2 sols 6 deniers, enfin en 1390, la somme de 1,130 livres parisis qui représentent aujourd'hui 67,800 francs de notre monnaie. Or, en supposant cet impôt égal au dixième de la valeur de la mar-

(1) A. Thierry. Ibid. I, p. 338.
(1) Adrien de La Morlière. Les Antiquités de la ville d'Amiens. Paris. Sébastien Cramoisy. 1643.

chandise, dit M. Bouthors (1), il produit comme équivalent du capital engagé dans cette branche d'industrie une valeur de 678,000 francs qui se répartissant sur les 32 maisons qui l'exerçaient alors donne en moyenne pour chacune d'elles un peu moins de 22,000 francs par an, mais il faut encore remarquer que depuis l'époque où Bouthors écrivait ces lignes, en 1845, la valeur des objets de consommation ayant presque triplé, ces 678,000 francs représentent réellement pour nous aujourd'hui une somme beaucoup plus importante.

Comme celle des drapiers, la corporation des waidiers était donc riche et très riche. Il nous reste d'ailleurs des preuves irrécusables de sa prospérité inscrites sur le plus magnifique de nos monuments religieux. LES BOINES GENS DES VILLES (c'est-à-dire des villages du latin *villa,* ferme ou métairie) D'ENTOUR AMIENS QUI VENDENT WAIDES ONT FOIT CHESTE CAPELLE DE LEURS OMONES lit-on encore au-dessous d'un groupe sculpté sur le côté sud extérieur de la cathédrale et représentant deux villageois, homme et femme, autour d'un sac rempli de guède. Si les cultivateurs avaient érigé à leurs frais une chapelle, la corporation des waidiers, elle, avait donné à notre basilique plusieurs des belles verrières qui décoraient ce magnifique édifice. La sixième et la septième à gauche dans la nef ornées de quatre écussons de suite, de gueules au chef d'azur à trois fleurs de lys d'or en face, portaient ces inscriptions : LI MAÏEURS DES WAIDIERS D'AMIENS ONT FAIT FAIRE CHESTE VERRIÈRE. Sur la treizième, des personnages qui tiennent un sac rempli de marchandises de couleur bleue indiquent encore un don de la corporation. La première vitre du transept au-dessus de la chapelle de Notre-Dame-du-Puy porte cette légende : EN LAN DE GRACE MCCIIIJ²¹ HUGANS LIENART LE SEC, ROBERT DE SIT FUSCIEN, MAIEURS DES WAIDIERS FIRENT CHES VEIRIÈRES. La trente-huitième enfin avait encore été offerte par eux (2).

Aussi ne faut-il pas s'étonner, si avec ces éléments de prospérité, la communauté des waidiers joue un rôle important dans l'histoire politique de la cité. Au Moyen-âge, sous le régime communal primitif, seuls, avec les taverniers, ses maïeurs de bannière n'étaient pas désignés par l'élection, comme dans les autres corps de métiers, mais directement nommés par le pouvoir municipal (3). Cette

(1) Bouthors. Ibid. II. 533.

(2) Cette inscription dont les caractères sont transposés, porte : *Le Vaidere doernt cheste verriere.* Liénart-le-Secq fut par la suite six ans maire d'Amiens, dans les années 1296, 1299, 1303, 1308, 1309 et 1311.—Du Cange, supplément français. 1225. B. p. 436-440. Daire, Histoire d'Amiens, T. II. p. 98-126.

(3) Derekief cascune bannière fait son maïeur for li Waidier et li mesureur et le maïeur et li esquevin d'Amiens font de chez deux bannierez maïeur A. Thierry. Ibid. I. p 152. Coutumes locales d'Amiens, XIIIᵉ siècle.

2

exception ne peut s'expliquer que par le désir de conserver une autorité plus directe sur ces mayeurs, dont l'influence, en raison de leurs relations étendues et fréquentes avec le surplus de la population, pouvait être d'un grand poids sur le vote des autres maïeurs de bannière dont les suffrages élisaient : 1° le Maire d'Amiens, parmi les trois candidats proposés pour cette charge par le Pouvoir sortant d'exercice ; 2° les douze échevins du jour ; 3° enfin les quatre administrateurs préposés aux finances et aux travaux publics. L'Administration, en effet, ne pouvait avoir d'action trop décisive sur un corps puissant, dont les membres payaient d'aussi fortes aides à la ville, la secourait de ses deniers dans les besoins les plus pressants, en prenant sur elle des constitutions de rentes à vie (1), et fournissant souvent le plus grand nombre des élus de l'Echevinage. Aussi ne faut-il pas s'étonner de voir le Corps municipal, lorsqu'il sollicita le rétablissement des mairies de bannières supprimées en 1382, comme la prévôté de Paris après les troubles des Maillotins, demander le droit de les élire toutes comme elle l'avait fait avant cette abolition, cherchant à constituer ainsi autour de lui, dans toutes les corporations sans distinction, une oligarchie financière et industrielle destinée à augmenter sa force, et à faire prévaloir ses vues.

Nous avons dit que les Clabault appartenaient à l'industrie de la draperie. Le registre aux chartes de la ville, coté F, qui renferme la liste des officiers municipaux depuis l'an 1345, date à laquelle il fut commencé, jusqu'en 1482 inclusivement, va nous les montrer occupant le poste important de mayeurs de bannière de leur corporation à diverses reprises (*Pièce justificative B*) avant que d'arriver aux honneurs de l'Echevinage et de la Mairie. Ce sont, en 1349, 1351, 1354, Pierre Clabault, en 1355 Simon Clabault, en 1361, 1364, 1367, 1370, 1374, 1377, 1380, Colart Clabault, en 1368, 1371, 1375, 1378, 1382, Jacques Clabault.

C'est à la suite des discordes civiles qui marquèrent, après la défaite de Poitiers, la régence du dauphin Charles, duc de Normandie, et pendant la captivité du roi Jean en Angleterre, que pour la première fois les Clabault parviennent

(1) Les rentes à vie formaient au Moyen-âge le plus important chapitre des recettes et des dépenses communales. L'intérêt de ces rentes payées par la ville était proportionné à la durée probable de la vie du porteur, et moyennant cet intérêt, le capital, à son décès, était acquis à la commune La ville émettait aussi des rentes perpétuelles, hypothéquées sur ses propriétés, avec faculté de rachat ou d'échange. La première émission de rentes que nous rencontrons, date du règne de Louis-le-Hutin, février 1315, regist. aux chartes de la ville d'Amiens, A 148 R Attendu le nombre et l'importance de ces constitutions, elles nécessitaient l'emploi d'un comptable spé ial qui portait le titre de Maître des présents et payeur des rentes à vie, et formaient invariablement le premier chapitre du compte des dépenses de la ville.

aux fonctions municipales. A Amiens, comme dans toutes les villes de Picardie, la population y était divisée d'opinion. Au mois de juillet 1358, tandis que le roi de Navarre, Charles-le-Mauvais, tenait en personne la campagne aux alentours de Paris à la tête d'une armée nombreuse, son bras droit en Picardie, Jean de Picquigny, parent du Vidame d'Amiens, qui occupait, avec une garnison navarraise, le château de la Hérelle, à trois lieues d'Amiens, conçut le projet de s'emparer de cette ville, dont il voulait faire sa place d'armes. De connivence avec le capitaine de la cité Jacques de Saint-Fuscien, le maire Firmin de Cocquerel et quelques notables habitants qui tenaient encore pour le parti du roi de Navarre, bien que le menu peuple depuis la mort tragique du prévot de Paris Etienne Marcel se fut en majorité prononcé pour le Dauphin, il avait fait entrer en cachette des soldats dans les maisons du faubourg de la Hotoie et notamment dans le refuge de l'abbaye du Gard. Le 16 septembre, au soir, il s'empara sans résistance du faubourg, mais arrêté par la vieille muraille encore debout de la ville, et par la porte de Saint-Firmin-au-Val que défendirent valeureusement les habitants, mis en éveil par l'appel de la cloche du beffroi, et auxquels étaient venus se joindre le connétable Moreau de Fiennes et le comte de Saint-Pol, Guy de Châtillon, lieutenant du roi sur les marches de Picardie, accourus de Corbie avec leurs gens d'armes à la première nouvelle des événements qui se passaient, Jean de Picquigny dut se retirer emmenant de nombreux prisonniers, après avoir brûlé les fauxbourgs au dehors de la vieille muraille, les églises Saint-Michel et Saint-Jacques, les couvents des Cordeliers, des Jacobins, des Augustins et l'abbaye de Saint-Jean, incendie qui, suivant le récit peut-être exagéré de Froissard, détruisit en oultre plus de 3,000 maisons et de bons hôtels à foison. La ville sauvée, il restait à faire justice des traitres. Dix-sept des coupables que la rumeur publique accusait de complicité avec les Navarrais eurent la tête tranchée sur la place du Grand-Marché, entr'autres le capitaine Jacques de Saint-Fuscien et l'abbé du Gard, Jean. Les échevins Simon de Mes, Fremin Grimaut, Jacques du Gard, Jehan de Saint-Fuscien des rouges caperons, Jacques Le Monnier l'aîné, Jehan de Ham, Jehan Audeluye, Wille des Rabuissons, Fremin de le Ville, Mahieu de Monstiers, Jehan Le Monier, Jacques Malin, Pierre Fouque et Pierre de Coquerel paraissent avoir été les autres victimes de cette répression, car à partir de cette époque, jamais leurs noms ne reparaissent dans les registres municipaux.

Avant de procéder à cette justice sommaire, Guy de Châtillon avait convoqué à la Male-Maison, le Maire, le prévot, les échevins, les maires de bannière et plusieurs des gens du commun de la ville. Dans cette assemblée, suspendant l'effet des lettres de rémission que le Dauphin avait depuis peu accordées (1) peu édifié des explications embarrassées du maïeur Firmin de Coquerel, il l'avait démis de son office, ainsi que le prévot et les échevins également compromis à ses yeux, et ordonné aux mayeurs des bannières de procéder immédiatement à l'élection d'un nouveau maire et de douze échevins, qui à leur tour, suivant l'usage, feraient choix de douze autres pour compléter le Corps municipal et qui prêteraient serment entre ses mains, comme représentant du roi et du régent (2). Pierre Clabault que nous avons vu déjà trois fois maïeur de la bannière des drapiers fut au nombre des douze échevins élus par cette réunion. « *Et pourroit* « *être que la maison des Clabault j'a dite, eu acquis en ce conflit,* suppose La « Morlière, *ses armes qu'elle porte façonnées et contr'imitées de Navarre.* » Cette supposition paraît toute gratuite, car l'on voit déjà l'escarboucle à dix raies figurer sur l'écu du maïeur d'Abbeville, Gontier Clabault (3).

Quant au maïeur Firmin de Coquerel, fils de Mahieu Coquerel, emprisonné d'abord par les ordres du lieutenant du roi, partagea-t-il le sort des autres fauteurs de l'attaque du 16 septembre ? Les historiens locaux parlent seulement de sa suspension et de son emprisonnement. Je ne retrouve cependant plus son nom depuis cette époque au milieu de tous ceux de cette famille si nombreuse, dont un des membres nommé aussi Firmin de Coquerel, fils de Jacques, occupa la mairie, l'année suivante. Le registre 102 du Trésor des Chartes, années 1369-1371, cité par François Duchesne, révèle que treize ans après ces événements, alors que la paix était conclue entre Charles V et Charles-le-Mauvais, Mahiot de Cocquerel, écuyer, huissier d'armes des deux rois à Amiens, obtint la grâce, d'aller reprendre à la justice, s'ils y étaient encore, les restes de l'ancien mayeur

(1) Ces lettres effectivement sont de ce même mois de septembre. A Thierry en a donné la teneur T. I, p. 586.

(2) Guy de Châtillon, par ses lettres du mois de novembre 1358, reconnut que cette élection faite contre les statuts, usages, loy, privilèges et coutumes de la ville, ne pouvait tourner à préjudice pour l'avenir. A. Thierry. I, 592

Par lettres du même mois, il reconnut également que la ville lui avait rendu les châteaux de Picquigny et de Boves qu'elle avait tenus et gardés pour doubte des ennemis du royalme (Inventaire de l'Oeuroeuil des Cloquiers). — L'épouse de Jean de Picquigny et celle du vicomte de Poix avaient été dès le mois d'août arrêtées par ordre du Régent (Daire. Hist. d'Amiens, I, 220). A la réclamation de ces seigneurs, qui sollicitaient leur mise en liberté, le Maire et plusieurs autres y consentirent mais le peuple s'y opposa (Ibid). On voit bien, par ce fait, que le Maire et ses adhérents de l'échevinage faisaient cause commune avec le mouvement, dont le prévot de Paris, Etienne Marcel, avait été l'âme et le protagoniste.

(3) De La Morlière. Ibid. 180.

son père, indication qui, si elle est exacte, complète effectivement, par l'exécution du maïeur, le chiffre des dix-sept exécutions capitales citées par les historiens locaux.

Après Pierre, Simon Clabault entre à son tour dans l'échevinage en 1361. Déjà l'année précédente, comme Jacques d'Arras, receveur des rentes de la ville était allé de vie à trépas, il avait été appelé à remplir cet office. Nous le revoyons cinq fois au nombre des échevins du lendemain, c'est-à-dire de ceux directement choisis par le Maire et les échevins élus par les suffrages des électeurs le jour de la Saint-Simon-Saint-Jude, en 1362, 1365, 1368, 1371 et 1378, et à neuf reprises échevin du jour, en 1364, 1367, 1370, 1372, 1374, 1375, 1377, 1380 et 1382. En 1363 et 1366, il est maître des ouvrages, et grand compteur en 1369, 1373, 1376, 1379. C'est on le voit vingt-deux années sans interruption de fonctions municipales où, à défaut de nomination ou d'élection pour l'échevinage, il occupe les charges les plus importantes de la commune, par la gestion des travaux publics et des finances. Le parti nouveau, qui, par l'influence des chefs de bannière, a supplanté, à la suite des événements de 1358, les plus anciennes familles de la ville, cherche par sa perpétuité aux affaires à conserver la prépondérance politique qu'il a conquise à cette époque.

Colart Clabault, sept fois maïeur des drapiers, est le onzième des échevins élus le jour de la Saint-Simon-Saint-Jude, 1373. Dix ans après, une nouvelle révolution municipale le fait rentrer dans le Corps échevinal, dont le mode de recrutement vient de se trouver profondément modifié. Les maires des bannières ne figurent plus sur les listes d'élections. Cette mesure est le résultat de la part active qu'à Amiens comme à Rouen, les corporations des métiers et leurs chefs avaient prise aux événements politiques, à la suite de la révolte des Maillotins à Paris. L'histoire ne nous apprend pas quelle en fut l'importance, mais la capitale désarmée et réduite au silence, la royauté ou plutôt les régents s'en prirent alors aux villes de province ; à Rouen, qui avait eu sa révolte connue sous le nom de la Harelle, la répression fut terrible et le drapier Simon Le Gras que les mutins avaient de force placé à leur tête, partagea vraisemblablement le supplice qui leur fut infligé.

Pour Amiens, des lettres de Charles VI, du 20 juillet 1385, rappellent que « les mayeurs de bannière et plusieurs autres gens de la commune et de petit « estat meues de mauvaises volontés et contre le consentement des maire et « échevins avaient commis et perpétré, plusieurs rébellions, désobéissance, « abus, assemblées, monopoles, séditions et autres excès et délits contre la

« *majesté royale et le bien de la chose publique.* » Des condamnations à mort furent prononcées, ainsi que le bannissement, la prison et des amendes considérables contre aucuns des maires de bannière par les commissaires réformateurs généraux députés en la province de Reims (1). Les mairies de bannière furent abolies par eux et les corporations industrielles tout en conservant leur organisation ancienne mais sans chefs particuliers, désormais sous l'autorité immédiate des magistrats municipaux, cessèrent dès lors de jouer le rôle d'assemblées primaires et de conférer par leurs suffrages, l'élection des représentants officiels de la commune (2). La querelle entre l'échevinage et les maïeurs de bannière avait commencé en 1380. Ces derniers avaient dénoncé au Parlement les abus divers qui s'étaient introduits depuis une vingtaine d'années dans la gestion de l'échevinage, et notamment dans celle des finances de la ville. Les délégués du Parlement reconnurent que ces plaintes n'étaient pas sans fondement et que pour obvier au déficit constaté, il y avait lieu, soit de lever une taille sur chaque habitant, soit une assise ou taille sur les marchandises. La majorité, composée des classes populaires, optait pour la taille, l'échevinage pour l'assise. C'était déjà le débat qui divise encore aujourd'hui : impôt de

(1) A. Thierry, I, 734
(2) Une courte note en passant sur les corporations amiénoises.
Les Mairies de bannière au nombre de 24, à l'époque de leur suppression, étaient celles des waidiers, des taverniers, des tanneurs, des bouchers, des feures, des waigneurs, des boulengiers, des fourniers, des poissonniers de mer, des drappiers, des cordoanniers, des cambiers, des machons, des merciers, des poissonniers d'yaue douce, des pareurs, des tisserands, des viésiers, des sueurs, des pelletiers, des tainturiers, des carpentiers, des porteurs, des telliers de linge. En 1762, lorsque l'Intendant de Picardie prescrivit aux membres et gardes des corporations industrielles d'Amiens de lui fournir des états de situation de leurs métiers respectifs, soixante-quatre d'entr'elles satisfirent à cette injonction. En 1789, enfin, le procès-verbal de l'assemblée du Tiers-Etat de la ville d'Amiens constate entr'autres l'existence des corporations suivantes qui élisent chacune des députés : les avocats : le collège des médecins, les notaires, les négociants en gros, les chirurgiens, les apothicaires, les imprimeurs-libraires, les marchands brasseurs, les fabricants d'étoffes, les merciers-drapiers, les épiciers, les orfèvres-horlogers, les bonnetiers-chapeliers-pelletiers, les tailleurs-fripiers, les cordonniers en neuf et en vieux, les boulangers, les bouchers-chaircutiers, les traiteurs-rôtisseurs-pâtissiers, les aubergistes-cafetiers, les maçons-couvreurs-plombiers, les charpentiers, les menuisiers-tourneurs-tonneliers, les couteliers-armuriers, les maréchaux-serruriers, les fondeurs-chaudronniers, les tapissiers, les selliers-bourciers-charrons, les tanneurs-corroyeurs, les teinturiers du petit teint, les teinturiers du bon teint, les maîtres perruquiers, les imprimeurs d'étoffes, calendreurs-lustreurs-apprêteurs, les foulons et tondeurs, les relieurs-parcheminiers-vanniers-boutonniers, les meuniers-poissonniers et bateliers, les fayenciers-vitriers-cabaretiers, les grossiers de poisson, les courtiers de vin, les dévaleurs de vin, les encordeurs de bois, les fluqueurs, les porteurs de charbon, les porteurs de grain, les pareurs de fil de lin, les halliers, les sergents à masse, les mesureurs de grain, les courtiers de fruits, les hortillons.

consommation et impôt de revenu. L'Echevinage l'emporta et obtint son assise. Le Roi lui accorda six années pour payer le capital de sa dette, mais accorda aussi, par compensation, aux maïeurs de bannières qui avaient sollicité auprès du Parlement l'arrêt qui terminait le différend, le remboursement de leurs frais et dépens. Pour le cas où le Maire d'Amiens négligerait ou ferait difficulté de faire les poursuites nécessaires au recouvrement des finances municipales, il déférait ce soin à huit personnes désignées dans le Corps des maïeurs de bannière qui devraient élire d'eux d'entr'elles pour exercer les poursuites. Ces huit commissaires furent : Hue le Gorrelier des waidiers, Jean le Meigneu des fèvres, Henri de Roye des tanneurs, Bertoul d'Ailli des pelletiers, Gilles de Villers des bouchers, Guillaume de la Porte des sueurs, Giles Violete des merciers et Jean Abatel des pareurs.

Malgré cette décision souveraine, la guerre intestine entre l'Echevinage et le Corps des métiers n'en subsista pas moins. En 1383, époque de leur abolition, les maires de bannière malgré leurs réclamations n'avaient encore rien touché du remboursement que leur promettait l'arrêt du Parlement, mais il faut reconnaître aussi qu'ils avaient mésusé des garanties que leur accordait cette sentence, puisqu'en 1382 ils avaient porté à la place de grand compteur, l'un des leurs, Henri de Roye, homme de petite chevance, *qui ne scavoit ni lire ni escripre* (1) et que d'ordre royal le bailli d'Amiens dut expulser de cet office et remplacer par Jehan de Beauval (2). L'Echevinage finit enfin par obtenir du roi remise de cette dette, en faisant valoir que durant les derniers troubles il avait lutté contre les rébellions des maires de bannière et soutenu, à ses risques et périls, l'honneur et les droits de la couronne (3). Les élections de 1385 eurent donc lieu sous une forme nouvelle en vertu d'un mandement *adressé à Monsr le gouverneur de la baillie d'Amiens ou à son lieutenant, lequel fit commandement à Jehan Emmery, receveur de la baillie d'Amiens, qui feist et intérisnat les choses contenues audit mandement et les exécuta, appelé avec luy le conseil du roy nostre sire et plusieurs des bourgeois de la ville, et oudit an, jour de saint Simon, furent faits le maïeur et XII eschevins et les quatre officiers de la ville.* Colart Clabault fut choisi le huitième des échevins du lendemain. On le retrouve encore en la même qualité en 1384, 1385, échevin du jour en 1391, 1392, en 1416, échevin du

(1) A. Thierry. Ibid. 734.

(2) A côté de leurs noms on trouve sur les listes municipales : Osté de par le roy et mis de par le roy. C'est la première ingérance du pouvoir central dans la nomination des officiers de la ville.

(3) A. Thierry. Ibid. 734.

lendemain en 1417. Cette année, en raison du malheur des temps, par dérogation à l'usage traditionnel, le renouvellement de la loi ne put avoir lieu que le 30 novembre, jour Saint-Andrieu, « *entre temps du jour Saint Symon Saint* « *Jude précédent pour ce que ledit estat et loy n'avoit pu estre renouvellé ledit* « *jour Saint-Symon pour l'occupacion des guerres et des genz d'armes qui* « *lors estoient sur le pays, lequel estat a adurer iusques au jour Saint-Symon* « *et Saint-Jude prochain venant ouquel iour lad loy ou estat renouvellera en* « *la manière accoustumée d'anchiennté* (1). »

Un Clabault le Pippeur, il habitait la paroisse de Saint-Firmin-le-Confesseur (Regist. aux comptes, 1390), paraît en 1389, d'après les registres aux comptes, comme maître ou administrateur de la Maison de St-Ladre (2). Un autre Clabault portant aussi le nom de Colart, maître de la taverne des Flagos (3), est échevin en 1386, maître des ouvrages et des cauchies de la ville, et renommé à cette fonction en 1392. Il avait épousé D^lle Jehanne Jouglette. (Comptes de 1409-1410).

C'est en 1411 enfin que Jacques Clabault occupe le poste de Mayeur d'Amiens.

() Archives municipales d'Amiens. Regist. aux Chartres F.

(1) La Maison de Saint-Ladre destinée à recevoir les lépreux existait déjà au XIIe siècle. Cet hôpital, dont on ignore le fondateur, était desservi par des frères et des sœurs, liés par des vœux monastiques. Le Corps de ville en avait seul l'administration, malgré la prétention contraire de l'évêque, qui en fut débouté par arrêt du Parlement du mois de mars 1287. Registre aux Chartres de la ville d'Amiens, E, f° 29. Daire. Hist. d'Amiens, II, 391. — A. Thierry. Ibid. II, 256 et suiv.

(2) Cette taverne était située rue des Vergeaux.

Jacques CLABAULT

ᴀᴄǫᴜᴇꜱ Clabault, cinq fois maïeur des drapiers, en 1368, 1371, 1375, 1378 et 1382, remplit l'office de grand compteur en 1386. Echevin du jour en 1387, du lendemain en 1388, 1389, 1393, 1394, du jour en 1395, 1396, prévôt (1) en 1397, 1399, cette année lieutenant du maire (Comptes de 1399), du lendemain en 1400, année où il exerça encore l'office de prévôt, échevin du jour en 1401, 1402, 1403 (il est encore prévôt cette année), 1404, premier échevin du lendemain en 1405, 1406, premier échevin et lieutenant du Maire, Firmin Pié de Leu, et prévôt en 1407 et 1408, cette année lieutenant du maire, Jean de Hangard, 1410 prévôt et lieutenant du maire,

8 octobre 1411
Pâques 12 avril.

Clément le Normant. Ce magistrat étant mort le 8 octobre 1411, le lendemain, en vertu de mandement et par le bailli, Philippe d'Auxy, Jacques Clabault fut commis maïeur pour le remanant dudit an (20 jours). Il devait être alors marié à cette époque depuis dix-neuf ans, c'est ce que nous croyons devoir déduire de la mention suivante du registre aux comptes de 1391-92. « Au Bos, le xxᵉ de juillet, « pour ɪɪ cannes de vin de Beaune à ɪɪɪɪˢ et à La Seraine, pour ɪɪ cannes à ɪɪˢ « présentées au mayeur d'Amiens qui digna à la maison Jacques Clabault avoec la « plévine (2). »

Le Maire du Moyen-âge, n'était point comme celui d'aujourd'hui, un fonction-naire dépendant du pouvoir central, destituable et révocable à volonté, faisant

---

(1) Après différentes variations successives, dont on peut suivre l'histoire dans le P. Daire, I, p. 98 et suivantes, la prévôté avait été définitivement incorporée au patrimoine de la ville. Le prévôt était choisi parmi les échevins et prêtait serment devant le bailli.

« A Jacques Clabault, prévost d'Amiens, pour un dignier fait en sa maison ouquel furent le receveur « de la baillie d'Amiens, le procureur et conseil du roy, le mayeur et plusieurs esquevins et le conseil « de la ville et en icelluy jour avoient esté rendus et par oys les comptes de la ville en l'an 1395 pour ce « cɪɪˢ vɪᵈ. » Registre aux comptes, 1396, Y 8.

3

exécuter les ordonnances de ce pouvoir, et bornant son autorité à la simple gestion des intérêts communaux dans les étroites limites que lui assigne la loi moderne. Il avait l'administration, la justice, la police, le commandement de la cité. Administrateur, dès le premier jour de son entrée en charge, il maintenait ou révoquait les sergents à masses, qui devaient déposer leurs masses devant lui en signe de résignation de leurs offices ; avec le concours de l'Echevinage, il nommait aux emplois de sergents et de jaugeurs, seul, à tous les autres. Justicier et policier, avec l'Echevinage, il connait et décide de tous débats de marchandise, marchés ou conventions dans l'enclave de la banlieue, des forfaits violences ou mêlées, sauf du rapt et du meurtre, réservés comme cas royaux. Comme chef de la commune, il avait le droit de haute justice, et comme emblème de ce droit, il faisait porter devant lui par deux sergents nommés espadrons, deux glaives, la pointe en l'air. L'un de ces glaives est encore conservé au Musée de Picardie. Comme commandant militaire, il garde les clefs des portes de la ville, que les portiers vont le matin prendre à son hôtel pour les ouvrir et doivent rapporter le soir après la fermeture. Vingt hommes du guet l'accompagnent la nuit lorsqu'il veut aller faire sa ronde sur les remparts ou se faire ouvrir l'une des portes de la ville. Deux agents spéciaux, nommés petits portiers, veillent chaque nuit sous le porche de l'huis de sa demeure.

Comme insigne de sa dignité le Maire portait une longue robe de taffetas moitié rouge et moitié bleue ; à sa ceinture était suspendue une bourse de velours azurée et vermeille, semée de fleurs de lys d'or et armoyée des armes de la ville, dans laquelle il renfermait les sceaux de la commune (1). Il avait droit à un palefroi, pour lequel la ville lui payait annuellement la somme de 20 livres, enfin détail caractéristique qui indiquait la haute importance attachée à sa fonction, il ne pouvait porter le deuil à la mort de ses parents, pendant toute la durée de sa charge.

La planche II offre la représentation d'un maïeur d'Amiens, en costume. Cette figurine, en bois, est sculptée sur le côté d'une porte de la maison autrefois dite du Blanc-Pignon, entre la place de l'Hôtel-de-Ville et la place du Marché-aux-Herbes (Marché Lanselles). Cette maison qui appartenait aux Morvillers devint, en 1490, la propriété de Nicolas Fauvel, beau-frère d'Antoine Clabault. Achetée

(1) A Nicaise Sauwale, ouvrier de broudure, le IIIIᵉ iour de février l'an MCCCIIIIˣˣ xv, pour velous vermeil et adzuré et pour les étoffes desquelles a esté faite la bourse du Maïeur, armoyés des armes de la ville, en laquelle bourse li maires porte le scel as causes de lad. ville, pour ce XLˢ. Regist. aux comptes de la ville. Cette dépense se rencontre chaque année.

MAISON DU BLANC PIGNON

Lith. J. Monnecourt, L'Immortel et à Mme Soc.ᵗᵉˢ Amiens.

MAISON DU BLANC PIGNON

Imp. Lith. J. Hansmut Amiens. J. Dournelle et A. Roy Suc^{eurs}

par la ville, des héritiers de M. Gossart, elle sert aujourd'hui de passage de piéton entre ces deux places, en attendant sa démolition probable. (Voir Maison du Blanc-Pignon, par A. Dubois, Mémorial d'Amiens, n° du 17 avril 1869).

Aux élections suivantes faites : « *par vertu de certain mandement du roy « nostre sire adreschant à Monsieur le bailli d'Amiens ou son lieutenant,* Jacques Clabault fut réélu maïeur pour l'an 1411-12. Nous ne connaissons rien de sa mairie. Tous les documents de cette année font défaut ; le registre aux délibérations, T. II, ne commence qu'en 1412, et la lacune qui existe dans les registres aux comptes s'étend de 1410 à 1414. L'année 1412, Sire Jacques Clabault, c'est ainsi dorénavant que les registres municipaux l'appelleront, l'usage et le cérémonial de la ville, étant de décorer de cette qualification honorifique le citoyen qui avait exercé la première magistrature de la cité (1), fut réélu second échevin, cinquième en 1413, et de nouveau maïeur en 1414.

28 octobre 1411-12 Pâques 12 avril.

28 octobre 1414-15 Pâques 8 avril.

Le 21 novembre 1414, l'on décida de faire une ouverture de piéton aux portes Saint-Pierre et de Gaiant qui regardaient l'Artois. Les portes étaient alors presque constamment fermées par mesure de sûreté, à cette époque calamiteuse des dissensions civiles entre les factions de Bourgogne et d'Armagnac (2).

Le mois suivant, le Corps municipal eut à se préoccuper d'une anticipation grave tentée sur le domaine de la commune. Averti que les Manegliers (marguilliers) et aucuns paroissiens de l'église Saint-Martin-aux-Waides avaient l'intention de construire sur la place au-dessous du Huvrelas (3) près de cette paroisse, et de clore cette place, l'un des principaux retraits et lieu public de la cité, il décida de faire mander par devers lui les plus notables de cette paroisse, afin de savoir d'eux si c'était de leur consentement et commun accord, que cette entreprise était faite, et résolut de s'y opposer par voie d'opposition (3). Le 19 avril 1415, Maître Philippe de Morvillers, conseiller de la ville, s'étant rendu l'après-dîner sur les lieux sujets du litige, accompagné de Mᵉ Jehan de Beelly Prési-

(1) Je trouve dans les registres la qualification de *citoyen d'Amiens* donnée aussi seulement à ceux qui ont exercé des fonctions municipales. En voici une preuve entr'autres tirée des registres aux contrats. Traité entre Jacques le Maire etc... et sire Jacques Clabault, citoyen d'Amiens, en son nom et soy faisant fort d'Anthoine et demoiselle Barbe Clabault et autres, ses enfants, Jehan Murgale le jône et Jacotin Clabault, bourgeois d'Amiens, d'autre part. Jacques est citoyen d'Amiens, il a été échevin et maire, Jacotin ne l'a pas été, il n'est que bourgeois.

(2) Archives municipales d'Amiens. Regist. aux délib. T. II, 1412 à 1419-1422, f° 55 v°.

(3) Huvrelas. Auvent. Voir Glossaire de Du Cange au mot Huveti. Aliud vero sonat Huvreleau vel Huvrelas, Umbraculum nempè ligneum vulgo auvent in arrest anno 1312 ex reg olim parlam. Paris, f° 135. Additamenta Carpentierii.

(3) Regist. aux délibérations. T. II.

dent en Parlement, de Philippe d'Auxi bailli d'Amiens, et de son lieutenant Philippe le Maire, du Procureur du roi du bailliage Huc De Puis, de Mᵉ Tristan de Fontaines, avocat et conseiller au bailliage, de Miraumont, du bailli de Tournay et du Tournaisis Mᵉ Nicolet Dumesnil, du capitaine de la ville Louis de Brimeu, de Mᵉ Guy Maroeul, chanoine d'Amiens, de Mᵉ Lucien Ducroquet, Jehan Pressy et plusieurs autres, fit son rapport à l'Echevinage, réuni le même jour, et démontra l'utilité de ce huvrelas, et *le retrait et refuge que chacun y poet avoir et eu en temps de guerres comme autrement et comment aucuns de nouvel se voloient efforcher de coupper ladite place pour y ediffier une chapelle que y avoient ordonné à faire Jehan Pertrisel et sa famille,* et conclut pour le bien et meilleure sureté et profit du roy et de la ville, *de laisser lad. place en lestat quelle avoit esté d'anchienneté et quelle estoit de présent.* L'Echevinage adopta ces conclusions et décida le même jour d'employer le produit d'une amende de 60 sols due par un nommé Pierre Mangot, à huiser (1) cet huvrelas ou auvent.

L'église Saint-Martin-au-Bourg ou aux Waides était située sur l'un des points les plus fréquentés de la ville. Démolie en 1797, elle n'était, dans l'origine, qu'une chapelle, construite sur l'emplacement de l'hôtellerie où saint Martin reposait lorsque le Seigneur lui apparut, la nuit du jour où à la Porte-aux-Jumeaux, il avait donné la moitié de son manteau à un pauvre nu. Cette chapelle avait déjà le titre d'église en 1370. On la nommait aussi Saint-Martin-aux-Waides, parce que c'était devant elle que se tenait le marché de ce produit tinctorial. C'était également en raison de sa proximité de la Maison des Cloquiers *(Pièce justificative C)* que devant son portail se publiaient par cri public, à son de trompe, les avis à porter à la connaissance de la ville (2). Quel était donc ce Huvrelas ? n'était-ce qu'un simple auvent adossé à une construction quelconque, nous ne le pensons pas, puisqu'il était assez vaste pour servir de salle de fête à la jeunesse amiénoise (3). Nous aurions incliné plutôt à penser que c'était une halle couverte à l'usage du marché aux waides, si une délibération de 1479, qu'on verra plus loin, ne nous avait appris qu'il était situé en terre sainte, autrement dit dans les enclaves de l'âtre de la paroisse. C'était donc un de ces por-

(1) Huiser, mettre des portes pour le fermer. Regist. aux délib. T. II.

(2) Registre aux chartes, F. — L'hôtel des Cloquiers servait de petit Hôtel-de-Ville.

(3) A ladite taverne les Rouges-Cappeaux : A plusieurs jones bourgois qui souppèrent dessoux le huvrelas et estoit le mardi de Pasques, ıı kannes de vin oudit prix paié vıııˢ parisis. Regist. aux comptes, Y, 3, 22. 1426-1427. Cette taverne était sur la place du Marché-aux-Herbes.

tiques en bois munis de bancs, comme il en existait dans différents cimetières, pour permettre aux fidèles de s'y reposer ou de s'y promener, ce qui nous explique sa qualité de refuge en cas d'événements ; l'enceinte des cimetières étant alors considéré comme lieu d'asile (1).

Toujours obéré, le roi Charles VI venait encore de taxer à 20,000 livres tournois l'élection du diocèse d'Amiens « *chose moult griefve à supporter au peuple.* » On décida, le 10 mai, de député vers ce prince pour lui exposer la misère de la population et du pays, et de prévenir les gens de l'Evêque et du Chapitre pour savoir s'ils voulaient envoyer également des représentants pour cet objet. Le 13, l'on désigna pour faire ce voyage, sire Jehan de Hangard, ancien maïeur (2), Mahieu Leclerc, clerc de la ville, et André Clavel, procureur. Mais leurs démarches ne devaient avoir aucun succès. Pour payer les 3,300 livres tournois auxquelles demeuraient taxés, pour leur part, les Amiénois, la ville dut se décider, du consentement du Roi, à faire une nouvelle émission de 300 livres de rentes à vie dont le remboursement fut assigné sur un impôt à percevoir sur les denrées et marchandises vendues par les bourgeois et habitants, tant du dedans que du dehors (3).

Au milieu de cette détresse vient encore s'offrir un nouveau sujet de dépenses, le 12 août 1415, dix jours après la dernière émission de l'emprunt, l'échevinage fut averti que « Révérend Père en Dieu, Monsr Filbert de Saulx ad présent « évesque, à intencion de briefment faire sa première venue et entrée à « Amiens. » Ce prélat d'une illustre famille bourguignonne, était le frère de Jean de Saulx, chancelier du duc Jean-sans-Peur. Il fut « arrêté que pour lonneur de « la ville et pour révérence de la personne dudit Monsr l'Evesque lui sera donné « à présent à sa dite première venue et entrée de par ladite ville, un boin bœuf « et un tonnel de vin du meilleur que l'on porra recouvrer ». Philibert de Saulx dut effectivement faire sa première entrée le dimanche (non le 12 août, comme le disent, par erreur, le P. Daire et les auteurs qui l'ont suivi) mais évidemment le dimanche suivant le 26 août, puisque c'est le 12 seulement que l'échevinage est avisé et le 26 qu'on ordonna que pour cette journée, la porte Saint-Firmin resterait ouverte, et que les gens de la ville iraient au-devant de lui en témoignage de respect. Jacques du Gard et Mile de Berry, eschevins, furent chargés de lui pré-

(1) Viollet Leduc. Dictionnaire raisonné de l'Architecture française du xie au xvie siècle. Article Cimetière. T. III, p. 248.

(2) Jean de Hangard avait été maire en 1405, 1408 et 1413.

(3) Registre aux délibérations. T. II.

senter les dons de la ville, qui ne furent en partie payés que l'année suivante (1).
L'évêque Philibert de Saulx ne devait pas longtemps occuper le siège épiscopal.
Père des pauvres, et ils étaient nombreux à cette époque, il mourut en 1418 et
voulut qu'on l'enterra simplement au milieu de tous les fidèles dans le cimetière
Saint-Denis, sans qu'aucun monument indiquât l'emplacement de sa tombe (2).

Malgré le traité conclu à Arras entre les factions d'Orléans et de Bourgogne,
après le siège de cette ville (3), les haines n'étaient point éteintes entre les deux
partis, et tout faisait présager l'explosion prochaine d'une nouvelle rupture
qu'allait rendre encore plus néfaste l'insuccès de l'ambassade française pour le
maintien de la paix avec l'Angleterre. La guerre était dans l'air et tout disait
qu'il fallait s'y préparer. Dès le mois de mai, des poursuites sont commencées
contre tous ceux qui avaient édifié à l'entour des aléez contre la forteresse, c'est-
à-dire le mur d'enceinte de la ville, et le 5 juillet, dans une réunion tenue à
l'Oeurieul des Clocquiers, à laquelle assistaient le Maire, le capitaine de la
ville, le maître des ouvrages, le grand compteur, il fut décidé « de faire refaire
« et réparer les aléez d'entour la forteresse, qui seront mis en état sûr et suffisant
« et de contraindre les tenants et occupans des lieux marchissant à ces aléez,
« sous peine de le faire faire à leurs frais ». On œuvrera aux fossés de la ville
pour les réparer et les approfondir aux lieux les plus nécessaires. Sire Jehan
Picquet, Fremin Pié de Leu, Jacques du Gard, Philippe de Wailly, Chrétien de
Hangard et Jehan Audeluye sont commis avec le capitaine de la ville pour y
aviser.

Le 26 août l'on décide que les hottiers qui travaillent aux fossés seront payés
au prix de quatre blancs par jour, que les mendiants seront exclus de ces ateliers
et que les pauvres femmes veuves se compteront deux pour une. Les clefs des

---

(1) A Pierre Malivoir dit le Sage, marchand de vin, pour deux quennes de vin, présentées à Révérend
Père en Dieu l'Evesque d'Amiens, à sa première venue, par quittance du 14 septembre 1416, 22 livres
parisis. — M. Dubois dans ses entrées royales et princières à Amiens a pris à tort cette date de paiement
pour celle de l'entrée, ce qui la reculerait de plus d'un an, au lieu d'avoir été faite à bref délai.

(2) Edmond Soyez. Notice sur les Evêques d'Amiens, p. 114.

(3) Nous trouvons à propos de ce siège les détails suivants : Don de XII cappons de haulte craisse et
IVˣˣii d'autres poulailles menés en lost du roy nostred sire es parties de devers Arras (offerts au chancelier de France). Don de IIIIˡ XIIˢ à plusieurs habitants d'Amiens jusque au nombre de LXXXVI ou
environ, lesquelz ou commandement du bailly se partirent de la ville pour aller au serviche du roy nres
au siège devant Arras. As Flagos le XVIIIᵉ jour (Août) pour II kanes de vin à IIˢ la kane données à Martin
de Mès et à plusieurs autres compaignons qui avoient aidié à carquier sur un car le grand canon de la
ville d'Amiens, que le roy nres avait mandé qu'on lui menast en son host qu'il avoit devant la ville
d'Arras, lau où il avoit grant nombre de gens d'armes, pour ce.... IIIIˢ. Reg. aux comptes (1414-1415).

portes qui sont closes, seront portées de nuit à la maison du mayeur, avec celles des autres qui sont restées ouvertes. Ces clefs seront renouvelées, l'artillerie visitée, et Martin le Bellier, canonnier, qui est au Crotoy, mandé pour revenir à Amiens. Au-devant des maisons de Jacques de 'Hangard, au lez de Duriame, on établira une fermeture pour empêcher de passer à cheval (1). Le 4 octobre, Hue Poulette, maçon de la ville, avec ses compagnons avaient « nettoyé et fait nets « plusieurs canons estans en la Malemaison, et les avait éprouvés en dehors de la « vieille forteresse pour la sûreté de la ville (2) ».

Ces précautions n'étaient pas inutiles ; le 14 août 1415, le roi d'Angleterre débarqué à l'embouchure de la Seine, s'était emparé d'Harfleur le 22, mais contraint par les maladies qui s'étaient déclarées au sein de son armée, au lieu de s'avancer plus avant en Normandie, il se vit obligé de reprendre le chemin de Calais. Il lui fallait traverser la Somme dont tous les passages étaient gardés. Le connétable d'Albret chargé de cette surveillance, après avoir visité Amiens avec le duc de Bourbon, auquel on avait offert le vin d'honneur, avait requis l'aide des villes situées sur le cours de cette rivière pour contribuer à la défense commune. Le 13 octobre, une assemblée générale fut convoquée à son de clocque à la Malemaison. Jean de Lesmes et Jean de Cocquerel, députés auprès du Connétable, qui était alors à Abbeville, pour excuser la ville de ne pouvoir envoyer les gens d'armes, arbalestriers et pavoisiers, qui lui avaient été deman-dés pour résister « à la male volonté et à la male emprinse du roy d'Angleterre « et des Anglais estans en sa compaignie ennemys du roy nostre sire, lesquelz « après le siège qui fait avoient devant Harfleu, prins et tenu leur chemin par le « pais de Normandie et intencion de passer les rives de la rivière de Sôme au « lieu qu'on dist le Blanquetaque » n'avaient obtenu qu'un refus formel et l'ordre d'obéir. « Pour le bien et honneur de la ville, il fut décidé que 30 arba- « létriers et 20 pavoisiers seraient envoyés par eau à Abbeville et que là il leur « serait délivré par le Maire et les échevins de cette ville des charrois si besoin « en était, les priant et les requérant de le faire ainsi aux dépens de la ville « d'Amiens (3) ». Henri V voulait en effet passer la Somme près de son embou-chure, comme l'avait fait autrefois Edouard III. En arrivant à Drancourt (4), son extrême arrière-garde prit un chevalier gascon qui revenait d'Abbeville. On lui

(1) Regist. aux délibérations. Ibid. f° 65, v°
(2) Registre aux comptes xvi, Y 3.
(3) Ibid. f° 67, R•.
(4) Commune d'Estrébeuf, canton de Saint-Valery.

demanda si le gué était gardé. Il répondit que 6,000 hommes y étaient arrivés la veille et que le nombre en devait être doublé parce qu'on y envoyait continuellement du monde. Le roi d'Angleterre voulut contester le fait. *Sire,* répondit le chevalier, *je le jure sur ma tête à couper.* Bien que plusieurs auteurs aient affirmé qu'il n'y avait pas un seul écuyer pour l'instant à Blanquetaque, et que le chevalier sentant toute l'importance du moment, eut voulu servir la France par un mensonge qui pouvait lui coûter la vie, cette assertion est contredite par les chroniques anglaises et les registres municipaux d'Abbeville et d'Amiens. Les milices bourgeoises de ces deux villes, celle de Montreuil-sur-Mer, soutenues par un bon corps de troupes et protégées par une barrière de palissades et de canons défendaient en effet le gué sur la rive droite. Henri V rebroussa donc chemin, vint camper, le dimanche 3 octobre, à Bailleul (1), dans l'intention de forcer le pont de Remy, mais le Connétable, qui se trouvait à Abbeville avec 12,000 hommes, qui comptait parmi ses lieutenants le Maréchal de Boucicaut, Vendôme et le duc d'Alençon, avait également fait garder tous les passages, rompre tous les ponts. Henri après avoir inutilement tenté de traverser la Somme à Long, et de s'emparer de Pont-Remy que défendait le sire de Gaucourt et ses deux fils, chevaliers de haut courage, fut obligé de se porter sur Airaines. D'Airaines il marcha par Hangest, tantôt se rapprochant et tantôt s'éloignant de la fatale rivière, suivant sa rive gauche et remontant vers sa source. Puis tournant au Pont-de-Metz autour d'Amiens, il s'arrêta à Boves où il y avait foison de vins dans les pressoirs, dont les Anglais buvaient beaucoup « *ce qui rendait le roi dolent, car la plupart faisaient bouteilles de leurs ventres* » et ces excès étaient loin d'être salutaires aux maladies épidémiques dont ils étaient atteints, il traversa Harbonnières, Vauvillers et Beauvillers. Après avoir ainsi parcouru les plaines du Santerre, par la négligence des Saint-Quentinois chargés de rompre le passage, il traversa enfin la rivière parmi les marais de la Somme, à Béhencourt, entre Ham et Péronne, par la connivence d'un misérable traître qui lui indiqua un gué, en improvisant un pont avec les échelles, les portes et les fenêtres du village, et ne s'arrêta qu'à Azincourt, en Artois, devant le connétable d'Albret enfin accouru de Péronne, trop tard pour lui fermer la route. Le 25 octobre 1415 l'armée française était anéantie et la noblesse picarde laissait, sur le champ de bataille, l'élite de ses membres et le meilleur de son sang.

Outre le contingent fourni au connétable d'Albret, la ville d'Amiens, sur la demande que lui avait faite Boulogne-sur-Mer, qui craignait un siège de la part

(1) Bailleul, canton d'Hallencourt (Somme).

de l'armée victorieuse, lui avait envoyé encore douze arbalétriers. Toutes ces demandes avaient fort dégarni les ressources du personnel et du matériel militaires de la ville. Aussi Pierre Deleplanque, sergent à masse, fut-il envoyé pour chercher à ravoir le gros canon et les tentes que l'on avait, l'année précédente, prêtés au Roi lorsqu'il assiégeait Arras. Du désastre d'Azincourt et des secours accordés au connétable d'Albret, la ville ne recouvra que deux canons à plomées (1), ung aultre grant canon, deux aultres canons moyens sans boîtes, douze pavois tous descolés et descouverts, deux pavillons moult empiriés et domagiés, huit cambres à canon et les deux têtes d'une grande tente prêtée au bailli Philippe d'Auxy dans cette désastreuse campagne (2). Aussi le 12 janvier 1415, achetait-elle de Pierre Raveneau, canonnier au Quesnoy-en-Hainaut, quatre canons et huit boîtes pour sa provision et deffense. Par ses lettres du 5 novembre datées de Rouen, le Roi avait désigné Jehan de Craon, seigneur de Domart et de Bernaville, pour remplir les fonctions de capitaine d'Amiens en remplacement de Louis de Brimeu, mort à Azincourt, comme le bailli Philippe d'Auxy.

Le 28 octobre, on avait présenté suivant l'usage les vins de la ville à Jacques Clabault à l'occasion de sa sortie de la Mairie. Réélu second échevin, l'élection par mandement du roi ne put avoir lieu cette année que le lendemain de la Saint-Simon, « pour ce qu'il ne put être fait ledit jour, pour les gens d'armes qui « estoient à Amiens ; » il survécut peu à cette nomination. Son nom disparaît sans que nous ayons la date exacte de son décès ; une lacune de deux années existant dans les registres aux comptes xvi et xvii. Celui de 1418-1419 nous montre alors Pierre Clabault, bourgeois d'Amiens, fils de feu sire Jacques Clabault.

Un autre Jacques Clabault, que les registres municipaux appellent le Jeune, pour le distinguer de sire Jacques Clabaut l'aîné, était décédé un peu avant lui. Ils étaient parents, proches, mais à quel degré ? je ne peux l'établir. Les comptes de 1414-1415 s'expriment ainsi : « Des tutteurs et cureurs des enffans menr-« redans (3) de feu Jaque Clabault le jône, pour le droit et yssue de la ville, de la « vente faite par décret de par le roy nostre sire de la maison qui fu ledit feu, « seans en la rue au Lin et de son gardin seans au dehors de la porte Saint-

---

(1) Canon à plomées. On désignait ainsi les canons qui se chargeaient avec des boulets de plomb. La Curne de Sainte-Palaye au mot Plommée.

(2) Philippe d'Auxy, fils de Jehan Ber d'Auxy, bailli en 1413. Daire. Hist. de la ville d'Amiens, I, 124.

(3) Mineurs.

4

« Fremin : lesquels héritages sont demourés à Hue du Puys, procureur du roi
« nostre sire, moiennant la sôme de xii^{xx} livres parisis comme au plus offrant et
« derrain renchiérisseur, pour ce reçu le 22e jour de juing l'an mil xiv^exiv ».

Pierre CLABAULT

Pierre Clabault, fils de Jacques Clabault l'aîné, avait abordé les fonctions municipales comme neuvième échevin du lendemain en 1418, septième en 1419, huitième en 1420, quatrième en 1421, quand à la Saint-Simon-Saint-Jude de 1422, les suffrages des électeurs l'appelèrent à la Mairie. Nous n'avons malheureusement pas le registre aux délibérations de cette première magistrature, et il faut nous contenter des quelques indications des registres aux comptes de 1416 à 1422, qui renferment certains détails sur sa vie privée. En 1416, il s'y trouve désigné comme bourgeois d'Amiens, fils, hoir, exécuteur et ayant-cause de feu sire Jacques Clabault. Comme négociant en waides, il paie pour l'aide de cette marchandise 84 livres parisis, il achète sur l'émission de rentes à vie accordée par le roi, le 28 janvier 1415, 20 livres parisis de rente au prix de 8 deniers l'un. En 1418, quand la ville fut autorisée par lettres royales de Paris du 31 mars, à faire une nouvelle émission de 200 livres de rente pour subvenir aux besoins de sa mise en état de défense (on redoutait alors l'éventualité d'un siège par les Anglais qui venaient de s'emparer de Rouen, malgré l'héroïque défense de la vieille cité normande), il souscrit encore pour 10 livres. Nous le voyons propriétaire de la maison du Petit-Blanc-Bœuf, « séans où jadis furent les Grands-Maiseaux (1), » de la maison du Blanc-Bœuf, au Marché, qu'il tenait de l'héritage paternel (2). Il acquiert encore de Jehan Clabault, de Roye, les cens qu'il possédait sur la maison de Hue Poulette, et de Jehan Cailleu et de sa femme, demeurant à Montdidier, la moitié de la

---

(1) Maiseaux. Macellariæ, boucheries.

(2) Cette maison devait à la ville chaque année une canne de vin claret et 2 sols pour le mestier. Regist. aux comptes, 1409-1410.

grande maison de pierre rue au Lin, où demeurait sire Jacques Clabault son père, pour la somme importante de 210 écus d'or (1). Au mois d'août 1421, il prête encore à la ville 20 écus d'or pour l'emprunt destiné à solder les arbalétriers, pavoisiers, carpentiers, machons, manouvriers, canonniers et pionniers envoyés dans le Ponthieu, devant Saint-Riquier et les forteresses des environs, occupées par les partisans du Dauphin, et que voulait reprendre le duc de Bourgogne, Philippe-le-Bon. Le 22 janvier 1422, il est ou va se marier, car à cette date, l'Echevinage décide de faire présent « d'un goblet d'argent doré, de deux « marcs environ, à cordelle et émaillé des armes de la ville, le lendemain de ses « noces, à demoiselle Isabelle de Morvillers, fille de Jacques de Morvillers, « maïeur de l'année précédente, pour le bien et honneur de la ville, suivant la « formule consacrée, qui doit épouser Pierre Clabault (2) ».

Octobre 1425-26
Pâques 8 avril.

Dans l'échevinage tenu à la Malemaison le jour de Saint-Simon-Saint-Jude 1425, sire Pierre Clabault, Jacques de Hangart et Nicole Accard, furent présentés comme candidats à la Mairie. Leurs noms et surnoms furent, suivant l'usage, remis par écrit au bailli d'Amiens Robert-le-Jeune, au procureur et conseil du roi audit bailliage et « a grant nombre de bourgeois et habitans de « la ville assemblés au son de la cloche aux grandes halles, par lesquels après « leur délibération finie et faite, rapportèrent audit lieu de la Malemaison qu'ils « avoient esleuz et avisé sire Pierre Clabault pour estre maïeur d'Amiens pour « l'an à venir, et Nicole Accard son lieutenant, Jehan de May estre grand « compteur pour ledit an, Robert de Hangard estre receveur des rentes de « ladicte ville et Leurens Sauwale estre cauchieur et maistre des ouvrages « d'icelle à venir et ainsi fu fait ».

Le 5 novembre, l'échevinage décida de faire restituer aux bourgeois et habitants de la ville, par le grand compteur, au mieux et au plus brief que faire se pourrait, plusieurs emprunts contractés par la cité, de la somme de 3,000 francs ou environ, pour faire aide et service au duc de Bedford, régent du royaume, afin de mettre « en subjécion et obéissance plusieurs rebelles et désobéissans au roy (3). » En effet, dès le 20 juillet précédent, la ville avait obtenu des lettres de Henri VI, roi de France et d'Angleterre, datées de Paris, lesquelles,

---

(1) Regist. aux Comptes, 1421-1422. Y, 3.

(2) Ce mariage était-il une seconde union ? Je trouve dans le registre aux comptes de 1398-1399 : 14 janvier, au Cappel de roses : présenté à l'espouse Pierre Clabault, II kannes VIIIs. Le laconisme de cette mention ne nous donne pas le nom de l'épouse.

(3) Registre aux délibérations. fo 33, Ro.

lui permettaient pour acquitter cette dette de faire une nouvelle émission de 200 livres de rentes à vie, à des personnes âgées de trente ans et au-dessus, qui furent émises au denier huit. D'autres lettres royales du 16 septembre suivant, lui avaient également accordé la continuation pour un an, à partir du 1er octobre à venir, des aides levées sur les vins, goudalles, cervoises, et sur les waides et les rentes à vie, en vertu « de l'autorité et licence de son très cher seigneur et ayeul le roi Charles, » sur les terres et juridiction de la ville, de l'évêque, du doyen et du chapitre, de l'abbaye de Saint-Martin-aux-Jumeaux, à Han (1), Saint-Maurice-lès-Amiens et autres terres enclavées dans la banlieue de la ville, « sans lesquelles aides qui sont de peu de valeur pour le temps présent » disent ces lettres ils (les Maire et échevins) ne porroient supporter bonnement les « grandes charges, debtes et affaires de ladite ville, mais conviendroit que pour « iceux supporter ils fissent grant taille entr'eux, pour doubte desquelles tailles, « plusieurs desdis bourgeois et habitans s'en partiroient et yroient demourer « dehors et en seroit notre dicte ville grandement dépopulée et si s'en ensui- « vroit en icelle ville plusieurs autres grans domages et inconvéniens que Dieu « ne veuille ». A l'aide de ces ressources on put donc rembourser les prêts faits en l'an 1421 pour payer, au mois d'août, les gens de guerre envoyés au duc de Bourgogne qui assiégeait Saint-Riquier, et une partie des dépenses, (1,381 livres sur 4,000), occasionnées par les sièges de Rue, du Crotoy, de Noyelles ou d'ailleurs au pays d'Amiens. Ces subsides étaient tellement lourds, que la ville s'était vue contrainte, pour les fournir, de prendre les deniers des mineurs mis en sa garde, et même à l'occasion du siège de Domart-en-Ponthieu, ceux de la Princheté des Sos (2). C'est seulement en cette année 1425 qu'on trouve moyen de payer la gargoule de pierre posée trois ans auparavant à la porte de Longue-Maisière (3).

Le 7 novembre, indépendamment de 16 livres parisis qu'il avait reçues du maître des ouvrages de la ville, le maçon Hue Poulette, sur sa requête, fut gratifié d'une autre somme de 8 livres, en raison des travaux faits par lui au

(1) Hen-lès-Amiens, dans le faubourg de ce nom, fief noble tenu de l'Evêque. Il consiste en une maison, pavillon, grange, lieu pourpris et ténement. Daire. Hist. d'Amiens. I, 468.

(2) Regist. aux comptes. 21, Y, 3. 1425-1426. — Il y avait à Amiens une confrérie des Sots, comme il en existait dans un grand nombre de villes de Flandres et de Picardie. Janvier, l'an 1388, au Bos, le samedy premier jour, pour iiii kanes à iiii viiid la kane, présentées au Maïeur d'Amiens qui digna avec le prinche des Sos et autres chevaliers et seigneurs, xviiis viiid. Au Maïeur d'Amiens qui digna au Puy des Sos, 1er janvier 1410. — 10 février 1474, au Pape des Sos, etc.

(3) Ibid.

pont de Baraban et au pont sire Jehan Ducange, dont la première pierre avait été posée en août 1419, au Beffroi, réédifié en 1410, à la portelete des Ars et ailleurs, et de la bonne diligence qu'il y avait apportée, et vu son grand âge et les bons et agréables services qu'il avait faits à la ville. Le nom de cet ancien serviteur se trouve effectivement souvent cité dans les registres municipaux. Maçon, c'est-à-dire architecte et ingénieur de la cité, touchant outre ses gages, à l'Ascension, comme les autres pensionnaires de la ville, la penne de sa robe de livrée, il avait été délégué, au mois de mars 1390, à Paris, avec Mathieu de Beauval, « pour y voir et adviser l'ouvrage de la porte Saint-Anthoine et du petit Châtelet, « pour prendre et faire exemplaire à édiffier à Amiens, de nouvel la porte « Montrescu, que le Corps municipal, à la saison à venir avoit ententé de faire « toute noeufve (1) ». Il en posa la première pierre le 26 juin suivant (2). En 1399, avec Pierre Desquennes, peintre, il avait fait par figure (nous dirions aujourd'hui levé le plan) la maison de Mᵉ Raoul de Bery, avocat, au Pont-de-Metz, au sujet de laquelle un procès était pendant en Parlement.

Parmi les dons faits sous la Mairie de Pierre Clabault, nous relèverons en juin 1426 le suivant, qu'à titre de curiosité historique, nous reproduisons suivant les termes mêmes de la mention du grand compteur.

« A hault et puissant prince le conte et prince de Valachie des parties de « Grèce la some de quatre flourins d'or à l'escu, laquelle some par délibéracion « de plusieurs nos seigneurs les maire, eschevins et conseillers de ladite ville, en « obtempérant aux lettres de très hault et très puissant prince et notre très « redoubte seigneur Monseigneur le duc de Bourgogne, par lesquelz ledict « Monseigneur de Bourgogne considérans l'exil et misère dudit conte de Vala- « chie qu'il certiffie estre son cousin et extrait de noble lignée des roys de « France, de Cécille et d'Arragon et nagaires par cas de fortune et par les Turcs « et Sarrazins ennemis de notre foy avoir esté exillié et chassié hors de son pais, « et sa femme, sereur et enffans, prins et destruis, prie et requèrent à tous « princes et seigneurs christians que par charité il leur plaise ledit conte de « Valachie bénignement receu en leurs terres et pays et lui aidier de leurs biens « pour avoir et soustenir son état honnestement sans mendier et pour considé- « racion du contenu en icelles lettres, mesdits sʳˢ ont donné audit conte de « Valachie, ladite sôme de ıııı flourins d'or à l'escu, pour lui aidier à avoir et « soustenir son dist estat. Pour ce paié par mandement de mesdits sʳˢ le ıııᵉ jour

(1) Regist. aux comptes, 1389-1390.
(2) Ibid.

« de juing l'an mil iiii^exxvi, rendu icy la sôme de iiii flourins d'or à l'escu ou la
« valeur de xxiiii sols pour la pièche qui montent à la sôme de iiii^l xvi^s
« parisis (1) ».

En même temps qu'il s'occupait de rembourser ses dettes, l'Echevinage auto-
risait une amélioration notable dans la voierie urbaine. Plusieurs habitants du
Marché, du rang de la Bannière de France où jadis furent les Grands-Maiseaux,
avaient présenté requête pour que cette place fut pavée au-devant de leurs
maisons, comme elle l'était en d'autres endroits, suivant les conditions qu'ils
proposaient, c'est-à-dire d'entretenir en bon état, chacun, la partie devant son
ténement. Comme ce pavage devait être le bien et la décoration de la ville et du
Marché, cette demande leur fut accordée.

Le 25 novembre, l'on décide de faire faire des chandelles pour éclairer le guet
de cheval de nuit « pour la garde et seureté de la ville ».

Le même jour, comme le duc de Bedford, Régent du royaume, doit, dit-on,
venir et passer brièvement en ville, en compagnie de plusieurs seigneurs, dans
l'intention de traverser la mer pour se rendre en Angleterre, l'on arrête « que
« pour le bien et l'honneur de la ville il sera offert au Régent et à madame sa
« femme ou à l'un deux, il leur sera présenté à chacun d'eux deux pippes de vin
« et à leur Chancelier un ponchon ». L'on arrête également « qu'il sera fait
« remontrances des grands pilleries et roberies, des grandes compaignies et
« autres maux que les gens d'armes font sur le pays, et parlé de l'estaple du
« Crotoy à laquelle on veut que les marchands envoyent leurs marchandises afin
« d'y pourvoir au mieux que faire se pourra (2).

Le 29, dans une réunion à l'Oeurieul des Cloquiers à laquelle assistaient, outre
le Corps municipal, l'Official du chapitre, le Chantre (préchantre) de l'Eglise
d'Amiens, les gens de loi de la ville et Pierre Jouglet, bailli du chapitre, l'on y
fut d'avis qu'au passage du Régent pour aller en Angleterre, les gens de
Monseigneur l'Evêque, Doyen et Chapitre d'Amiens, les Maire et échevins « se
« traieront devers le bailli d'Amiens, pour le requérir de faire au duc de Bedford
« des remontrances sur les pillages, vols et maux que ceux qui se disent gens
« d'armes font sur le pays ». L'Official, le Chantre, le Maire, sires Jehan de
Beauval et Jehan Lorfèvre, Jehan de Conty prévôt d'Amiens, sont délégués
pour remplir cette mission. Le Régent passa en effet par Amiens dans le courant
du mois, et reçut les présents de vin de la ville ; il était accompagné de Madame

---

(1) Registre aux comptes, 21, Y, 3.
(2) Voir ci-dessus, page 7.

de Bedford (Anne de Bourgogne), du Chancelier Louis de Luxembourg évêque de Térouanne, de gens du Luxembourg, du comte de Conversan et de plusieurs autres grands seigneurs à grand nombre et ayant compagnie de gens d'armes (1).

Le 12 décembre, Miquiel le Carpentier, chepier du Beffroi, est appelé à l'échevinage en raison « des défaults, excès, abus et mesprentures (délits, contra- « ventions) par lui commis dans son office », et ouïe sa confession, on arrêta qu'il ne demeurerait plus dans cette fonction qui serait de nouveau donnée à ferme ; dans cette même réunion, l'on fit lecture des lettres à adresser au Régent, à messire Jehan de Luxembourg et au Premier Président, pour obtenir le remède des pilleries des gens d'armes. En conséquence, deux sergents de nuit, Regnault de Revelles et Gilles de Baieu furent envoyés, l'un à Jean de Luxembourg, à Oissy, l'autre à Calais, auprès du Régent, pour porter ces missives tendant à obtenir de faire déloger de Beauquesne, de Villers-Bocage et de plusieurs autres villes assez près d'Amiens, Sauvage de Frenneville et les autres gens d'armes dont on se plaignait (2).

Le 14 décembre, pour le bien et décoration de la Maison des Cloquiers, on convint que pour y seoir et être mis (à l'abri) en temps de pluye, on fera faire au mieux et le plus profitablement que faire se pourrait, un cappital et portail au-dessus de l'huisserie. Déjà le 7 novembre précédent, l'on avait aussi refait un espy au-dessus de la fenêtre étant sur l'huisserie de la maison manable de la Male-Maison auquel fut attaché un écu armoyé aux armes de la ville (3).

Le 26, en exécution de la délibération du 3 novembre précédent, l'échevinage remit au grand compteur, Jean de May, sous le scel aux causes de la ville, l'ordonnance par laquelle il était autorisé à rembourser l'emprunt de 3,000 livres fait par ordre du Roi et du duc de Bedford, Régent du royaume de France.

Le 18 février, les maîtres et ouvriers corrieurs et cordonniers de la ville, sollicitent de l'échevinage pour aider à soutenir la confrérie de Saint-Crépin qu'ils ont coutume de faire chaque année, et le cierge de cette confrérie, de lever sur chaque apprenti du métier à son entrée, un droit de 5 sols parisis, mais attendu que ce serait charge au pauvre peuple et aux pauvres enfants qui se vouent à cet état, l'échevinage décida qu'il n'en sera rien fait.

Sur le rapport de Loeurens, Sauwale, maître des ouvrages, et en prévision des travaux à faire, entr'autres pour les réparations de la forteresse, on entre en

(1) Registre aux comptes, 21, Y, 3.
(2) Ibid.
(3) Regist. aux comptes, 21, Y, 3.

pourparlers pour acheter des gens et officiers de Moreuil, 60 chênes et plus, on ajoute que ces bois seront acquis aux prix indiqués et payés le mieux que faire se poura. La porte Saint-Pierre est aussi en mauvais état de maçonnerie ; on décide d'y faire visite, et s'il se trouve qu'il y ait péril imminent, l'on y pourvoira également.

La ville se trouve constamment obérée. Elle doit entr'autres aux enfants de feu Hue d'Aut les deniers qu'elle avait eus à eux en garde, environ 2,000 écus d'or. Pour éviter les frais de justice que nécessiterait l'exécution de ce remboursement, il faudrait vendre 100 livres de rentes à vie, restant à émettre sur les 200 que la ville avait obtenus d'aliéner au mois de juillet dernier (1). Les dépenses communales sont cependant pressantes, et pour *eschiver au péril du feu de meschief* il faut voter que le puits de la ruelle de l'église Saint-Remy, près de l'hôtel du bailli d'Amiens, Robert le Jeune, sera refait par dedans en machonnerie *(Voir pièce D)*.

La Maison de Saint-Ladre destinée à recevoir les habitants atteints de la lèpre avait des revenus assez considérables. Il était nécessaire de constater l'état de ses biens. L'échevinage chargé de l'administration de cet hôpital ne pouvait manquer à ce soin, aussi fit-il à cette époque, renouveler l'inventaire des possessions de cet établissement. Les archives municipales d'Amiens conservent encore ce document, très précieux pour l'histoire de l'assistance publique. Il porte pour titre : « Registre et Cartulaire des cens, rentes, louages de maisons, revenues « et appartenanches appartenans à la maison de Saît-Ladre d'Amiens, renouvellé « par Pierre de Le Planque, sergent à mache de la ville d'Amiens, comiz par « messs maïeur et eschins d'icelle ville d'Amiens au gouvernemet d'icelle maison « encommenchie à renouveller le lundi xv jour d'avril l'an mil cccc et vint six, « sire Pierre Clabault, maïeur, oudit an ».

Le 23 avril, nouveau don qu'on ne peut refuser. On accorde au prieur et aux frères des Augustins d'Amiens, « pour les aider à supporter les mises et despens « qu'il leur faut faire pour la dédicace de leur église qui doit se faire le dimanche « prochain, cent sols parisis (2). »

L'échevinage, durant quelque temps, n'a plus à s'occuper que de certaines réglementations sur l'exercice des métiers des tanneurs, des bouchers, des viésiers, des pareurs, des tisserans et autres ouvriers de la draperie, des huchiers,

(1) Registre aux délibérations, 5 mars 1425, f° 41, v°.
(2) Registre aux comptes, 1425-1426.

des revenderesses, puis il accepte une libéralité faite par l'un de ses membres, en faveur d'une des institutions de charité de la ville.

Miquiel de Hainaut, bourgeois et échevin « pour le salut de son âme et celle de ses devanchiers trespassés », était dans l'intention de faire et fonder un obit perpétuel en l'église Saint-Ladre-lès-Amiens à savoir « une messe à notte, à diacre et à sous-diacre, chaque année, le lendemain du jour sainte Marie-Madeleine en révérence de Dieu et de ladite sainte, et qu'après la messe le prêtre qui l'aurait chantée fit mémoire des trépassés. » Pour cette fondation il assignait une rente annuelle ou cens de 20 sols parisis à prendre à perpétuité sur une maison à lui appartenant et libre de toute charge, à toucher à la Saint-Jean, par le maître ou gouverneur de la maison Saint-Ladre pour, après la messe, être distribué au curé 3 sols, au diacre et au sous-diacre chacun deux sols, pour les nappes et luminaire 4 sols, et 8 sols en pitance entre les frères et sœurs qui seraient malades dans la maison, auxquels le curé participera. Il supplie l'échevinage de donner son consentement à cette fondation qui devra être inscrite au registre ou matrologe de lad. église. Cette proposition fut acceptée, mais sous la condition toutefois que le cens serait de 21 et non de 20 sols, en raison des tailles que la ville devrait sur cette fondation (1).

L'échevinage avait le droit de taxer les denrées et il en usait souvent dans ces temps de troubles. Le 21 août il fait acheter du blé sur le marché d'Amiens et après panification faite de ces échantillons, fixe le prix et le poids du pain que les boulangers pourront vendre et qu'ils ne pourront « monter ni ravaler » si ce n'est par autorité de justice, sous peine de v sols parisis d'amende pour la première fois, de x en cas de récidive, de xv pour la troisième fois et de plus en plus (2).

Le jour de la Saint-Firmin, « franque feste à Amiens et aux ottaves ensuivant », l'échevinage autorise à cette occasion les sergents du guet de nuit, les sergents des kannes et le sergent de la haulte justice à avoir deux tables et le brelant au marquié d'Amiens (3).

Mais la ville reste toujours débitrice des enfants de Hue d'Aut. On délibère qu'il sera impétré mandement du roi pour vendre 300 livres de rente à vie, à tel âge que l'on sera d'accord, au mieux et le plus profitablement que faire se pourra, dont le produit sera affecté à éteindre cette dette pressante.

(1) Registre aux délibérations, 1426, fo 45, Ro.
(2) Ibid. 46, Ro. 21 août.
(3) Ibid. 47, Ro. 16 septembre.

Le 29 septembre 1426, assemblée est convoquée au son de la cloche du Beffroi
ès grandes halles d'Amiens par Robert le Jone, bailli d'Amiens, et Pierre Du Gard
l'aîné, bourgeois d'Amiens, esleus sur le fait des aides ordonnées pour la guerre
au diocèse d'Amiens, « appelés avec le maïeur, eschevins, bourgeois, marchands
« et habitants de la ville ci-après nommés et plusieurs autres en grant nombre,
« au sujet des aides de la ville octroyées par le roi pour l'an commençant au jour
« de Saint-Remy prochain ». Dans cette assemblée figurent entr'autres Tristan
de Fontaines, Pierre Jouglet avocat du roi, Alphonse Le Mire, receveur des
aides, etc. (1).

La guerre ne met cependant point trêve aux fêtes. Le 16 octobre, Jehan le
Jône, maître des arbalétriers de la ville, sollicite l'échevinage de vouloir bien lui
remplacer une tasse d'argent du poids d'un demi-marc, dont la confrérie avait
gratifié l'envoyé des arbalétriers de Térouanne qui était venu les convier à la fête
qui avait lieu dans cette ville et à laquelle ils avaient pris part au nombre de
huit (2).

A l'expiration de sa mairie, Pierre Clabault fut réélu, en 1426, premier échevin. Le Maire, Mile de Bery, étant lors de sa nomination en voyage pour ses
affaires à Bruges, Pierre Clabault, son lieutenant, remplit son office jusqu'au
7 novembre, jour de son retour. En 1427, il fut encore réélu second échevin, et
rentra à la Mairie en 1428. Le registre aux délibérations de cette année nous fait
encore malheureusement défaut pour parler sciemment de son administration.
Nous essayerons de combler cette lacune par les extraits des comptes municipaux, T. xxiv, Y 3.

Il serait superflu de retracer après tous les historiens l'état misérable de la
France et de la ville d'Amiens en particulier. L'excès des maux d'une guerre
interminable en faisait ardemment souhaiter la fin, et c'est sous l'empire de la
surexcitation morale de ces temps de troubles qu'apparaissent ces inspirés :
l'ermite Jean de Gand, Marie d'Avignon et la bonne Lorraine Jeanne d'Arc,
ayant tous une foi profonde dans la fortune de la France. Aussi commencent à se
montrer d'éloquents prédicateurs, qui voyant dans toutes ces calamités, l'effet
de la colère céleste, blâment avec rudesse et sans ménagement, les vices et les
péchés de leurs contemporains. Plus leurs discours étaient sévères et emportés,
et plus le peuple, qui se laisse volontiers entendre ses vérités, lorsqu'on les lui

(1) Ibid. fo 48, Ro.
(2) Ibid. fo 51, Vo.

dit en termes énergiques, se portait en foule pour écouter ces hardis prêcheurs. Le breton Thomas Connecte de l'òrdre des Carmes, et frère Richard des Cordeliers, que les Anglais avaient expulsé de Paris à cause de sa véhémence, furent, on peut le dire, les précurseurs de la mission de la Pucelle. Thomas Connecte vint prêcher sa mission à Amiens en 1429. « Si régna » telle est l'expression caractéristique de Monstrelet qui nous rapporte l'histoire de ce martyr de sa foi évangélique, « en icelui pays par l'espace de cinq ou six mois et fut « en plusieurs notables cités comme Cambrai, Tournai, Arras, Amiens et Thé- « rouenne, où il fit comme dit est plusieurs prédications à la louange du menu « peuple, auxquelles s'assembloient aucunes fois seize ou vingt mille personnes; » puis il ajoute plus loin : « pour lesquelles faire il ne prenoit point d'argent et ne « souffroit qu'on le pourchassat (1) ainsi que on souloit faire aucuns autres pré- « cheurs mais il étoit assez content qu'on lui donnat aucuns riches ornements « d'église et qu'on revêtit ses disciples et payat ses dépens, de laquelle chose « faire on étoit tout joyeux (2) ». Nos comptes municipaux vont fournir la preuve de l'exactitude du chroniqueur, quoique le nom du prédicateur s'y trouve singu- lièrement dénaturé par la plume du scribe du grand compteur.

« A Jacques d'Amiens, orffeuvre, la sõme de 16ˡ 15ˢ parisis qui deue luy estoit « par icelle ville pour ung calice d'argent doré à lui accaté, pesant 9 onches et « demie et que Messʳˢ ont fait donner et présenter à frère Thomas Coyon (sic) « relligieux des Carmes qui par plusieurs journées a preschié en la ville d'Amiens « pour ce estre emploié en aucunes nouvelles relligions que ledit frère Thomas « pourcevoit estre fondeur ou aultrement en tel usage qu'il luy plairoit et par- « ticiper à ses oraisons et prières, pour ce paié par mandement et quittance « donné le 30ᵉ jour de mars 1429, la date renouvelé, la some de... 16ˡ 15ˢ parisis.

« A Fremin le Flamant et Andrieu du Quesne, maistres des deux douzaines « de la ville d'Amiens, la sõme de 32 sols parisis, qui donné luy ont esté par « courtoisie d'avoir gardé luy et plusieurs autres sergents du guet de nuit par « ix jours durant les preschemens fais par frère Thomas relligieux carme, aux- « quels furent assemblés grant quantité de peuple de plusieurs villes et pays « pour ce etc. . . . . xxxiiˢ (3) ».

Ce n'était pas uniquement au peuple que frère Connecte exposait ses doctrines,

(1) C'est-à-dire qu'on quêtat pour lui.
(2) Chroniques d'Enguerran de Monstrelet, édition Buchon. II, chap. LIII,
(3) Regist. aux comptes, 1428-1429, Y, 3, 24.

il les préchait aussi hardiment devant le haut clergé lui-même et les autorités de la cité, comme l'indique cette autre mention.

« A Nicaise Mourin, fraislier demeurant à Amiens, le xxᵉ jour de mars mil cccc
« xxviii, pour thille par lui livrée de laquelle on fit un hourd pour Messʳˢ sur
« lesquelz ils oirent les sermons de frère Thomas Cntette, (sic) carme, lequel
« prescha à la court Monsʳ l'évêque (1) ».

Nous ne savons plus grand'chose de la mairie de Pierre Clabault en cette année, et le registre aux comptes ne mentionne guère d'intéressant que le passage par Amiens d'ambassadeurs envoyés au duc de Bourgogne pour le maintenir dans l'alliance de l'Angleterre. Philippe-le-Bon, alors, était depuis long-temps déjà en froid avec son beau-frère, le régent Bedford. Cette mésintelligence avait pris naissance à l'occasion du mariage de la comtesse de Hainaut, Jacqueline, sa tante, avec le duc de Glocester, et s'était accentuée quand à propos de la remise en dépôt entre ses mains de la ville d'Orléans assiégée par les Anglais, sur les refus et les menaces de Bedford, il avait donné l'ordre à ses vassaux de quitter les drapeaux de l'armée anglaise. Aussi cherchait-on à l'apaiser et lui députait-on sans cesse de Paris.

Les registres aux comptes fournissent à ce sujet la mention des présents de vin qui leur furent présentés :

« A Monseigʳ l'évesque de Noion, Messᵉ Hue de Lannoy, Monsʳ de Courcelles,
« Messᵉ Daviot de Poix, maistre Quentin Marcque secrétaire de Monsʳ de
« Bourgogne, et maistre Jehan Millet secrétaire du roy, tous ambassadeurs,
« qui aloient à Hesdin devers Monsʳ de Bourgogne.

« A Michel de Laillier, de la Cour des comptes, les échevins de la ville de
« Paris et pour les gens de par l'Université, tous ambassadeurs, qui aloient
« devers ledit Monsʳ de Bourgogne (2) ».

(1) Ibid. Thomas Connecte n'eut pas à Corbie une réception aussi populaire, si nous nous en rapportons aux chroniques de Douai du Président Tailliar, Douai 1875, T. II, p. 30. De là (d'Amiens) dit-il s'en alla à Corbie où il fut reçu gracieusement. On fit un théâtre en cette ville, il y chanta la messe et y prêcha comme il avoit coutume, mais lorsqu'il eut préché un quart d'heure il descendit du théâtre, monta sur un mulet et s'en alla hors du pays. On racontait qu'on était venu lui dire sur le théâtre que s'il ne partait prestement il auroit beaucoup à faire et seroit en péril d'être puni parce qu'il avoit parlé sur l'état de chacun et principalement sur le clergé.

On sait que le curé Breton ayant été porter ses doctrines en Italie y fut victime de l'Inquisition qui le livra au bûcher ; c'était le sort fatal de tous les réformateurs qui devançaient leur époque, et ses attaques contre le haut clergé devaient avoir ce résultat.

(2) Regist. aux comptes, 24, Y, 3.

D'autres passages furent plus difficiles. En juillet, le cardinal de Winchester rappelé dans la capitale par la gravité des événements, reçut, en traversant Amiens, comme ces mêmes ambassadeurs, les présents de vin de la ville, mais il fallut veiller avec soin en raison de son escorte, pour éviter les querelles qui auraient pu s'élever entre anglais et français. Juillet « à la taverne du Blanc-« Chierf, le 21ᵉ dudit mois, donné aux sergents à mache qui avoient été bien « embesoignés pour le passage des englès qui passèrent avec Monsʳ le cardinal « d'engleterre, ɪɪɪɪ kanes de vin (1) ».

Etaient-ce encore des Anglais que ces gens d'armes installés à Saint-Pierre, au pied des murailles d'Amiens, et que le Borgne de Fosseux (2) fit déloger. Nous ne trouvons à cet égard que cette brève mention : le 26 juillet pour Monsʳ le Borgne de Fosseux qui avoit fait desloger les gens d'armes qui estoient à Saint-Pᵉre ; 1ᵉʳ août, à plusieurs bourgeois qui montèrent à cheval avec Monsʳ le capitaine et pour aydier à conduire les gens d'armes tant qu'ils fussent passés, ɪɪ kannes (3).

Tout en continuant les pourparlers qu'il avait entamés avec le roi Charles VII, Philippe-le-Bon se rendit à Paris. A son passage, la ville d'Amiens lui fit don de deux ponchons de vin de Beaune, et d'un de vin de Bourgogne à l'évêque de Térouanne, qui l'accompagnait. On sait qu'à la suite de ce voyage, la Régence du royaume de France lui fut confiée, et que Bedford se contenta du gouvernement de la Normandie ; l'amitié du duc était trop nécessaire aux Anglais pour ne pas lui abandonner un pouvoir que l'Université, le Parlement et la bourgeoisie de Paris réclamaient pour lui avec instance.

A l'expiration de sa mairie, Pierre Clabault fut, à la Saint-Simon 1429, élu premier échevin, second en 1430, 1431 (4), 1432, réélu de nouveau maïeur en 1433. La situation était alors plus ardue que quatre ans auparavant, et la mésin-

Octobre 1433-1434
Pâques 12 avril.

(1) Ibid. 24, Y, 3.

(2) Jean ou Philippe de Fosseux, dit le Borgne, seigneur d'Arly, Boubers et Marconnelles, fut placé par le corps de la ville au mois de mars 1434 et ne resta qu'un an en place. Il portait de gueules à trois jumelles d'argent. Daire. Hist. d'Amiens, I, 167.

(3) Regist. aux comptes, 24, Y. 3.

(4) C'est en 1431, comme on l'a vu plus haut, page 3, qu'une députation amiénoise s'étant rendue à Abbeville, auprès du roi Henri VI, y fut défrayée aux frais de l'Abbevillois Jacques Clabault. Pour reconnaître cette courtoisie, l'échevinage prit, le 6 juillet, la délibération suivante :

« Sur ce que plusieurs eschevins, bourgeois et habitans d'Amiens avoient rapporté au retour d'Abbe-« ville où ils étoient allés devers le Roy, notre souverain seigneur, à sa nouvelle venue, pour lui recom-« mander la dicte ville d'Amiens, Jacques Clabault, bourgeois d'Abbeville, où ils avoient été logés, les « avoit grandement receus et logiés en chambres et places honorables et leurs varletz jusqu'à grant

telligence plus forte que jamais entre Bedford et le duc de Bourgogne. Le pouvoir de Charles VII gagnait chaque jour au détriment de l'usurpateur anglais et ses capitaines, maîtres de bonnes places, causaient mille dommages aux villes qui ne s'étaient point encore prononcées pour leur légitime souverain. Malgré les trèves que la lassitude faisaient naître de temps à autre, français et bourguignons couraient sans cesse l'un sur l'autre. Parmi ces capitaines, le plus redoutable pour la ville d'Amiens était Blanchefort.

« Blanchefort qui se tenait au château de Breteuil, tenant le parti du roi
« Charles de France, fit moult de dommage ès pays de Santois, Amiénois,
« Vimeu et autres lieux, par feux, pillages et par épée, parquoy iceux pays
« furent, ou la plus grande partie, tous perdus et inhabités, sinon autour des
« bonnes villes et forteresses. Et n'en pouvaient plus souffrir et payer les grands
« tributs qu'ils avoient accoutumé de livrer pour leur appactiz (1) ». D'autres
capitaines occupaient les châteaux d'Airaines, d'Hornoy et de plusieurs autres
points du Vimeu, aux alentours d'Amiens, Boves, Raineval, Conti, Moreuil.
C'est assez dire de quelle ceinture ennemie, la capitale de la Picardie se trouvait
environnée, et les registres aux délibérations vont nous montrer quels lourds
soucis incombèrent alors au Maire et aux échevins dans le gouvernement d'une
ville aussi importante et aussi grevée par le fardeau des tailles et les ravages
de la mortalité.

Blanchefort avait composé avec la ville d'Amiens pour la somme exhorbitante
de 1,000 saluts d'or. Pour s'acquitter de cette réquisition, on avait levé (1432-33)
deux saluts d'or sur chaque journal de vigne, dans le rayon de trois lieues
d'Amiens, et dix sols parisis sur chaque tonneau de vin vendu en gros ou amené
à Amiens, excepté celui récolté dans les vignobles déjà soumis à l'impôt. La ville
avait en outre à faire face à la nécessité non moins urgente de la restitution des
emprunts contractés pour le recouvrement des forteresses du Crotoy, de Saint-
Valery et de Pont-Remy.

« nombre et à eulx livré, linges, huile, carbon, candeilles et autres choses à eulx convenables et dont
« ce n'avoit voulu prendre paiement, ne restitution, ne souffrir que les varlets prinsent vin, ne cour-
« toisie, comme les choses appartenoient et sont accoutumés estre, pour honneur et révérence de la
« ville d'Amiens, des maire et eschevins et habitans, pour lesquelles choses et recongnoitre le bien et
« honneur des susdits, appartenoit faire audit Jacques aucune satisfaction honorable, sur laquelle chose,
« eu advis ensemble avec ce que autrefois en a esté parlé, Messieurs ont délibéré qu'ils feroient faire
« une éguière de marc et demi d'argent bien ouvrée et armoriée des armes de la ville d'Amiens et pré-
« sentée et donnée audit Jacques pour satisfaction des coses dessus dites » (Regist. aux délib. T. 3).
Mais Jacques Clabault déclina également ce témoignage de reconnaissance.

(1) Chroniques d'Enguerran de Monstrelet. Livre II, ch. CXXIV.

Le jour Saint-Simon-Saint-Jude 1433, l'assemblée électorale réunie, suivant l'usage, aux Halles, à son de cloche, n'ayant reçu nulle réponse aux messages plusieurs fois envoyés pour obtenir le mandement royal qui lui permettait de procéder, décida, d'un commun accord, de différer le renouvellement de la loi jusqu'au jour de la Saint-André prochain. En conséquence, le 30 novembre, en vertu des lettres enfin reçues du roi (c'est toujours le roi Henri VI), la loi de la ville fut légalement renouvelée et sire Pierre Clabault, élu maïeur. Le lendemain 1er décembre, la nouvelle administration entra en fonctions et s'occupa tout d'abord de différentes questions d'utilité communale, notamment de la clôture, sur les vives réclamations de plusieurs voisins, de la ruelle derrière la maison du Bel-Arbre, qui, à leur grand préjudice, servait de dépôt d'immondices (1).

Le 13 décembre, à la Maison aux Cloquiers, l'on agita la question beaucoup plus grave de savoir quelles aides devraient être levées pour cette saison « pour paier l'impôt ou obligation faite et accordée au profit de Jehan de « Blancefort, soy disant capitaine de Breteuil, au terme de Noël prochain ». L'on tomba d'accord de « lever sur ceux qui ont dépouillé en la saison passée « blés ou vendanges, en la terre banlieue et enclaves d'Amiens, 4 sols par « chaque journal, et pour mars en quoy sont comprins avaines, traimoies, « waides ou autres graines, et à ce seront contraints au mieux que on pourra « pour accomplir ledit paiement, par vertu de la commission baillée par Monsr « le bailli ou autre. »

Les malheurs des temps apportaient nécessairement un certain relâchement dans l'exercice des fonctions publiques. Comme les échevins négligeaient trop souvent de venir aux Cloquiers pour assister le Maire et le Prévôt dans la tenue des plaids, et pour obvier au préjudice que le retard des jugements pouvait causer aux droits des parties, l'on arrêta, le 29 décembre, que trois échevins seraient, par semaine entière, à tous les jours de plaids, tant qu'ils seraient expédiés, et que les amendes des défauts données en mairie et en prévôté, seraient dorénavant perçues au profit de ceux qui auraient tenu les audiences autant pour le maire que pour les échevins.

Le 20 janvier, l'échevinage avisé que plusieurs personnes « qui soloient « demourer à Amiens, et d'autres se sont logiés en plusieurs maisons ès faux-« bourgs où ils vendent cervoises, pains, hérens, fromages et autres denrées « qu'ils vendent aux étrangers où il leur plest et en porroient pourvoier les enne-

(1) Registre aux délibérations, fo 42, vo. T IV. 1431-1437.

« mis du roy nostre sire, au préjudice de ce prince, de la ville et du pays d'en-
« viron, que par ce la ville est dépopulée, la marchandise de la cité amenuisée et
« diminuée et ne porroit plus estre si faire n'estoit pourveu. » On avisera de
parler à Monsr le bailli afin de « contraindre lesdis marchans vendant denrées,
« hostelains, et aussi fèvres, maressaux, cartons, et gens de paroil estat à de-
« mourer dans la ville. »

Le 4 février, Thibaut du Gard et Chrétien de Hanchies sont délégués pour
faire rapport si l'on permettrait à aucuns marchands d'Amiens de mener leurs
hérens hors de la ville, dont le prix était alors de 30 sols parisis du muid, par
l'inventaire sur ce fait.

Si la municipalité s'occupait ainsi d'assurer la consommation matérielle de la
cité, il était tout aussi urgent d'apporter la plus grande vigilance pour la sûreté
de la ville. Aussi, dans une assemblée tenue aux Cloquiers, le 4 février 1433, où
étaient présents : « Monsr maistre Robert le Jône, bailly d'Amiens, sire Pierre
Clabault, maïeur, sire Mile de Béri, lieutenant de Monsr le capitaine, etc. « tous
« lesquels assemblés pour avoir advis au bien et seureté de la ville, et pour la
« garde de la forteresse, fu mis en question quel cose estoit à faire pour ce que
« le commun estoit diminué par la mortalité de l'an p̄nt et fu ordoné q̄ ce
« considéré q̄ les aucuns tenant plusieurs forterechas proche de lad. ville que
« tous les portiers, chacun en son jour, seroit armé et garderoit la porte où il
« seroit comis en sa personne, toute [la journée?] sans en partir. Seront les
« portiers ensemble à ouvrir et clore la dite porte.

« Item chūn quief d'ostel au jour qui lui sera ordoné pour estre au guet et
« pour les tours ou crestel où le dit guet sera assis, ou pour le guet ou sous guet
« de queval q̄ on dist errant, sera au dit guet en personne, s'il n'est excusé pour
« son impotence, ouquel cas il y envoiera à son frait personne souffiss[ante] et
« coutumier, chacun en son guet c'est assavoir ceux des tours et crestels, depuis
« l'eure de vespre jusques au lendemain au matin, et cheux du guet errant
« jusques le second guet d'après minuit sera venu sur le foreteresche.

« Item que cheux qui seront à leur guet ès tours se monstreront et parleront
« audit guet de nuit et leur diront ce qu'ilz aront seu et oy par les deux d'icheux
« guétant esdites tours ou crestel, dont toute nuit les deux seront gaitant et
« regardans dilligement dedans les fossés pour voir et oyr che qui y porra
« avenir.

« Item et si aucuns des dites tours faisant le guet refuse à voir et acouter ès
« dits fossés aux compaignons de ladite tour pour certaines distances, et l'un

« après l'autre, les compaignons y en cometerot d'autres et lesdits contredisans
« en seront pugnis par lesdits maïeur et eschevins.

« Item et aussi se ycheux estans esdites tours refuse aucuns leur veue et pa-
« roles audit guet errant, ycheux refusé en seront pugnis par le rapport dudit
« guet errant à la volonté du maïeur et eschevins.

« Item et auquel guet des tours ou crestel ne sera envoié aucuns étrangers
« de la ville et du pais environnant, s'il n'est de congnoissance, ne nulz de villes
« ou pais obbéissans aux ennemis ou adversaires, mais icheux qui n'iront audit
« guet seront contrains à y envoier home souffisant pour luy à son frait.

« Item est deffendu que aucuns ne porte ne faice immondice sur le forteresche
« es tours ne dehors à paine de vˢ parisis d'amende, laquelle chelui qy prendra
« le meffaisant ara pour sa paine.

« Item que pour renouveler le dit guet des tours seront contrains les Xⁿⁱᵉʳˢ et
« connestables de baillier par escript, les personnes de leurs Xⁿᵉˢ et les lieux où
« ils demourent et s'ilz sont estrangers ou de la congnoissance de la ville.

« Item sera commandé à chun hostelain d'Amiens de aporter chacun jour
« après la porte close, par escript tous ses hostes et de quel nassion et congnois-
« sance ils sont à paine de l'amende de xˡ sols et pugnicion de pson et ce apart
« au maïeur ou son comis ».

Mais pour subvenir aux frais des hostilités, se produisaient sans cesse des
demandes d'argent. Dans l'assemblée tenue aux Cloquiers, le 25ᵉ jour de janvier
1433, sur ce que les comis[saires] et députés du duc de Bourgogne avoient
envoyé lettres closes pour que l'échevinage envoyat ses ambassadeurs devers eux
à Hesdin, pour traiter de certaines affaires touchant le bien et sûreté du pays, il
fut arrêté de leur députer Hue de Vilers.

La nuit porte conseil. Le lendemain 26, Hue de Vilers « carquié du voyage,
« ayant eu advis que plusieurs pillards et robeurs estoient par les canps, qui
« battoient, pilloient, ostoient les chevaux et biens d'argent qu'ils trouvoient, et
« ledit jour un bourgeois marchant d'Abbeville qui s'estoit parti d'Amiens y
« avoit esté ramené déroppé et navré en péril de mort », refusa la mission qui lui
avait été confiée. L'on se décida alors d'envoyer à Hesdin le messager de la ville,
Jacques de Revelle. Mais le 27, l'on apprend que ce n'est plus à Hesdin, mais à
Arras, qu'il faut se rendre. Le 16 mars enfin sur une nouvelle requête des
commissaires de Monsʳ de Bourgogne d'envoyer à Arras des ambassadeurs pour
le même objet, on est d'accord « d'y envoyer Hue de Vilers pour y estre jeudy
avant Pasques flouries ». Celui-ci, parait-il, s'était remis de ses terreurs, car le

21, il fit rapport de son voyage. Il a remontré « la non puissance de la ville pour finances pour les frais de la guerre », et sur ses observations, ajournement lui avait été donné à lui ou un autre envoyé, pour le jour de Quasimodo prochain.

Dans une assemblée tenue aux Cloquiers, le xxvi° jour de mars oudit an mil cccc xxxiii, le Maire déclare que ce jour, il a reçu la visite de MM. Jehan Lenormant et Philippe Crolle chanoines de l'église Notre-Dame d'Amiens, lui annonçant que MM. du chapitre avoient l'intention d'envoyer vers le roy (Henri VI) remontrer les nécessités, grosses paines et pertes qui leur sont faites et à leurs censiers, fermiers, pour lesquels ils n'avoient dont bruire? ne faire le service divin, voyage qu'ils ne vouloient faire sans le signifier premièrement au maire et aux échevins, « ainsi que autrefois avoient ensemble communiqué leurs « besoignes et affaires et savoir à eulx se ils volaient faire pareil voiage et « remonstrer les dangiers et dommages où la ville et les habitants? par lesquels « présents dessus dit, eu sur ce conseil et advis ont esté d'accord que pour ce « quil estoient peu pour délibérer de ladite matière et voyage qui leur semble « estre grant cose (l'on ne s'embarquait pas facilement alors) et que ladite ville « est grandement chargée de debtes et n'a aucune chevance, que mesdis s^{rs} « seront en plus grand nombre en ces festes de Pasques, le mardi ou mercredy « pour en estre d'acort en la semaine peneuse ».

Assemblée faite en Hale, à son de cloque, le premier jour d'avril, l'an dessus dit, mil cccc xxxiii. On y fait savoir que « M. le Chancelier et Monsr le Régent « devoient être briefs à venir et attendoit celui prince à Abbeville messire « Ph Taillebot (1) a tout grant compaignie de gens d'armes, que on pooit penser « quilz étoient venus et venoient pour guerroyer les ennemis, en quoy on esqui- « veroit le péril de la mer ». On délibéra donc d'attendre la venue du duc de Bedford.

Dans une autre assemblée, tenue le même jour aux Cloquiers, on se préoccupa de nouveau de Jehan de Blanchefort. Le capitaine de Breteuil avait écrit pour être payé de ce qui lui était encore dû des mille saluts d'or, pour le prix de la sécurité qu'il avait promise et dont le terme était échu depuis le Noël dernier. Il n'était pas douteux qu'à défaut de paiement, il ne commit ou fit dommages aux habitants de la ville. « Ce qui reste du dit paiement sera poursuivi à la plus « grande diligence que faire se pourra sur ceux qui encore en doivent sur « l'assiette où ils sont mis, et du surplus qui ne pourra être reçu, emprunté sur

(1) Philippe Talbot? Est-ce une erreur du scribe? je n'ai trouvé aucun personnage de la famille Talbot portant ce prénom.

« les habitans ou fait autrement au mieux et plus brief que faire se pourra, afin
« qu'inconvénient n'en arrive. »

Blanchefort, en fait, n'était pas un créancier des plus faciles ; l'année précédente, il était venu lui-même, le 27 février 1432, jusques à l'abbaye de Saint-
Jean, pour recevoir le prix de sa composition et Pierre Deleplanque, sergent à
masse, avait dû lui porter « pain, char, godes de terre ? et 18 pots de vin pour
sa réfection et celle de son escorte (1). »

Cependant Jean, fils du comte de Nevers, auquel le duc de Bourgogne venait
de donner le comté d'Etampes, venait d'être nommé par ce prince capitaine
général de Picardie, pour avoir la charge des frontières. Il réunit bientôt autour
de lui, le seigneur d'Antoing, Jean de Croy, le vidame d'Amiens, Valeran de
Moreuil, les sires d'Humières, de Saveuse, de Neuville, Baudo de Noyelle avec
un millier de combattants, en vue des expéditions militaires qu'il allait entreprendre (2).

En la maison des Cloquiers, le derrain jour de may, Monsieur de Saveuse
réclame le prêt d'une des tentes de la ville pour aller assiéger aucunes villes et
forteresses. Sur le vu de sa cédule contenant obligation de la rendre, l'échevinage accéda à son désir. Cette obligation est serrée dans le dernier questel (3)
du premier huchier en entrant dans l'Oeurieul aux Cloquiers.

Le surlendemain 2, une autre assemblée se tient dans le même édifice, le bailli
Robert le Jeune y assiste. On y montre les lettres de Blanchefort réclamant les
94 saluts d'or qui lui restent dus du traité fait avec lui pour demeurer en sûreté
et pouvoir dépouiller les vignes et les ablais. Mais la ville n'a pas de quoi payer
cette somme. De peur d'exécution on décide que le proie et bestail de la
ville, ne seront point mis aux champs au lez du dehors de la porte de Beauvais,
mais vers la porte Montrescu, jusqu'à ce qu'on ait trouvé moyen de satisfaire le
créancier par des ressources quelconques. Trois jours après, nouvelle réunion.
On n'a pu trouver « chevance » pour payer Blanchefort. Il ne se rencontre ni
deniers disponibles d'orphelins, ni acheteurs de rentes à vie. On se décide à
prendre 60 livres parisis sur la recette du domaine à cause de la prévôté, et le
reste sur les fermiers de vin et des goudalles. Outre la tente prêtée au seigneur
de Saveuse, des renforts d'hommes sont encore sollicités par le gouverneur de

(1) Regist. aux comptes.
(2) Monstrelet. II, chap. cliv.
(3) Questel, Questeau, tiroir d'un meuble où l'on serrait l'argenterie et les objets précieux. Voir la
Curne Sainte-Palaye et Du Cange aux mots : Questeau, Quætus.

Picardie. Le 13 juin, en effet, dans l'assemblée aux Cloquiers, où assiste le bailli, le comte d'Etampes occupé au siège du château de Moreuil, réclame 80 manouvriers avec pics, pelles et hoyaux, appointiés pour huit jours. On décide d'en envoyer seulement 40, les finances de la ville ne permettant pas de faire un plus lourd sacrifice. Le 19, on vote encore l'envoi de deux mortiers de cuivre et les bâtons à battre poudre de canons, et de 20 autres manouvriers (1).

Le 25 juillet, l'on arrête que les arbalétriers et pavoisiers qui ont été envoyés au siège de Saint-Valery, que fait le comte d'Etampes, y seront et demeureront encore jusqu'au jeudi ou vendredi prochain, jour où lesd. ville et chastel doivent estre mis en l'obéissance du roi si les ennemis ne se montrent les plus forts. On avait effectivement, le 14 juillet précédent, envoyé, à la demande du comte, 12 arbalétriers ou pavoisiers pour une durée de huit jours (2).

Les boulangers vendant blanc pain, le font trop léger; pour réprimer les fraudes par eux commises au préjudice du peuple, ils seront condamnés selon les ordonnances. Nous verrons encore plusieurs fois l'échevinage obligé de surveiller avec soin ces commerçants trop peu scrupuleux.

Dans l'assemblée tenue aux Cloquiers, le 4 août 1434, pour ce que « la saison « de messon est présente et la saison des vendanges à venir, » l'on met en question de savoir si on s'apactisera à Blanchefort ou non. Sur quoy le bailli « a dit « quil set bien que le plaisir de Monsr le Régent ne de Monsr le Chancelier ne « sont point que on s'appatisse audit Blancefort. » Toutefois on redouble de précautions et les 10 et 11 août l'on prend de sévères mesures relatives au guet de la ville et des fauxbourgs. Pierre Le Cat et maître Jehan Jouglet iront à Abbeville recommander la ville d'Amiens à Monsr le Régent et à Monsr le Chancelier et à « eulx remonstrer les griefs, paines, que font les forteresches « tenant l'ennemy, comme Boves, Raineval, Conti et autres, aux habitants de la « ville et autres gens du plat pays (3). »

Vers le mois d'août les Français s'étaient emparés de Ham, mais à la suite de pourparlers, en vue de rétablir une paix définitive entre le roi Charles VII et le duc de Bourgogne, le connétable Arthur de Richemond avait consenti à restituer cette importante place forte, moyennant 40,000 écus. Pour fournir cette somme, il fallait trouver immédiatement l'argent nécessaire, de là, nouvelle augmentation des impôts sur la contrée déjà si cruellement foulée.

(1) Regist. aux délibérations. Ibid. f° 49.
(2) Ibid f° 50.
(3) Ibid f° 53.

« En ces propres jours, dit Monstrelet (1), par tous les pays d'Artois, Verman-
« dois, Ponthieu, Amiénois et autres à l'environ, furent levés grands tailles pour
« payer la composition dernièrement faite pour la ville de Ham au connétable de
« France, dont le pauvre peuple fut grandement émerveillé. Si commencèrent à
« murmurer et être mal contents des gouverneurs et conseillers que le duc de
« Bourgogne avait laissé en iceux pays ; mais ce rien ne leur valut ; car ceux qui
« furent refusants de payer, on les contraignit par voie de fait, sans tenir nuls
« termes de justice, en prenant leurs corps et leurs biens jusqu'à l'accomplis-
« sement du paiement dessus dit. Durant lequel temps, le seigneur de Saveuse,
« qui à ce avoit été commis par le comte d'Etampes, fit démolir et abattre la
« ville et forteresse de Breteuil en Beauvaisis, laquelle lui avoit été délivrée par
« Blanchefort qui en estoit capitaine, ainsi que promis l'avoit esté au dessus dit
« de Ham. Et avoit pour ce faire grand nombre de manouvriers d'Amiens, de
« Corbie et d'autres lieux, lesquels en icelle oeuvre tant continuèrent que du
« tout fut mis au bas, réservé une forte porte qui étoit au dit chatel, laquelle
« étoit fortifiée. »

La ville d'Amiens se trouvait ainsi débarrassée de l'onéreux voisinage de
Blanchefort, mais nous allons voir au prix de quels sacrifices, elle devait acheter
un repos éphémère et quelle longue lutte elle eut à soutenir pour éviter dans la
limite du possible, les nouvelles charges qu'on voulait lui imposer. Les registres
aux délibérations nous édifieront sur ce point d'histoire locale.

Assemblée faite en la Maison des Cloquiers, le 5e jour de septembre. Vu les
lettres du comte d'Etampes, de messire Philippe de Croy et autres, commis par
Monsr de Bourgogne, que pour le bien et sûreté de la ville et du pays, on envoie
vers eux à Corbie, pour en délibérer, on délègue pour s'y rendre, maître Tristan
de Fontaines et sire Mile de Béry, et contiennent lesd. lettres que les trois estats
d'entr'eux y seront et y sont mandés les villes d'Abbeville, de Monstroeul et
autres (2).

Assemblée faite en le Hale, à son de cloque, le vendredi 10e jour de septembre.
Tristan de Fontaines et Mile de Bery revenus, la veille, de Corbie de devers
Monsr le comte d'Etampes, rapportent, ont vu et lu une cédule en papier
contenant fourme de trèves entre Monsr de Bourgogne et ses adversaires, la
reddition de la ville de Ham et chastel de Breteuil et démolition dudit chastel.
On leur a demandé la somme de 1,000 salus d'or.

(1) Enguerran de Monstrelet, édition Buchon, chapitre CLXI.
(2) Registre aux délibérations. Ibid. f° 54, R°.

Dans une autre assemblée aux Cloquiers, le 13 septembre, l'on arrête l'envoi de Mile de Bery et de Jehan Charlet, conseiller de la ville, à Péronne devers Monsr le comté d'Etampes et les députés du duc de Bourgogne, pour les remercïer de ce qu'ils ont eu mémoire de la ville d'Amiens. Quant à la dépense « de « remettre en l'obéissance du roi, le chastel de Breteuil et de le abattre, ils y « contribueront volontiers selon leur faculté. Mais quant à avoir argent de prêt « il n'en ont point et ne le porroient asseoir ne ceuiller, se il ne avait sur ce et « sur les autres points dessus dis, lettres de consentement et acord du roy notre « dit seigneur où ils ont envoié pour l'avoir, lesquelles venues ils feront toudis « au pourfit et honneur du roy notre dit seigneur et de mond. s^r de Bourgogne « au mieulx qu'ils porront ».

Autre assemblée aux Cloquiers le 28. L'on y décide de publier les lettres d'abstinence de guerre, le lendemain heure d'après-diner, en attendant les lettres du roi ou du régent envoyées quérir devers eux quinze jours passés et plus.

Le 4 octobre, aux Cloquiers, décision prise de réunir le lendemain aux Halles les habitants pour leur donner connaissance des lettres closes à eulz adressées.

En effet dans la Halle où étaient Monseig^r le bailli, monsieur le capitaine sire Pierre Clabault, Robert de Fontaines official, commis par Monseig^r l'Evêque d'Amiens, Robert Lemaitre archidiacre, Me Jehan du Drac chevelier, canoine député du doyen et chapitre d'Amiens, etc. et comparurent le Vidame d'Amiens, Jehan de Bonnes, Guy Guillaut et Jehan de Drucat, ambassadeurs du comte d'Etampes qui exposèrent que « pour le fait de l'avance dud. Monsr de Richemon « il avoit esté traitée qu'il lui soit payé la somme de 50,000 salus d'or dont estoit « paié 20,000 et le remain estoit à paier ». On demandait sur cette somme 3,000 salus. Arrêté que les habitants étant en petit nombre, le lendemain les dits habitants seraient appelés de nouveau sur certaine peine en cas de défaut. En conséquence l'assemblée se réunit le 6, et l'on y décida que sur le congié et autorité du roy, on paiera pour bien faire et pour tous paiements la somme de 2,000 salus d'or ou monnaie à la valeur et non autrement. Comme corollaire, le 18 à la Malemaison, 24 livres parisis sont données pour tout salaire à Jehan Tourtier qui avait été commis à cueillir l'aide pour payer Blanchefort.

Octobre 1437-38
Pâques 31 mars.
Premier échevin en 1434, second en 1435, premier en 1436, Pierre Clabault fut réélu maïeur pour la cinquième fois en 1437. De graves événements s'étaient accomplis durant ces trois années au point de vue politique, mais la situation matérielle et le bien-être des populations furent longtemps encore avant d'en bénéficier.

Les pourparlers de paix avec le duc de Bourgogne avaient enfin abouti. Après les entrevues de Nevers, des conférences s'étaient tenues à Arras. Le 21 septembre 1435, la paix y fut signée enfin entre le roi Charles VII et le duc Philippe-le-Bon. Publiée dans les rues, elle fut accueillie par des transports d'allégresse. Un seul jour ne suffit pas pour étouffer une si grande joie. Les deux partis avaient oublié toute haine et ne songeaient qu'à se réjouir en commun. Les gens d'église, les nobles, les bourgeois, la populace, tous se félicitèrent d'un si grand bonheur attendu depuis si longtemps. Les démarches des légats du Pape, et surtout la mort opportune de son ancien beau-frère, Bedford, décédé à Rouen, le 14 septembre, et qui seul avec le roi Henri V avait reçu ses promesses, avaient déterminé le duc à se décider enfin pour la paix.

Mais Charles VII avait payé cher l'acquisition précieuse d'un si puissant allié. Entr'autres stipulations de ce traité, le roi de France cédait à Philippe-le-Bon, les villes et châtellenies de Péronne, Roye, Montdidier, plus les villes, cités, forteresses, terres et seigneuries appartenant à la couronne de France, sur l'une ou l'autre rive de la rivière de Somme, comme Saint-Quentin, Corbie, Amiens, Abbeville et autres, ensemble tout le comté de Ponthieu, Doullens et Saint-Riquier, mais avec clause de rachat, moyennant la somme de 400,000 écus d'or, enfin la reconnaissance des droits du duc sur le comté de Boulogne saisi jadis sur la duchesse de Berry, sauf au roi à satisfaire aux demandes des héritiers légitimes de cette terre, si elles étaient reconnues fondées.

La prise de possession des villes de la Somme par Philippe fut, à Amiens, marquée par une violente insurrection. Les habitants qui lui avaient député leur avocat, Tristan de Fontaines, pour obtenir la remise de leurs tailles, voyant qu'il ne les soulageait en rien du fardeau des subsides, commencèrent à dire que le bon roi Charles ne voulait point qu'ils fussent ainsi chargés d'impôts et que les villes restées sous son obéissance étaient beaucoup plus heureuses. Animée par les réponses que Tristan de Fontaines rapportait de son infructueuse ambassade, la plus grande partie des bouchers et de la populace ayant élu pour capitaine un nommé Honoré Cokin (1) et forcé le maire, Jean de Conti, à se mettre à leur

---

(1) Enguerran de Monstrelet, édition Buchon, II, 192. — Decourt, Jean-Joseph, conseiller du roy et contrôleur général des finances de la généralité d'Amiens, né à Amiens, mort le 14 décembre 1723, dans ses mémoires chronologiques et historiques, pour servir à l'histoire ecclésiastique et civile de la ville d'Amiens, nomme ce chef Huré dit Honoré Cotzin, portefaix aux Halles. La bibliothèque de la ville d'Amiens possède une bonne copie de ces mémoires faite par les soins de M. Garnier, bibliothécaire de la ville, sur le manuscrit original de la Bibliothèque Nationale.

tête, coururent chez Pierre Leclerc, prévôt du Beauvaisis, qui de même que Robert le Jeune, bailli pour les Anglais et les Bourguignons, s'était fait en Picardie une grande renommée de rudesse et d'avarice, pillèrent sa maison, burent son vin, le saisirent dans le poulailler d'un pauvre homme chez lequel il s'était réfugié et lui coupèrent le hatrel (la gorge) en plein marché avec un sien neveu. A cette nouvelle, le duc expédia en hâte le sire de Brimeu et le sire de Saveuse, qu'il venait de nommer bailli et capitaine de la ville. Le comte d'Etampes et le sire de Croy les suivirent de près avec les archers de sa garde. On commença par amuser les mutins avec de belles paroles; quand on fut en force, on se saisit du Beffroi et des principales places. Le comte d'Etampes fit publier au nom du roi et du duc d'avoir à payer l'impôt, faisant grâce aux habitants, hormis aux chefs de l'insurrection. Vingt ou trente furent décapités, une cinquantaine bannis (1).

Paris avait fait sa soumission, et la guerre avait éclaté entre les Anglais, ses anciens alliés, et le duc de Bourgogne qui fit, en vain, le siège de Calais, par l'insubordination de ses sujets de Flandre. Le 12 novembre 1437, le roi de France avait fait son entrée solennelle dans sa capitale, où à Notre-Dame « étoient trois arches, comme à Amiens la nuit de l'an, bien pleines de chan- « delles et de cire ». De ce passage, de Monstrelet, La Morlière, Daire et tous les historiens locaux, avaient tiré cette conclusion que Charles VII avait également visité Amiens à l'époque qu'il indique, après avoir longtemps partagé leur opinion, j'avoue maintenant mes doutes à cet égard, n'en ayant rencontré nulle mention dans les titres manuscrits.

Mais les ravages des compagnies de gens de guerre devenues inutiles, difficiles à licencier et que la haine populaire avait baptisées du nom trop justifié d'Ecorcheurs, la disette, la misère, le manque de commerce ne se faisaient pas moins sentir dans toute la Picardie; à Abbeville, une misérable femme fut brulée vive pour avoir égorgé ses petits enfants et mis leur chair salée en vente (2). L'analyse succinte des délibérations échevinales de 1437 va nous montrer avec quelles difficultés financières, Pierre Clabault, comme chef de la commune, devait se trouver aux prises, pour satisfaire aux demandes sans cesse renouvelées de subsides toujours nécessaires, ou bien pour maintenir l'ordre et la tranquillité publique.

(1) Ibid. II, 219.

(2) Louandre. Histoire d'Abbeville et du comté de Ponthieu. Abbeville. 1844. T. II, p. 364.

Elu maïeur le jour de la Saint-Simon-Saint-Jude 1437, Pierre Clabault préside le même jour, à la Malemaison, l'assemblée où Pierre Lecat, échevin, est commis pour cueillir la taille de 2,000 livres parisis demandée pour Monseigneur le duc de Bourgogne et pour l'artillerie envoyée au roi.

Le 4 novembre, ordonnance sur le blé et le pain, en raison de la chèreté des substances.

Le 8, une assemblée est convoquée aux Halles. Des ambassadeurs du roi sont venus à Amiens et ont demandé à la ville et à l'élection d'Amiens 12,000 livres pour aider « à supporter son armée » occupée à faire le siège de Montereau, disants ne pas avoir reçu de réponse, non plus que des villes de Montreuil, Corbie, Doullens, etc. La ville objecte qu'elle a déjà payé 2,000 livres pour l'artillerie envoyée au roi, 1,000 livres au duc de Bourgogne pour les garnisons mises en Artois et « se n'avoient point le plus grant blé ni pain à manger, et en outre « avoient esté crié et sommé de paier certaine somme pour le siège du Crotoy, « pourquoy avec leurs autres debtes et pouvreté de lad. [ville] d'Amiens ouquel « ne avoit aucunes marchandises et ne sauroit labeurer à qui gaigner, ils ne « veoient voie ne moien, que de présent, ils puissent faire ne paier aucun aide « au roy, qu'ils feroient volontiers s'ils avoient puissance, requérans que ausdis « ambassadeurs fussent faites excusations les plus gracieuses que faire se « pourroient ».

Ledit jour, à heure de vespre, réunion avec les délégués de Montreuil, de Doullens, de Corbie. Ils furent unanimement d'accord que « combien que cha- « cune des dites villes eussent grande affection et volonté de aidier le roy nostre « sire et lui faire tout service et plaisir, il ne lui porroient de présent paier « aucunes sommes pour les grans tailles qui se cueillent sur eux de jour en « jour, la chèreté et deffaucté de vivres qui estoient au païs et pour l'armée et « siège qui estoit devant le chastel du Crotoy où il convenoit que les aucuns de « checune desd. villes fussent, les autres y envoyassent vivres, et tous y parais- « sent taillés pour le paiement des gens d'armes du dit siège etc....., laquelle « réponse leur fut faite (aux ambassadeurs) à leur hostel par lesd. maire et éche- « vins d'Amiens et autres dessus nommés, pour ychelles autres villes dessus « dites par la bouce de Wille de Lespière, échevin d'Amiens ». Le siège du Crotoy était en effet de grande importance ; si en vertu du traité d'Arras, les villes de la Somme avaient été remises au duc de Bourgogne, le Crotoy n'en était pas moins resté aux mains des Anglais, maître ainsi d'intercepter le cours de la rivière et de ruiner, par ce moyen, le commerce de la Picardie. Mais ce fut en vain, faute d'entente, l'on ne put les expulser de ce poste (1).

Le 29, par un samedi, aux Halles, on délibère sur les aides accordées par le roi à la ville, pour deux ans à compter de la Saint-Remy.

Le 5 décembre, ordonnance de l'échevinage sur le métier des tanneurs et cordonniers.

« Le 10, les grains sont à haut prix et les chervoisiers ne peuvent brasser « qu'en grande chèreté, ils demandent que le prix de leurs chervoises leur soient « hauchiés et ils feront bonne chervoise au proufit et plaisir du peuple ; vu la « chèreté du pain et autres coses ad ce mouvant, ledit prix ne sera point « hauchié quant à présent (2) ».

Le 3 février 1437, il faut s'occuper de réparations aux aguaites (guérites) de la forteresse des fauxbourgs, abandonnées à la pluie et au vent.

Le 27, la ville est appelée par Philippe-le-Bon à figurer à titre de juré dans un procès politique, une révolte contre le suzerain. Pareille invitation avait été adressée aux autres bonnes villes de sa domination : « Pour ce que nostre très « redoubte seigneur Monseigneur le duc de Bourgogne, a mandé par ses lettres « closes que MM. lui envoient trois ou quatre gens d'onneur pour li compaignies « le IIIe jour de mars prochain venant, que les gens de Bruges ont jour pour par « mondit seigneur prononchier la sentence sur les outrages, maléfices, offences, « désobéissances et excès par eux commis contre lui, de sa hauteur, noblesche « et seigneurie de ce qui s'en est suivi et poeut despendre dont ils se sont « submis entièrement à lui, comme ses dittes lettres contiennent, veues les- « quelles mesdits seigneurs ont été d'accord que sire Jehan de Moreuil et « Willaume de Lespière iront audit jour, lieu, pour faire ce que dit est et ainsi « que esdictes lettres est contenu (3) ». L'on sait de quelle répression sévère les turbulents Brugeois payèrent l'émeute du 22 mai, qui avait failli coûter la vie au duc, et qui la coûta au maréchal de l'Ile-Adam et à tant de nobles seigneurs (4).

Amiens semble cependant commencer à respirer un peu, et nous ne trouvons guère plus dans les registres que des règlements d'intérêt local : ordonnance sur peine de prison de faire quart de pain de poise, défense de non ouvrer de

(1) Enguerran de Monstrelet. Ibid. ccxxi.
(2) Registre aux délibérations. T. II. 1431-37. 189 vᵉ.
(3) Regist. aux délibérations. T. IV, fᵒ 187, Rᵒ. — A. Thierry. Ibid. II. p. 136.
(4) De Barante. Histoire des ducs de Bourgogne. 6ᵐᵉ édition. T. IV, p. 161 et suiv.

tanneurs ailleurs que sur l'eau de Merderon, ordonnance concernant les fourniers, hostelains et cabaretiers des fauxbourgs, défense d'exporter hors de la ville, blés ni vivres, sous peine de confiscation et de prison, etc.

Octobre 1441-1442
Pâques 16 avril.
Premier échevin en 1438, second du lendemain seulement en 1439, deuxième échevin en 1440, Pierre Clabault est élu pour la dernière fois aux fonctions de maire en 1441. Cette mairie ne sera pas moins ardue que les précédentes, et la situation morale et matérielle de la ville ne semble pas beaucoup changée ; la Praguerie d'un côté, de l'autre la lutte contre les Anglais qui redouble d'intensité avant sa fin, réclament de nouvelles précautions comme de nouveaux sacrifices. L'un des premiers actes de cette mairie est d'une utilité dont la nécessité était depuis longtemps constatée et réclamée. Pour mettre un terme aux litiges trop souvent élevés sur l'authenticité des chyrographes par des débiteurs ou des parties de mauvaise foi, il fut arrêté que dorénavant, les lettres contenant transports, baux à cens, ventes ou achats de cens, rentes, maisons, jardins, terres et héritages, seraient enregistrées sur un registre en parchemin, signées du clerc de la ville et renouvelées par année de mairie, et que les expéditions qu'en pourraient demander les parties leur seraient délivrées signées de ce scribe et revêtues du petit scel de la commune (1). Commencés en 1441 et s'étendant jusques à l'année 1621, les registres aux contrats forment une série de 144 volumes, dans lesquels on retrouve les renseignements les plus précieux sur la fortune et la situation des anciennes familles amiénoises (2).

Le 29 décembre, le maire et les échevins refusent nettement à l'évêque Jean Avantage, bien qu'élevé au siège épiscopal par l'influence du duc de Bourgogne, dont il avait été le médecin, la clé d'une barrière ou huisserie étant sur la forteresse auprès du pont sire Jehan Ducange, attendu que tout le gouvernement de la ville leur compette et appartient sous le roi notre seigneur ; « s'il veut « demander la clé, par courtoisie, elle lui sera prêtée, celle du petit huisset « seulement, pour luy jouer et esbatre de son plaisir, et non pour y mener ne « faire aler les chevaux, car l'alée de la forteresse est toute enfondrée et gastée « par les chevaux qui y ont alé, » ce qui nuit au service de la garde et du « guet (3) ».

Le même jour ils prennent aussi la décision que les gens d'église iront au guet

---

(1) Regist. aux délibérations, 13 décembre 1441, f° 103, V°.

(2) A Thierry. Ibid. I, p. 842. — Cette sage mesure avait été prise à Douai dès 1423. Tailliar. Chroniques de Douai. T. II, p. 27.

(3) Regist. aux délibérations, 29 décembre 1441.

et à la porte, « considérant le péril imminent que chacun jour porroit advenir
« et aussi que les bonnes gens de la ville estoient grièvement travailles et
« charges de aler auxd. guet et garde ». En ce ne seront point comprins les
curés et clercs des paroisses. Mais la ville ne doit pas seulement pourvoir à la
garde exacte des portes et des murailles, la Somme peut offrir un passage à
l'ennemi, aussi rend on l'ordonnance suivante qui sera publiée de par Mons' le
capitaine et mesdits seigneurs.

« Nous vous faisons assavoir de par Monsieur le capitaine et Messeigneurs
« maïeur et eschevins d'Amiens que toutes personnes ayans aucuns bateaux ou
« naviaux au-dessur et au-dessoux de ladite ville d'Amiens, les amainent et
« mettent ou fassent amener et mettre chacun jour dedans la forteresse de ladite
« ville, de nuit en dedans de heure de soleil escossant et que dedans icelle
« forteresse ils tiengnent et gardent et facent tenir et garder lesdits bateaux et
« naviaux seurement et fermement mis et attachiés de quaines et à clef depuis la
« dite heure jusque de lendemain soleil levant sans iceulx laisser au dehors de
« ladite forteresse sur et à peine de perdre les dits bateaux et nauvaux et de pu-
« gnicion de prison à la volonté de mesdits seigneurs (1) ».

Le 6 janvier 1441, dans une assemblée aux Cloquiers, nouvelle ordonnance
concernant la sécurité publique. « Sur ce que plusieurs gens estrangers que on
« ne congnoissoit, aloient de nuit par ladite ville armez et embastonnez et
« faisoient plusieurs outraiges, excès comme de rompre huis et fenêtres, battre
« et navrer gens, on défend de non porter armes dans ladite ville, espées,
« dagues, hachcs, langues de bœuf, guisarmes, beaudelaires, grands couteaux
« et autres armes de jour [ne de nuit] sous peine de 60 sols parisis d'amende,
« de la confiscation desdites armes et de prison. Les hostelains seront sur ce
« responsables de leurs locataires dont ils devront donner les noms par écrit
« sous les mêmes peines, enfin défense de sortir sans lumière de torche ou lan-
« terne après la (dernière cloche sonnée) sous peine de prison et d'amende, et
« d'aller sur les aléez de la forteresse (2). »

Le 5 février 1441, l'échevinage ratifie, sur la demande des Eswards de la
draperie, certains usages qui n'avoient point encore été consacrés par des règlements écrits. Ce qui montre bien la juridiction souveraine qu'exerçait l'échevinage sur les corporations industrielles, c'est une autre ordonnance rendue
quelques mois après le 24 août, par laquelle, à la requête de Perrinot Auguier,

(1) Regist. aux délibérations. Ibid. 29 décembre.
(2) Ibid. 6 janvier.

sellier, sur le refus d'admettre le chef-d'œuvre qu'il avait présenté pour avoir la maîtrise, attendu qu'il était seigneur et que le gouvernement et police de la ville et de la cité lui appartenaient en toute chose, il lui concède le droit de lever et tenir métier, nonobstant l'opposition des Eswards (1).

Dans l'échevinage du dernier jour de février, sur le traité fait avec le duc de Bourgogne au sujet d'une somme de 2,000 francs qu'il demandait encore à la ville pour l'ambassade faite à Orléans pour le bien de la paix de ce royaume et pour la somme de 400 écus pour la reddition et la démolition des châteaux de Folleville et de La Faloise, avec autres 400 écus pour le premier paiement de la ranchon de Monseig^r le duc d'Orléans, toujours prisonnier des Anglais, la ville d'Amiens était quitte moiennant 27 cent livres, mais pour fournir cette somme, elle dut emprunter celle de 1,000 francs « de noble et puissant et notre très ho-« noré seigneur Monseig^r de Lalain, seigneur de Montigny et de Haultes. con-« seiller et chambellan de notre très grand et très redouté seigneur Monsr le « duc de Bourgogne, alors bailli de la cité (2). »

Le 5 avril 1441, l'on s'occupe de travaux urgents. On décide de refaire cette année les ponts de la grande Cauchie, les murs et le grenier de l'Oeurieul aux Cloquiers, les basses cambres sur la forteresse, la planquette par laquelle on va de la Blanquetaque sur lad. forteresse (3) et de parfaire icelle forteresse ès lieux nécessaires, mais que Messrs puissent avoir a trouver argent pour faire lesdits ouvrages — « les arbres secqs de la Hautoye seront coppés et mis à point au profit de la ville (4). »

Le 9, en l'Oeurieul des Cloquiers, vient le bailli Simon de Lalain avec lettres closes du comte d'Etampes « lieutenant et cappitaine général ès marches de « Picardie, ordonnant estre mis sur les passages et ès places estans sur la « rivière de Somme des gens d'armes et de trait qui de jour et de nuit gar-« deroient esdits passages et places, à cause de gens de guerre que roboient et « gastoient tout le pais et passoient parmi lad. rivière par quoy ils oppressoient « tellement le peuple et le destruissoient ». Le 12, pour le même sujet, on fait à la Male Maison, assemblée tant des gens de la ville comme des genz et subgez de Monsr l'évêque et chapitre : Pour remédier aux maux indiqués ci-dessus, le comte d'Etampes veut lever sur l'élection de Saint-Quentin 4,000 écus, sur celle

(1) A. Thierry. Ibid. II, 150, 151.
(2) Regist. aux délibérations. Ibid.
(3) La rue Blanquetaque existe encore aujourd'hui.
(4) Regist. aux délibérations. Ibid.

de Montdidier, Péronne et Roye 600, sur l'élection de Ponthieu 600, et en celle d'Amiens 1,200, dont M. le bailli faisait demande de 200 être payé par la ville. Les uns sont d'avis qu'il vaut mieux paier aucune gracieuse et petite somme, que de les refuser, les autres, au contraire, manifestent l'intention de ne rien donner ; le jour même le bailli envoie chercher la réponse.

L'échevinage se réunit le lendemain : il sera répondu au bailli ou à son lieutenant, qu'on n'a pas pris de conclusion pour les motifs indiqués dans les réunions précédentes.

Le 23 avril 1442, on rend une ordonnance pour obvier aux fraudes et malices commises au dommage du commun peuple en la marchandises de bos, fagos, lattes, vergues, hallos et esquarres. Le 3 mai, autre ordonnance sur le fait de plusieurs cabaretiers « qui aloient acheter char » ailleurs qu'en la boucherie de la ville.

Mais il faut cependant en terminer avec les exigences toujours pressantes du comte d'Etampes ; le 4 mai, dans l'assemblée tenue à la Malemaison, on finit par lui accorder pour toutes choses et par manière de don, la somme de 1,200 francs à prendre tant sur la terre de la ville que de l'évêque.

Le 8, décision de refaire « le pont qui deschent en la rivière des Granges (1). »

Maintenant se passe un incident tout local, mais qui a pour la cité une grande importance, en ce sens qu'il déroge à une coutume qui paraît avoir été consacrée depuis longues années. La chasse de saint Firmin-le-Martyr, le glorieux patron de l'église et du diocèse d'Amiens, était de toute antiquité, portée à la procession de l'Ascension. Cette cérémonie religieuse avait lieu avec la plus grande pompe. Le cortège sortant de la cathédrale passait au pied du Beffroi dont le waite et les menestreux faisoient entendre leurs instruments (2) et se rendoit jusques à l'église de Saint-Firmin-à-la-Porte, où les précieuses reliques étaient déposées sur une table de pierre. Cette station, suivant une tradition (erronée

(1) La rue des Granges, 1er arrondissement d'Amiens.

(2) Registres aux comptes. Y, 3. — A Jehan Boistel, waite du Beffroi, Pierre Cailleu et Bauduin de Thois, menestreux, lesquels avoient joué de leurs instruments aux processions de l'Abscencion et du Sacrement de cest an, xve (Registre aux comptes de 1389). — Aux musiciens qui ont joué de leurs coradoys ? et trompette aux processions de l'Ascension et du Sacrement au-devant du corps de Nres Jhū xpt et du flertte Mons. saint Fremin (Regist. aux comptes, Y 3, 1398-1399 et suivants). — A cette époque, au xve siècle, l'on tendait chaque année, le jour de cette dernière, une tente au-devant du Beffroi où se faisait une station (Ibid. xvii, regist. Y, 3, 1418-1419). (Voir plus loin, délibération du 14 mai 1483).

suivant l'opinion de M. Salmon, le savant historien de l'apôtre de l'Amiénois) (1), avait pour cause le souvenir du miracle arrivé en ce lieu en l'an 1137. Pour subvenir aux frais de la restauration de la cathédrale, endommagée par un violent incendie, l'on avait résolu d'en transporter les reliques dans tout le diocèse afin d'obtenir des fidèles, les aumônes nécessaires pour subvenir aux frais des restaurations du temple. Au moment de leur faire franchir l'enceinte de la cité, la châsse qui les renfermait devint si pesante qu'il fut impossible de la faire avancer d'un pas de plus. Elle reprit son poids normal, lorsqu'après d'inutiles efforts, l'on se résolut à la ramener à la cathédrale. Ce miracle dont on retrouve l'analogue dans toutes les légendes des saints, aurait eu lieu suivant MM. Salmon et Soyer à la porte du Grand-Pont dans la chaussée Saint-Pierre, mais suivant l'opinion populaire à la porté de Saint-Firmin-au-Val, comme le dit La Morlière dans ses Antiquités, et comme l'usage traditionnel de la station de la procession sur ce point, semble tout naturellement l'indiquer. Elle était restée jusqu'à nos jours, le terme de la procession générale de la Fête-Dieu, quand, en 1855, Monseigneur de Salinis, faisant abstraction de la tradition toujours religieusement observée, supprima cet itinéraire consacré, pour le remplacer, chaque année, à tour de rôle, par le parcours dans l'une des paroisses de la ville.

Cette pierre était tous les ans, à l'occasion des processions de l'Ascension et du Saint-Sacrement, repeinte aux frais de la ville (2). En 1525, un membre de la famille Clabault la fit remplacer par une belle table de grès, actuellement conservée dans le Musée de Picardie (3) et sur laquelle étaient sculptées ses armes et celles de la famille d'Ainval (4).

(1) Ch. Salmon. Histoire de saint Firmin, martyr, premier évêque d'Amiens, patron de la Navarre et des diocèses d'Amiens et de Pampelune. 1861, p. 180.

(2) A maistre Pierre Sifflet, peintre, pour peindre la pierre Saint-Firmin pour la procession de l'Ascension l'an M CCC IIIIXX IX, x sols (Regist. aux comptes 1389). — A Perret d'Equennes, paintre, le XVIe jour de may, pour la pierre saint Fremin, paindre à l'Ascension, ouquel iour le corps saint Fremin fut porté à la procession, pour ce x sols (Regist. aux comptes, 1390). — Idem à Adam de Franche, paintre, (1414-1415). — A Rémond Symmonart, peintre, pour avoir peint aux armes du roy et de la ville d'Amiens, la pierre saint Firmin (Regist. aux comptes, Y 3-42). On trouve chaque année des mentions analogues.

(3) Ch. Salmon. Ibidem, page 222.

(4) Pagès. Cette pierre, d'après le plan qui accompagne le premier volume de l'Histoire d'Amiens du P. Daire, était placée entre la rue des Sœurs-Grises, celle du Marché-aux-Bêtes, depuis rue du Port, aujourd'hui rue de Condé, et la rue au Lin. — En 1482-83, l'on posait au-dessus de cette pierre, une tente pour abriter la station de la procession, comme celle qu'on avait coutume de dresser devant le Beffroi. On lit dans le registre aux comptes de cette année : A David de Hersselaines, broudeur, la

Il semble résulter des délibérations que nous allons citer que le privilège de
porter la châsse de saint Firmin, appartenait alors aux jeunes fils de famille des
plus notables bourgeois d'Amiens, formant une société sous la présidence du
Prince des Sots. Quels étaient au juste la nature et le but de cette association ? A
défaut de documents explicites, il est difficile de chercher à spécifier quels étaient
son organisation, ses privilèges, son rôle. Toujours est-il que la qualité de
Prince des Sots, était une situation personnelle, assez importante, pour que le
chef de la cité ne crut pas déroger à sa dignité, en honorant de sa présence, les
banquets qu'il offrait. Nous trouvons dans les registres aux comptes, ces diverses
indications qui constatent le fait sans l'expliquer. Registre aux comptes, Y 3,
1391-1392 : « As Pastoureaux (1) pour iiii kanes de vin présentées au maïeur
« d'Amiens au souper avec Monsʳ le bailli d'Amiens à l'ostel de Jaque du
« Quarrel, prinche des Sos, viii sols. As Rouges-Lions (2) au maïeur qui disna
« au Puy des Sos (1401). Au maïeur d'Amiens qui digna à la princhetté du Puy
« des Sos (1ᵉʳ janvier 1414) ». Nous n'en savons pas davantage sur la société de
la Basoche à laquelle, en 1404, la ville offre deux cannes de vin données « Au
« maire des Malvais ? et ès clercs des advocats et procureurs de la court du roy
« nostre sire, à Amiens, qui dignèrent ensemble au cabaret, en la manière
« accoustumée ». Les Malvais étaient-ils une association locale, ou peut-être
des clercs de la Basoche de Paris, accidentellement à Amiens, auxquels la ville
fit courtoisie. Nous retrouvons cependant à de longs intervalles, il est vrai, des
mentions identiques,

Quoiqu'il en soit, la fiertre de Monseigneur saint Firmin faillit, à l'Ascension
de 1442, manquer de porteurs. Les registres municipaux racontent tout au long
l'incident qui dut fort émouvoir la ville.

« Guillaume Frérot, prince des Sos, n'ayant point pourvcu ne fait diligences
« que les jones bourgeois de ladite ville portassent la fiertre Monseigneur saint
« Fremin à la procession le jour de l'Ascension prochain, venant en la manière
« accoustumée, et que ledit prince s'est excusé et a dit qu'il ne povoit trouver
« aucun qpaignon pour ce faire, Messʳˢ décident que les échevins ci-après
« nommés porteront ladite fierte et seront vestus de drap de samin aux despens

---

somme de viˡ qui lui étaient deulz pour avoir fait ouvrer et mis à point de son mestier de brouderie
aucuns escuchons à une tente qui se met sur la pierre saint Firmin, aux jours de l'Ascension et du
Sacrement, pour ce, par mandement et quittance, vi livres.

(1) Taverne située rue des Orfèvres.
(2) Place du Marché-aux-Herbes.

8

« de la ville : Jehan de Saint-Fussien, prévôt, Pierre de May, Mahieu Duquarrel,
« Pierre Du Gard, Jehan de Wailly, Mile de Lully, Jehan Lorfèvre, Jehan de
« Coquerel, Hue de Corchelles, Thomas de Hénaut, et il a esté deffendu audit
« Guille qu'il ne se avise plus de recevoir les barboires, ne du fait de la
« procession.

« Depuis ladite ordonnance faite à l'après-disner, vinrent aux Cloquiers devers
« Messeigneurs, Ph(ippot) de Morviller, Jehan de Saint-Fussien, le maisné,
« Jacot Clabault, Fremiot de Labeye, Jehan Ducange, Honnoré Ducroquet,
« Guille Frérot et Jehan Frérot, lesquels requéroient à mesdits sieurs qu'il leur
« pleust que ils portassent lad. fierte, veu qu'ils estoient jônes gens et que
« tousiours les jônes bourgeois de lad. ville l'avoient porté. Tout oi mesdits
« s^{rs} nonobstant l'ordonnance dessus dite faite oudit eschevinage, ont accordé
« audit Philipot et autres dessus dits qu'ils portent lad. fierte et que lesdits
« eschevins ne la porteront point ».

De ces délibérations un fait est à relever : défense est faite à Frérot de recevoir
les barboires.

Les barboires, comme on le verra plus loin, lorsque nous reproduirons une
très curieuse délibération de l'échevinage à ce sujet, étaient les redevances que
la compagnie des Sots s'était arrogée le droit de prélever sur les veufs qui se
remariaient, et tiraient leur nom des masques dont elle s'affublait pour donner
des charivaris aux récalcitrants qui refusaient de se soumettre à ce tribut.
L'expression de barboire est encore aujourd'hui usitée à Amiens pour désigner
les masques de carton dont on se couvre le visage en temps de carnaval, et vient
de ce que ces masques, à l'origine, étaient faits en forme de dragons barbus,
comme celles des Papoires qui se portaient aux processions d'Amiens, usage
burlesque qui comme tant d'autres réminiscences du paganisme ou de traditions
erronées, s'était introduit au sein des cérémonies religieuses de l'église, et que
l'évêque Pierre Sabatier abolit en 1716, comme la Vierge du Puy, l'Homme
Vert et les Mais, en défendant d'apporter dorénavant de semblables machines et
en engageant les corporations à marcher modestement en rang en tenant un
cierge à la main, avec tout le respect dû au culte.

Qu'advint-il de la procession de l'Ascension de 1442, et dans quelles conditions de bonne tenue s'accomplit-elle ? on l'ignore, toujours est-il que l'année
suivante, l'échevinage crut devoir prendre une nouvelle mesure à l'occasion de
son retour.

Délibération du 6 mai 1443. Délibération d'acheter cent aunes de samin de
Bruges pour « faire robes à porter la fiertre saint Fremin le martir au jour de

« l'Ascension prochain venant, lequel samin sera de sanguin et si le prince et les
« jones bourgois de la ville le voelent porter, ils aront dudit drap de samin pour
« le pris qu'il aura cousté et si il n'en prennent point Messrs de l'eschevinage le
« porteront et sera ledit drap achetté aux despens de la ville dont MM. seront
« vestus quomme ceux portant ladite fiertre ».

Les jeunes gens de la ville continuèrent longtemps cet office « vestus de soye,
ayant de beaux chapeaux sur la teste et chantans chansons plaisantes et
joyeuses » (X^e regist. aux délibérations. Dusevel. Histoire d'Amiens, p. 271).
Une partie de l'argent des barboires que le prince des Sots percevait était
consacrée à décorer la châsse du saint, l'autre, employée par la confrérie à boire
et à faire danser les demoiselles le jour de l'Ascension en l'honneur du benoît
corps saint Firmin (Echevinage du 28 mai 1465. Dusevel, p. 293-94).

Au xvie siècle ce sont décidément les échevins qui portent la châsse de saint
Firmin. En 1506, les jeunes bourgeois s'excusent de le faire. En 1507, ils la
portent à défaut de jeunes bourgeois, de même en 1512, parce que l'on n'a pu
trouver les jeunes bourgeois à marier en nombre compétent pour ce faire.
Echevins et notables de la ville s'acquittent de ce devoir jusques à la Révolution,
en 1793. C'étaient habituellement deux échevins en charge, six personnes
marquantes ou notables ou fils de négociants et bourgeois de la ville.

En 1784, les personnes désignées refusent. M. de Moyenneville est sur le
point de partir pour affaires indispensables, le chevalier Ménager est indisposé
de la goutte, M. de Luaicourt donne la même excuse, le chevalier Piquet de
Belloy acceptera, mais à la condition de ne pas être seul, M. le chevalier de
Querrieu n'est pas chez lui et va partir pour la campagne, enfin M. Dufresne de
Fontaine dit qu'il n'aime pas les cérémonies, qu'on lui fait beaucoup d'honneur,
mais qu'il n'accepte pas. Force fut de s'adresser à six anciens échevins, à qui la
ville offrit à dîner en reconnaissance de leur concours *in extremis*. L'inventaire
des archives municipales dressé par Jean-Baptiste Gresset, le père du poète
amiénois, échevin en 1732, indique l'existence d'un registre, coté Q 3, qui donne
la liste complète des porteurs de la châsse de saint Firmin, depuis 1621 jusques
en 1664.

Le 21 juin 1442 on retient, aux gages de la ville, un arbalétrier nouvellement
venu, nommé Jehan Wastel dit Wastelet, parce qu'il est très bon ouvrier du
métier et que l'artillerie de la ville a grand besoin de rapointier et ordonner, à
12 livres de gages par an et à l'Ascension une robe pareille à celle des sergents
à masse.

Le 24 septembre, l'on se préoccupe de la somme de 1,000 francs à payer à la Toussaint au bailli d'Amiens, qui comme on l'a vu plus haut l'avait avancée à la ville pour faire face à ses besoins. Le peuple sera assemblé « marquedy prochain venant en la Halle pour avoir avis et savoir, si ce remboursement sera fait par taille ou par autre manière. » On y discutera en même temps la question des aides à mettre pour ceste présente année, à savoir 4 livres sur chacun tonnel de vin vendu à brocq comme l'année passée ou 60 sols sur le tonnel vendu 1 denier le lot et au-dessoux ou ce qu'il sera vendu au-dessus, etc. En conséquence, l'assemblée fut convoquée à son de cloche aux Halles le 26ᵉ jour de septembre 1442 et l'on fut d'avis que les aides accordées par le roi à la ville pour l'année à commencer à la Saint-Remi prochaine seraient pareilles à celles qui avaient cours actuellement, savoir :

« Sur chaque tonneau de vin vendu à brocque et debtail en la ville, banlieue et « enclavements de la ville, terre de l'évesque, doyen et chapitre d'Amiens, « Saint-Martin-aux-Jumeaux, Hen et Saint-Morice, sans faire déduction aux « taverniers du lauge ou bochon iiii livres x sols, sur chaque tonneau de vin à « despense xxx sols, chacun muy de chervoise viˢ, chaque brassin de goudalle « viiiˢ, chaque coquet de hérent caqué et mille de hérent soir amené en icelle « ville.... xii deniers, sur chacun lot de cuir de poil thané ou corroié xlˢ, « sur chacune xiiᵒ de cordouan xii deniers, sur chacun millier de fer iiiiˢ, sur « chacune pièce d'estain viˢ, sur chacun flabant de plomb iiiiˢ, sur chacun coin « de chire iiiiˢ, sur chacune pièce de fustaine 12 deniers, sur chacune pièce « d'autre mercherie viii sols, sur chacun 20 sols de cens 12 deniers et sur « chacun tonnel de waide 24 sols ». La suite de cette délibération contient une ordonnance pour réprimer les fraudes qui pourraient se produire, dans la perception.

« Quant aux mil francs deubz, de Monsʳ le bailly, d'acord de faire sur eulx une « taille, et quant à mil escus prestés par aucuns desdis subgez dont ils ont « cédulle sous le grant scel de ladite ville pour la ranchon de Monseigneur « d'Orléans, ils seront récompensez et remboursez et leur sera rabatu à la « mesure qu'ilz le dés[irent] ce qu'ils doivent à icelle ville pour leurs despens « de vin, de passage de waides et autrement ». Au nombre de ces créanciers remboursés nous voyons figurer le nom de sire Pierre Clabault, qui pour cette cause avait prêté à la ville. (Regist. aux comptes, Y 3, 31).

Le 29 septembre, l'on décide de reconstruire le pont des Blanquemains (1),

(1) Rue des Blanquemains, proche l'Hôtel-Dieu. Daire. Ibid. I, 489.

mais aux dépens des propriétaires des jardins près de la rivière qui demandaient sa réfection « pourveu touttefois qu'un navel pesqueret chargié de fruits puist passer par-dessoux ledit pont. »

Quant à la taille à asseoir pour acquitter à la Toussaint les 1,000 francs du bailli, elles sera assise par les répartiteurs désignés ès paroisses, Saint-Martin, Saint-Remy, Saint-Jacques, Saint-Fremin-le-Confès, Saint-Germain, Saint-Firmin-à-la-Porte, Saint-Firmin-en-Casteillon, Saint-Leu et Saint-Souplis.

Le 28 septembre, aux Halles, le lieutenant du bailli, homologue les aides votées, mais l'évêque et le chapitre de Saint-Martin-aux-Jumeaux forment opposition. Jehan de Wailly n'en est pas moins commis pour les percevoir sur leurs terres.

Soixante ans environ avant cette époque, était née aux portes d'Amiens, à Corbie, la fille d'un simple charpentier, Colette Boilet. Dès son enfance, elle s'était fait remarquer par sa piété. Après avoir vécu successivement, chez les Béguines, chez les sœurs du Tiers-Ordre de Saint-François, puis dans un ermitage, elle entra dans l'ordre des religieuses de Sainte-Claire et conçut le projet d'en opérer la réforme. Le cardinal de Luna, reconnu Pape à Avignon sous le nom de Benoit XIII, approuva son dessein et lui donna les pouvoirs nécessaires pour l'exécuter. Colette eut peu de succès en France, mais elle réussit en Espagne, en Savoie, en Bourgogne et dans les Pays-Bas. Philippe de Saveuse, alors capitaine de la ville d'Amiens pour le duc de Bourgogne, et Marie de Lully, son épouse, étaient désireux de fonder dans cette ville un monastère de sœurs de Saint-François, dans lequel Colette put établir la même réforme. Le 17 septembre, Madame de Saveuse, assistée de Hue d'Aut, procureur de son noble époux, et accompagnée de deux notaires, Pierre Dupuch et Jehan d'Esquennes, se présentait devant l'échevinage, et leur faisait donner lecture *tout au long* par Pierre Dupuch, d'une bulle du pape Eugène IV, datée de Florence, du 7 juillet 1442, où le Saint-Père assistait à un concile, par laquelle il leur permettait en raison de leur dévotion spéciale pour l'ordre de Sainte-Claire, « de pouvoir « édifier et construire dans les diocèses du Haut-Amiénois ou d'Arras, un « monastère avec église, clocher, cloches, cloître, jardins, vergers et autres ser- « vices nécessaires. » Cette lecture faite, ils annoncèrent leur intention de fonder pour la religion de Sainte-Claire dans la ville d'Amiens un monastère en la manière déclarée en ladite bulle « et requèrent le Maire et les eschevins qu'ils voulsissent « consentir et accorder, disant qu'ils estoient prêts de paier tout entièrement « tout ce qui par raison il appartiendroit à cause dudit monastère ». L'éche-

vinage ainsi sollicité, ne voulut pas tout d'abord prendre une résolution définitive
et usa de son moyen ordinaire pour les questions au sujet desquelles il ne voulait
pas s'engager à fond, la temporisation. « Mesdits seigneurs ont délibéré qu'il
« sera répondu aux dite dame et Hue d'Aut audit nom, qu'ils baillassent par
« escript la requête telle qu'ils veulent faire et pour ce que tout se traitte en
« l'eschevinage, se fait par escript et que MM^{rs} sont en petit nombre, et quant ils
« aront baillez leur requeste, MM^{rs} la verront et la monstreront à leurs quom-
« paignons d'eschevinaige au plus brief que faire se pourra. »
La réponse toutefois ne se fit pas longtemps attendre. Le roi de France ayant
donné ses lettres d'amortissement, et les instances du roi, de la reine et du duc
de Bourgogne obtinrent, le 4 mars 1443, le consentement du maïeur Jehan
Lorfèvre et de l'échevinage à cette fondation (1) et le 26 janvier, Colette amenait
de Besançon vingt-quatre religieuses qu'elle installa dans le couvent élevé aux
frais de Philippe de Saveuse et de sa femme, devant l'hôpital Saint-Jacques, et
dans lequel elle établit pour abbesse, Jeanne de Bourbon, de l'illustre famille de
ce nom. L'église en fut dédiée le 15 avril de l'année suivante par l'évêque Jean
Avantage. Comme Jeanne de Bourbon, ses compagnes étaient toutes de noble
extraction. Avec elle venaient Marie de Bourbon, fille de Jacques de Bourbon,
comte de la Marche, roi de Sicile, et Catherine d'Armagnac, fille du comte de la
Marche, qui fut la quatrième abbesse de ce monastère. Les Clarisses d'Amiens
conservent aujourd'hui précieusement deux bréviaires dits des Princesses parce
qu'ils ont été à l'usage de ces trois sœurs, manuscrits du xve siècle sur vélin
très fin qui ont figuré avec succès dans les dernières expositions archéologiques
et religieuses de ce siècle, notamment en 1860 et en 1886 à Amiens, à Lille en
1874, etc. L'un a 654 feuillets ; sur le recto et le verso du premier sont peintes
les armes de Nemors (sic) et de Guyse. Vingt-quatre grandes miniatures et
soixante-quinze petites, bordures et lettres historiées, relié en bois couvert de
veau gauffré. L'autre a 369 feuillets ; deux grandes miniatures et quarante-cinq
petites, également relié en bois et recouvert de peau de truie gauffré. Malgré sa
première opposition, la ville fit aux nouvelles venues, le même accueil qu'aux
autres congrégations. Nous rencontrons dans la liste des présents de vin offerts
au nom de la cité, celui fait le 22 mars 1448 : A la fille du comte de la Marche,
en l'ostel de l'Angle devant Notre-Dame, laquelle fille vint et fut vestue et
receue en l'église et ostel des sœurs de Sainte-Claire en Amiens (2). Chaque

(1) Daire. Histoire d'Amiens, II. 31.
(2) Regist. aux comptes, 35, Y, 3. 1448-1449.

année, comme les communautés des ordres religieux, les Clarisses recevaient également les présents de vin (1).

Pierc Clabault fut réélu premier échevin à la Saint-Simon de 1442. C'est sa dernière année de fonctions municipales. Il était décédé avant la fin de 1442, comme l'indiquent ces mentions du registre aux comptes 1442, 1443 : « 18 mars, « pour Monsr le maïeur qui dîna en la maison demoiselle Ysabel, veuve de feu « sire Pierre Clabault et autres gens notables. — 2 juin, au maïeur qui dîna en « la maison Ysabel, veuve de feu sire Pierre Clabault, l'où estoit Mons. l'official, « M° Jehan Lenormant et plusieurs autres gens notables. »

De ses vingt ans d'union avec Mlle de Morvillers, Pierre Clahault laissait cinq héritiers : Isabelle Clabaude, mariée à Jchan de Bournonville dit Athis, écuyer, Anthonin, Jacotin et Périnot Clabault ses fils mineurs, sous la tutelle de Jehan de May et de Jacques Clabault son neveu, et une autre fille Jehanne Clabaude, qui laissa plus tard une partie de sa fortune à sa mère, Isabelle de Morvillers, alors remariée à Pierre Péredieu (2). La coutume locale d'Amiens (Voir Coutumes locales de 1507, art. 4) en cas de mort d'un des deux conjoints laissant des enfants, voulait que les biens meubles se partissent en trois, un tiers au survivant, un autre tiers à la disposition du décédant et pour exécuter ses testament, obsèques et funérailles ou autrement, et l'autre aux enfants, à la charge de payer les dettes pour un tiers sur chacune desdites trois parties. Le registre aux comptes de 1448-1449 renferme cette mention : « A Jehan de « Bournonville dit Athis, escuyer, mari et bail de demoiselle Ysabel Clabaude, « sa femme, fille et héritière à porcion de deffunt sire Pierre Clabault, jadis « citoyen d'Amiens, pour son droit ct portions d'un quint prins en deux tiers à « cause de sadite femme, à lui appartenant, aveucq Anthonin, Jacotin et Périnot « Clabaux, frères d'icelle demoiselle Ysabel, et déduit un quint en un tiers « légaté et laissé par défunte dame Jchanne Clabaude, fillc d'icelluy deffunt ct « sereur de lad. demoiselle Ysabel, à Pierre Péredieu et sa femme, mère desdits « enfants ».

Pierre Clabault avait fait peu avant sa mort son testament, que conserve encore la famille de Mons, et dont le docteur Goze a cité quelques passages dans

(1) Ibid. Passim.

(2) Isabelle de Morvillers, épouse de Pierre Péredieu, transigea avec son fils Antoine au sujet de cette succession, le 22 octobre 1455. (Titres de famille de la famille de Mons). Elle était décédée avant 1479, comme l'indique cette mention des registres aux contrats (19 novembre), Pierre Péredieu qui fu mari et bail de deffuncte demoiselle Ysabeau de Morvillers).

son Histoire des rues d'Amiens. Nous nous contenterons de reproduire ici les principales indications données par cet historien, renvoyant pour le texte complet aux pièces justificatives.

Ce testament, dit-il, brille par la sagesse de ses dispositions qui ne laissent sortir aucune partie des biens de la famille des Clabault, dans le cas où « ses filles Isabelot et Jehanne iraient de vie à trépas sans hoirs de leur chair nés et procréés en léal mariage. »

Il veut que son corps soit placé dans un caveau bien conditionné dans sa paroisse de Saint-Firmin-au-Val, sous un tombeau en marbre « sur lequel sera sa pourctraiture en laiton ainsi que celle de sa femme et de ses enfants ». Il donne à la fabrique de l'église, pour sa réfection, la somme de xx livres ainsi qu'un ornement en bleus velloux, portant sur les orfrois, une image de Dieu et de Notre-Dame et ses armoiries parties de celles de sa femme, aux Augustins x livres pour les aider à parfaire leur cloistre, etc. Il fait des legs à l'Hôtel-Dieu, aux Béguines, aux ordres mendiants etc, il laisse à la fabrique de Notre-Dame, sa bonne houppelande fourrée de costez de martres, aux povres clercs de Saint-Nicolay (le Collège ou les Grandes-Ecoles) la somme de xx sous pour convertir en pitanche le jour de son service, et aux douze enfants desdits povres clercs, portant les torses et la vraye croix et l'eau benoite devant son corps, et à chacun deux aunes de drap gris pour en faire une robe, aux povres pour Dieu xx livres en monnoie de iii deniers la pièce, il veut que « ces povres ayrengniés derrière « le Beffroi en la plache et assis à terre affin que plus aisément lesdits vingtz « livres soient donnés ». Il dispose pour chacun de ses enfants des maisons qu'il possède, celles du Bar, des Escureux, de la Seraine, du Blanc-Bœuf, de ses terres à Hédicourt, Fluy, Dours.

Mais ils seront tenus de retenir et maintenir « bien et souffisamment, lesdites maisons et héritages dessous déclarés, sans les laisser aller à leur ruine ni désolation et si de ce faire estoient défaillant, il veut qu'à la requête de leurs autres frères et sœurs, ils y soient constrains par Monsieur le Bailly d'Amiens à remettre sus et réfectionner lesdits héritages, maisons et ténements. Il lègue à sa femme deux jardins hors des portes de la ville ses habits, joyaux et chainctures, à ses parents, amis et exécuteurs testamentaires divers bijoux, à sa fille Isabelot, ses draps qui ont esté fais de laine d'Engleterre, à Jacot Clabault son neveu, tous ses waides de ses deux celliers, tant en tourteaux comme autrement.

Il veut enfin que ung pélerinage soit faict à Monseigneur Saint-Michel-au-

Mont (1) et qu'à l'église soit offertes quatre livres de chire en cierge. Ytem à Notre-Dame de Boulogne (2) un pareil pélerinage, et affin que ce soit chose ferme et estable il prie et requiert sire Lefeure, son curé, auquel il laisse un marc d'argent, que en approbation de vérité, il voeulle mettre le scel de sa cure à ce sien testament, etc. *(Pièce justificative E).*

Au nombre des immeubles appartenant à Pierre Clabault nous voyons figurer la maison du Blanc-Bœuf. Nous aurons occasion de reparler plus loin de cet hôtel, lorsque nous étudierons la nature des biens de la famille et que nous essaierons d'établir les liens de parenté qui existaient entre ses divers membres (3).

(1) Le pélerinage du Mont-Saint-Michel au péril de la Mer en Bretagne, puis sur le territoire de la Normandie par suite d'un changement du cours de la rivière de Couesnon que rappelle ce proverbe :

Le Couesnon par sa folie
Mit Saint-Michel en Normandie

était un des plus fréquentés du Moyen-âge. Entr'autres visites il reçut celles des rois Childebert II, Philippe-le-Bel, Charles VI, Charles VII, Louis XI, François Ier et Charles IX.

(2) L'image miraculeuse de Notre-Dame de Boulogne-sur-Mer était l'objet d'un pélerinage des plus célèbres parmi ceux de la Picardie. Les registres aux comptes, au chapitre des présents de vin, nous font connaître les noms de quelques-uns des pélerins allant faire leurs dévotions à ce sanctuaire. C'est en 1411, le comte d'Harcourt, le chancelier du duc d'Orléans, Pierre d'Aumont, maître d'hôtel du roi, l'évêque de Senlis, Simon de Buée, etc

(3) Voir pièce justificative I.

Jacques CLABAULT

PETIT-FILS ET NEVEU DES MAYEURS JACQUES ET PIERRE CLABAULT.

ouzième échevin du jour en 1446, second du lendemain en 1447, Jacques Clabault, comme tous ses parents, faisait le commerce des waides. Déjà en 1443, il avait payé l'aide sur 39 tonnes de cette marchandise (Regist. aux comptes, Y 3, xxxiii). En 1447, il eut à propos de ce commerce, avec Guillaume Frérot et d'autres négociants amiénois, une contestation avec un riche calaisien, qui refusait le paiement des livraisons dont il était débiteur, et qui amena l'intervention de l'échevinage qui s'adressa directement au maire de Calais et aux surintendants de l'étaple de cette ville, pour les inviter, en vertu d'un article des trèves conclues entre la France et l'Angleterre, portant que les contestations survenant pour affaires de commerce entre les sujets des deux nations, seraient déférées aux juges du lieu où l'obligation avait été contractée, à contraindre judiciairement Guillaume Baux, leur débiteur, à s'acquitter de ses engagements (1).

En 1448, Jacques Clabault, sous la mairie de Guillaume de Conti, fut appelé à remplir les fonctions de grand compteur. En cette qualité il fut député, avec Jehan le Vilain, avocat et conseiller de la ville, et Andrieu Fasconnel, au mois d'août 1449, auprès du duc de Bourgogne qui résidait alors à Bruges, à l'occasion d'une nouvelle taille de 5,600¹ que le roi de France et Philippe-le-Bon venaient encore de lever sur la ville « et pour ce obtenir bonne provysion par le « moyen d'aucuns grans seigneurs du conseil d'icelluy seigneur, à quoy ils « besongnèrent au mieux qu'ils peurent ». A leur retour de cette ambassade

(1) A. Thierry. Ibid. II, p. 188. — Regist. aux délib. T. VI, f° 80.

qui avait exigé pour l'aller et le retour seize journées, ils rendirent compte devant tout le peuple réuni à la Halle du résultat problématique de leur mission, mais Jean le Vilain étant retourné vers le duc au mois d'octobre suivant fut cette fois assez heureux pour obtenir de lui quittance de la part qu'il avait dans cette levée de deniers.

En cessant ses fonctions de grand compteur, Jacques Clabault fut successivement élu cinquième échevin en 1449, premier du lendemain en 1450, neuvième du jour en 1452. En 1455 cinquième échevin du jour, il remplit l'office de prévôt, deuxième échevin du jour en 1457, troisième en 1459, en 1460, deuxième en 1461, douzième en 1462, troisième en 1464, échevin du lendemain en 1458 et 1463, Jacques Clabault arriva à son tour à la mairie en 1465 dans des conditions toutes particulières. Il était déjà marié depuis douze ans avec D^lle Jehanne Postelle, comme l'indique la mention suivante du registre aux comptes Y 3, xxxix : 21 octobre, quatre cannes de vin à l'espousée Jacques Clabault et deux cannes au maïeur qui disnoit auxdites nocupces, xviii sols.

Le premier soin de Louis XI, dès son avènement à la couronne, avait été de racheter des mains de Philippe-le-Bon, malgré l'opposition du comte de Charolais, les villes de la Somme, engagées par le traité d'Arras. Dans ses bonnes villes il s'empressa de remplacer les officiers bourguignons par des serviteurs à sa dévotion ou des membres de la famille de Croy qui avaient facilité cette rétrocession auprès du vieux duc, sur l'esprit duquel ils exerçaient une grande influence. Jean de Lannoy, neveu du seigneur de Croy, capitaine d'Amiens, fut installé bailli de cette ville, au lieu d'Antoine de Crévecœur. En 1464, non content de ces modifications, Louis XI, contrairement à tous les usages, s'arrogea le droit de choisir un maire de sa main. Au moment où les membres de l'échevinage, réunis à la Malemaison, allaient procéder aux élections municipales suivant les formes accoutumées, un bourgeois, Hue de Lesmes, remit aux mains du maïeur sortant, Jehan de May, une lettre du roi, datée de Novion, du 13 septembre précédent, par laquelle il annonçait que « duement « adverti du sens, loyauté, prudhomie et bonne diligence de son amé et féal « conseiller et échanson, Philippe de Morvillers, écuyer, et pour certaines autres « causes à ce le mouvant, il l'avait nommé comme maïeur d'Amiens pour trois « ans, ainsi qu'il avoit exercé cette fonction ès années qu'il avoit été déjà maïeur « de cette ville ». En effet, maire en 1459, il avait été continué en 1460. Les Anciens usages d'Amiens, rédigés vers le milieu du xiii° siècle, portaient : *Nus ne puet estre maires d'Amiens II années en ensuivant l'une après l'autre. Ne nulz frères seronges, ne pères, ne fieux, ne genres, ne cousins-germains, ne poent estre esquevin ensamble en une année.* Tant qu'ils eurent la complète liberté de choisir leurs magistrats, les Amiénois s'étaient scrupuleusement conformés à cet usage, mais après la suppression des Mairies de bannières, comme il fallait un mandement royal pour le renouvellement de l'échevinage, il était arrivé que par suite de circonstances particulières, ce mandement ne pouvant être délivré en temps utile, les mêmes personnes restaient investies des offices municipaux aussi longtemps qu'il plaisait au roi d'autoriser leur remplacement. Le cas s'était présenté en 1429, 1430, 1431 et 1432 pour Mile de Bery, pour Philippe de Morvillers en 1459 et 1460. En 1463 ce dernier avait été porté le premier sur la liste des trois candidats appelés à prendre la place du maïeur sortant, mais le résultat de l'élection avait été tel qu'il ne réussit même pas à se faire élire échevin. Désappointé dans ses ambitions et profitant de sa parenté avec le chancelier de France, il avait usé de son influence pour chercher à obtenir de force le poste que les suffrages de ses concitoyens venaient de lui refuser. Après avoir entendu la lecture de cette missive et délibéré sur la conduite à tenir, on arrêta de s'adresser à Philippe de Morvillers lui-même, pour le prier de renoncer au privilège dont il était l'objet, lui certifiant que ses services passés et sa popularité lui assuraient d'avance la nomination. C'était, on le voit, un moyen détourné de sauvegarder le principe de la liberté d'élection. Jehan de Fontaines, Jehan du Quaurrel, Jacques Clabault, Jehan Lenormand, Colard le Rendu et Gilles de Laon lui furent donc députés. Il leur répondit que puisque telle était la volonté du roi, il devait se montrer content et voulait lui obéir. Devant cette décision, et pour consacrer les droits de la cité, l'assemblée conclut à élire comme par le passé trois candidats, mais en proposant en première ligne, celui qui avait été choisi par le roi. Les noms de Philippe de Morvillers, de Jehan Lenormand et de Jacques Clabault furent donc présentés au peuple réuni à la Halle. Philippe de Morvillers fut naturellement élu. Alors sur la demande qui lui en fut faite, Jacques du Vinage, lieutenant du bailli d'Amiens, donna lecture des lettres royales qui lui avaient été adressées au sujet de la nomination du maire. Par cet écrit, Louis XI affirmait nettement qu'à cause de sa souveraineté et majesté royale, « à lui seul compétoit et appartenoit le gouvernement général « et administration de son royaume, soit en offices, juridictions ou autrement et « aussi en toutes bonnes villes et cités et mairies, lois et échevinages, lesquels « mairies, loys et échevinages, il pouvoit renouveler, créer, ordonner à son bon « plaisir et volonté sans que nul y eut à voir et congnoitre, qu'en la ville « d'Amiens ses prédécesseurs avoient dès longtemps ordonné maire, échevins,

« loy, corps et communauté, laquelle loy se renouvelait d'an en an et par grâce
« au jour Saint-Simon-Saint-Jude, par lettres royales obtenues chaque année
« de ses prédécesseurs comme de lui-même depuis son avènement à la couronne,
« et qu'usant de ses droits et prérogatives royales, il donnait pour trois ans la
« mairie à Philippe de Morvillers ». Celui-ci fut donc, bon gré mal gré, reçu
maire pour cette durée, et l'élection des échevins et des officiers de la commune
fut ensuite régulièrement faite en la manière accoutumée.

Depuis l'établissement de la commune, c'était la seconde modification apportée
par la royauté dans l'exercice des libertés municipales. La première avait été
l'obligation d'obtenir la permission royale pour faire les élections, lors de la lutte
entre la démocratie et la bourgeoisie amiénoise qui amena la suppression des
mairies de bannières. L'aristocratie bourgeoise voyait en cette circonstance
retourner contre elle l'arme dont elle s'était servie alors pour assurer sa prépondérance, en faisant supprimer l'élection à deux degrés qui datait du xii° siècle.
En 1463, n'ayant point encore reçu au mois d'août l'autorisation de procéder aux
élections, elle avait sollicité du roi, par l'organe du maire Philippe de Morvillers
qui s'en allait voir son cousin-germain le chancelier de France, un mandement
qui lui permit de renouveler perpétuellement la loi de la ville, sans être astreinte
à obtenir chaque année ce consentement, comme aussi, de pouvoir à perpétuité.
par l'avis de la majorité des habitants, s'imposer les aides qui étaient nécessaires
pour les besoins de la ville. On comprend que ces demandes ne furent point
accueillies. Louis XI était trop habile pour les accorder, et Philippe de Morvillers
sans doute, pour les appuyer avec chaleur.

Toutefois Morvillers n'usa pas jusqu'au bout de l'autorité qui lui avait été
confiée par la faveur du souverain. Le 3 novembre 1465, et non comme à l'ordinaire le 28 octobre, il résigna ses fonctions. Bien que cette année de mairie
n'entre pas dans le cadre que nous nous sommes tracé, nous constaterons
seulement ici, que le premier Président du Parlement de Paris, Philippe de
Morvillers, mort en 1438, avait composé un traité latin sur le gouvernement et
la police pour l'amour qu'il avait d'Amiens, sa ville natale, qui suivant Dom
Grenier avait pour titre : « De Ethica politica et economica ». Son fils, le chancelier, le communiqua à son cousin-germain le maire, et l'échevinage auquel il
avoit moult plu, décida qu'il en serait fait une copie grossée en parchemin par
ung souffisant clerc, soit cordelier, jacopin ou aultre qui entende le latin et soit
expérimenté, et cette copie attachée à une chaîne de fer dans la chambre du
conseil aux Cloquiers, pour le veoir et lire par Messeigneurs quand il leur plaira
pour tousjours apprendre aucunes choses pour le gouvernement et police de

ladite cité. Les échevins d'Amiens étaient donc assez lettrés à cette époque pour comprendre un livre écrit en latin (1).

Quels motifs déterminèrent Philippe de Morvillers à résigner son mandat triennal? les circonstances politiques. L'élu de la faveur royale ne pouvait rester à son poste, quand le gouvernement qui l'y avait élevé se trouvait alors lui-même si compromis. Mais ayant déclaré qu'il était content que nouvelle élection fut faite, nonobstant ses lettres desquelles « il ne se voloit aidier néant plus avant que ladite première année, » Jacques Clabault fut élu maïeur, choisi au scrutin secret comme l'un des trois éligibles. Après ce scrutin l'assemblée présidée par Jean du Caurel, bailli d'Amiens, arrêta des dispositions en vue des élections futures, portant qu'à l'avenir, l'échevinage serait renouvelé régulièrement chaque année, en se conformant aux anciennes règles sur les liens de parenté ou de consanguinité des magistrats municipaux, que les administrateurs ou percepteurs des deniers communaux ne pourraient exercer les fonctions d'échevins sans avoir rendu et fait arrêter leurs comptes, que pour entrer dans l'échevinage, on serait tenu de manifester l'intention de résider en ville durant toute la durée du mandat qu'on recevait, et que le maître des présents, renouvelé tous les ans, ne pourrait désormais offrir les vins de la ville sans l'autorisation écrite du Maire. Le scrutin secret que nous voyons en cette occasion paraître pour la première fois, constitue une importante modification dans la procédure des usages électoraux. La désignation des trois candidats à la mairie, par les échevins sortants, avait amené de regrettables abus. Dans le principe, chacun des échevins émettait hautement et librement son opinion, mais ce mode, en raison des compétitions de famille ou de position, et de l'influence plus ou moins prépondérante de celui qui donnait son avis, donnait lieu souvent à d'orageux débats. Aussi en 1460 « afin de « demourer toujours l'un avec l'autre en plus grande fraternité », fut-il décidé qu'au lieu de donner son avis de vive voix, l'on déposerait en un brevet par écrit les trois noms, et que le dépouillement de ces bulletins, fait par le clerc de la ville, serait porté en la Halle suivant l'usage.

La retraite de Philippe de Morvillers et cette ferme délibération de renouveler la loi de la ville chaque année, selon la teneur des chartes anciennement octroyées à la ville, était la réponse libérale aux lettres altières de

(1) A. Thierry. Ibid. II, 282. — Les registres aux délibérations, T. 10, 1464-1467, et aux comptes, 1464-65, en reproduisent le titre : Le livre des Ethiques politiques et ychonomyques du Président de Morvillers, et non Estriques, qui ne signifie rien, donné par M. F. Pouy, dans une copie de seconde main, à laquelle la Société des Antiquaires de Picardie a eu le tort d'avoir confiance.

Louis XI, du 13 septembre, datées de Nouvion. Le moment était favorable du reste pour affirmer et revendiquer les droits méconnus de la commune. Louis XI avait en effet attiré sur sa tête l'orage de la Ligue du Bien public. Ceci se passait le 28 octobre, et le lendemain le roi de France signait l'humiliant traité de Saint-Maur, corollaire du traité de Conflans, par lequel les villes de la Somme étaient de nouveau cédées au comte de Charolais, fils du duc de Bourgogne.

Le 24 novembre 1465, M. de Torcy, grand maître des arbalétriers de France, et M. de Mouy, bailli de Vermandois, envoyés par Louis XI, firent appeler dans l'hôtel de M. de Rivery, seigneur de Camon, capitaine de la ville (1), rue au Lin où était descendu le grand maître, le maire Jacques Clabault et les officiers municipaux, pour leur enjoindre de convoquer le lendemain, aux Halles, l'assemblée générale des habitants. Dans cette réunion à laquelle assistèrent 5 ou 600 personnes de la bourgeoisie, les commissaires du roi de France, le comte de Charny, le seigneur d'Auxy, messire Girard de Vincy, conseillers et ambassadeurs du comte de Charolais, l'évêque d'Amiens Ferry de Beauvoir, le doyen du chapitre Robert de Fontaines et plusieurs chanoines, le sire de Torcy et à leur tour les commissaires du comte de Charolais, communiquèrent les stipulations du traité de Conflans relatives à la cession de la ville d'Amiens, puis les magistrats municipaux remirent aux mains du grand maître les clefs de la cité qu'il reçut au nom du roi de France et qu'il donna ensuite en signe d'investiture, aux ambassadeurs bourguignons. Les membres de l'échevinage prêtèrent alors serment à leur nouveau maître comme à leur naturel seigneur, sous le ressort du roi de France. Les commissaires du comte leur rendirent alors les clefs, leur promettant au nom de ce prince de maintenir les privilèges de la cité. (Regist. aux chartes E, f° 120-128. A. Thierry, II, 307 et suiv.).

Déjà le 12, « attendu la bonne paix entre le roy et les princes, Dieu mercy, ajoute naïvement et sincèrement le clerc de l'échevinage, laquelle paix a esté « criée à Paris et ailleurs ès bonnes villes du royaume », on avait arrêté de se relâcher des précautions de sûreté qu'on avait dû adopter, et décidé qu'il n'y aurait plus pour faire le guet de nuit et le réveil que les portiers d'une porte seulement, et que la garde des portes de jour se ferait comme elle l'était jusques à ce que les commissaires du roy et du comte de Charolais fussent venus en ville.

(1) Jehan, seigneur de Camon, conseiller et chambellan du roy nostre sire et capitaine d'Amiens, au lieu de Monsr Ph. seigneur de Saveuse. — Regist. aux comptes, 1463-64.

Grâce à la paix on va pouvoir s'occuper des affaires et des intérêts de la commune. Le 2 décembre après la prise de possession du comte de Charolais, l'on décida la réouverture des portes ; les maisons des portiers seront louées au mieux que l'on pourra à des gens de bien, car il est préférable qu'elles soient habitées que d'être gâtées faute de surveillance. Quelques jours après, pour la commodité des bonnes gens de Saint-Maurice, du curé du lieu et des autres voisins, l'on ouvre de jour le guichet de la porte de Gayant.

Le puits de la rue de la Vièse-Ecole était démoli de pierres et de matériaux et comblé, de façon que les habitants n'y pouvaient trouver l'eau nécessaire pour eux et leurs bestes. On arrête (2 décembre) de le rétablir aux dépens de la commune, comme raison est, et le maître des ouvrages est autorisé à prendre et recueillir tout ce qu'il pourra prendre et recevoir desdits habitans pour aider à cette réfection. Rue des Vergeaux, près la maison de Robert de Héroguierre, chaussetier, il existait un autre puits commun, qui par sa situation empêchait les chars, charrettes et chevaux qui passaient d'un côté, et rétrécissait ainsi la voie publique. On décide qu'il sera comblé et que pour élargir la rue, le maître des ouvrages en fera percer et édifier un autre vers la porte de Longue-Maisière, au bout de cette rue, le plus près d'une image de Notre-Dame qui y est. Cette dépense se fait aux frais de la ville, sauf une indemnité de 6 francs que Robert de Héroguierre s'est promis de donner. (Regist. aux délibérations, T. 10, 1464-1467).

Le 11, le blé valait alors sur le marché de 2 sols 8 deniers à 3 sols le septier. L'échevinage, juge souverain en cette matière, comme nous l'avons montré plus haut, établit une nouvelle taxe sur le pain, qui eut pour résultat d'élever le prix de cette denrée de première nécessité. Cette mesure déplut à un cordonnier nommé Mangot Babel, qui ne craignit pas de tenir les propos les plus malveillants, accusant le maire d'avoir reçu de l'argent des boulangers pour mettre à 3 deniers le pain, au lieu de 2 qu'il coûtait auparavant, ajoutant que les échevins participaient à cet odieux trafic. Après information faite, Jacques Clabault, le 23 décembre, sortit de l'échevinage, priant ses collègues d'entendre à garder son honneur. L'échevinage décida d'abord que Mangot serait pris, « et très fort « puni de prison, puis accusé en justice devant MM^{rs} publiquement, et qu'il « seroit pris contre lui par les conseillers et procureurs de la ville de grandes « conclusions comme il sera ainsi cy escript ». La détention préventive du malheureux Mangot, si elle eut lieu, dura plus de trois mois, puisque son affaire ne revint devant l'échevinage que le 25 février suivant. Appelé devant lui et sur

10

l'accusation qui lui fut imputée, Mangot répondit, jura et affirma sur la damp-nation de son âme, que oncques en sa vie, il n'en avoit parlé, ni n'en voudroit parler, en se mettant à genoux, chef nu audit échevinage en criant merci à Monsieur le Maire et aux échevins, que s'il avoit dit ou pensé à dire lesdites paroles, il auroit mauvaisement et faussement menti, car il ne voudroit dire que tout bien et honneur de Monsieur le Maire ni de nuls de Messieurs, il estoit pouvre homme, gagnant sa vie à grant paine pour gouverner luy, sa femme et petis enfans, et vouloit demourer vray et léal subget de MM^{rs}, et après ces paroles dites lui fu chargié qu'il se gardast bien de parler ni dire paroles préju-diciables à Messieurs et à la ville, ce qu'il promit de faire, content de ce que Messieurs lui donnaient congé de s'en retourner à sa maison. (Regist. aux délib. T. 10, f° 69 v°, 80 v°).

A la fin de décembre, il redevient nécessaire de faire garder les portes de la ville par 8 portiers, comme auparavant, en raison des nouvelles de la guerre qui est en Normandie et ailleurs, dont plusieurs bonnes villes sont en effroy. Le roi Louis XI s'occupait en effet de reprendre à son frère le riche duché qu'il avait été contraint de lui abandonner.

Le comte de Charolais se montrait désireux de visiter ses nouveaux domaines. Le 11 février, l'échevinage fut informé de sa prochaine entrée à Amiens. Le corps municipal décida qu'à sa première et joyeuse venue, il iroit au devant de luy aux champs et lui serait la ville recommandée doucement et humblement par les conseillers de la cité, et ce fait, reviendront avec lui à Amiens, dont toutes les rues par lesquelles il devra passer seront tendues de draps et tapis au mieulx que faire se pourra jusques à l'église Notre-Dame et à son hôtel, et feront les habitans et gens de la ville joie et liesse comme à leur seigneur. Là, l'échevinage lui présentera en présent quatre ponchons de vin de Paris vieil, et deux demies quannes de vin de Beaune, l'une blanche, l'autre vermeille, six luces (brochets), six gros beques (brochets) que on dist quarreaux, douze grosses, grandes et belles carpes et 24 grosses anguilles. Jean Marbot, poissonnier, reçoit mission d'aller à Saint-Quentin, à Saint-Christ (1), etc. pour se procurer ces poissons. (Regist. aux délib., T. 10, f° 76, v°).

C'était autrefois l'usage que le jour des Quaresmaux, le maire, accompagné des échevins et des notables bourgeois de la ville, allat à la Fosse Ferneuse, à la Fosse Alais et aux autres lieux accoutumés pour ce divertissement, donner la

---

(1) Saint-Christ, canton de Nesle (Somme).

boule ou esteuf aux joueurs de chole. Il y avait longtemps que cette fête n'avait eu lieu, en raison des guerres, divisions et autres empêchements des événements. Aussi, le 18 février, l'échevinage, pour maintenir son droit de seigneurie, décida-t-il que le lendemain (jour des Quaresmaux) il se rendrait en corps, comme par le temps passé, pour faire faire la chole dont on ferait le cri ou publication dans l'après-dîner de la séance, portant inhibition aux choleurs « d'avoir dagues, « couteaux ni bâtons pour bléchier autruy, mais de choler, se juer, et esbattre « amiablement sans noise haine ou rancune en quelque manière ». (Ibid., f° 78). On décide également de faire nettoyer la rivière du Quai, attendu qu'elle est tellement ensablée que les navires chargés de marchandises ne peuvent venir au Windas (1), et l'on avisera à ce que dorénavant il n'y soit jeté « fiens, terreaux, « cendres, ramonures ni immondices » (Ibid. 78). Le même jour on ordonne aux drapiers et à tous ceux qui vendent draps en détail, de venir vendre chaque samedi dans la Halle, tenant leurs maisons et aumaires closes, aux pelletiers aux vairiers aux viésiers d'étaler aux étaux et hayons devers le Beffroy, sous peine de 60 sols d'amende et même de prison, à la volonté du maire (Ibid. 78 v°).

A partir du 20 février, l'on n'ira plus à la porte. Il n'y aura plus qu'un guet de nuit ; les portes de Saint-Firmin, de la Hautoie, Saint-Denis et de Noyon seront ouvertes et les guichets des portes de Paris, de Saint-Pierre et de Saint-Maurice également (Ibid. 79), enfin l'on pêchera le fossé de Duriame, pour voir quel poisson il y a.

Un riche bourgeois d'Amiens, qui avait été cinq fois maïeur de la ville, Liénard le Sec, avait par son testament, fondé au xive siècle pour y recevoir les pauvres de la ville, un hôpital connu sous le nom d'hôpital Saint-Jacques. Il était situé devant Saint-Leu, presque vis-à-vis le pont *où Dieu ne passat oncques*. Ses héritiers en eurent d'abord l'administration jusques à Jacques de Saint-Fuscien, le capitaine d'Amiens mis à mort à la suite de la surprise de la ville par les Navarrais. Cet hospice fut donné immédiatement aux Augustins, mais ensuite restitué au plus proche parent du fondateur (2). Mais au xve siècle, cet établissement charitable avait été si mal géré par le dernier gouverneur, Jaquot le Petit, « que les pauvres n'étaient plus couchés, ni administrés, comme les boines « personnes qui avoient ordonné ledit hôpital pour le salut de leurs âmes en « avoient l'intention, mais avoit au contraire dissipé et gâté les biens, rentes,

(1) Windas ou Guindal, grue servant au chargement et déchargement des marchandises.
(2) Daire. Histoire d'Amiens, II.

« revenus, maisons et édifices d'iceluy laissé aler à ruine et désolation tellement
« qu'il est comme tout annulé, et n'y peuvent les pauvres membres de Dieu, estre
« hébergés, logiez, visités et sustentés comme ils souloient au temps passé ».
Colinot Clabault appelé à lui succéder, avait trouvé la maison en si pauvre état
que les œuvres de miséricorde n'y étaient plus accomplies, aussi ayant bonne
dévotion et affection de remettre l'hospital en bon état, il s'était trait devers le roi
et en avait obtenu des lettres par lesquelles ce prince voulait que les rentes et
revenus lui soient restitués et la maison refaite et réédifiée de telle sorte que les
pauvres y pussent être hébergés. Dans l'échevinage du 25 février, on ordonna
que le procureur de la ville se joindrait à Colart Clabault pour ce faire et qu'il en
serait même parlé au procureur du roi, afin qu'il se joignit à eux et tint la main
à l'exécution des volontés royales, et que ceux qui avaient acheté ou pris à louage
à long terme comme de cinquante à soixante ans, « moyennant petit et vil prix,
en wident les mains » attendu que Jaquot le Petit ne les pouvait louer que sa
vie durant au plus (Ibidem, 80).

Grâce à la conduite de Colart Clabault, l'hôpital Saint-Jacques vit-il des jours
plus heureux ? Il faut en douter puisque un demi siècle après, une sentence du
bailliage d'Amiens, du 24 juillet 1518, condamna de nouveau un de ses successeurs, Jacques Delabie, écuyer, à y loger et coucher les pélerins qui faisaient le
pélerinage de Saint-Jacques.

Comme les ladres demeurant à Rivery et ailleurs viennent en ville aux jours
qui leur sont défendus et vont dans la boucherie, la poissonnerie, où l'on vend à
manger et se mêlent aux personnes saines, ce qui peut amener des inconvénients,
on arrête le 10 mars que l'ordonnance sur les ladres sera exécutée suivant toutes
ses prescriptions. (Ibid., f° 84).

La ville s'était grandement préoccupée du poisson qu'elle devait offrir au
comte de Charolais, puisque dans la difficulté d'en rencontrer, elle en avait fait
rechercher jusques au vivier de Bray-lès-Gournay que l'on allait pêcher (Regist.
aux délib., f° 79, v°) et nous l'avons vu quelques lignes plus haut, dans le fossé
de Duriame, lorsqu'elle fut instruite que ce prince ne viendrait qu'après Pâques;
elle résolut alors de changer la nature de son présent et délégua trois échevins,
Aubert Fauvel, Henri le Chirier et Guillaume de Conti, pour se procurer de
beaux et bons bœufs (Echevinage du 24 mars. Ibid., f° 86). Le 31 mars, on arrête
de mander à l'Hôtel-de-Ville, les bouchers pour acheter les trois plus beaux
qu'ils pourront trouver et « marchanderont iceulz au meilleur marché qu'ils
pourront ». Le 23 avril l'on est assuré que le comte de Charolais viendra à bref

délai. « Comme il est bien raison que MM^{rs} reçoivent bien et honourablement
« leur prince et seigneur et qu'à son entrée soit faites de beles mistères et
« ystoires, » Jehan le Séneschal et Hue Houchart, eschevins, sont chargés de
ce soin et « pour avoir avis en ce point MM^{rs} manderont l'après-dîner à l'Hôtel-
« de-Ville les compaignons rhétoriciens qui se congnoissent en jeux, ystoires et
« mystères et eux entendus, on avisera à ce qu'il y aura de mieux à faire pour
« l'honneur de la ville ». Le 5 mai, enfin, l'on écrit à maître Jehan Jouglet,
Jehan le Gras et Guy de Talmas, alors à Abbeville, pour savoir par eux à quel
jour et quelle heure le comte de Charolais entrerait dans cette ville, quels
mystères avaient été faits, quels présents l'on devait lui offrir, enfin tous les
détails du cérémonial qui pouvaient intéresser Amiens.

Déjà le 14 avril, le corps municipal avait décidé, sans attendre son arrivée,
d'aller présenter ses hommages à son nouveau seigneur, à Boulogne ou ailleurs
qu'il fut, pour lui recommander les affaires de la ville. Le 23, Jacques Clabault
rapporta qu'en vertu de cette délibération il s'était rendu à Boulogne en
compagnie des échevins Hue de Courcelles et Jehan de May, où ils avaient trouvé
le comte de Charolais logé en l'abbaye Notre-Dame, pour lui requérir « qu'il lui
« plut mettre jus les aides qui tant grevoient le pouvre peuple et mettre justice
« sus dont il estoit si grand mestier, et venir voir et visiter sa ville et cité
« d'Amiens et son pays, de quoy il répondit qu'il avoit bonne volonté de sou-
« lager le povre peuple et augmenter le bien publicque, mettre justice sus et
« venir voir son dit pays, à ce dist il répondit bien doucement et amoureusement
« en montrant grand signe d'amour à la ville et estoit très content que Messrs
« l'estoient alé voir ».

Le comte de Charolais fit son entrée le 18 mai 1466, après les fêtes de Pâques.
On avait été, suivant le P. Daire, au-devant de lui jusques à Saint-Quentin (1)
et il fut reçu d'une façon très solennelle. On lui offrit les présents dont nous
avons parlé plus haut, et des mystères furent représentés sur son passage. Ils
avaient été composés par un religieux des Frères Prêcheurs nommé Michel le
Flament, auquel la ville fit en récompense un don de XL sols (2).

(1) Le P. Daire fait erreur, on verra plus loin, quand et pourquoi on alla à Saint-Quentin.

(2) Mess. ont ordonné oudit eschevinage (9 juin 1466) que frère Miquel le Flament, religieux des
frères prêcheurs, aura des deniers de la ville que Messrs lui ont donné, la somme de XL s. pour sa paine,
travail et diligence qu'il a prins en avoir fait plusieurs beaux mistères sur ung hourd à la première venue
de notre très redoubte seigneur Mons. le comte de Charolais, quand il entra en lad. ville d'Amiens et
qu'il y fu reçu comme seigneur, et pour avoir démontré par personnage pour la ville la moralité desdits
mistères, à quoy elles servoient et quelles choses elles signifioient. (Ibid. f° 97).

Malgré les espérances qu'il avait données à Boulogne, le comte de Charolais était reparti d'Amiens sans rien décider au sujet des tailles et impositions. Aussi l'échevinage, dans sa réunion du 2 juin, décida-t-il que Jacques Clabault, Hue de Courcelles et le clerc de la ville Pierre de Machy, se rendraient auprès du comte, alors à Saint-Quentin (c'est cette démarche que le P. Daire place par erreur comme ayant précédé son entrée) « pour entendre ce qu'il lui plairoit « ordonner du fait des impositions, aides et maltotes dont ils avoient requis que « de sa grâce il voulut les modérer et adouchir le pauvre peuple ». A cette demande il avait répondu qu'il considérerait son état et qu'il en déciderait à Saint-Quentin, et lors de son départ il avait chargé M. d'Auxi de dire au corps municipal d'envoyer ses délégués dans cette ville (Regist. aux délib., f° 96, v°). Le 16, on renouvela aux trois députés ci-dessus nommés le même mandat (Ibid. f° 98).

Ce n'étaient pas les seules affaires importantes qu'avait en ce moment la ville, car elle était encore en procès devant le Parlement contre l'Evêque, le chapitre et les ecclésiastiques qui se refusaient à contribuer aux frais nécessaires à l'entretien des fortifications, ne voulant donner qu'une somme de 300 florins à titre de don volontaire et sous la condition d'être exempts de la garde des portes et du guet de nuit (Regist. aux délib., 1465-66, f°⁵ 70, 72, 77, 81, 83, 89 et 91). Elle devait encore 200 livres sur les tailles du roi, et Jacques de Filescamps, receveur des aides, voulait « la faire justichier ; » il fallait obtenir du souverain ou des commissaires des receveurs généraux, mandement pour exécuter les débiteurs en retard, et pour faire asseoir à la taille ceux qui n'y étoient point inscrits (Echevinage du 2 juin 1466), régler différentes questions relatives aux corporations industrielles, notamment réprimer les fraudes des tisserands de drap (Ibid. f° 79), réitérer aux drapiers et pelletiers, qui n'en tenaient nul compte, l'obligation pour eux de venir vendre le samedi aux Halles. Toutefois à cette occasion on fit aux délinquants remise des amendes qu'ils avoient encourues (Ibid. 111), enfin l'hôpital Saint-Jacques devant Saint-Leu réclamait encore un nouvel administrateur, soit que Colinot Clabault, que nous venons de voir succéder à Jacques le Petit, fut mort ou qu'il eut renoncé à la tâche de réparer les ruines laissées par son prédécesseur. « Pour ce pourvoir, attendu qu'il avoit « la police et le gouvernement de la ville, et le regard sur les hospitaux d'icelle » l'échevinage, le 13 octobre 1466, « vu la bonne diligence, loyauté et prudhomie de Bertrand Valent » l'institua gouverneur de cet asile, tant qu'il plairait (Ibid. f° 116).

La paix semblait devoir régner entre le comte de Charolais et Louis XI ; aussi l'échevinage tout en prenant le soin de faire faire par Gilles de Laon, grainetier, et Guillaume de Conti, échevin, l'inventaire et la visite de l'artillerie de la ville, des maillets de plomb et autres habillements de guerre, afin d'en bien connaître l'état et le nombre, et en prescrivant au grand compteur de faire les acquisitions de salpêtre qui seraient reconnues nécessaires (Ibid. f° 96) se relâche-t-il un peu de la surveillance de la garde. Le 23 juin « considéré le temps poisible qu'il est « à présent, dont Dieu soit loé » l'échevinage arrêta de supprimer de jour la guette du Beffroi, attendu qu'elle ne sert de rien, et de louer les maisons hors des portes de la ville à des gens de métier comme cordonniers, wanturiers, charretiers, etc., chargés de s'enquérir des gens qui entreront et d'en prévenir le maire au cas où leur nombre paraîtrait inquiétant.

Bien que la ville n'eut plus à craindre l'aggression d'un ennemi extérieur, ce n'est point dire pour cela que la tranquillité la plus parfaite y régnait, et les délibérations que nous allons citer, nous montreront que l'échevinage dut se montrer sévère et même user dans toute sa rigueur du droit de justice qui lui appartenait. La paix extérieure, nous l'avons vu, n'était plus troublée, mais à la suite des temps orageux que l'on venait de traverser, s'étaient introduites des habitudes de désordre et de licence difficiles à déraciner ; rixes, batailles, larcins, n'étaient alors que trop communs. Le 9 juin 1466, nous trouvons notamment cette curieuse délibération : « Pour ce que par plusieurs fois il étoit advenu en « la ville que plusieurs serviteurs des seigneurs venoient battre et injurier les « habitants et puis s'en aloient ou bon leur sembloit sans emporter quelques « pugnicions et si n'én font lesdits seigneurs quelque raison, pour y pourvoir « MM^rs se sont trait vers le roy et ont obtenu des lettres par lesquelles il mande « au bailli d'Amiens qui puision y soit mis », qui furent publiées à son de trompe, mais pour ce que ces varlets et serviteurs ne cessent point de faire les dits outrages, on décide que samedi prochain jour de marché, les lettres seront publiées à son de trompe « aux lieux accoutumés et de cy en avant, les feront « publier encore bien souvent pour eschiver les inconvénients que chacun jour « amène à cause desd. batteries et excez » (Ibid. f° 97, v°).

Moins clément qu'avec le cordonnier Babel, l'échevinage avait frappé d'une condamnation capitale un malfaiteur, dans les circonstances suivantes :

Jehan Lefeuvre, âgé de 54 ans, careton et meneur de chevaux, natif d'Oisy en Cambresis, au retour de la guerre de la Ligue du Bien public où il avait été sans doute à Montlhéry, était retourné à Valenciennes où en compagnie d'un nommé Jehan Donnelle, il avait volé deux cabans, deux nappes et quelques autres objets de lingerie. Arrêtés et constitués prisonniers des Seigneurs de la loi de Valenciennes, son complice y était resté détenu, mais lui avait été banni de la cité après avoir subi la mutilation de l'oreille. Dans son interrogatoire il avoua qu'il était venu à Corbie et de là à Amiens en compagnie de quatre mendiants comme lui, et que la veille du Vendredi-Saint, sur le marché, il avait de son couteau coupé le morgant d'une corroie d'argent qu'une femme, dont il ignorait le nom, s'apprêtoit à vendre à des orfèvres, ce qui avait amené son arrestation et sa détention au Beffroi ; l'interrogatoire continue ainsi :

« Dit que depuis le jour de la Chandeleur, derain passé, il espargna en luy
« pourchachant xv sols en patars et ii sols en mailles et pittes de petite monnoie
« qui ont esté trouvés sur luy.

« Dit qu'il est marié, que sa femme demeure à Cambrai, derrière l'ostel de
« Monsr de Wrignes, et est natif d'Oissy.

« Dit qu'il a demeuré trois ou quatre ans à Cambrai et aidoit à mener le benel
« et à nettoier la ville.

« Dit qu'il s'en rapporte de toute sa vie et gouvernement et en toute la
« renommée du pays.

« Dit que par cy devant il a mené à carrue les chevaux de Jehan Roussel à
« Dompmartin-lès-Boves, auparavant la guerre de Montlhéry.

Interrogé enfin s'il ne s'était pas rendu coupable du vol d'une bourse commis à Valenciennes, un jour d'exécution, à la Toussaint de l'année précédente, il s'en excusa moins fort et dit « qu'il n'en fut oncques coupable ».

Le lendemain 6 avril, l'échevinage rendit son arrêt, assisté de Me Jehan Jouglet, Jehan de Fontaines, Jehan du Quarrel, Jehan Harlé, Jehan Dobé, conseillers de la ville, et d'Andrieu Fasconnel, Jacques le Foulon et Jehan Rivillon, conseillers du siège du bailliage d'Amiens. « Veu y est-il dit la dépo-
« sition et confession dudit Jehan Lefèvre dont cy-dessus est faite mention,
« considéré qu'il est revenu en larrechin depuis qu'il ot l'oreille coppée, et qu'il
« n'avoit point eu disette lors, veu qu'il avoit encore xvi^s d'argent comptant,
« considéré aussi que le jour qu'il fit ladite offense étoit le jour du benoit ven-
« dredy à oure que nostre seigneur Jhesus-Christ moru pour humain lignage,
« comme ledit Jehan Lefèvre est âgé de liiii ans passés, ils ont tous délibéré
« qu'il sera pendu et étranglé à la justice de la ville tant que mort s'en ensuyve
(Ibid. f°s 90-91).

C'est encore une affaire de vol que celle de Colaye Meurisset, femme de Robert Roussel, huchier. Ayant confessé avoir pris furtivement en la maison Adrien Le

Porc, un saquet où était une certaine quantité d'argent montant à 14 ou 15 francs comme ledit Le Porc et sa femme disent, et l'accusée 8 ou 9 seulement, Colaye aura l'oreille coupée et sera bannye à toujours, sur le feu, de la ville et banlieue d'Amiens, et Le Porc et sa femme restitués sur les biens de Roussel et sa femme estants ès mains de justice, de autant que par serment solempnel ils affirment qu'il y avoit d'argent dans ledit saquet (Ibid. f⁰ 101, v⁰. 14 juillet 1466).

Comme son oncle Pierre Clabault, le maire Jacques fut aussi en désaccord avec la compagnie des Sots à l'occasion de la procession de l'Ascension. L'échevinage ordonna que Guillaume de Conti et Fremin Leclerc parleront aux compagnons jones bourgeois pour porter la fiertre Saint-Firmin et s'ils ne la veulent porter, MMʳˢ la porteront comme ils firent l'an prochain (Ibid. f⁰ 92, échevinage du 23 avril). Le 11 mai il est arrêté que Monsʳ le maïeur, sire Jehan de Saint-Fuscien, Hue de Courchelles, Jehan de May, Guillaume de Conti, Butor de Cocquerel, Jehan de Vaux, Fremin Leclerc, Jehan L'Orfèvre et autres échevins, au nombre de 8 ou 10, seront désignés pour cet office (Ibid. f⁰ 95, v⁰). Même difficulté devait encore se reproduire sous la mairie suivante. Nous trouvons sous la date du 27 avril 1467, cette délibération : « Messieurs ont parlé « oudit eschevinage adfin d'avoir advis et quonseil sur ce que Henry le Chirier « et Jehan de Cocquerel, eschevins, avoient parlé aux jônes filz de bourgeois de « lad. ville pour porter la fiertre Mons. saint Fremin le martir au jour de l'Ascen- « sion prochain venant à pourcession, lesquelz Henry et Jehan de Cocquerel « avoient dit oudit eschevinaige qu'ilz ont parlé à plusieurs desdits jones filz, « mais ils n'en trouvoient nulz qu'ils volsissent porter ladite fiertre pour ce que « ils disoient que des barboires que on prend des vesves qui se remarioient, ilz « n'en avoient point eu d'argent, pourquoy ils ne povoient faire la feste accou- « tumée faite oudit jour de l'Ascension, ne paier les robes desd. compaignons à « porter lad. fiertre, finablement oy ledit rapport MMʳˢ ont ordonné que on par- « lera ancores auxdits compaignons et leur sera dit que MMʳˢ sont quontens quilz « aient l'argent desd. barboires pour faire lad. feste et dorénavant qu'ils ayent « de l'argent desd. barboires pour entretenir les affaires, jeux, esbattements, « pourveu qu'aucuns de MMʳˢ maïeur et échevins seront commis à recevoir lesd. « barboires et au surplus que Messʳˢ feront auxdis compaignons ce qu'ils porront « pour ladite feste et.... sont contents que pour ceste année ils paieront aux « despens de la ville les desjeuners et les menestreux pour faire danser les « demoisèles et faire lad. feste et s'ilz n'en sont qontens, MMʳˢ oy la response « porteront lad. fiertre comme autrefois ont fait, et de ce parleront lundi pro- « chain en l'eschevinage ».

11

Comme dernier acte de la mairie de Jacques Clabault, nous voyons l'échevinage décider, suivant l'habitude, de mettre pour l'an prochain à partir de la
Saint-Remy, les mêmes aides que l'année précédente sur les vins, goudales et
cervoises, comme sur les autres marchandises (Ibid. f° 112).

Réélu premier échevin en 1466, premier échevin du lendemain en 1467, troisième échevin du lendemain en 1469 et 1470, deuxième échevin du jour en 1473,
premier du lendemain en 1475, c'est sa dernière année de fonctions municipales.
Il mourut quelques années après le mariage d'une de ses filles (1).

(1) Regist. aux comptes, 1477-78. — A la Double Caielle, le XIIIᵉ jour d'avril, pour quatre kannes de
vin présentées à Mʳ le Maïeur (c'est Jehan de May) au dîner aux nopces la fille sire Jacques Clabault,
XVIIIˢ ; audit lieu, led. jour, pour 4 kannes de vin présentées à la fille dudit Jacques, le jour qu'elle
espousa, audit pris XVIIIˢ. Pareil présent est fait à la fille du grand compteur, Pierre le Couleur, qui se
maria également le même jour.

Antoine CLABAULT

Antoine Clabault, fils aîné du défunt sire Pierre Clabault cinq fois maïeur d'Amiens, avait épousé au mois de novembre 1464, Isabelle Fauvel, fille d'Aubert Fauvel (1), l'un des plus riches bourgeois de la ville d'Amiens, comme le constatent, par de nombreux titres, les registres aux contrats.

Elu cinquième échevin en 1467, grand compteur en 1469, il n'avait point encore rendu compte de sa gestion en 1470, aussi l'échevinage lui députa-t-il, le 20 avril 1471, Gilles de Laon et Guillaume de Conti pour le prier d'aider la ville de la plus grande somme qu'il pourrait pour servir à paier les grans mises et despens qu'il lui convenait faire à cause de la guerre et autrement (Regist. aux délibérations, T. xi, fº 5). En 1471, il succéda comme maire à Jehan du Caurel qui avait terminé le temps de la mairie de Guillaume de Béry, mort en exercice le 22 mai, dans un voyage qu'il avait fait à Paris, où il fut enterré dans le couvent des Cordeliers (Ibid. fº 17 vº).

Depuis le 2 février 1470, la ville d'Amiens, du libre consentement de ses citoyens, était rentrée aux mains du roi de France et avait supporté un long siège de la part de Charles-le-Téméraire, accouru trop tard pour empêcher ce retour à la couronne, et impuissant à reconquérir de vive force, malgré ses efforts, la cité que lui avait enlevée l'habile diplomatie du grand maître de France, le comte de Dammartin *(Pièce justificative G)*. Après la retraite de l'armée bourguignone et pour mettre la ville à l'abri de nouvelles attaques, de grands travaux s'exécutèrent aux fortifications, notamment au boulevard de la porte de

---

(1) Le registre aux comptes de cette année mentionne la dépense faite chez Simon Pertrisel à la taverne des Flagos, de quatre cannes de vin présentées à la fille d'Aubert Fauvel qui épousa ce jour Anthoine Clabault, à xv deniers le lot xv sols, et de deux cannes présentées au mayeur auxdites noeches.

Montrescu. Le 4 novembre, le procureur de la ville fut délégué auprès du roi pour lui faire connaître ce que ces travaux pourraient coûter et solliciter encore de lui, une bonne somme pour parfaire l'ouvrage et ses fossés comme aussi pour avoir de l'artillerie (Ibid. f° 44 v°). Le 9, on décida en même temps pour faciliter le passage des charrois, gens de cheval et de pied « de jeter un pont dormant sur « ces fossés jusques à l'hiver, qui sera démoli quand le printemps permettra de « parachever le boulevart et font faire iceluy parce qu'il sera besoin de clore la « porte Saint-Pierre, car elle est trop périlleuse et dangereuse plus que ne l'est « la porte de Montrescu, et qu'on la fera garder comme on la gardoit auparavant « que ledit boulevart fut commencé. » (Ibid. f° 45).

La possession d'Amiens était alors trop précieuse et les efforts qu'avait faits le duc de Bourgogne pour la reconquérir à main armée, le prouvaient surabon- damment, pour que Louis XI, tout en comblant la ville qui s'était donnée à lui, des faveurs que nous indiquerons plus loin, confiscation des biens bourguignons, abolition des fermes d'impôts, union inséparable avec la couronne de France, octroi du lierre rappelant cette union, sur les armoiries de la ville avec la devise : Liliis tenaci vimine jungor, n'usat pas de sa prérogative royale pour le gouvernement général et l'administration du royaume, ainsi qu'il l'avait fait en 1464 par la nomination d'office de Philippe de Morvillers comme maire, pour donner, bien qu'il y eut un capitaine en titre, la garde d'Amiens au maréchal de Lohéac avec une garnison de 1,400 hommes d'armes et de 4,200 francs-archers. Malgré ses soixante ans, André de Montfort de Laval de Lohéac était encore le vigoureux soldat qui avait combattu autrefois à Orléans, à Patay, à Formigny et avait pris part, avec Dunois, à la conquête de la Normandie et de la Guyenne. Maréchal de France déjà depuis 1439, d'abord suspendu de sa charge à l'avène- ment du roi, comme beaucoup des anciens serviteurs de son père, il n'avait pas tardé en 1465, bien qu'il eut pris parti avec son suzerain le duc de Bretagne pour la Ligue du Bien public, à obtenir la lieutenance générale du gouvernement de Paris et la réintégration de son office. Louis XI n'avait cru mieux faire que de choisir ce vétéran des grandes guerres contre les Anglais comme gouverneur de la Picardie et son lieutenant général à la tête des forces imposantes qu'il laissait entre ses mains pour assurer la conservation de la ville.

Le maréchal de Lohéac, lieutenant du roy « ayant appointié amiablement que « tous les marchands de vin forains et étrangers vendans vins à broque et en « détail en la ville paicront x sols de la quanne et du ponchon, on décide de « bailler à ferme cette aide. » (Ibid. f° 43).

Le 18, on nomme les quarteniers ; les quartiers seront ainsi divisés : de la porte Montrescu au pont Ducange, de la tour des Rabuissons à celle du Raillon, de la tour des Rabuissons au Wez-le-Comte (Ibid. fᵒ 44).

Le 25, on ordonne que les aléez de la forteresse des fauxbourgs par laquelle va le guet, seront refaites de façon que l'on y puisse aller et que les connestables des fauxbourgs en seront chargés, vu qu'ils n'ont guères été grevés aux ouvrages que la ville avait fait faire (fᵒ 47).

En rentrant en possession de sa bonne ville d'Amiens Louis XI avait déclaré que la désobéissance, les rebellions et tous les attentats commis par le duc de Bourgogne contre l'autorité royale, lui donnait le droit de disposer des biens de ce prince et de ses adhérents, et pour récompenser les habitants d'avoir renoncé volontairement à la domination de Charles-le-Téméraire et les encourager à rester unis à la France, outre l'abolition des fermes et de plusieurs droits oné- reux, il avait donné aux maire et échevins pour eux et leurs successeurs, toutes les rentes viagères et héritables et les arrérages que la commune pouvait devoir à tous ceux qui tenaient le parti de Bourgogne, à quelque valeur et estimation qu'elles pussent monter. En conséquence, le 25 novembre, l'échevinage arrêta « d'impétrer mandement du bailli en vertu duquel il ferait ajourner à bref délai, « à son de trompe, devant ce magistrat, les personnes qui ont lesdites rentes et « sont contumaces, afin d'entériner les lettres royales au profit de la ville, et « après si besoin était obtenir lettres des seigneurs des comptes donnant leur « consentement afin que la ville put jouir desdites rentes selon la teneur des « volontés du roy et qu'ils en demeurent quittes et déchargés. » (Ibid. fᵒ 48).

C'est à cette époque qu'on exigea aussi des partisans du duc, la prestation d'un serment de fidélité, comme garantie de leur future conduite :

« Monseigneur le comte de Dammartin, grant maistre d'ostel de France et « lieutenant du roi, a envoyé devers nous, maïeur et eschevins, Jehin Bevrille, « bosquillon demeurant à la Fevierre, et nous a mandèz que ledit Jehin avoit « esté avec et en la compagnie des Bourguignons, tenans party contraire du roy. « Et s'en estoit retourné ledit Jehin priant grâce et mercy de ce qu'il y avoit « esté, surquoy mond. seigneur le grant maistre luy a pardonné et a fait sérc- « ment en sa main d'estre bon, vray et léal subget du roy ; du xviiiᵉ jour d'avril « mil iiiiᶜ soixante-onze. » (Regist. aux chartes F). On trouve dans le même registre les prestations de serment de Guillaume Lescochois scieur d'ais, de sire Mahieu Héreng, prestre, curé de Sarcus, de Robinet Le Conte de Gouy- l'Ospital, etc.

Les gens de guerre que Louis XI avait laissés en garnison après le siège de
1470 se composaient nous l'avons dit de 1,400 hommes d'armes et de 4,200
francs-archers ; rien d'extraordinaire qu'en présence d'une telle agglomération
de soldats, des faits délictueux ne vinssent à se produire. Le 26 novembre, un
habitant, Jehan le Jône, vient se plaindre des outrages qui lui sont fait par les
gensdarmes logés en sa maison « et même en y a un qui a volu efforchier sa fille
« et la congnoistre carnélement qui est chose fort déshonnable, layde et de cruel
« exemple en une bonne ville de efforchier les filles des bonnes gens. » Sur sa
requête, l'échevinage lui ordonna de se retirer devers Mons. le Maressal de
France, seigneur de Loyhac, lieutenant du roy, qui est seigneur de justice, et lui
baille lad. requeste, il lui fera raison.

Le 28, dans une assemblée aux Halles, à laquelle assistaient le bailli et le
capitaine, on exposa que la ville ne pouvait se passer d'aides pour les grans et
somptueux affaires qu'elle avoit à soustenir et porter, qu'elle n'avait pas de
revenus qui montent à plus de 6 à 700 livres et qu'elle était chargée de plus de
34 à 35ᵉ livres en rentes héritables, à vie, chapèles, pensions, voyages etc.
qu'elle avait traité avec le maréchal de Lohéac pour lever x sols sur chaque
quanne de vin à brocque, aide baillée à ferme, mais que le maréchal voulait des
afforeurs (1) pour le vin vendu à brocque ou détail, tant sur les forains que sur
les marchands de la ville. La délibération longue et tumultueuse aboutit à ce
que l'échevinage verrait dans 7 ou 8 jours comment les taverniers se comportaient dans la vente de leurs vins et s'ils font marché raisonnable, et qu'il se
retirerait devers le Maréchal afin qu'il lui plaise en être content ou sinon que
l'afforage soit fait, si faire se doit.

Pierre De Gant, cheppier du Beffroi, de son autorité privé et sans le su et le
consentement de personne, avait mis hors de prison quatre ou cinq cousturiers
qu'on y avait fait renfermer parce qu'ils avaient fait chansons et libelles diffa-
matoires qu'ils faisaient chanter (2) et chantaient eux-mêmes par les rues, en la

(1) L'Afforage était le droit qu'avait l'échevinage de fixer le prix des vins mis en vente par les taverniers suivant leur crû et leur qualité. Les afforeurs étaient les agents chargés de cette opération.

(2) Faisaient-ils chanter ces chansons par les chanteurs des rues ? car cette industrie existait déjà à
Amiens, comme l'indique une délibération antérieure de quelques années (26 mars 1465, fᵒ 88). « MMʳˢ
« ont accordé au chanteur en place qu'il chante au prayel de la Malemaison ou au Marchié si bon luy
« semble, et ne chantera plus en la Hale pour ce que par cy-devant on luy a souffert chanter, la Hale
« en estoit tout empiré, et ont esté les estaux rompus et despechiés, et sy y faisoient les gens qui y
« aloient plusieurs outraiges et délys au préjudice de la ville, et pour ce ont ordonné Messʳˢ que ledit
« chantre ny chantera plus ». Malheureusement l'histoire ne nous révèle pas le nom de ce virtuose si
populaire. Sic transit gloria mundi

taverne et au cabaret contre les oswards du métier que l'échevinage avait désignés pour cette année, les laissant aller de nuit dans leurs maisons, et rentrer
en prison le matin. Pour ce fait l'échevinage le met trois jours et trois nuits dans
la fosse, au pain et à l'yeaue, et tout considéré en lui faisant payer 4 livres
d'amende. Quant aux cousturiers ils seront appelés au prochain dimanche après
le jour de l'an et l'on verra en quelle somme on les condamnera (f° 51, 10
décembre).

Si les chansons et les libelles de quelques ouvriers mécontents avait encouru
le courroux de l'échevinage il se montrait avec raison beaucoup plus préoccupé
des bruits qui couraient en ville au sujet de certaines éventualités politiques fort
graves pour la cité, si elles venaient à se réaliser (Echevinage du 10 décembre,
f° 51). « Pour ce que plusieurs personnes de ladite ville parlent et souvent
« murmurent ensemble par certaines assemblées comme viii, ix ou x ensemble,
« disans qu'ilz ont oy dire que par le traittié de paix qui se doit faire entre le roy
« et Mons' le duc de Bourgogne le roy veu rendre et reballier la ville d'Amiens à
« mondit s' de Bourgogne et toutes les villes sur la rivière de Somme, ont
« ordonné que pour à ce pourvoir et remédier et faire cesser ladite murmure, ilz
« assembleront en l'ostel de la ville certains gens notables, comme maistre
« Jehan le Vilain, sire Jehan Lenormant, sire Jacques Clabault et autres
« jusques viii ou x, pour avoir advis quèle chose serait bonne à faire pour
« cesser ladite murmure et mesme ont dit qu'ilz en parleront à Mons le Maressal
« de Loyac, lieutenant du roy en lad. ville, pour sur ce avoir son conseil et
« advis, car pour chose pareille tant fust grande, ils ne vorroient que le cas arri-
« vast, mais vouloient toujours demourer en la bonne obeyssance du roy ».

Le 23, « pour ce qu'il a esté grant bruit et murmure que le roy porroit bien
« remettre icelle ville d'Amiens en la main Mons' de Bourgogne, que le traittié
« de paix qui se doit faire entre le roy et luy il a esté mis en termes, qu'il seroit
« bon de aler devers le roy deux plus notables gens de la ville avec leurs conseil-
« lers adfin de remonstrer au roy comment ladite ville est sienne et que il a
« baillié chartes scellées de son grand scel en lais de soye, chire vert quand il
« promit que jamais ladite ville ne sera mise hors de sa main, mais sera
« tousiours à la couronne de France perpétuellement. Sur quoy en a esté parlé
« oudit échevinage assavoir se on yroit pour ceste cas devers le roy ou non,
« mais tout considéré et que la ville est pour ce maifait? que Mess'' ont eu
« nouvelles que le roy a fait crier en la ville de Tours à son de trompe sur le
« hart que nul ne fust se ozé ne se hardy de dire en public que le roy eut voloir
« ne affection de remettre lad. ville d'Amiens ès mains dudit duc de Bourgogne,

« et par ainsy MM¹ˢ ont conclud que quant à présent ilz n'y envoiront point (Ibid.
« f° 53 v°).

Le 31 décembre, Monsʳ de Rivery, capitaine (1) est venu oudit eschevinage
disant qu'il estoit grans paroles bruit et murmures que par le traitié de paix qu'il
estoit espérans estre entre le roy et Monsʳ de Bourgogne, le roy porroit par
aventure rebailler la ville d'Amiens en la main dudit Monsʳ de Bourgogne dont
grans inconvéniens irréparables en porroient advenir à ladite ville se à ce ne
estoit pourveu et remédié, parquoy il seroit bien besoing d'envoier devers le roy
des gens notables de ladite ville pour ce remonstrer au roy adfin qu'il tinst tousiours ladite ville en sa main et ne la baillast point hors d'icelle comme autrefois
il avoit promis. Sur quoy a esté bien longuement parlé de ladite matière devisant
et parlant sans autre quonclusion ont dit Messʳˢ par manière de advis que Monsʳ le
Maire sire Philippe de Morvillers, Gilles de Laon, échevin, et Mᵉ Jehan le Vilain,
advocat, seront brièvement semons à y aler se emprendre la voloient, mais
néantmoins ilz ont délibéré de demain assembler en l'Ostel de la Ville, tous les
eschevins et les conseillers avec ledit maistre Jehan le Vilain, Mᵉ Jehan du
Caurel, Mᵉ Jehan de Fontaines, sire Jehan Lenormant, sire Jacques Clabault,
Jehan Murgale l'aisné, Guy de Talmas, Jehan Harlé, Jehan Dobé, Aubert
Fauvel et ledit sire Philippe de Morvillers, pour surtout prendre une bonne
conclusion comment MMʳˢ se porront et deveront continuer en ceste matière
pour le bien et honneur de la ville (Ibid. f° 55).

En conséquence, le lendemain 1ᵉʳ janvier 1471, en l'Hôtel-de-Ville, où se
trouvaient le capitaine Mʳ de Rivery, et toutes les personnes convoquées en
vertu de l'échevinage précédent, on fit part aux assistants de la résolution qui y
avait été prise d'envoyer au prince pour lui porter les témoignages du respec-
tueux et inaltérable attachement de la cité à la couronne de France, le Maire,
Philippe de Morvillers, Gilles de Laon et Jehan le Vilain. Mais ce choix devait
exciter le mécontentement de Jehan du Caurel, lieutenant du bailli, et zélé
partisan des intérêts de la maison de Bourgogne. Prétextant de ce que ce dernier
n'appartenait point à l'échevinage, il dit que dans ce corps il y avait assez
d'avocats licenciés ès-loix et d'autres notables sans en aller quérir au dehors
pour une telle ambassade, et comme un murmure désapprobateur accueillait cette
sortie, autrefois et dès le premier jour de votre mairie reprit-il s'adressant directement au maire, vous avez vilipendé les conseillers de la ville. Je ne l'ay

(1) Antoine de Rivery, chevalier, seigneur de Rivery et de Villers, nommé à cette fonction par lettres
du grand maître d'hôtel de France, en date à Amiens du 15 février 1470. Regist. F.

oncques fait et ay tousiours appelé les conseillers pour les affaires de la ville lui répondit Antoine Clabault, et le débat s'envenimant et les paroles amères s'entre-choquant, Philippe de Morvillers représenta alors à Ducaurel qu'il n'était pas honnête d'en agir ainsi et de parler sur ce ton au mayeur, chef de la ville, et représentant la personne du roi. S'il est le mayeur, moi, je suis le lieutenant du bailli. Morvillers lui objecta que ce n'était point en cette qualité qu'il avait été convoqué, mais comme conseiller de la ville. Enfin sur la menace de Clabault de lui enlever à cause de ses oultraigeuses et honteuses paroles la pension annuelle que lui faisait la ville, l'orgueilleux avocat sortit en disant qu'un autre que lui, la lui rendrait, et s'en alla, dit la délibération, où bon lui sembla.

Jean le Vilain, cause innocente de cet orage, s'excusa de faire partie de la députation et fut remplacé par le greffier de la ville, Pierre de Machy. Le lieutenant du bailli devait être victime de ses opinions bourguignones, car le mayeur s'étant dolut et complaint dans l'échevinage du lendemain des paroles injurieuses de Jehan du Caurel, les échevins tout d'une opinion concordant à luy alant déportèrent ce conseiller de sa pension. Pareille décision fut prise à l'égard de Mᵉ Jehan Jouglet, qui depuis un an avait quitté la ville, lui qui en était le premier et principal conseil et dont depuis plus de vingt ans on n'avait eu jamais plus grand besoin (Echevinage du 3 janvier, fᵒ 51).

L'ambassade revint dans les premiers jours de février. Les délégués rapportaient la promesse du roi, tenue cette fois, de conserver à toujours sa bonne ville d'Amiens en sa main. De grandes réjouissances accueillirent cette affirmation comme le montre le compte-rendu de ce voyage ainsi transcrit dans les registres de la ville :

Pour ce que grant bruit et murmures estoient en ladite ville et au pays environ que les Bourguignons se vantoient et faisaient courir voix qu'ilz raront ladite ville d'Amiens et leur seroit rendu et que quant ils la raront ilz en feront comme ils avoient fait de la ville de Dynant, laquelle ilz avoient arse en feu et euflambé (1), dont les bonnes gens de la ville d'Amiens estoient fort espeutez et pour ce avoient MMᵣˢ de l'échevinage esté souvent au public pour sur ce avoir advis et délibération et finalement avoient conclu de envoyer devers le roy, Monsᵣ le Maire en personne, sire Philippe de Morvillers, Gilles de Laon, grainetier, et Pierre de Machy, ce remonstrer au roy adfin que de sa grâce il luy pleust tousiours tenir ladite ville d'Amiens en sa main, et pour ce estoient alé, ledit

(1) Voir dans Barante, Histoire des ducs de Bourgogne, le récit de la destruction de Dinant, d'après Duclercq, Comines, Olivier de la Marche, Amelgard.

12

maïeur, sire Philippe Grenet et Pierre de Machy, en la ville de Tours en Tour-
raine, auquel ilz avoient remonstré grandement ledit cas et les granz maux et
inconvénients irréparables qui porroient avenir à luy et à son royaume s'il rendoit ladite ville, sur quoy le roy de, sa grâce oy ladite remonstrance respondi
de sa bouche que oncques il n'avoit eu ou avoit, au plaisir de Dieu, volonté de
rendre ladite ville, ne la mettre hors de sa main, car il savoit bien que tous les
bourgeois habitans d'icelle ville estoient bons et loyaux à lui et à la couronne
de France et qu'il avoit voulonté de tousiours les entretenir comme ses bons et
vrais subgets, et par ces paroles, ils remerchièrent le roy très humblement et luy
requirent qu'il luy pleust d'en rescripre à ses subgetz de ladite ville d'Amiens,
ce qu'il accorda libéralement et volontiers et pour ce fist rescripre unes lettres
closes signées de sa main, dont la teneure s'ensuit :

« A nos très chers et bien amez les maire, échevins, bourgeois, manants et
« habitants de notre bonne ville et cité d'Amiens, de par le roy : Très chers et
« bien amez, nous avons oy bien au long le maire et autres vos députez de notre
« bonne ville et cité d'Amiens, touchant le bruit qui est par decha et autres vos
« affaires dont avons esté et sommes très bien contents de vous, et surtout les
« avons expédiez et fait response comme leur avons chargié plus au long vous
« dire de bouche sy les veuillez croire de tout ce qu'ils vous diront ceste fois de
« par nous et estre seurs que vous tiennerons, entreterrons et traiterons à tou-
« siours en toutes vos affaires comme nos bons, vrais et loiaux subjez et vous
« mercions de bon cuer de tout ce que par vos dits députés de vostre part nous
« a ainsi esté dit et remonstré : Donné au Montilz-lès-Tours, le xxviie jour de
« janvier.

                 « Signé : LOYS.   FLAMENT.

« Et aprez ce que lesdits ambaxadeurs aront parlé au roy de plusieurs autres
« affaires touchant lad. ville, tant pour le fait du bolevert de la porte de Mon-
« trescu que des xiie livres que le roy donna à ladite ville quand elle fut réduite
« en sa main et qu'il ordonna qu'il donneroit et bailleroit iim francs pour ledit
« boulevert et qu'il vouloit que lesdits xiie livres et les arrérages fussent paiés,
« lesdits ambaxadeurs s'en retournèrent à Amiens où ils firent leur rapport en
« l'échevinage et en le hale, présent le peuple de ladite ville en bien grant
« nombre, et après leur retour fu faite une notable procession par les doien et
« chanoines de l'église Notre-Dame (1) en laquelle fut portée la vraye croix et le

(1) Jean de Cambryn, doyen du chapitre.

« chief Mons' Saint-Jehan-Baptiste et si y furent portées les bannières du roy,
« et les torses de tous les mestiers de ladite ville et alèrent à ladite procession.
« Mons' le Maressal de Loyac lieutenant du roy, les gens de guerre estans en
« ladite ville et les bourgeois comme tout le peuple priant Dieu pour le roy et
« quant la procession fut revenue en l'église, ung notable prescheur augustin,
« maître en théologie, fist ung bel et solempnel sermon, et le sermon fini, fut
« dite et célébrée une notable messe à haulte voix de Mons. Saint-Jehan-Baptiste
« pour le roy nostre dit seigneur » (Ibid. f° 63 et suiv.).

Pendant que le Maire était occupé de cette mission diplomatique, l'échevinage n'en continuait pas moins, en son absence, à pourvoir aux soins que réclamait la ville.

Le 2 janvier, on impose sur les pâtissiers une taxe de 8 sols par an pour le nettoyage du Marché, attendu qu'ils le salissent d'immondices en y jetant les tripailles de leurs bestes, cochons, oisons, poulets, etc. (Ibid. f° 51).

Le 4, sur les réclamations des desquarqueurs de vin, qui se plaignent des habitants qui ont établi dans leurs maisons, au préjudice de leurs privilèges, des cordes et poulains pour charger et décharger les vins, vu la saisie faite de ces engins, l'on décide qu'ils demeureront confisqués et que les propriétaires paieront 20 sols d'amende, mais par contre on fait défense aux déchargeurs de prendre autre salaire que celui alloué par les ordonnances sous peine de punition arbitraire.

Le même jour, l'échevinage bannit à toujours de la ville et de la banlieue, sous peine de la hart, Colinet Durant et Perrotin de Saint-Fussien, pour avoir ochis et mis à mort, défunt lors vivant Drouet Canesson. Cette sentence sera exécutée « au lever de l'échevinage, au son et bondissement de la grant cloque du Beffroi » (Ibid. 58). Cette pénalité si souvent appliquée à de nombreux crimes et délits durant le Moyen-âge, et dont nous avons déjà cité ou dont nous aurons occasion de citer encore plusieurs exemples, était d'autant plus sévère, comme le fait remarquer avec raison Ch. Gomart dans ses Etudes Saint-Quentinoises, que les villes se communiquant les listes de leurs bannis, elles les plaçaient ainsi au ban de la société toute entière (T. II, p. 6).

24 janvier. Des doléances et des murmures se répètent chaque jour, dans la ville, à l'occasion du cours de certaines monnaies d'argent dites hardies et doffinois (1) qui se comptent pour 3 deniers la pièce, bien que dans les autres bonnes

(1) Monnaies frappées par Charles VII, sous le règne de Charles VI et de Henri VI d'Angleterre,

villes du royaume elles ne valent que deux deniers oboles et même moins. Les marchands étrangers qui souventes fois viennent et commercent en ville, ne veulent pas recevoir ces pièces en paiement, ce qui ne peut pas être au grand préjudice des habitants, si l'on n'y apportoit remède. Pour pourvoir à cet inconvénient, l'on arrête de mander à l'hôtel des Cloquiers, Aubert Fauvel (c'est on se le rappelle, le beau-père du maïeur, et nous l'avons dit, l'un des plus riches bourgeois de la ville) (1), Jehan Warmé, Jacques Auxcousteaux et plusieurs autres se connaissant bien en ceste matière, afin d'avoir leur avis sur la façon de parer à la situation et pour aller trouver le Maréchal, lieutenant du roi ès marches de Picardie, et requérir des avocats et conseillers du roi, que provision y soit mise par leur bon adviz et discreption » (Regist. aux délib. Ibid. f° 59). Le 4 février, on revient encore sur cette question. On a vu le double des lettres envoyées par MM. les Généraux maîtres des monnaies du roi au Maréchal de Lohéac qui leur avait transmis les réclamations de l'échevinage (Ibid. f° 60). On retournera vers lui, pour lui renouveler les doléances antérieurement faites et le prier d'assigner un prix aux hars et hardis suivant la requête qui lui avait été présentée. Le 15 septembre suivant, l'on ordonne de envoyer devers le roy remonstrer les grans affaires de la ville et l'outrage que font les gens d'armes aux bonnes genz adfin que provision y soit mise et ont Messeigueurs veu en l'eschevinage les monnaies qui seront portées au roy, mais ils n'ont point encore apointié qui yra oudit voiage (Ibid. f° 86).

Le 28, sur le revenu des rentes, l'échevinage ouvre au maître des ouvrages un crédit de 200 livres pour faire les travaux nécessaires tant au puits de la rue Haute-Notre-Dame qu'à celui devant le Beffroi, en raison des immondices que l'on y jetait, laquelle chose pouvait tourner à grand préjudice, pour le danger du feu s'il en arrivait, comme aussi pour d'autres besoins, notamment pour l'acquisition d'une certaine quantité de seaux d'osier pour mettre en l'Hôtel-de-Ville, en la manière accoutumée. Ces seaux, les échelles, les crochets étaient alors, on le sait, le seul matériel de secours dont nos ancêtres savaient disposer contre l'incendie. Suivant Pagès, l'usage des seaux d'osier datait seulement à Amiens de 1454.

Le 17 février, l'échevinage accorde, sur leur demande. à l'abbé et au couvent de l'abbaye de l'église Saint-Martin-aux-Jumeaux, l'autorisation de refaire une

alors qu'il n'était que le roi de Bourges, comme le désignaient railleusement ses ennemis. Elles étaient au même type que celles de son père, mais de mauvais aloi, et frappées à Orléans, Chinon, Bourges.

(1) En 1472, il paie les droits pour 27 tonnes et demie de waide.

huisserie contre le mur de l'hôtel du Batoir, sur la voierie commune qui menait du jardin des arbalétriers à la porte de Paris, mais le 20 juillet, les religieux n'ayant pas voulu fournir à la ville les lettres par lesquelles ils reconnaissaient qu'elle était en droit de la faire abattre quand elle le voudrait, la démolition en fut ordonnée (Ibid. f° 82).

L'on décide, le 10 mars, que les travaux au boulevart de la porte de Montrescu seront dorénavant faits à la journée et non plus à la tâche, « et de ce parleront à Perrinot, le machon, qui est très bon ouvrier ».

Le même jour, le capitaine donne connaissance que le Maréchal de Lohéac l'a avisé que le duc de Bourgogne faisait faire de grans habillements de guerre comme bastilles, grues et autres engins de bois en la forêt d'Arras et faisait une très grosse armée, qu'en conséquence il convenait de se mieux garder. Bien que les Bourguignons fissent courir le bruit que c'était pour aller à Saint-Quentin, il pourrait se faire qu'ils ne veuillent venir à Amiens, parquoy il était bon besoin d'y prendre garde (Ibid. f° 64).

Les religieuses de l'Hôtel-Dieu étaient venues, le 19 mars, se plaindre à l'échevinage de ce que frère Jehan Constant, naguères procureur dudit hôtel « voulait estre remis en son office et si voloit estre maistre dudit hostel après « le trépas du maître actuellement en exercice. » Ces sœurs alléguaient que si ce fait se réalisait « l'hôtel serait détruit, car depuis qu'il y étoit venu, l'état de la « maison n'avoit fait qu'empirer et diminuer, et estoit très mal renommé en « plusieurs manières ledit frère Jehan, et mêmes avait dit lesdites sereurs, « se provision n'y estoit mise, il conviendroit que elles partissent, abandon- « nassent ledit hôtel et alassent demourer ailleurs, dont desd. plaintes MM^rs « ont esté courrouchiés et desplaisans, disans que ce seroit grand pitié s'il « convenoit que lesdites sœurs se partissent et abandonnassent ledit hostel « qui estoit aprez celuy de Paris ung des notables du royaume, aussi MM^rs « feront-ils information du fait, estat et gouvernement de frère Jehan et de « l'hôtel pour en faire le plus que faire se pourra par deux auditeurs du roi. » Cette enquête terminée MM^rs la montreront au Maréchal lieutenant du roi, au bailli et au conseil du roi, pour icelle veue, pourvoir au fait dudit Hôtel-Dieu comme il appartiendra.

Le 7 avril, on décida de faire parler à Guille Bouvrel, maître d'hôtel du roi, pour qu'il lui plaise prêter à la ville 3 ou 400 livres pour aider à ouvrer, parce qu'il est saison, en attendant que l'argent promis à la ville vienne. Sur l'appel fait, Guillaume de Conti prêta 50 écus d'or, et le grainetier Gilles de Laon, 120 livres (Ibid. f°s 67-68).

Les corporations abusaient souvent de leur monopole. Le 8 avril, comme « les
« bonnes gens de la ville se plaignent moult fort qu'ils ne peuvent avoir marchié
« raisonnable de char aux bouchers de ladite ville, et la vendent très souvent
« deux fois plus qu'elle vault et la trouvent si chière que au grant paine, on n'en
« peut recouvrer, sinon qu'ilz la vendent à le taux ainsi qu'ilz veulent, qui est
« ou grant préjudice du peuple de ladite ville car les bestes qu'ilz tiennent ne
« leur coustent pas tant qu'ilz vendent la char si oultraigeusement chier et y
« gagnent oultre mesure, et sy ne paient subcide ne imposicion, MM⁾ˢ ont
« ordonné, pour le bien du peuple de la ville, ce qui s'ensuit : C'est assavoir
« qu'il y aura deux estaux de boucherie à vendre char où les bouchers vendront
« à la porte de Longue-Maisière, en la maison où les portiers faisoient le guet.
    « Item y aura deux estaux de boucherie à Grant-Pont pour y vendre quomme
« dessus de la char.
    « Item un estal de boucherie à la porte Saint-Firmin.
    « Item un estal de boucherie à la porte Saint-Denis.
    « Tant qu'il plaira à MM⁾ˢ en leur volonté et rappel et par ainsi voisent les
« bonnes gens acheter de la char auquel lieu que bon leur semblera aux places
« dessus déclairées (Ibid. f° 68). Touttefois MM⁾ˢ ordonnent que iceulz bouchers
« ny porront vendre s'ilz ne sont subgez de la loy et de la coustume et ordon-
« nances des bouchers de ladite ville et de leurs briefs et estre tenus ? tant en
« eswars comme autrement en toutes choses regardant ledit mestier ».
    Le 28 avril, l'échevinage réunit à la Halle, les portiers, connestables et dizai-
niers de la ville en grant nombre, jusques à 300 ou 400 ; là on décida de faire
payer aux portiers 12 deniers le jour qu'ils iraient garder les portes, pour
employer ès ouvraiges de la ville, et aussi les autres bonnes gens furent d'accord
d'aller aux corvées des ouvrages de fossés, chacun jour, une connétablie, ainsi
seront cinq dizaines pour une connétablie le jour, soit 50 personnes par jour, et
il y a 24 connétablies en la ville, sans les fauxbourgs, ainsi ils ne seront pas trop
travaillé lesd. bonnes gens de aler auxd. corvées, chacun à son tour et s'ilz ne
voloient aler ilz paieront qu'ilz deveroient ouvrer, chacun 6 deniers (Ibid. f° 70) (1).

---

(1) Par cette délibération, l'on voit que la milice amiénoise se composait de 24 connétables.   24
Cent-vingt dixainiers   120
commandant à 1,200 hommes 1.200

	Ensemble.	1.344

Ajoutant à ce chiffre les archers du grand serment   90
        —   les archers du petit serment.   60
        —   les arbalétriers   50

                                            A reporter.   1.544

« Le 4 mai, comme plusieurs francs-archers doivent venir sous peu en ville,
« qui par cy devant ont fait plusieurs griefs et oppositions, coppé les arbres des
« jardins, rompu et abattu les maisons des fauxbourgs et fait plusieurs outraiges
« aux bonnes gens, MM^{rs} ont ordonné qu'ils iraient vers Monsr le Maréchal
« lieutenant du roy, et luy remonstreront qu'il n'y a nul besoin de les avoir en
« raison des méfaits qu'ils ont commis, attendu qu'il y a des archers et des
« arbalestriers pour défendre la ville avec les gens d'armes qui y sont, et
« requérir qu'il lui plaise qu'ils n'entrent point dans la ville, car s'ils y viennent
« ils ne se sauront où logier, ni ne sorait on leur trouver ustenciles vu que les
« bonnes gens de la ville sont si travaillés qu'ils n'ont plus rien (Ibid. f° 71).
« L'on arrête aussi que les fermiers des vins et des cervoises seront contraints
« en justice de payer ce qu'ils doivent à la ville pour employer cet argent aux
« ouvrages des fortifications et que les ouvriers ne cessent point faute de paie ».

Mais c'est en vain que la ville a transcrit dans ses cartulaires, les ordonnances
sur la police des gens de guerre, pour en réclamer l'exécution au besoin, notamment celle rendue par Louis XI au Montils-les-Tours au mois d'avril 1467, dont
voici les principales dispositions :

« § 2. Seront logez et furnis par les commis, selon les ordonnances faites en
« Normandie, lit-on à la page 278 du registre aux chartes C, pour chaque lance
« suyvie, une chambre à cheminée, trois lits garnis de trois couvertures et six
« paires de draps, deux nappes, une douzaines d'écuelles, quartre plats, deux
« pots d'estains, une payelle d'arain et une de fer estamée, six chevaux (1) et
« lieu à mettre provisions, tant pour les personnes que pour les chevaux, en
« payant par ceux qui sont payés à forte monnoie, 30 solz amonoyés de Norman-
« die, 40 s^s pour mois et ne sera aucun en un logis, sans le vouloir de l'hoste,
« plus de six mois, mais lui en sera pourveu d'aultre logis par la justice des lieux
« et lesd. commis.

Report. 1.544

En évaluant à 800 hommes seulement celui des connétables, des dixainiers et des portiers des
faubourgs de Noyon, de Beauvais et de la Hotoie. 800

2.344

C'est on le voit une force armée de 2,344 hommes pour la garde et la défense de l'ancienne et de la
nouvelle forteresse qui jointe aux 8,400 hommes des compagnies d'ordonnance, et aux 4,200 francs-archers qu'avait laissés Louis XI, présentent un effectif de 16,944 combattants.

Faisons observer que ce chiffre est encore au-dessous de la vérité, puisqu'en cas d'alarme pouvaient
encore s'y joindre, les serviteurs ou apprentis des bourgeois.

(1) C'est-à-dire place pour six chevaux.

« § 8. Item ne souffriront lesdits cappitaines à ceulx de leur charge prendre
« aulcuns vivres des bonnes gens, par don emprunt ou aultrement, sans le paier
« sur paine d'estre cassez de l'ordonnance, et ne souffriront tenir chiens,
« oyseaulz ne furetz, sur paine que dessus.

« § 9. En route, on ne peut loger qu'une nuit, excepté le dimanche ou autre
« grande feste, et paieront tout ce qu'il prendront, excepté bois, paille et logiz
« et de ce ne se furnira aucune fois de la main de son hoste ».

C'est en vain que les ordonnances règlent ainsi les fournitures de logement et
d'ustensiles.

Salaire pour le logis des gens d'armes :

Premierement cellui qui furnira logis pour une lanche entière, de chambre,
estable, litz garnis, ustensilles et ce qu'il lui appartient pour logis aura pour
mois. . . . . xxiiii sols monnoye royal
Item trois quarts de lance vaudront audit prix à
tout furnie . . . . xvii sols monnoye royal
Item demy lance à tout fournir . . . . . . xii⁵ ditte monnoie
Item un quart de lance à tout furni . . . . vi⁵ monnoie dite
Item une lance garnye pour logis seulement ara x sols dite monnoie
Item trois quarts de lance . . . . vii⁵ vi deniers
Item demie . . . . v⁵
Item quart . . . . ii⁵ vi deniers

Salaire des Ustensilles :

Item linge de table pour mois . . . . . . xx deniers
Item ustensilles de cuisine . . . . xvii deniers
Item quatre lits garniz de tout . . . . . . x sols x deniers

Somme VIII sols.

Item pour les logiz . . . . x⁵ monoye royale

Distribucion des litz.

Item ung lit garny du tout aura pour mois . . ii sols viii deniers oboles

Distribucion d'un lit par parties.

Item ung lit traversain aura par mois . . . . x deniers
Item les lincheux . . . . xiiii deniers.
Item la couverture et le ciel. . . . . . . viii deniers obole

Somme II sols VIII deniers oboles.

Ainsy font pour quatre lits x sols x deniers.

Mais c'est en vain que les capitaines, à leur entrée en fonctions, prêtent le serment suivant : « Je promets et jure à Dieu et à Notre-Dame ou qu'elle me « puisse nuire en tous mes affaires et besongnes que je garderay justice et feray « garder par ceulx dont j'ay la charge, et ne souffriray faire aulcune pillerye et « pugniray tous ceulx de ma charge que je trouveray avoir failly sans espargner « personne et sans auculne fiction, et feray faire réparacions des plaintes qui « viendront à ma congnoissance à mon pouvoir, avec la pugnission dessus dite « et prometz faire à mon lieutenant semblable serment que dessus ».

Malgré ordonnances, règlements, serments de capitaines, les excès des gens de guerre n'en continuent pas moins. « Les gens de guerre logés en ville usent « et essillent aux bonnes gens les lys, lincheux, nappes, doubliers, pots, paielles, « escuelles et autres ustencilles et s'y sont logés ès maisons dont ils occupent « les chambres, estables, greniers à mettre foin bois et fagots et si ne volent « rien payer du chose que les bonnes gens leur livrent, dont les bonnes gens « sont fort travaillés et touttefois par les ordonnances royaulx, lesdits gens de « guerre doivent payer à les hostelz un ducat ou royal chaque mois, et pour ce « qu'ilz ont déjà esté logiez à 15 ou 16 mois sans paier, MM^{rs} ont décidé qu'ils « iront en grant nombre devers le Maressal adfin qu'il y mette ordre et que les « bonnes gens soient paiés » (Echevinage du 11 mai. Ibid. f° 73).

Le 21 mai, le grenetier Gilles de Laon informe l'échevinage qu'il lui prêtera encore en plus 60^l pour employer à la forteresse. Le même jour, celui-ci arrête qu'il ne cessera pas encore les travaux de la porte de Montrescu, de son boulevart et ceux de la porte Saint-Pierre, malgré le défaut d'argent, mais qu'il n'y aura plus par jour que 12 benneaux, 80 manouvriers et 20 machons, en attendant que l'argent du roi soit arrivé ; alors, au plaisir de Dieu, ils ouvreront plus largemment et aront plus d'ouvriers pour le bien et fortification de la ville (Ibid. f° 74).

Le 25, on nomme des commissaires pour faire dans les paroisses l'inventaire de ce que les bonnes gens ont de blé et d'avoine. Le même jour, on décharge de 400 et demie d'avoine qu'il redevait Jehan Lefeuvre dit Taillant, fermier des dîmes de Saint-Ladre à Rumigny, attendu que durant la guerre avec les Bourguignons, en 1470, ils avaient, lors du siège d'Amiens, détruit la ville de Rumigny et plusieurs autres villages, et qu'il était notoire que les habitants avaient quitté le pays pour se réfugier en Normandie ou ailleurs, « par quoi il n'avait pu

13

rien toucher » (Ibid. f° 74). Il n'était malheureusement pas le seul des fermiers auxquels la ville dut alors donner *quittus*.

Le 8 juin, le Maire apporte à l'échevinage un briefnet en papier où étaient les noms de ceux qui étaient soupçonnés d'être entachés de la maladie de la lèpre, au nombre de six, dénommés dans le registre aux délibérations. L'on délègue deux personnes pour aller secrètement et sans esclandre voir les individus désignés, soit au marché, soit à l'église ou entr'autres lieux, et viendront en faire le rapport afin d'y pourvoir au plus bref délai possible (Ibid. 76).

Après la question de la boucherie, celle de la boulangerie devait à son tour préoccuper aussi le corps municipal. Déjà le 1er juin, les boulangers se basant sur ce que le blé renchérissait et se vendait 10 à 11 blancs le septier, demandaient de faire le pain de demi-blanc qui pesait 11 onces et de le mettre à 9, et le pain à bourgeois qui en pesait 13 à 11. On leur répondit de faire au mieulx qu'ils pourraient durant cette semaine, qu'on verrait comment le blé se comporterait quant après, mais qu'ils ne diminuent pas le poids du pain, tant qu'autrement il n'y ait été pourvu. Quinze jours après, considérant qu'ils faisaient leurs pains d'un poids moindre de ce qu'il devait être au préjudice du bien public de la ville, il fut arrêté « que chaque boulanger serait tenu de faire faire une marque dont ils marqueront le pain blanc, le pain à bourgeois et le pain bis, afin de connaître de quelle maison il provient et s'il y a faute le boulanger sera puni à la discrétion de MM^{rs}, que ces marques différentes devront être faites sous le délai d'un jour, et seront empreintes à l'Hôtel-de-Ville, l'un devra marquer d'une couronne, l'autre d'une fleur de lys, d'un croissant, d'une étoile et ainsi différemment, que présentement ils devront faire les fouaches d'un demi pesant 10 onches, le pain à bourgeois d'un demi pesant 12 onches, vendre le meilleur pain bis trois deniers obole, celui au-dessous trois deniers ou moins selon ce que le pain sera ce qu'il devra être bon, bien fait et paniquié, sinon il y sera pourvu comme il appartiendra, et cette ordonnance sera faite en la volonté et rappel de MM^{rs} et tant qu'ils verront comment le temps se comportera » (Ibid. f°s 75-76).

19 juin 1472, « MM^{rs} ont ordonné que considéré la fortune et aventure de la « guerre qui court, il yra chacune nuit à l'ostel des Cloquiers, tout comme les « portiers d'une porte et s'y iront avec eux 2 arbalestriers et 4 archiers pour le « bien, sécurité, tuicion et défense de la ville, jusques à ce que MM^{rs} y aront « autrement pourveu. » Les hostilités avaient de nouveau éclaté entre le roi et le duc de Bourgogne, à la suite de la mort, non sans soupçon de poison, du duc de

Guyenne frère de Louis XI, et Charles-le-Téméraire, sans attendre l'expiration des trêves, s'était rué sur la Picardie, avait mis à sac, le 12 juin, la malheureuse ville de Nesle, s'était emparé le 16 de Roye, et prenant sa route vers la Normandie, allait heureusement voir ses sanglants succès arrêtés par la vigoureuse résistance de la ville de Beauvais.

En présence de cette irruption soudaine, arriva ce qui arrive toujours en pareil cas, les gens courageux n'hésitent pas à se jeter au hasard au-devant de l'ennemi, les cœurs timides cherchent un abri dans la fuite. C'est ce que démontrent bien les deux ordonnances suivantes, à deux dates si rapprochées.

« Le xxie jour de juing, l'an mil iiii^elxxii, a esté publié ce qui s'ensuit :

« On vous fait assavoir de par Monsr le Maressal de France, lieutenant du roy,
« que pour ce qu'il est venu à sa congnoissance que quant les gens de guerre
« vont courir sur les ennemis du roy, plusieurs des habitans de lad. ville qui ne
« sont point armez ne habillez pour aller en guerre, se bouttent avec lesd. gens
« de guerre, dont grand dangier périlz et inconvéniens pourroient advenir par
« eulx. et pour ce il fait deffense, de par le roy, que nul desdits habitans ne
« soyent si hardis de aller plus avec lesd. gens de guerre, se n'est par l'ordon-
« nance de mondit s^r le Maressal et de Messrs maïeur et eschevins d'Amiens.
« (Regist. M, f° 74) ».

« Aujourd'huy, xxiie jour de juing, l'an mil iiii^elxxii, a esté publié de par le
« roy, notredit seigneur, et de par Monsr le Maressal de France, en la ville
« d'Amiens, ès lieux accoustumés à faire cris et publications ce qui s'ensuit :

« On vous fait assavoir de par le roy, notre s^r et de par Monsr le Maressal de
« France, lieutenant du roy, que pour ce qu'il est venu à la congnoissance de
« mondit s^r le Maressal, que plusieurs habitans de lad. ville se partent ou veul-
« lent partir de cette ville à tout leurs biens et veullent aller demourer dehors
« en habandonnant icelle, dont grans inconvéniens porroient advenir si provi-
« sion n'y est mise, mondit s^r le Mareschal, lieutenant du roy, fait deffense de
« par le roy notredit s^r, à tous lesd. habitans que nul ne soit si hardy de eulx
« partir de lad. ville ne emporter leursd. biens, mais demeurent en icelle ville
« eulx et leurs biens, comme les autres, sur paine de pugnicion criminelle et
« confiscacion de leurs biens. Et mesmes que ceulx qui s'en sont partis enmenez
« leurs biens dehors, retournent en lad. ville et facent ramener leurs dits biens
« en dedans, quinze jours prochains venants, sur pareilles paines. Et aussy
« deffend, mond. s^r, de par le roy, à tous les portiers de lad. ville qu'ilz ne
« laissent aller ne passer par les portes lesd. habittans, ne leurs biens pour aller

« dehors, mais les retiengnent et amainent par devant mond. s^r le Maressal,
« pour en faire comme il appartiendra. »

Le 22 juin, on fait couper les herbes épaisses des fossés de la forteresse et
l'on décide au sujet des 1,000 francs que le roi devait encore à la ville sur les
2,000 francs qu'il avait octroyés pour aider à faire le boulevart de la porte de
Montrescu, d'aller à Rouen par devers le trésorier des guerres, chargé de ce
paiement, que le Maire parlera à certains prêteurs pour contracter un emprunt,
tant que lesdits 1,000 francs soient venus, afin que les ouvrages ne cessent (Ibid.
f° 77, v°). Le pénultième jour de juin, on revient sur cette nécessité d'emprunter
et finalement on parle à sire Fremin le Normant, prévôt des marchands de guède
de la ville, afin que ceux-ci veuillent avancer les sommes nécessaires, déclarant
la ville s'engager, avec le prévôt et les marchands, à leur rendre et restituer
cette avance à leur volonté. Le prévôt répondit à cette ouverture que tout le
plaisir qu'il pourrait faire à la ville il le ferait volontiers, et que les marchands
seraient assemblés l'après-disner même afin d'avoir réponse (Ibid. f° 78).

Le 6 juillet, comme les gens d'église ne veulent apporter argent et n'aident
pas la ville à paier les grandes mises qu'il convient de faire à la forteresse, car
on ne sait plus où trouver des fonds pour les travaux (les marchands de waides
n'ont sans doute pas ratifié le bon vouloir de leur prévôt), on arrête de parler de
cette situation au bailli, à Monsr de Rivery, capitaine de la ville, et d'en instruire
le Maréchal, afin qu'il leur remôntre qu'il convient qu'ils (les gens d'église) aident
la ville de 4 à 500 livres, comme ils l'ont fait autrefois, car ces travaux sont aussi
bien pour eux que pour la commune et les habitants, et qu'il est donc raison
qu'ils y contribuent; selon leur réponse on avisera. Le même jour on discute
s'il serait bon d'oter les ponts-levis des portes de Longue-Maisière, Saint-Denis
et Saint-Firmin et de mettre des ponts dormants de gros chênes, pour ce que la
ville et les fauxbourgs soient tous réunis à une forteresse, à une seule ville et
garde aux portes et qu'il ne convient plus qu'en temps de guerre ceux des fauxbourgs aient regret de retourner en la ville, si aucun inconvénient que Dieu ne
veuille arrivoit auxd. fauxbourgs (Ibid. 79).

Le 14 juillet, on n'a pas plus d'argent qu'auparavant. On baillera requête au
Maréchal pour qu'il lui plaise mander le receveur des aides, et tellement faire,
qu'il baille à MM^{rs} 3 ou 400 livres, si faire se pouvoit, sur l'assignation que MM^{rs}
ont sur lui, on lui baillera aussi requête au sujet des gens d'église pour obtenir
d'eux ces 3 ou 400 livres, attendu qu'ils ne vont ni aux portes ni au guet, et
qu'ils sont gardés et entretenus en ladite ville, comme les autres habitants
(Ibidem).

Non loin des murailles s'élevait l'abbaye de Saint-Jean, de l'ordre de Prémon-
tré, fondée, au XII° siècle, par Gérard, vidame d'Amiens, et Aléaume, seigneur de
Flixecourt et de Vignacourt, détruite par l'incendie de 1358, elle avait été relevée
en 1361, par permission du roi Jean, mais fatalement destinée à périr par la
guerre, puisqu'en 1597 elle devait être abattue par les Espagnols maîtres
d'Amiens. Déjà, en 1470, on en avait démoli une partie considérable, crainte
que les Bourguignons ne s'en emparassent (1). Les mêmes appréhensions existaient encore. Le 17 juillet, le Maréchal de Lohéac fait réunir l'échevinage à
l'Hôtel-de-Ville, avec les capitaines de la garnison, il expose « qu'il seroit bon
« pour le bien et sûreté de la ville de abattre l'église et abbaye de Saint-Jehan,
« pour ce que les Bourguignons y pourraient venir loger et grever la ville si
« grandement qu'on n'y pourrait apporter remède. Le roy voulait qu'on l'abbatit
« et démolit et réédifiast ès fauxbourgs et qu'au moins elle fut mise sur étais,
« auquel cas d'événements on bouterait le feu et ainsi tout tomberoit à terre.
« Sur quoy MM^rs ont répondu que ce n'estoit point à eux à le faire, que l'église
« estoit hors de leur juridiction, et que le Maréchal le pouvoit faire s'il le
« vouloit, à quoy il dit qu'il le feroit volontiers, mais qu'on lui baillat des gens
« de la ville qui le feroient au nom du roy. Sur cela le maire lui avoit dit qu'il en
« parleroit volontiers en l'échevinage, et aujourd'hui en ont parlé, disant qu'ils
« n'avoient point d'argent pour ce faire, ne pour ouvrer même à la forteresse.
« Touttefois pour savoir comment ils se gouverneront, on assemblera dimanche
« prochain tous les portiers de la ville, en halle, à paine de 20^s d'amende, pour
« avoir avis en cette matière et aussi quel argent on trouvera pour le faire et
« pour travailler au boulvart de Montrescu et aux autres, car tout l'argent de
« la ville est failly et déloué » (Ibid. f° 81). Le dimanche, finalement, on décide
de répondre au Maréchal, qu'on ne peut faire la démolition, qu'on n'a pas d'argent et « que s'il vouloit la faire il prisist au receveur des aides de l'argent qu'il
« devoit à la ville sur l'octroy du roy » (Ibid. f° 81, v°).

Le 20 juillet, comme l'on sait qu'il y a plusieurs matériaux de grez et de
pierres en la Cour-de-Mai, appartenant à Me Jehan de Fontaines, l'échevinage
décide qu'il les fera transporter pour employer à la forteresse, et en feront
compte au propriétaire tant qu'il en soit restitué (Ibid.).

Le même jour, on ferme la porte de la Hautoie. On ne laissera ouverte que la
porte de Beauvais; outre les portiers qui la garderont, il y aura 4 archiers et
2 arbalétriers, et les portiers seront bien armés et appointiés. Les habitants de la

(1) Dusevel. Histoire d'Amiens, p. 96.

ville devront avoir chascun baston desfensable quand ils iront (c'est-à-dire quand ils seront appelés) par les rues, et aussi que le guet des Cloquiers, le guet des sergents de nuit et le guet du réveil ne s'en voysent point tant que la porte soit ouverte au matin mesmes, que en cas d'effroy chascun voyse à sa garde (Ibid. f° 82) (1).

Il faut en finir cependant avec la persistante pénurie d'argent. Le dernier jour de juillet on se décide enfin à faire un emprunt sur les bonnes gens de la ville, tant sur portiers comme autres personnes, le fort portant le faible, jusques à 400 écus ou plus haut si on le peut trouver, et en haste pour trouver argent prompt, on prendra 200 portiers qui bailleront chascun un escu qui feront 200 escus, et le surplus sera assis par emprunt sur les autres bourgeois tels que on avisera par égale portion, tant sur portiers que sur ceux qui ne sont point portiers et sera l'assiette faite, et aussi est besoin de parler aux gens d'église afin qu'ils baillent aucune somme pour aidier et parfaire lesdits ouvrages. A l'échevinage du 3 août, on arrête que lorsqu'on fera ceuillir l'emprunt et qu'on baillera les cédules et obligations de la ville aux prêteurs, les noms des refusants seront mis par écrit et remis au Maréchal, afin de les contraindre à faire ledit prêt, et si mestier est verser ladite chevance, qu'il lui fasse paier aucune somme oultre ledit prêt pour le bien et fortification de la ville, et sera commenchié aux plus grans (Ibid. f° 83, v°). C'est on le voit l'emprunt forcé dans toute sa rigueur, en raison des nécessités urgentes qui pressent la cité.

Le même jour, afin d'avoir également des vivres de blez et ablais, dont on avait également un pressant besoin, on avisa qu'il serait bon d'écrire aux bonnes gens des villages aux environs du lez d'Artois de 3 ou 4 lieues, qu'ils labeurent et facent leurs blés et ablais et quand ils auront soyé et loyé, ils les entassent et se mestier est alors, on prendra des charios et yront quérir lesdits blés et ablais par paiant les bonnes genz et seront amenez en ladite ville et sera requis Monsr

(1) On vous fait assavoir de par Messrs maieur et eschevins d'Amiens que tous les habitans de lad. ville en cas d'effroy voisent chacun à sa garde ordonnée sur la forteresse sans aller ailleurs et aussy que tous lesd. habitans portent chacun parmy la ville baston deffensable et facent porter par leurs serviteurs aussy bastons souffissans, pour la sceureté et deffence d'icelle ville et pareillement que tous estrangiers qui sont venus à refuge dans lad. ville d'Amiens portent et se pourvoient de bastons et armeures souffissans pour la deffense de lad. ville. Et en cas d'effroy se retraire avec leurs hostes où ils sont logiez et aussy que tous compaignons, serviteurs et à marier de lad. ville se pourvoient pareillement et se retraient avec leurs pères et maistres sur paine d'amende arbitraire et pugnicion de prison à la voulonté de mesd. s^{rs}. Publié ès lieux accoustumés à faire cris et publicacions à son de trompe et cry publicque, le xxie jour de juillet, l'an mil iiii^c soixante-douze (Regist. M, f° 74, v°).

le Maressal, qu'il défende aux gens d'armes qu'ils n'empêchent point les bonnes gens de autour ladite ville, tant d'un costé que d'autres à labourer et remettre sus (Ibid. fº 83, rº).

Le 11, on ordonne l'édification d'une loge de 16 à 18 pieds de long pour loger les portiers qui feront la garde au boulevart de la porte de la Hautoie, au lieu qu'ordonnera le Maréchal, et sera prins l'argent desdits portiers 1 patard comme il est accoustumé pour faire ladite loge aux meneurs frais que faire se porra (Ibid. fº 83, vº).

Le même jour, on s'occupa longuement aussi de la question des aides à établir pour un an, à partir de la Saint-Remy prochaine, et comme elles n'avaient pas été d'un grand produit cette année, on demanda au Maréchal une surélévation de droits sur les vins vendus à broque et à despence, comme il se faisait autrefois; l'on décida qu'en cas de refus de sa part, l'on députerait au roi pour avoir lettres à ce sujet (Ibid. fº 84) « et sera faite une mémoire au roi où seront comprinses « les grans affaires de la ville et comment il lui plaist que lesd. aides aient cours « en la manière accoutumée, nonobstant opposition ni appellation, et aussy lui « sera remonstré les grands oultraiges que font les gens d'armes d'aucunes « compagnies qui boutent hors de leurs maisons, les bonnes gens, couchent en « leurs lits, les appelant vilains trestres bourguignons et leur font de grands « desroys et outraiges afin qu'il lui plaise d'y mettre règle et ordre, car lesdis « gens d'armes n'en paient pas un seul denier, synon les gens de Monsʳ le « Maressal qui aucunement? paient » (Ibid. 84). L'on se plaint en même temps à Mʳ de Lohéac, de Loys d'Aut, qui se dit son prévôt et lieutenant, et qui trouble l'échevinage dans sa juridiction, en otant le droit de tonlieu à la ville, en prélevant sur les vins vendus en l'estaple 2 sols de chaque quenne et 18 deniers du ponchon et autres exactions grandes et excessives sur les marchands de bœufs, vaches, moutons et pourceaux, tellement que les bonnes gens n'osent plus venir vendre leurs denrées en ville pour les rigueurs desdites loix (Ibid. fº 84, vº).

Le 15 septembre, les ladres de Rivery sollicitent de venir pourchasser en ville. Cette faveur leur est accordée. Le même jour, l'on s'occupe du voyage vers le roi à l'occasion des excès des gens de guerre, et l'on prend connaissance des mémoires qui devront lui être présentés à ce sujet (Ibid. fº 86).

Le 22 septembre, nouvelle taxe du pain, décision de comprendre dans les aides à lever un droit de 12 deniers pour livre sur la valeur des héritages ou cens vendus ou tenus en ville, enfin l'on députe comme ambassadeur auprès du roi, Jehan Harlé, procureur de la ville, avec le mémoire suivant:

« Au roy nostre souverrain seigneur,

« Nostre souverain seigneur, nous nous recommandons tant et si humblement
« que plus povons à votre bonne grâce, et vous plaise savoir sur que envoyons
« par devers vous, Jehan Harlé, votre procureur, pour vous dire et proposer de
« par nous aucunes choses touchant grandement les affaires et nécessités de
« ceste votre bonne ville et cité d'Amiens. Sy vous supplions, sire, tant et si
« humblement que plus povons, que de votre grâce, il vous plaise les lire et y
« adjouster foy et crédence à ce qu'il vous dira de par nous, pour ceste fois notre
« souverain seigneur nous prions au benoit filz de Dieu qu'il vous ait en sa
« sainte garde et vous doint accomplissement de vos haulz et nobles désirs,
« victoire de vos ennemis, bonne vie et longue et paradis enfin. Escript en vostre
« bonne ville et cité d'Amiens, le premier jour d'octobre, vos très humbles et
« très obéissans subgiez appeilliez à vos plaisirs les maire et eschevins de votre
« bonne ville et cité d'Amiens.

« Supplient très humblement vos très humbles et très obéissans subgez les
« maire, eschevins et habitans de vostre bonne ville et cité d'Amiens.

« Comme il soit ainsi que à la réducion faite de votre dite ville par lesd.
« supplians en votre obéissance, il vous ait plu de votre grâce, leur donner la
« somme de 1,200 livres tournois chacun an pour vi années commenchans à la
« datte de certaines vos lettres par vous à eulx ottroié de prendre ladite somme
« sur le receveur de vos aydes audit Amiens, pour les deniers emploiér en la
« réparacion de la forteresse de votre dite ville qui estoit fort désolée et en grant
« ruyne.

« Et nonobstant votre dit receveur ne leur a de votre dit don de 1,200 livres
« baillée que la somme de 600 livres pour la première année et 600 livres tour-
« nois sur la seconde année, ainsi leur est encore deu 1,200 livres pour le reste
« desd. deux années.

« Et sur ce soux couleur que iceluy receveur maintient estre chargié d'autres
« assignations et si grandes que bonnement ne pourraient furnir le don par vous
« fait desd. 1,200 livres auxdis supplians qui est grandement au préjudice de
« votre dite ville et du bien publique du pays.

« Pourquoy ils vous supplient, sire, que de votre bégnigne grâce il vous plaise
« ordonner et chargier à vos gens du trésor des comptes à Paris, mesmes à
« votre dit receveur des aydes que ledit don desdites 1,200 livres soit préféré
« furny et payé auparavant toutes charges et assignations et aussy mis ès estats
« qui seront bailliés audit receveur et de ce accordez auxdis supplians vos lettres

« patentes adreschans à vos dits gens du trésor des comptes et receveurs,
« considéré qu'il y a ancores de grandes réparacions nécessaires tant au bole-
« vert de la porte de Montrescu du costé d'Artois, là où grans deniers ont esté
« employés des dons procédans de vous et de ceulx de vostre dite ville (1).

« Et aussy, sire, est vrai que vos bons et léaux subgez de votre dite bonne
« d'Amiens ont de bon cuer et pour le bien de vostre royaume aidié à logier et
« entretenir les gens de guerre qu'il vous a pleu envoyer pour la garde et
« défense de ladite ville, et leur baillent les ustensilles tant litz, linges, couver-
« tures comme aultres leurs biens à eulz nécessaires sans en avoir eu quelque
« pourfit ni rémunération, espérans tousiours la guerre finir et tèlement que de
« présent votre dit peuple amiénois, la pluspart n'ont plus quelques ustencilles
« par le fait desdits gens de guerre qui ont tout usé et eschelliés et se conduisent

(1) Louis XI fit droit à cette demande par les lettres suivantes :

Loys, par la grâce de Dieu, roy de France, à nos amez et féaulx les généraulx conseilliers par nous, ordonnez sur le fait et gouvernement de toutes nos finances, salut et dilection. Nos chiers et bien amez les maire et eschevins, bourgois, manans et habitans de notre bonne ville et cité d'Amiens, nous ont fait remonstrer que depuis aulcun temps encha par nos aultres lettres-patentes et pour les causes plus ad plain contenues en icelles et meismement pour leur aidier à furnir et subvenir à leurs grans charges, nécessitez et affaires, fraits, mises et despenses que la communaulté d'icelle ville a eu et a chacun jour à supporter durant ces divisions qui ont par cy-devant eu cours et ont ancoires ad présent en nostre royalme, nous leur avons entr'aultres choses donné et ottroyé la somme de douze cens livres tournois à icelle avoir et prendre des lors en avant par chacun an jusques à certain temps sur les deniers de nos aydes et de nostre grenier de lad. ville et ellection ainsy qu'il est plus ad plain déclairié par nosd. lettres. Et combien que notre vouloir et intencion ait esté et soit que iceulx habitans exposans en leur faisant led. ottroy, ayent et prengnent lad. somme de XII° lils tournois des premiers et plus clers deniers venans du revenu, pourfit et émolument d'icelles receptes des aydes et dudit greniers, néantmoins il leur en est deu certaines grans sommes de l'année passée et aussy de ceste présente et tèlement que à ceste cause il ne leur est possible furnir à leursd. nécessitez ou grant preidice et détriment de la chose publicque de lad. ville se provision ne leur estoit sur ce donnée ainsy qu'ilz nous ont fait remonstrer requérans icelle. Pourquoy, nous, ces choses considérées, voulans iceulx maire et eschevins joyr de leurd. ottroy ainsy par nous à eulz fait quomme dit est pour les causes qui nous mœuvent à icelle faire dont sommes bien records, vous mandons et expressément commandons que en faisant iceulx exposans joyr et user du contenu en nosdites lettres d'ottroy vous leur faittes faire payement de lad. somme de XII° libs tournois ou aultre somme de deniers ainsy par nous à eulz ottroyé des premiers deniers et avant aultre assigna-cion faite sur lesd. receptes tant ce qui leur en est deu du reste de lad. somme année passée et aussi de ceste présente et doresnavant tout ainsy qu'il est plus ad plain mandé et contenu par nosdites aultres lettres sans y faire ne souffrir faire aulcune interruption ou discontinuacion en constraignant ou faisant constraindre à ce faire et souffrir lesdits recepveurs et chacun d'eulx les termes escheux par toutes voyes deues et accoustuméez à faire pour nos propres besongnes et affaires nonobstant opposicions ou appel-lacions quelconques car ainsy nous plaist-il estre fait. Donné à Ermenonville, le XXX° jour de mars, l'an de grâce mil IIII° LXXIII, et de notre règne, le XIII° avant Pasques, ainsi signé par le roy, le seigneur de Genly, le gouverneur de la Rochelle et aultres présens, Le Gouz. (Regist. aux chartes C, f° 288).

14

« en tèle façon à l'encontre de votre dit peuple, que plusieurs sont chassez hors
« de leurs maisons, les autres de leurs lits et chambres et sont contraints de
« gésir sur la paille, et en conclusion sont contraints ou bien partir de la ville et
« aler mendier par le pays à cause que lesdits gens de guerre n'ont jamais voulu
« ne veulent rien paier desdits ustencilles jasoit ce qu'ils avaient ordonnance
« royal de ce faire.

« Et non point seulement seront vos dis subgez d'Amiens constraints eulx
« partir et délaissier la ville, la pluspart par les moiens dessus dits, mais aussy
« parce que l'on ne peut amener en icelle grains et en espécial amenés aux
« bourgeois et marchands de ladite ville, que ce ne soit prins et emporté du fait
« de force et par puissance par lesdits gens de guerre tant que icelle demoure
« comme du tout deffurni ainsi que elle sera, se provision n'y est mise.

« Item est que plus est sur combien que au moien de la réduc̲ion de votre dite
« ville d'Amiens en votre main, la conté d'Amiens qui s'estant oultre la rivière
« de Somme du lez vers Artois à sept lieues à l'environ d'icelle ville et jusques à
« la rivière d'Authie vous compète et appartient et doy estre de votre propre
« demaine et que en icelle par espécial de chinc lieues à l'environ de votre dite
« ville sont assises la pluspart de toutes les revenues et possessions de l'église
« Notre-Dame d'Amiens, des églises Saint-Martin-aux-Jumeaux, Saint-Jehan
« d'Amiens et des Célestins dudit lieu, de l'Ostel-Dieu et des bourgeois, gens
« de justice, marchands et autres gens notables de votre dite ville, néantmoins
« lesdis gens de guerre ont fait par cy-devant et font chacun jour, plusieurs
« courses èsdites mètes, prennent les chevaux de charue et autre bestail et
« mènent les labouriers prisonniers, les ont même mis à ranchon et les ont fait
« morir en prison et les autres vendu au butin en plain marché comme bestes
« mues (1) qui est chose inhumaine de grand répréhension envers Dieu et le
« monde.

« Item et tèlement se sont conduits lesdits gens de guerre que tous les homes
« demourans oudit conté d'Amiens ont habandonné le pays et ont esté cons-
« traints eulz retraier ès villes de Doullens, Corbye et ailleurs en pays contraire
« à vous parce que l'on à volu souffrir que eulz, leurs femmes ne enfans soient
« venus en ladite ville, ne y amènent leurs grains, vivres et autres choses ne
« ceulx qui estoient deubz aux dites gens d'église, bourgeois et autres dessus
« nomez et pis est les ablais qui estoient croissants en ceste présente année oudit

(1) La Curne de Sainte-Palaye au mot Beste. Bestes mues signifie aussi les brutes et les bêtes en
général, distinguées des bêtes humaines qui sont les hommes (Modus et Racio, p. 17).

« pays sont demourez aux champs sans moissonner et les terres sans quelque
« labour, tèlemcnt qu'il n'est pas possible que lesdits laboureurs puissent en
« ceste présente année semer ne remettre sus leurs blez en terre dont se porroit
« ensuyr grant famine et indigence en votre dite ville par la coulpe de vos dites
« gens de guerre qui est la fin et intencion principale à quoy vos ennemis et
« adversaires ont tousiours contendu et contendent.

« Et pareillement, sire, se plaignent à vous lesdits supplians que ung nommé
« Loys d'Aut et autres eulx disans lieutenant du prévôt des Maressaulx, leur
« font de grans griefs, oppressions et injustices en leur magistrature, en leur
« juridicion en plusieurs et diverses manières, ou grant préjudice de la chose
« publicque de lad. ville.

« Et si prent ledit Loys d'Aut de grants deniers et exactions indeues au
« préjudice de votre dite ville et du bien d'icelle que de chacune pippe de vin
« vendue en l'estaple 2 sols, et 18 deniers du ponchon, tant sur les marchans
« forains que sur vos propres subgez demourans à l'environ de votre dite ville
« qui est chose bien estrange quant à vos dits subgez qui ne vendent que ce qui
« procède de leur crû.

« Et encore prent ledit lieutenant de chacun bœuf amené, vendu en ladite ville
« 12 deniers, de chacun mouton ou pourceau 4 deniers, et aussy sur autres
« denrées et marchandises où il exige grans deniers, disant par luy de ce argué,
« qu'il a cause de ce faire autant que votre armée est en ladite ville et que les
« dits vivres et autres denrées y sont amenés pour suyr ladite armée.

« A quoy luy a esté respondu que ce n'est pas ost ne armée tenans les champs
« mais garnison par vous y mise pour la garde et seureté de votre dite ville,
« par quoy à tort il prent lesdis deniers et est au préiudice des dites gens de
« guerre et des subgez de vostre dite ville pour ce qu'ilz sont contraints de
« acheter de tant plus lesdites denrées et aussi que au moien des dites exactions
« lesdits marchans se retardent de venir et commercer en votre dicte ville.

« Et peut sembler, sire, que attendu que vous-mesme avez donné aux mar-
« chans le droit du 20ᵉ denier que l'on a accoustumé de prendre et recevoir pour
« vous sur les vins vendus en votre dite ville en faveur de vos dites gens de
« guerre et adfin qu'ilz en aient meilleur marchié, l'on ne devroit point souffrir
« audit Loys d'Aut prendre ne lever lesdites exactions qui ne doivent par raison
« avoir lieu sinon là où il y a ost et armée ce que l'on poeut valablement dire ne
« maintenir estre en votre ville.

« Si vous plaise, sire, avoir regard sur les choses dessus dites et y pourvoir

« selon votre noble et bon plaisir, autrement la grant affection et bon vouloir
« que de votre grâce, vous avez par esfect démonstré avoir auxdis supplians vos
« loyaux subgez ne sortiront point d'effect, anchoires serait votre dite ville et cité
« rendue pour indigence et désolée au préjudice de vous et de la chose publicque
« de tout votre royaume. » (Regist. aux délib. Ibid. f⁰ˢ 87 et suivants).

A l'échevinage du 30 septembre, en raison des dettes et charges de la ville,
les échevins arrêtèrent que comme d'ordinaire ils avaient chacun une torche de
chire à la Saint-Simon-Saint-Jude, au renouvellement de la loy chaque année,
que la cire était très chère, ils seraient contents que l'année prochaine on cessat
cet usage, tant qu'on vit comment les temps se comporteraient (Ibid. f⁰ 90, v⁰).

Les dernières réunions de l'échevinage de la mairie d'Antoine Clabaut n'ont
plus trait qu'à de nombreux règlements de comptes avec les divers fermiers des
impôts qui réclament tous plus ou moins de tempéraments en raison des insuffi-
sances du produit de leurs fermes.

Le 28 octobre 1472, sous la mairie d'Antoine Caignet, Antoine Clabaut fut élu
premier échevin et lieutenant du maire.

De retour de son voyage auprès de la cour, Jehan Harlé rendait le 16 novembre
compte de sa mission et rapportait des lettres du roi, sur parchemin, scellées de
son scel secret en cire vermeille, en réponse aux doléances de l'échevinage, et un
double des lettres closes adressées par Louis XI au Maréchal de Lohéac, en date
d'Amboise, du 4 novembre, par lesquelles il mandait à cet officier de faire droit
aux justes réclamations des habitants d'Amiens *ses bons, vrais et loyaux sujets*.
En même temps, dès le lendemain, Louis XI avait écrit à la cour du Parlement
pour l'inviter à expédier au plus tôt les procès pendants entre la ville et les gens
d'église *afin de nourrir paix et amour entre les parties et oter toute cause de
litige et de dissencion entre eux* (Ibid. f⁰ˢ 96 et suiv.).

Le 24 octobre 1473, l'on parle à l'échevinage du fait de sire Antoine Clabaut,
de Mᵉ Jehan de Fontaines, de Colart le Rendu et de Jehan Crochet que le roy a
mandés aller devers luy dans dix semaines ou environ, mais l'on ne sait pourquoy ? (f⁰ 139, v⁰), aussi est-ce défiance du corps municipal, par suite de cette
mystérieuse convocation ou par suite de cette absence, mais au renouvellement
de la loi, sire Antoine Clabaut ne figure plus dans le nombre des élus. Par contre
rentre comme premier échevin du jour, sire Jacques Clabaut, l'ancien mayeur de
1465, mais pas plus que l'échevinage d'alors, nous n'avons pu découvrir la cause
du désir de Louis XI de conférer avec quatre notables citoyens de sa bonne ville
d'Amiens.

Les justes plaintes de cette ville avaient enfin trouvé satisfaction. Par un édit royal, rendu à Amboise, le 21 juin 1474, et relatif aux gens de guerre envoyés à Amiens pour la garantir des attaques du duc de Bourgogne, pour les contraindre à payer leurs dépenses, le roi ordonnait, sous quinze jours, la comparution du prévôt des Maréchaux ou de son lieutenant à Amiens, devant le grand conseil en personne, pour montrer et soutenir par vertu de quoy luy ou aultres font telles entreprises et exactions, et ce, sous peine de confiscation de corps et de biens et ce, pendant et jusques ad ce que aultrement en sera ordonné, ne sera par lui ni de par lui ni par aultre, levé ou exigé aulcune chose sur les marchands de lad. ville ne sur les forains venans et estans en icelle, ne sur les denrées et marchandises, ne aulcunement entreprins sur la justice et juridiction desd. habitants en quelque manière que ce soit et se cependant aulcun aultre pour et au nom dudit prévost, ne aultre ayant pouvoir de luy se vœulle efforchier de faire le contraire, nous voulons et ordonnons que ceulz de la justice de notre dite ville ne le tollèrent en quelque manière que ce soit, mais le preignent au corps et iceluy amaient prisonnier à ses despens devers nous, en notre grant conseil, pour estre pugny selon son meffait. (Registre aux chartes C, fᵒ 272, vᵒ). *(Pièce justificative G)*.

Antoine Clabault rentra à la mairie par l'élection du 28 octobre 1474 ; la ville conservait toujours à cette époque une forte garnison, car les compagnies de MMʳˢ de Saint-Just, Salazar et de Mʳ de Torcy y tenaient encore leurs quartiers.

Dans l'échevinage du 21 novembre, on se préoccupe des incendies. On désigne en cas de feu de meschief qui se prendroit en ladite ville (que Dieu ne veuille) le prévôt et les échevins qui devront se rendre sur les lieux du sinistre pour y prendre garde afin qu'aucuns larrons n'emblent les biens au milieu du désordre.

Le peuple se plaint fort encore des boulangers qui ne font pas leur pain aussi bon qu'il devrait l'être suivant le prix du blé. Ces industriels ont une façon toute particulière de faire leurs acquisitions de grains, qui est cause que l'échevinage est journellement assailli de réclamations incessantes. Un boulanger achetait ainsi au marché à un bonhomme un sac ou deux de blé, puis le distribuait à sept ou huit de ses confrères, et quand le vendeur venait quérir son argent, on lui déclarait en avoir donné tant de septiers à l'un, tant à l'autre, et il lui fallait alors passer toute la journée et la nuittée pour se faire payer, courses qui le forçaient à dépenser son argent pour passer la nuit avec ses chevaux dans la ville. Pour couper court à cet abus, l'échevinage ordonna que l'acquéreur, boulanger ou non, devrait payer immédiatement le vendeur ou bonhomme, comme l'appelle le registre aux délibérations, sur le sac, sans qu'il fut tenu de courir de maison en maison quérir son dû. Le défaillant à cette ordonnance sera pris et conduit en prison, tant que le bonhomme soit payé de son blé. Tandis qu'il réprime ces agissements, l'échevinage, ensuivant les ordonnances autrefois faites sur les bois, fagots et regrats, fait aussi crier à son de trompe que comme il est venu à sa connaissance que les marchands mêlent les fagots qu'ils apportent avec d'autres achetés par eux sur le marché de la ville et les vendent frauduleusement comme fagots de la forêt, il leur est fait défense d'acheter au marché à quelque jour que ce soit, et tenir en leurs maisons, bois, fagots, rout bois, gloes fendues, halon ou ramelles, s'ils ne sont bons, loyaux et marchands et des dimensions fixées par les règlements. Les regrattiers de beurre, œufs, fromages, fruits, et autres marchandises de vivres reçoivent les mêmes injonctions, sous peine de 20 sols d'amende et de la confiscation de leurs denrées.

Le 28 novembre, on décide d'acheter ce qu'on pourra de blé pour l'approvisionnement de la ville, qui en est peu pourveu (Ibid. 185), et que l'on fera le recensement par paroisse et par maison de ce que chaque habitant en possède. Enfin, l'on arrête d'écrire de nouveau au roi comme autrefois au sujet des bonnes gens qui veulent partir en raison des griefs et extorsions des gens de guerre, des contributions qu'on leur fait payer deux ou trois fois sans cause, et pour qu'il lui plaise aussi de mander aux cultivateurs qu'ils amènent leurs blés à Amiens, au lieu de les conduire à Dieppe, Saint-Valery et Rambures (Ibid.).

A côté des archers et des arbalétriers privilégiés de la ville, une nouvelle corporation militaire venait de se fonder, c'était celle des couleuvriniers à main, qui avait son jardin dans les fossés près de la porte Longue-Maisière, en allant vers la porte Saint-Denis. Comme ses devancières, elle demande à son tour à la ville de lui accorder, par courtoisie, l'octroi de plusieurs quannes de vin pour célébrer la fête de sainte Barbe, sa patronne, la Mi-Carême, saint Louis fête du roy, saint Thomas et autres fêtes, pour l'entretien de leur jeu. On leur accorde 40 sols pour leur Sainte-Barbe, tant qu'il plaira de leur continuer cette libéralité (Ibid. 186).

La question des blés est toujours à l'ordre du jour. Les boulangers font renchérir les céréales en amassant plus que ce qu'ils doivent avoir, tellement que le peuple n'en peut avoir à portion ; pour éviter les plaintes et les noises qui pourraient en résulter, on ordonne la visite de leurs greniers pour connaître l'état de leurs provisions. On les mandera à l'Hôtel-de-Ville où, sous la foi du serment, ils déclareront de combien ils en sont pourvus et après l'on avisera. On leur accorde cependant une diminution de poids et une légère augmentation de taxe. Le 9 décembre, l'on revient encore sur cette question si grave. Les blés que l'on a fait acheter dans le Vimeu seront amenés en ville et il viendra tellement aussi du dehors que si Dieu plaist, la ville en sera pourveue « et feront MM^{rs} faire commandement aux subgez de lad. ville que chacun se pourvoye de blé pour eschiver aux périls et damps qui s'en pourroient ensuyr ». Le 11, on décide d'envoyer « sur le pays envers Grantviller (1) et en plusieurs villages et « abeyes savoir s'il n'y a point de blé, en quel marché on en pouroit trouver, on « en achètera ce que l'on pourra et l'on parlera au grant compteur pour trouver « gens qui y aillent pour eschiver esclande et à Loys de Lahainesse pour aller « dans le Vimeu comme il avait fait l'année précédente » (Ibid. 187-188).

Les pâtissiers d'Amiens vendaient pertrix, butors, hairons, grives, bistardes, widecocs, quennars, connins, lieuvres et autres sannechières, plus chers qu'ils ne devaient, au préjudice du bien public. L'échevinage décide qu'il fera mettre prix à toutes ces denrées.

Mais il y a toujours pénurie d'argent pour l'acquisition des blés ; on se décide à prendre, à titre de prêt, l'argent de la prévôté. Comme il y avait question pendante avec le receveur qui objectait qu'il avait charge d'en employer tous les deniers pour l'acquit de la messe que le roi avait fondée à perpétuité chaque jour en l'église Notre-Dame d'Amiens, que les rentes de la prévôté sont entre les mains des grands compteurs qui ont été et seront, tant que la question portée devant la cour du Parlement soit vidée, on leur prendra ces deniers.

Le 2 janvier 1474, Aubert Fauvel et Jehan Harlé, grand compteur, sont délégués auprès du roi, pour obtenir une provision de blé pour le bien de la ville et en même temps pour la provision de 1.200 livres pour l'entretien de la citadelle, et MM^{rs} si aucune paix, acort, entretènement à longtemps se faisaient entre le roy et le duc de Bourgogne que Dieu ne veuille par sa grâce, que les bonnes gens et habitants de la ville puissent joyr et possesser de leurs héritages comme ils faisaient auparavant la guerre, et emporteront, les délégués, mémoires et lettres closes adréchant au roy et à Monsr de Torcy, touchant cette matière (Regist. aux délib., 1474-77, f° 1).

Nouvel exemple de bannissement ; dans la réunion suivante de l'échevinage, dont le scribe a omis d'indiquer la date. « Marguerite Estienne, femme de

(1) Grandvilliers, chef-lieu de canton de l'Oise, est encore aujourd'hui un marché considérable de blés.

« Thomas Le Plâtier, sera mise au pilori, aura les cheveux brûlés et sera bannie
« de la ville et banlieue d'Amiens, sous peine d'être enfouye toute vive, comme
« maquerelle et consentante que Mariette, sa fille aisnée, et Mariette, sa fille
« maisnée, aient été en plusieurs lieux et places de la ville où elle les a menées,
« où elles ont eu connaissance carnelle avec plusieurs hommes, et a reçu l'argent
« de cette prostitution » (Ibid., v°).

Le 16, on arrête d'envoyer Jehan Harlé vers le roi, parce que le vicaire de
l'évêque (1) a excommunié l'échevinage, qui n'avait pas voulu lui rendre un
huchier qu'il avait fait emprisonner pour fraude dans son métier en raison de ses
droits et privilèges sur la police des corporations. Sur le refus du vicaire de
retirer son excommunication, les officiers du roi, sans respect pour sa dignité,
l'avaient fait incarcérer au Beffroi. Le roi, informé des faits, écrivit, en réponse
aux lettres de la ville, pour l'assurer du maintien de ses prérogatives, mais il
avait évoqué l'affaire devers lui, et écrivit aussi au bailli de remettre le vicaire
en liberté, à charge d'absoudre l'échevinage. Voici la première de ces lettres :

« A nos très chers et bons amis les bourgeois, manans et habitans de notre
« bonne ville et cité d'Amiens; de par le roy, très chers et bien amez, nous avons
« reçeu les lettres que escriptes nous avez, faisans mention de la question et
« débat sourvenues entre le vicaire de notre amé et féal conseiller l'évesque
« d'Amiens et vous, à cause de l'excommuniage faicte par ledit vicaire pour la
« détencion d'un de ceulx de notre dite ville d'Amiens, lequel dit vicaire prétend
« être clerc, et aussi vous le prétendez estre subget à votre justice à cause de
« vos privilèges, sur quoy vous pouvez estre certains que votre droit avec vos
« dits privilèges franchises et libertées, nous voudrions garder sans enfraindre
« autant que à ville ne chité que soit en notre royaume et ne pourrions oublier la
« grant loyauté que avez gardé envers nous, les services que nous avez fait et
« faites dont estes dignes de grande et louable recommandation, aussi nous
« voulons bien garder les droits de l'église et pour ce que désirions obvier aux
« questions et débats qui à cause des choses dessus dites porroient avenir, avons
« toutes ces questions et débats mis en notre main et fait dire à notre dit
« conseiller l'évêque d'Amiens, qui incontinent il absoille ou face absoudre tous
« ceux qui pour ceste cause ont été ou sont excommuniés et voulons et enten-
« dons que en ce faisant ledit vicaire soit incontinent mis en plaine délivrance et

_____

(1) Jehan de Cambryn. L'évêque d'Amiens était alors Jean de Gaucourt, qui avait succédé sur le
siège épiscopal à Ferry de Beauvoir.

« ce fait, qu'il viengne par devers nous, et que de votre part vous y envoyez
« quelque homme bien instruit pour appouier et pacifier la matière en gardant
« vos privilèges et le droit d'une part et d'autre, tèlement que chacune des
« parties ait cause d'être contens. Donné à Paris, le 12e jour de janvier. Ainsy
« signé :

« Loys (1) »

Le 23 janvier, Aubert Fauvel et Jehan Hérengier, firent le rapport du voyage
qu'ils avaient fait à Paris, auprès du roi, qui leur avait promis que les marchands
enverraient 800 ou 1,000 muids de blé, au muid de Paris, avec les mêmes privilèges qu'il avait accordés aux marchands d'Amiens, assavoir les mois de may,
juing, juillet et août, pour pouvoir vendre le blé dont ils feront commerce (Ibid.
f° 3, v°). En effet, par lettres datées de Beauvais, le 4 février, et transcrites dans
le registre aux chartes E, Louis XI avait concédé aux magistrats amiénois, le
droit d'acheter dans tout le royaume, partout où ils voudraient, les blés nécessaires à la subsistance des habitants, de les emmagasiner, et de les tenir aussi
longtemps qu'ils voudraient dans leurs greniers, de les revendre soit en ville
soit au dehors, de mai à septembre, et de les délivrer en franchise à tout
acheteur durant ces quatre mois. Nul, de quelque condition qu'il fût, n'en
pouvait vendre sans la permission de l'échevinage, et défense était faite aux
baillis, prévôts, gardes des ports, ponts et passages, de mettre obstacle à cette
décision de l'autorité royale. (Registre aux chartes E. A. Thierry, II, p. 356).

Considéré que les vivres sont chères, on députe vers les vicaires de l'évêque,
pour leur demander l'autorisation, durant ce carême, de manger du beurre, et
l'on décide d'écrire au roi, parce que l'on a entendu dire qu'il voulait mettre en
ville 600 lances avec les 300 qui y sont déjà, ce dont le peuple serait trop grevé.
(Regist. aux délib., T. XII, f° 4).

Pénultième jour de février. L'on répond aux marchands qui amènent leurs
blés par ordre du roi, que MMrs leurs trouveront volontiers des greniers pour
leurs marchandises, mais qu'ils n'avaient nuls marchands qui les pussent
acheter.

Le 14 mars, Aubert Fauvel et Jehan le Hérengier font le rapport de leur
voyage à Paris, vers le roi, qui les avait mandés au sujet des blés dont il voulait
pourvoir la ville d'Amiens, ordonnant que de Paris, Rouen, Chartres, il fût
expédié 80 muids, mesure de Paris, et ajoutant que pour quelque chose qui dût

---

(1) Registre aux délibérations. T. XII, f°s 2 et 3.

advenir, il ne voulait pas qu'Amiens eut disette ou faute de vivres (1) (Ibid. f° 10).

Le 16 avril, on a reçu nouvelles que le roi et son armée doivent venir à Amiens et passer outre contre les Bourguignons, il est ordonné qu'on mettra l'artillerie à point, qu'on visitera toute la forteresse et qu'on appointera tout ce qui est bon pour la défense de la ville, poudres, canons, couleuvrines et autres choses, afin que ce prince la trouve en bon état. On fait crier aussi, suivant les anciennes ordonnances, que nuls étrangers n'aillent de nuit par la cité, s'ils n'ont leurs hostes avec eux (Ibid., 12).

Louis XI, profitant de ce que le duc de Bourgogne était occupé au siège de Neuss (2), s'était avancé en Picardie pour lui enlever ses places de la Somme. Après avoir fait ordonner des prières publiques dans tout le royaume, il partit, le 1er mai, de l'abbaye de La Victoire près de Senlis, lieu que depuis deux ou trois ans il avait pris en affection, et où il séjournait souvent. Ses gens allèrent d'abord mettre le siège devant le Tronqoi (3). La garnison voulait faire résistance ; on amena l'artillerie, l'assaut fut donné et la place emportée. Tous ceux qui s'y trouvaient furent pendus, hormis un seul que le roi épargna, car c'était l'un de ses agents secrets. Le Tronquoi, désolé et rasé, Montdidier fut aussitôt sommé ; la garnison n'avait aucun espoir de secours, elle se rendit. On avait promis de ne faire nul mal aux habitants et à la ville, mais dès qu'elle fut rendue, le roi la fit brûler. Même promesse fut faite aux garnisons de Roye et de Corbie, où commandait, sans nul moyen de se défendre, le sire de Contay, un des principaux serviteurs du duc. La foi ne fut pas mieux gardée, et les deux villes furent réduites en cendres. Doullens ne devait pas tarder à éprouver le même sort (4).

---

(1) Les comptes de la ville, 1474-1475, renferment ces indications : A Aubert Fauvel, LVII livres IIˢ VI deniers pour voyage vers le roi au sujet des 1,200 livres que le roi avait données à lad. ville, comme pour avoir des blés pour la provision de la ville. — A Aubert Fauvel et Jehan le Hérengier xxxIᴵ IIIIˢ pour avoir alé hastivement devers le roy nre, avec plusieurs autres marchands, tant de Paris, de Rouen, comme de Chartres, ouquel voyage ils ont vaqué à quatre chevaux l'espace de XIII jours à chacun d'eux, XXIVˢ par jour.

(2) Neuss-sur-le-Rhin et non Nuits, comme il est dit par erreur dans A. Thierry. T. II, p. 366.

(3) Le Tronquoy, canton de Maignelay (Oise).

(4) On trouve dans les registres aux comptes de 1474-1475, les mentions suivantes, au sujet de ces événements. Aux maistres et compaignons arbalestriers de ladite ville la somme de VIIˡ IVˢ à eux donnés par mesdits seigneurs pour certain voiage qu'ils ont fait en l'armée du roy, nre sire qui étoit devant la ville de Corbye, tenant party contraire à lui. — A Jehan Ridoul vˢ pour porter lettres aux habitans de Corbye afin qu'ils feisent abatre et démolir leurs maisons. — A Miquiel de Hainaut la somme de XVIIIˢ est assavoir : xvˢ pour avoir alé en la ville de Beauvais pour porter lettres de MMʳˢ pour avoir certain

Le 30 mai, on parla à l'échevinage des gens de Corbie, Montdidier, Roye et Doullens, qui après la ruine de leurs foyers, s'étaient en grand nombre réfugiés à Amiens « parce que leurs villes avaient été démolies, arses et abattues, de par « le roy, parce qu'elles tenaient parti contraire à ce prince. D'aucuns murmu- « raient que c'estoit grant dangier de tenir lesdites gens et souffrir qu'ilz demeu- « rassent dans la ville, parce qu'ils pourraient y faire grands inconvénients « comme bouter feux ou autres meschiefs, d'autres disoient au contraire que c'es- « toient de bonnes gens chassées hors de leurs cités et que s'ils étoient venues « se réfugier en ville, ce n'étoit pas pour mal faire ». On décida de laisser les choses en l'état, sans en parler ni faire esclandre, et qu'on saurait, par les paroisses, quelles gens ils sont, comment ils se gouvernent, et sur ce on pour- voiera comme il appartiendra (Ibid. 13). Les gens de métier de ces villes seront admis à ouvrer de leurs mestiers puisqu'ils ont été maistres et tenu les ouvroir esd. villes dont par fortune de guerre et destruction de leurs villes ils se seront partis et ne feront aucuns chefs d'œuvre, mais ils pairont les bien venues et droits des mestiers, selon la teneure des briefs de ladite ville d'Amiens ; ainsi l'ont ordonné MM^{rs} tant que autrement y sera pourvu et sans préjudicier aux droits prééminences et prérogatives des gens des mestiers de la dicte ville et de leurs briefs (Ibid. f° 13. A. Thierry. II, 367). Quant aux bouchers de ces villes, on leur fera faire leurs boucheries pour vendre leurs chairs à la porte de Longue-Maisière, Grant-Pont et autres lieux qu'on ordonnera, à la condition de payer leurs estaux comme il appartient ou profit de la ville.

On décide d'aller vers Monsr de Torcy, lieutenant du roi (1), pour savoir si pour le bien de la ville et du pays l'on abattra ou l'on fortifiera le château de Beauquesne (2). Le 12 juin, comme le roi a voulu que la tour de Beauquesne soit abattue, on ordonne de faire revenir les matériaux des portes Saint-Pierre et les autres habillements et matériaux qu'on y avait envoyés (Ibid. 14).

Le 16 juillet, l'échevinage rend une ordonnance sur le métier des teinturiers, sur la vente des fagots, en raison du péril du feu à craindre par le grand nombre de gens de guerre et des pages qui sont en la ville, dont plusieurs meschiefs de feux sont arrivés en ladite ville et y a eu plusieurs maisons arses. L'on avait fait crier à son de trompe les anciennes ordonnances, afin que personne n'en

nombre de pionniers pour abattre les portes et murailles de la ville de Dourlens ainsy que le roy avait ordonné.

(1) M. de Torcy avait succédé au Maréchal de Lohéac, démissionnaire.

(2) Beauquesne, arrondissement de Doullens, à 2 lieues de cette ville.

prétextât ignorance, mais les marchands de fagots n'en ayant tenu compte, on nomme des commissaires dans les diverses paroisses, et tous ceux qui détiendront en leurs greniers et saulieux (1), plus que les ordonnances le portent seront justichés des amendes, et en dedans quinze jours qu'ils aient mis lesdits fagots en cheliers ou autres lieux de sorte qu'aucun inconvénient n'en advienne.

Autre abus, très préjudiciable à la santé publique. Les boulangers avaient pris l'habitude d'avoir plusieurs pourceaux dans les fauxbourgs de la ville, comme Robert Griffon 50 ou 60, un autre 20 ou 30 etc., et quand ces pourceaux meurent en leurs fermes et étables, ils les jettent dans les rues et les laissent sans les enfouir ni mener aux champs, dont si grande putréfaction existe, que toutes les rues en sont infectées, ce dont se plaignent les habitants, par quoy inconvénient de mortalité pourrait advenir. Pour mettre fin à cette situation, il sera fait commandement aux boulangers de mettre tous leurs pourceaux hors des fauxbourgs et qu'on n'en tienne nul en ville sous huit jours, à peine de 40 sols d'amende. Quant à Griffon et à ceux qui ont jeté leurs pourceaux morts sur la voie publique, ils paieront, en raison de ce délit, chacun 20 sols d'amende.

Le 7 août, ordonnance relative aux poissonniers de mer, à cause de la mauvaise qualité du poisson qu'ils débitent.

Le 14, on arrête de faire une loge pour les portiers de la porte de Noyon, au lieu le plus propre pour le bien, sécurité, tuition et défense de la ville (Ibid. f° 19, v°).

Le serrurier Jaques Loysel, orloger du Beffroi, avait défailli à bien conduire l'horloge qui estoit dévoyée et sonnoit souvent 3 heures quand elle devait sonner 4 ou 6, et 12 heures au lieu de 2 ou 3, aussi à son défaut MM^rs avaient chargé un autre serrurier, Jehan Housel, qui l'avait remise en état et l'avait bien conduite durant trois semaines ou un mois. Aujourd'hui, Loysel requérait de l'échevinage qu'il lui plut lui bailler les clefs de l'horloge et de le remettre dans l'exercice de ses fonctions comme autrefois aux gages ordinaires, et qu'il ferait tellement bien que MM. seraient contents de lui. Sa requête lui est accordée pourveu qu'il fasse bien aller l'horloge. On lui remontrera bien au long afin qu'il la mène comme il appartient, *car c'est grant défault en une tele cité qomme Amiens que l'orloge est si desvoyée qu'il n'y a pas de règle* (Ibid. f° 20).

Un nouvel orage semblait alors devoir fondre sur la Picardie. A la sollicitation de son beau-frère le duc de Bourgogne, le roi d'Angleterre, Edouard IV, allait

(1) Saulieux, peut-être faut-il lire Souliers, étage de maison, chambre basse. Voir Ducange, Sotulum.

tenter une expédition contre la France, dans l'espoir de reconquérir les provinces jadis soumises à la domination d'Henri VI. L'armée d'Angleterre commença à passer la mer. Elle se composait de 1,500 hommes d'armes, montés sur d'excellents chevaux, la plupart bardés de fer. On y comptait 15,000 archers à cheval, beaucoup de gens de pieds, des équipages de toute sorte, une nombreuse artillerie. Dans toute cette armée, disait-on, il n'y avait pas un homme inutile. Mais la désillusion devait venir vite. En débarquant en France, les Anglais s'attendaient à rencontrer une armée Bourguignone, au moins égale à la leur, déjà en campagne, et les troupes du roi de France harassées et vaincues par celles du duc. C'était là ce qu'avait promis le Téméraire, et qu'il avait ainsi décidé le conseil du roi Edouard, qui sans cette assurance, ne serait pas entré dans ses projets.

En descendant à Calais, le 5 juillet, Edouard IV ne trouva ni duc, ni armée, ni magasins pour nourrir ses troupes, en un mot, nuls préparatifs. Charles en effet ne pouvait faire de plus grande faute que de laisser les Anglais à eux-mêmes. Leur armée était belle, il est vrai, mais ce n'était plus les anglais d'Henri V. Les conseillers et les princes d'Angleterre entendaient peu aux affaires de France, ils ne connaissaient ni les peuples, ni les capitaines, ni les princes, avec qui ils allaient avoir à combattre ou à traiter. L'essentiel pour le duc de Bourgogne eut donc été de se trouver à leur débarquement, de guider leurs premières marches, mais tout au contraire, occupé de son siège de Neuss, il avait retardé leur embarquement de deux mois, et son absence, lors de leur arrivée, commençait par leur donner de la méfiance. La duchesse de Bourgogne (1) s'était hâtée de venir voir son frère, quant à Charles il n'arriva que neuf jours après, le 14 juillet, seul ; les débris de son armée d'Allemagne n'avaient pas pris la route de la Picardie. Outre la honte de se présenter à ses alliés en ce pauvre état, il avait maintenant d'autres projets ; aussi proposa-t-il à son beau-frère de faire la guerre séparément. Les Anglais devaient passer la Somme, entrer au cœur de la France par Laon et Soissons, lui, s'emparer de la Lorraine, du Barrois, arriver en Champagne et se réunir aux Anglais à Reims, où Edouard IV se ferait sacrer roi de France. Mais quelle que fût son impatience d'exécuter ce beau plan, il ne put se dispenser d'accompagner le roi Edouard et prit sa route par Guines, Saint-Omer, Arras, Doullens et Péronne, encourageant les Anglais de son mieux et les flattant du concours qu'ils allaient

---

(1) Marguerite d'York fille de Richard duc d'York, sœur d'Edouard IV, le 2 juillet 1468 épouse en troisièmes noces de Charles-le-Téméraire, morte en 1503 à Malines.

recevoir du connétable de Saint-Pol. L'on marcha sur Saint-Quentin. Les Anglais s'avançaient en désordre, comme pour entrer dans une ville amie. A leur approche l'artillerie de la place les salua d'une décharge qui leur tua quelques hommes et la garnison sortit pour les combattre ; la pluie tombait par torrents, il fallut revenir. Les Anglais rentrèrent dans leur campement, furieux. Ils ne voyaient plus que ruse et tromperie de la part de leur allié, aussi étaient-ils disposés à prêter l'oreille aux propositions de paix que faisait le roi de France. Louis XI ne manqua pas de profiter de ces dispositions, et des pourparlers ne tardèrent pas à s'engager entre les conseillers des deux couronnes. C'est dans le récit inimitable de Comines qu'il faut lire les détails de la diplomatie du rusé monarque, brouillant à jamais Edouard IV, le duc de Bourgogne et le connétable de Saint-Pol (1), par un tour de haute comédie.

On s'assembla aux environs d'Amiens. Bien que les ambassadeurs fussent bientôt à peu près d'accord, ils demeurèrent quelques jours encore ensemble pour régler divers points de détail, et les garanties que l'on se donnerait mutuellement. Le Connétable et le Duc surent bientôt que les deux rois négociaient, mais ils étaient loin de croire les choses aussi avancées. Louis XI pour arriver à ses fins faisait de magnifiques présents aux conseillers du roi d'Angleterre. Il montrait aussi un extrême désir de complaire à Edouard, lui envoyant des charriots des meilleurs vins du royaume, et tout ce qui pouvait servir à lui faire faire bonne chère ; on manquait de tout dans le camp anglais, non-seulement pour le roi, mais aussi pour l'armée. Les Français laissaient passer les convois de vivres, rien n'était omis pour bien disposer leur esprit. En quelques jours tout fut conclu et l'on régla que le traité serait signé par les deux rois. A cette nouvelle, Charles-le-Téméraire revint en hâte de Valenciennes pour s'opposer, s'il était temps encore, au pacte qui allait ruiner toutes ses espérances. L'entrevue des deux beaux-frères ne fut qu'une succession de reproches réciproques et le duc repartit jetant de fureur à terre le siège sur lequel il s'était assis.

Le roi d'Angleterre s'était venu loger à une demi lieue d'Amiens. Le 21 août, Louis XI avait écrit que lui et son armée, en grand nombre, arriverait le lendemain dans la ville, et que MM^{rs} fissent cuire du pain et se pourvussent de vivres le plus qu'ils pourraient. L'échevinage décide qu'on présentera au roi à titre de présent six ponchons de vin, à Mr de Bourbon 4, à M^r le Connétable 2, et à chacun des seigneurs suivant leur qualité, et aussi sera présenté du vin aux

(1) Louis de Luxembourg, connétable de France, né en 1418, décapité à Paris en place de Grève, le 19 décembre 1475.

seigneurs d'Angleterre selon leur état, par l'ordonnance et congié du roi et pareillement à l'ambaxade d'Angleterre comme il sera avisé et délibéré toujours du commandement du roy (Ibid. p. 22).

Comme chacun savait la paix assurée, bien qu'elle ne fût pas encore signée, on ne prenait plus de précautions. Un jour Louis XI s'était placé sur une des portes de la ville d'où il pouvait voir l'armée anglaise qui lui semblait fort en désordre. Cependant les Anglais arrivaient en foule vers la porte et entraient en ville. On fit placer à cette porte de longues tables chargées de viandes et surtout de celles qui excitent la soif, MM. de Craon, de Bressuire, le grand écuyer et d'autres y siégeaient. Ceux qui n'y trouvaient point place entraient alors à Amiens ou neuf ou dix tavernes leur étaient ouvertes.

Ce train et cette affluence allaient s'augmentant chaque jour. L'un d'eux, il en vint plus de 9,000, armés. On dut prendre des précautions militaires contre cet envahissement, et même recourir à l'intervention des chefs anglais. Mais ces chefs n'y pouvaient rien. Pour un qu'ils chassaient, il en revenait vingt. Heureusement qu'en visitant les tavernes, on reconnut qu'ils ne songeaient pas à mal. Rien que dans l'une d'elles (il n'était encore que 7 heures du matin) on en trouva 111. Mais ils ne songeaient guères qu'à rire, boire et chanter; la pluspart étaient ivres ou endormis. Le roi ne négligea cependant aucune précaution. Chacun de ses capitaines réunit secrètement dans son logis 2 à 300 hommes d'armes, il en envoya bon nombre sur la porte, et lui-même pour mieux voir ce qui se passait, se fit apporter son dîner chez le portier, invita quelques chefs anglais à sa table, et ne montra aucune inquiétude. Le roi d'Angleterre averti du désordre de ses gens, en fut honteux et fit garder la porte par les propres archers de sa garde.

Ce fut un motif de plus pour hâter l'entrevue. Picquigny fut choisi pour cette rencontre. On établit un pont en charpente sur la Somme au milieu duquel était une loge recouverte par quelques planches et traversée dans toute la largeur du pont par un grillage solide dont les barreaux ne permettaient que de passer la main. Louis XI se souvenait toujours que c'était par faute de telles précautions qu'était arrivé l'événement du pont de Montereau.

Le roi de France fut le premier au rendez-vous, n'amenant avec lui que 800 hommes tandis que sur la rive droite on voyait l'armée anglaise en bataille, fort nombreuse, et la plus grande disait-on qui eut passé la mer, depuis le roi Arthur de fabuleuse mémoire. Bien des récits ont été faits de cette entrevue. Nous nous bornerons à reproduire celui transcrit dans le registre aux chartes de la ville, côté C, et que Dusevel a reproduit presque *in extenso* dans son Histoire d'Amiens, p. 171.

« Le vendredi xxvᵉ jour d'aoust, l'an mil cccc lxxv, vint à Amiens Loys, par
« la grâce de Dieu, roy de France, atout une grande et noble armée montant à
« plus de soixante mille hommes, gens de guerre, et alors y avoit traitié encom-
« menchié entre lui et le roy Edouart d'Engleterre, lequel roy d'Engleterre
« estoit venu au royalme de France et accompaignié de trente mil hommes de
« guerre ou environ et lui avoit fait venir le duc de Bourgongne pour estre à son
« ayde à l'encontre du roy de France, mais le traitié fait entre lesd. deux rois et
« alèrent en la ville de Pinquigny sur la rivière de Some où furent faites
« certaines barrières, auprez desquelles furent lesd. roys pour parler ensemble.
« Et du costé du roy de France estoient le duc de Bourbon, l'admiral de
« France (1), le grand maistre d'hostel de France (2), le maréchal de Lohéac,
le seigneur de Torcy, l'archevesque de Lyon (3) et grant quantité d'autres grantz
« seigneurs et du lez du roy d'Engleterre estoyent le duc de Clarence (4) et le
« duc de Clochettre (5), ses frères, le connétable d'Engleterre et aulcuns grans
« seigneurs. Et le jour de saint Jehan de Colace aud. mois d'aoust, environ
« quatre heures aprez-dîner, parlèrent lesd. deux roys ensemble parmy lesdites
« barrières en tochant de leurs mains l'un l'autre, et firent de grans honneurs les
« ungs aux autres et s'inclina ledit roy d'Engleterre par trois fois en approchant
« le roy de France et pareillement le roy lui fist grant révérence [et quant ils
« orent parlé ensemble bien longuement premièrement] ils avoient de chacun lez
« auprès d'eux sept ou huit grands seigneurs et après qu'ils orent parlé de leurs
« besoingnes et affaires qui dura environ demye heure, ils firent chacun retraire
« lesd. seigneurs qui estoient auprez d'eulz et puis parlèrent ensemble tous
« seulz bien longuement et plus de demye heure et quant ils orent ainsy parlé
« en grand lyesse se départirent les ungz des aultres. Et s'en vint le roy de
« France à Amiens et le roy d'Engleterre retourna en son ost où il avait de mil
« à xvᵉ tentes. Et ce mesme jour Monscigneur l'admiral de France monstra au
« duc de Clochettre et aultres seigneurs l'armée du roi de France qui estoit en
« plein champ, au dessus dudit Pinquigny et pareillement mond. sʳ l'admiral et

(1) Louis, bâtard de Bourbon, comte de Roussillon.
(2) Antoine de Chabannes, comte de Dammartin.
(3) Charles II, cardinal de Bourbon, comte archevêque de Lyon, 1447-1488.
(4) Georges, duc de Clarence, noyé dit-on dans une tonne de malvoisie en 1477.
(5) Depuis Richard III, roi d'Angleterre, tué à la bataille de Bosworth en 1485.

« aultres seigneurs avoyent veu et visité led. jour l'armée du roy d'Engleterre.
« Et ainsy furent faites tresves marchandes l'espace de sept ans entre lesd. roys,
« durant lequel temps les marchands de France et d'Engleterre pourraient aller
« converser et marchander esd. pays de France et d'Engleterre les ungs avec
« les aultres, sans pour ce payer aulcuns aides, tribut ne aultre chose quel-
« conque. Et pendant le temps que le roy de France fut à Amiens, lesd. Anglais
« venoient chacun paisiblement, et leur faisoit faire le roy de France grande
« chière. » (Regist. aux chartes C, 299).

Le 31 août, cette trève fut publiée à Amiens par le prévôt de l'hôtel du roi, en
présence du héraut de ce prince et de plusieurs autres de ses gens, et après cette
publication le peuple fut invité à faire joye, lyesse, esbatements et feux d'os
parmi la ville en grant consolacion (1) (Ibid. 301).

Louis XI avait acheté la retraite des Anglais par cette trève de sept ans et un
honteux tribut annuel de 50,000 agnels d'or ; le roi d'Angleterre s'était remis en
route pour Calais. Les sommes nécessaires pour le payer lui avaient été immédiatement comptées. On avait pris, à Paris, l'argent des consignations des
généraux des finances en leur propre nom, sous promesse de le réintégrer dans
le délai de deux mois. Les présidents du Parlement de Paris avaient prêté
200,000 écus ; des bourgeois avaient aussi contribué à cet emprunt. Jusqu'au
moment fixé pour leur départ, les troupes anglaises restèrent en cantonnement
à Abbeville et à Saint-Riquier où elles se livrèrent à de nombreux excès ; aussi
sur leur route les trainards isolés furent-ils impitoyablement massacrés, malgré
la trève, par les habitants du pays exaspérés de leurs brigandages.

Le 11 septembre, l'échevinage doit encore s'occuper des fagots dont il taxe le
prix sous peine pour les marchands de 60 sols d'amende, de prison et de confiscation, s'ils dépassent les prix de l'ordonnance.

Le lendemain, il accorde à Jehan Maressal, fermier de la cense d'Oissonville
appartenant à la maison de Saint-Ladre, la moitié de ce qu'il devait de ses
redevances en raison des dégâts qu'au temps de la guerre avec les Anglais, les
Français avaient faits dans une embusque établie dans lad. cense, et ensuite les
Anglais qui y avoient logés (Regist. aux délib. Ibid. fᵒ 25).

(1) On vous fait assavoir de par le roy notre souverrain seigneur que pour le bon accord, traittié et
trèves faites entre luy et le roy d'Engleterre ou bien et pourfit des deux royalmes de France et d'Engleterre et des habitants d'iceulx, le roy notre dit seigneur fait commandement à tous les subgiez de ladite
ville d'Amiens que chacun remerchie Dieu nostre créateur dudit accord, traittié et tresve, faicent joye,
lyesse et esbatement et feux d'os parmy icelle ville, en grant joye et consolacion. Publié à Amiens le
derain jour d'aoust CCCCLXXV.

Mais les événements qui venaient de se passer allaient être pour la ville d'Amiens le signal de sa délivrance des gens de guerre. Après la retraite de son allié Edouard IV, Charles-le-Téméraire toujours obsédé par ses projets sur la Lorraine avait enfin négocié avec le roi une trève de neuf années. Le Maire d'Amiens comme on va le voir avait reçu cette importante nouvelle de la bouche même de Louis XI.

Les 9 et 10 octobre, dans deux assemblées tenues dans la salle de la Malemaison, où étaient sire Firmin Le Normant lieutenant du Maire, Mr de Rivery capitaine de la ville, Jehan Du Caurel général de France, M° Jehan le Vilain lieutenant civil du prévôt de Paris, sire Jehan Le Normant lieutenant du bailli d'Amiens, les échevins, le doyen d'Amiens (1), le vicaire (général), M. Lescolatre (2), le Pénitencier (3), MM. Pierre Roussel et Jehan Jouglet, chanoines, M° Tristan de Fontaines avocat du roi, Jehan Dufour receveur du domaine, le receveur des aides et plusieurs autres notables bourgeois convoqués pour avoir leur avis, l'on donna lecture de la lettre suivante que le Maire venait d'adresser à l'échevinage.

« A NOS TRÈS HONORÉS SEIGNEURS, MESSIEURS LES ESCHEVINS DE LA VILLE
« ET CITÉ D'AMIENS,

« Très honorés seigneurs, nous nous recommandons à vous tant plus que
« povons et vous plaise savoir que jeudi dernier le roy arriva à Compiègne,
« auquel nous parlâmes et nous recheut très bénignement de sa grâce et nous
« dit et déclaira comment il avoit treuves l'espace de ix ans avec les Bour-
« guignons, et qu'il voloit que durant iceulx ix ans, nous trouvissions manière
« de nous garder de nous-mesmes sans avoir aucune garnison et que meissions
« tèle police et provision entre nous que par notre faulte ou négligence, aucun
« dangier ou inconvénient ne s'en puist ensuivre et nous semble par ce que nous
« avons oy de lui, que son bon plaisir est de deschargier du tout sa ville
« d'Amiens de gens de guerre, et pour ce, Messeigneurs, que la chose touche à
« ung chacun, nous vous prions que veuillez aviser par delà quelque bon expé-
« dient et la manière comment nous y porrions parvenir de nous-meismes et
« nous rescripre votre avis, le plus brief que faire porroit. Le roy se délogea hier

(1) Jean de Cambryn.
(2) Robert de Cambryn, docteur en décret, clerc de la chambre apostolique de Rome, chanoine de Cambray, doyen de Furnes, mort en 1503.
(3) Jacques Lefèvre, en 1470.

« dudit Compiègne et s'en ala à Senlis et nous commanda que le suissions et
« que illec ils nous expédieroit et à nous intencion que Monsr de Saint-Pierre et
« Monsr Du Bouchage retournent par deçà, il nous expédiera. Nos très honorez
« seigneurs, notre seigneur soit garde de vous et vous doint accomplissement de
« vos bons désirs, bonne vie et longue et Paradis enfin. Escript à Paris, ce
« samedy viie jour d'octobre. Et au-dessoux estoit escript : leurs tous vostres
« Anthoine Clabault, Aubert Fauvel, Jaque Groul (1).

« Lesquelles lettres furent leues en ladite assemblée et après la lecture faite
« en fut demandé par ledit sire Fremin, lieutenant, à tous ceulz qui estoient en
« ladite assemblée l'un après l'autre qui en diront leur opinion chacun en droit
« soy, grandement et honourablement, enfin la matière à tout débatue et bien
« longuement, mais finablement après tous arguments, ils ont tous esté d'opi-
« nion d'en laisser faire au roy tout tant son bon plaisir que bon luy semblera
« car en tous cas ils veulent user de tout ce qu'il plaira au roy comme bons, vrais
« et loyaux subgez sont tenus faire à leur roy, prince et souverain seigneur ».
(Ibid. f°s 26 et 27).

Le 15 octobre, Monsieur de Miribel, lieutenant de Mr de Torcy, lui apportait
des lettres du roi, datées de La Victoire du 7, lui annonçant le résultat des
négociations de Soleure (Regist. aux chartes C).

Le 23 octobre, on fait crier une ordonnance enjoignant aux hôteliers de porter
chaque soir par écrit, les noms des hôtes qu'ils ont, afin qu'on en ait connaissance à l'Hôtel-de-Ville, et qu'ils avertissent leurs locataires qu'ils ne portent
nuls bastons dans la ville sous peine de confiscation et de 20^s d'amende et
n'aillent sur la forteresse après la deraine [clocque sonnée] sans lumière de torse
ou candeille sous pareille peine. Les hôteliers airont chez eux un briefnez où
seront relatées ces prescriptions.

La Saint-Simon approche, il faut renouveler la loi. Le même jour, l'on décide
d'écrire au Maire qui est encore devers le roi, afin qu'il revienne ou mande ce
qu'il lui plairait qu'ils fassent, car ils veulent toujours régler sous luy et à son bon
plaisir, et s'il est présent des autres affaires de la ville, tant des gens de guerre,
que des aides que les élus ont établies, et autres choses touchant la police de la
ville et des monnaies, afin que règle soit mise pour le bien de la ville.

La grande confiance que le roi semblait témoigner à Antoine Clabault depuis

---

(1) Les registres aux comptes mentionnent la somme de 80 livres payée à sire Anthoine Clabault,
Aubert Fauvel et maistre Jacques Groul, eschevins, pour voiage fait à Senlis vers le roi, là où ils ont
vacqué vingt-cinq jours, le maire à trois chevaux et les deux autres à deux.

le jour où il l'avait pour la première fois mandé, celle qu'avait en lui l'échevinage comme nous le voyons par la délibération qui précède, lui firent contrairement aux usages conserver encore la mairie au renouvellement de la loy le 28 octobre 1475, pour laquelle il avait été présenté avec Jehan Lenormant et Antoine Caignet.

Au retour de ce voyage, le maire fit connaître que l'intention du roi était que la ville fut bien et diligemment gardée, et que les plus grands et notables s'entretinssent ensemble pour la garde d'icelle et l'entretènement de la loi. Le maire avait répondu à ce prince que la loi ne permettait pas de mettre dans l'échevinage, deux frères, deux cousins-germains, l'oncle et le neveu ensemble, ni le gendre d'un échevin avec son beau-père, et ainsi de lignage en lignage. Mais Louis XI avait alors déclaré qu'il n'entendait plus que cette ordonnance fut tenue en cette manière, mais bien que tous les gens notables de la ville fussent de la loi, autant que ladite loi pourrait monter, sans avoir égard au lignage en quelque manière que ce fut, qu'il voulait que sa ville fut bien gardée, et que les gens de bien commis pour la gouverner, fussent chacun jour ensemble à boire et manger comme estoient ceux de Metz en Lorraine qui chaque jour buvaient et mangeaient ensemble, et par ainsi ils savaient quelles nouvelles, verroient en ladite ville. En conséquence de ce désir furent choisis pour échevins sire Philippe de Morvillers, sire Jacques Clabault, sire Fremin Lenormant, Jehan Murgale l'aîné, Aubert Fauvel, M⁰ Jehan Leclerc, Jehan du Gard, receveur, Nicole de Lully, Riquier de Saint-Fussien, Simon Pertrisel, Jehan Warnier et Jehan Crochet. Jacques Clabault est le cousin-germain, et Aubert Fauvel le beau-père du maïeur (Ibid. f⁰ 28).

Le dernier jour d'octobre, on décide d'attendre jusques à la Chandeleur pour vendre les blés qui sont dans les greniers de la ville, qu'à cette époque on les fera mettre en l'yeaue pour mener en Flandre, et qu'on n'en donnera pas aux boulangers parce qu'ils payent longuement et qu'on ne peut avoir la fin de leur argent.

Au sujet de la garde de la ville, on arrête de mettre par écrit les noms des habitants. Tous les clercs des paroisses seront mandés pour choisir dans leur ressort les mieux? des paroissiens et les apporter demain, afin de voir à élire des portiers et gens du guet pour le bien de la ville et sera tout reformé de bien en mieux pour la garde de la ville. Les portes de Montrescu, de Noyon, de Beauvais et de la Haultoye seront ouvertes chaque jour.

Le 8 novembre, les trèves ayant été publiées à Amiens avec le cérémonial accoutumé, il y eut à cette occasion, une représentation théâtrale donnée à l'hôtel des Cloquiers par les joueurs de personnages qui reçurent un présent de vin de la ville (Regist. aux comptes, 1475-1476).

Le 25, on ordonne que les portiers gardant les portes devront être très bien armés et souffisamment comme le roi veut qu'ils le soient pour la garde de la ville, et y aillent en personne. Des commissaires seront nommés pour faire la vérification des armes, parce qu'il est besoin que tous les habitants se gardent afin qu'il n'y ait plus nuls gens d'armes en garnison, car le roi a bonne volonté d'en déporter lad. ville (Regist. aux délib. Ibid. f° 31). Il n'était pas trop tôt à eu juger par cette ordonnance publiée dans tous les carrefours et lieux publics :

« L'on fait inhibicion et défense de par le roy notre sire à toutes manières de
« gens de guerre tant de l'ordonnance du roy que de l'arrière-ban ou aultres de
« quelconque estat ou condicion qu'ils soyent, qu'ilz ne soient doresnavant si
« osez ne hardis de tenir les champs ne eulx logier ès villages, fors et hostèle-
« ryes publicques et qu'ilz payent leurs despenses et ce sur paine d'estre pendus
« et estranglés. Et où cas qu'ilz seront trouvés faisans le contraire, le roy donne
« faculté et puissance à toutes manières de gens de les prendre au corps, eulz,
« leurs gens, chevaulx, armeures et besongnes, et les amener prisonniers par
« devers la justice des lieux où ilz seront trouvez pour en faire la pugnicion
« corporelle tèle et si griefve que les aultres y prendront exemple et vœult et
« déclare le roy que ou cas qu'ilz seront trouvez délinquans, leurd. chevaulx,
« bagues, harnois et aultres besongnes estre confisquez sans aultre déclaracion
« et les donner à ceulx qui les aront prins et amenez à justice.

« Item que s'il est trouvé que ceulx qui seront ès garnisons voisent fourragier
« ès villages ou qu'ilz frappent, pillent ou prendent auculne chose sans payer ou
« facent auculn excès le roy vœult et commande que le cappitaine, lieutenant ou
« aultre qui avoit la charge de la bende de lad. garnison, sur sa vye, perte et
« confiscation de ses biens, le baille à la justice ordinaire du lieu pour en faire la
« justice et pugnicion lui présent et appellé se estre y vœult en la manière
« dessusd. ou que les officiers de la justice ordinaire le prengnent et facent
« prendre et que pour ce faire cellui ou ceulx qui aront la charge desd. gens de
« guerre leur baillent gens et leur facent secours et ayde sur la paine dessusd.

« Item que ceulx dont il vendra plainte, le roy vœult que auculn payement ne
« leur soit fait de leurs gaiges et sauldées jusques adce qu'il soit congnut de lad.
« plainte et que satiffacion en soit faite et commande le roy aux gens de justice
« des lieux où lesd. délinquans seront trouvez de la seigniffier et faire savoir aux

« trésoriers de ses guerres, ausquelz il deffend de non faire ledit payement sur
« paine de le recouvrer sur luy.

« Item que nulz hommes d'armes, ne archier, ne parte de la compaignye de
« son cappitaine pour quelque cause que ce soit sans le vouloir et congié du roy
« et lettres signées de sa main ou de sond. cappitaine et s'il est trouvé le
« contraire le roy le prive de toute ordonnance, et donne ses chevaulx, harnas,
« bagues et besongnes aux mareschaulx de France et le cappitaine qui le
« requeullera soubz sa charge et compaignye sans en avoir lettres dud. seigneur
« ou de sond. cappitaine icellui seigneur le prive pareillement de sond. estat et
« ordonnance. Et deffend au trésorier des guerres de ne lui payer quelque estat
« qu'il ait dudit seigneur et de les advertir incontinent. Ainsi signé : Robineau.

« Publié en la ville d'Amiens à son de trompe et cry publique ès lieux accous-
« tumez à faire cris et publicacions le pénultième jour de décembre l'an mil
« ccclxxv ». (Regist. aux chartes C, f° 303, v°).

Le 18 décembre, comme il semble bon à plusieurs que pour amaser les fauxbourgs, toutes gens de métiers qui y voudront aller demourer et lever leurs
métiers, y aillent et ne soient tenus de faire chefs-d'œuvre, mais demeurent
subgez aux eswards de leurs métiers comme ceux de la ville, et paieront leurs
bienvenues, le cierge et autres mises et frais que chacun jour amène. Aucuns
disent qu'il semblerait bon qu'ils demeurassent exempts de tout ledit métier,
comme étaient ceux de la terre de l'Evêque qui n'avaient quelque communauté
avec ceux de la ville. En présence de cette divergence d'opinion, on surseoit à
prendre une décision sur cette question.

Le calme commence à régner ; les affaires du roi sont en bon état et le duc de
Bourgogne est au loin, occupé de ses affaires de Lorraine et de Suisse, aussi
l'échevinage n'a-t-il plus à s'occuper que de diverses ordonnances de police et
d'intérêt local, touchant les cervoisiers, les boulangers, les hôteliers, les pâtissiers, etc. Le 26 février, il faut cependant réprimer des désordres troublant la
tranquillité des citoyens paisibles plusieurs compaignons « wyseux, sans rien
« faire ni gaignier, vont par les cabarets et tavernes, tensent et robent parmy
« ladite ville ce qu'ils peuvent prendre de nuit, tiennent femmes publiques de
« malvaise vie, si vivent d'elles, et prendent l'argent qu'elles gagnent à leur
« povre et meschant estat, jouent aux dez, pippent, trompent moquent,
« deschoivent et dérobent ceulz qui jouent avec eulz, jurent, regnient le nom de
« Dieu, et souvent à nuit vont par la ville rompre huys et fenestres au logis des
« femmes de leur estat qu'ilz veulent avoir, les battent injurient et font

« crier souvent au meurdre, dont les bonnes gens des rues où ce se fait, se
« lèvent pour les grands noises et esclandres, qui se font par lesdits qonpai-
« gnons et garchons wyseux et quand ils en sont reprins, ils disent je suy à
« Monsieur de cy, je suy à Monsieur de là, et par ainsy on n'en peut faire raison
« ni justice qomme il appartient et afin que M^{rs} y puissent procéder à pugnir
« lesdits garchons, ils enverroient de MM^{rs} de l'eschevinage devers MM^{rs} les
« nobles qui sont demourans en ladite ville pour savoir lesquelz qonpai-
« gnons ilz avoueront estre à eulz et seront mis par escript et ceulx qu'ils
« n'avoueront seront prins et mis prisonniers et puis bannis de la ville et cité
« d'Amiens à tel temps qu'il plaira à Messrs et pourtant ne demourra que iceux
« que lesdits nobles seigneurs advoueront estre à eulz, font aucunes finachons
« ou malvaistées, ils seront pugnis qomme il appartiendra de leurs meffais et
« délys. Sire Jacques Clabault, Jacques Groul et Jacques Lenglier, eschevins,
« iront devers le vidame d'Amiens, pour savoir de luy quels gens et qonpai-
« gnons il a en son hostel et lui diront que le roy veut pourvoir à toutes leurs
« defaultes qui avendront et porront avenir aux causes dessus dites et lui diront
« qu'il y remédie afin qu'il en ait point déchairge. Le vidame donna satisfaction
« aux commissaires, en consentant à la punition des coupable. » (Ibid. f° 40,
r° v°) (1).

La ville d'Amiens allait voir maintenant exécuter des travaux considérables
qui allaient changer son aspect et sa viabilité.

Par lettres datées du Plessis-du-Parcq-lès-Tours, le 24 janvier, Louis XI
reconnaissant pour l'avoir vu à l'œil, et de l'avis de ses chefs de guerre, que les
vieilles murailles et les vieux fossés de la ville étaient préjudiciables et domma-
geables à sa sûreté, en ordonnait la démolition et le comblement, et confiant
dans leur sens loyauté grant diligence et expérience en]pareille matière,
commettait le maire Antoine Clabault et le greffier Pierre de Machy (2) pour
l'exécution de cette décision et Mr Jehan de Machy pour faire le paiement des
deniers nécessaires pour ces travaux. Etienne Chambellan, sieur de la Millandres,

---

(1) Dusevel, dans son Histoire d'Amiens, p. 289, ne cite que la première partie de cette délibération.

(2) Pierre de Machy que le roi Louis XI, auprès duquel il avait été envoyé en 1471, commettait
avec le maire fut un des greffiers les plus intelligents de cette époque. Pierre de Machy obtint pour lui
et sa famille les honneurs de la sépulture dans le couvent des Clarisses qu'il avait comblé de bienfaits, dit
Dusevel (Ibid. p. 126). En 1812, on retrouva son épitaphe, celle de sa femme et de ses treize enfants.
Aux quatre coins de la pierre tombale étaient quatre cercles. Dans l'un on voyait des tourterelles, sur le
deuxième un ange, le sujet du troisième était trop fruste pour y rien reconnaître, le quatrième contenait

conseiller du roi et contrôleur général de son argenterie, fut bientôt envoyé à Amiens, porteur de lettres-missives aux mêmes fins (2).

Dans l'échevinage du 3 mars 1475, pour ce que le roy a envoyé ses lettres patentes à M^r le maïeur et à Pierre de Machy pour faire abatre et démolir la vieille forteresse et combler les fossés comme esdites lettres est contenu, MM^{rs} ont ordonné que demain ils iront en halle et y feront assembler le peuple et les gens d'église, que Pierre Tarisel (3), maçon de la ville, et autres maçons, Jehan Lesterssier charpentier, et les autres charpentiers seront mandés pour sur ce avoir leur avis.

La démolition de la vieille forteresse ne fut pas sans rencontrer une assez vive opposition. Plus explicite que les registres aux délibérations, le registre aux chartes M relate tout au long les séances des 2 et 5 mars, dans lesquelles il fut donné lecture des intentions du roi et des lettres de créance de M. de la Millandres, qui en développa le contenu. Le deuxième volume d'Augustin Thierry, p. 368 et suivantes donne les procès-verbaux de ces assemblées. Nous

des armoiries surmontées d'un casque de profil. Conservée dans la cuisine de la filature de M. Trépagne qui avait remplacé l'ancien couvent, elle en disparut en 1846.

L'on a reproduit de diverses manières cette épitaphe curieuse ; nous adoptons la version de Dusevel qui nous paraît la plus exacte :

Sous mi pierre	S'espousée	Quant vesquirent	Ils attendent
Ci-gist Pierre	qu'est posée	d'eux nasquirent	qu'ils reprendent
de Machy	chy emprès	treize enfans	corps et âmes
quon à chy	qui aprez	blons, bruns, blancs	sous ches lames
mort bouté.	trespassa	Or sont morts	Ressucitent
sa bonté	et passa	tous chés corps	et habitent
Dieu lui fasse	de ce monde	Vers nourissent	ès sainct lieu
voir en face	Dieu le monde	et pourissent	que doingt Dieu

(2) Mr de la Millandres vint souvent à Amiens à l'occasion de la mission dont il était chargé. Nous trouvons dans les registres aux comptes ces diverses indications : A Jehan le Barbier, pastichier, la somme de 64 sols qui lui étaient dus pour despenses faites en son hostel par Monseig^r de Milandres et aucuns de mesd. s^{rs}, lequel estoit venu au commandement du roy nostre sire, visiter la forteresse et fossés de lad. ville. — Présents de vin au s^r de Milandres, comptes de 1474-75, les 8, 9, 24 novembre 1476, 24 février, 8 mars, 25 mai, 6 juin, 11, 23 août, regist. aux comptes, 1476-77 — Vins à M. de Milandres. Ibid. 1477-78.

(3) Pierre Tarisel, maître maçon de la ville, a attaché son nom à plusieurs constructions importantes. Le jour de ses noces, 28 juillet 1476, la ville lui fit don de quatre cannes de vin (Regist. aux comptes, 1475-1476). Ses travaux, pendant plus d'un demi-siècle, dans les églises d'Amiens, en particulier à la cathédrale, lui mériteraient une plus juste renommée que celle que l'histoire lui a consacrée. Lorsqu'il maria sa fille, le 16 septembre 1494, le maire, Antoine Clabault, assista au souper des nopces (Registres aux comptes).

ne pouvons qu'y renvoyer le lecteur, sous peine d'être accusé de redites inutiles. Nous rappellerons seulement que les gens d'église, sollicités d'émettre les premiers leur avis, répondirent qu'ils étaient prêts à obéir au roi en tout ce qu'il lui plairait, mais qu'ils n'étaient pas suffisamment éclairés sur la question de la démolition de la forteresse et qu'ils en délibéreraient entre eux. Moins forts en casuistique, les bourgeois confirmèrent pour la pluspart les résolutions prises précédemment à l'hôtel des Cloquiers, c'est-à-dire de commencer la démolition, mais en même temps d'envoyer au roi pour le prier de laisser les choses en l'état. La grande objection à ce dessein était que la vieille muraille avait garanti la ville contre les bombardes et canons que le duc de Bourgogne, en 1470, avait dressés contre elle, que les travaux coûteraient cher, et surtout que beaucoup de gens d'église tant de l'évêché, du chapitre, des abbayes de Saint-Martin-aux-Jumeaux, de Saint-Fuscien, et d'autres bourgeois avaient des maisons et ténements touchant à la vieille enceinte.

Ceci se passait le 5, mais déjà la veille avait été publiée l'ordonnance suivante ; les ordres du roi ne comportaient nul délai.

« On vous fait assavoir de par Messieurs les maïeur et eschevins d'Amiens
« que pour ce qu'il plaist au roy que la vieille forteresse de ladite ville soit
« abatue et les fossez comblez, nos dits seigneurs habandonnent à tous ceulx qui
« ont maisons et ténemens joignans les murs d'icelle vieille forteresse, qu'ils
« abatent iceulx murs et forteresse en autant d'espasse que leurs dits ténemens
« comportent qu'ilz puissent remplir lesdits fossez et édifier en iceulx autant que
« les fossez ont de large tout à louny et qu'ils ayent les pierres et matières à leur
« prouffit. Publié le ive jour de mars MCCCCLXXVI ».

Dans l'échevinage du 11 mars, revient la question de la vieille forteresse que le roi veut qu'on abatte. Toutefois MMrs ne sauraient trouver finances pour ce faire car la ville est pauvre et aussi sont les habitants, et si coûtera la démolition, merveilleusement grant finance et pour ce en sera encore parlé aux dits gens d'église ; finalement MMrs ont conclu qu'ils feront commencer à démolir et pendant ce temps on enverra vers le roi (c'est le vœu de la délibération du 5 mars) afin que de sa grâce. il luy plaise faire cesser et parabattre ladite forteresse, combien que en tous cas, quels qu'ils soient, MMrs soient prests de obéir à tout le roy pour accomplir son bon plaisir sans quelques répliques, et aussy font les gens d'église comme ils ont dit et déclairé. Mrs Aubert Fauvel et Jacques Groul, désignés comme députés vers le roi, lui remontreront la pauvreté de la ville et de ses habitants et la difformité qui en serait si la forteresse était abattue. On avait

17

effectivement traité aussi la question au point de vue de l'esthétique, et soutenu
« que seroit ladite ville à ceste cause moult désolée et ruynée et perderoit la
« pluspart de sa beauté, car quant les gens qui sont aux champs et voyent ladite
« ville ou son estat ainsi comme elle est ad présent, elle est belle à veoir et sont
« les maisons d'icelle muchiés, à cause de ladite vieilze forteresse, et s'elle estoit
« démolie et abatue, l'on verrait tout plainement les maisons de ladite ville, les
« gens aler par les rues et seroient tous découverts sans quelque obstacle qui
« seroit grande difformité comme dit est ». Mais ces considérations artistiques
devaient peu toucher Louis XI, qui en politique avait le goût de l'utilité
pratique. Toutefois il fut décidé que les députés attendraient pour se mettre en
route, le retour du roi de son voyage de Lyon, et que les gens d'église seraient
invités à participer à leur délégation (Regist. aux délib. Ibid. f° 43).

Le 18 mars, Jehan le Hérengier, grand compteur, rend compte de la vente
faite à l'Ecluse et à Bruges des blés appartenant à la ville. Cette vente a produit
la somme nette de 374 l. 8 s. 4 d. On va voir que cette recette n'apporte guères
d'amélioration notable dans la situation financière de la ville, car le même jour,
on revient sur la question des ouvrages pour lesquels le roi avait donné
6,000 francs qui n'ont pas encore pu être encaissés et qui ne le seront qu'au mois
de mai prochain, mais comme il est besoin d'ouvrer en cette saison, tandis qu'elle
est belle, le grand compteur est invité à parler à aucuns pour avoir argent à
rentes, si faire se peut, ou autrement au mieux possible.

Le 26 mars 1475, attendu les trèves, l'on supprime les guettes de jour des
portes de Montrescu, Beauvais, Noyon et de la Hotoie.

Ayant obtenu du roi, mandement pour vendre 500 livres de rentes viagères
pour racheter 200 livres de rentes héritables qu'on avait vendues pour les
besoins de la ville, l'annonce de cette vente sera publiée dans les paroisses (Ibid.
f° 45) et attendu l'éloignement du roi, on sursoiera jusques après Pasques au
voyage d'Aubert Fauvel et de Jacques Groul, en raison des frais dispendieux de
leur déplacement, le roi étant encore à Lyon sur le Rône en Provence (Ibid.
45, v°).

On écrit à Mr de Torcy que le roi a voulu que la ville soit déchargée des gens
de guerre; Mr de Lille qui a les gens d'armes de la Forest veulent lui et ses gens
loger en la ville, on ne veut pas les recevoir en raison des grands travaux et
maux que ces gens feroient à la ville ; cependant si c'est la volonté du roy on y
obéira en vertu de l'axiome : Si veut le roi, si veut la loi.

6 mai 1476. Les conseillers du duc de Bourgogne réclamant les prévôtés de
Fouilloy et du Vimeu et les enclavements du Ponthieu dans cette prévôté, on

décide d'écrire au roi pour lui remontrer le dommage qui résulterait pour la ville, si les Bourguignons obtenaient gain de cause, car elle serait comme assiégée et entourée de ses ennemis.

La ville a enfin trouvé un prêteur pour lui avancer les fonds si nécessaires pour l'œuvre qu'elle vient d'entreprendre. Le 18 mai, on décide de faire faire des lettres scellées du scel aux causes, par lesquelles l'échevinage promet de dédommager aux frais de la ville, sire Anthoine Clabault, sire Philippe de Morvillers, sire Fremin Lenormant, sire Anthoine Caignet, Aubert Fauvel, Colart le Rendu et le grand compteur Jehan le Hérengier, de l'obligation qu'ils ont passé en leur nom envers Mr de Gaucourt, héritier de Monseigneur Jehan de Gaucourt, son fils, en son vivant évêque d'Amiens (1), d'une part, et les doyen et chapitre de l'église d'Amiens d'autre part, de la somme de 1,200 écus d'or, 33 grands blancs et demy pour chacun, qu'ils ont prêtés à la ville, pour les grans ouvrages qu'il convient faire, tant en tours, murs, fossés comme autrement (Ibid. f° 50). Fidèle à ses traditions, le clergé n'entend pas contribuer aux charges communes, il ne donne pas pour la sécurité de la ville, il prête (Ibid. f° 50).

On décide de faire deschairgier le pont du Cange et la tour des Célestins, c'est une conséquence naturelle de la démolition de la vieille enceinte.

Mais en dépit des ordonnances que nous avons citées, les boulangers n'en persistent pas moins à conserver leurs pourceaux. Le 22 avril on a consenti à leur accorder jusques à l'Ascension. Le 7 mai, une fois pour toute, on leur donne encore terme jusques à la Pentecoste pour dernier délai, car on a trop de plaintes de la part des habitants des fauxbourgs.

Le 11 juin 1476, comme les bouchers, arguant de lettres qu'ils avaient obtenues du roi, se refusaient à payer les aides levées sur les bœufs, vaches, pourceaux ou moutons, pour vaincre cette rébellion et cette désobéissance, le Maire assisté de Me Groul se rendra en personne auprès du souverain pour lui remontrer que si ces industriels demeuraient dans leur refus, tous les autres gens de métiers sur lesquels se lèvent des taxes similaires, s'autoriseraient de cet exemple et se refuseraient également à les acquitter (Ibid. 52 v°).

Les manangliers de l'église de Saint-Firmin-à-la-Porte ou au Val dans l'intention de faire la dédicace de leur église qui venait d'être reconstruite à la suite

---

(1) L'évêque Jean de Gaucourt était décédé à Paris vers la fin d'avril 1476, son frère Louis fut appelé à lui succéder, mais il n'exerça qu'en commende en raison de son jeune âge. Ils étaient fils de Jean de Gaucourt, maréchal de France, gouverneur de Paris.

d'un incendie qui l'avait dévorée (1), demandent l'autorisation de percer les murs de la forteresse qui y joint pour faire voye à aller autour d'icelle pour faire ladite dédication, l'échevinage ne voit en raison de la démolition projetée des vieux remparts nulle objection à cette requête et leur accorde cette permission ainsi que de droit et de raison pour l'honneur de Dieu et de Sainte-Eglise (Ibid. f° 53). Le 15 juillet suivant, il accorde également aux paroissiens et manangliers de Saint-Martin-aux-Waides, d'édifier un apentis contre le mur de l'hôtel des Cloquiers pour tailler leurs pierres, tout le long de l'yver, afin de refaire et édifier ladite église (Ibid. f° 54). L'historien de Saint-Germain malgré ses savantes recherches est donc dans l'erreur en assignant seulement le commencement de ces travaux à la date d'avril 1478 (2).

Les insuccès du duc de Bourgogne dans sa campagne contre les Suisses étaient accueillis à Amiens avec une joie patriotique. Les registres aux comptes de 1475-1476 mentionnent le don de deux quannes de vin prises à la taverne de la Pye pour donner aux compagnons qui avaient chanté devant MM^rs pour la victoire qu'avait eue Mr de Lorraine à l'encontre des Bourguignons et le don fait à Tranchant, chevaucheur de la prévôté du roi, de deux mailles de Rin de 25^s 8 deniers la pièce, valissant 51 sols 8 deniers, pour aucunes bonnes nouvelles qu'il avait apportées touchant une desconfiture faite sur les Bourguignons. C'est la défaite de Morat (22 juin) qui fust solennisée par un *Te Deum*. « On vous fait
« assavoir de par maïeur et eschevins d'Amiens que pour les bonnes nouvelles
« qui sont venus de par le roy nostre dit seigneur en lad. ville touchant le bien
« du roy et de son royaume à l'encontre du duc de Bourgogne et ses alliés,
« anemis et adversaires du roy notre dit seigneur et à leur confusion mesdis
« s^rs font scavoir et amonnestent tous les bons subgetz et habitans de lad. ville
« que aprez vespres ils se retraient en l'église Notre-Dame pour ce que à cause
« desd. bonnes nouvelles l'on chantera le *Te Deum Laudamus* afin que les
« bonnes gens remercyent et regracyent Dieu notre créateur du bien et de la
« prospérité qu'il envoye au roy notre dit sg^r et à son royaume.
« Publié en lad. ville, ès trois lieux accoustumez à faire crys et publicacions
« en icelle ville, le xxvie jour de juing l'an mil iiii^c soixante et quinze ». (Regist.
M, f° 86, v°).

Le 13 août, il faut de rechef s'occuper des pourceaux. Les boulangers gardent

(1) Dusevel. Histoire d'Amiens, 93.
(2) Ibid. 119. — Guérard. Histoire de l'église Saint-Germain d'Amiens. Mémoires de la Société des Antiquaires de Picardie, T. XVII, p. 461.

avec opiniâtreté ces animaux immondes, cause de puanteur et d'infection. L'échevinage se décide alors à condamner chacun des délinquants en 20 sols d'amende. Les pourceaux saisis devront être menés au dehors, en dedans dimanche prochain, sinon ils seront tous tués et confisqués au profit de la ville (Ibid. 55, r°).

Le 19, l'on prononce le bannissement à toujours, sur la hart, du pâtissier Pierre Dupont, auteur d'un homicide commis sur la personne de Guiet le Forestier, archer de la compagnie de M. de Torcy. Le même jour, on écoute la requête de nombreux habitants de la paroisse Saint-Souplis se plaignant d'une nommée Moteron. Cette femme tenait cabaret de jeunes filles où venaient chaque nuit des filles de joie qui y couchaient avec leurs compagnons, gens mariés, gens d'église et tous autres qui y voulaient venir, mesmes estaient chacun jour assises lesdites femmes de déshonnête vie, à l'huys de lad. Moteron en grant nombre avec les preudes femmes de la paroisse, à l'occasion desquelles filles survenaient de jour et de nuit des noises et débats. L'échevinage la bannit pour six ans.

Depuis le 1er juillet, les réunions de l'échevinage ne sont plus présidées que par sire Firmin Lenormand, lieutenant du Maire. Antoine Clabault est parti pour son voyage auprès du roi, et ce n'est que le 9 septembre qu'il reparaît aux séances et rend compte avec Jacques Groul du résultat de leur mission. Entr'autres choses ils rapportent un mandement du roi, daté du Plessis-du-Parc, du 12 août, par lequel en considération de l'importance d'Amiens comme ville assise en pays frontière et l'une des clefs du royaume, attendu que ses chers et bien amés les maire, eschevins, bourgeois, manans et habitants de lad. ville d'Amiens qui de tout temps s'étaient libéralement employés aux réparations de la forteresse, ne pouvaient avoir bonnement, sans aide d'autres qu'eux-mêmes, avoir fait ces réparations si promptement et en si bref temps qu'il était nécessaire, et qu'il était besoin d'y donner provision par manière que aulcun inconvénient n'en puisse advenir, ordonnait au bailli d'Amiens de forcer toutes les personnes habitant le pays situé entre Amiens et Beauvais jusqu'à la moitié du chemin joignant ces deux villes, et toutes celles habitant dans un rayon de quatre lieues d'Amiens, de contribuer avec les Amiénois à l'achèvement de leurs fortifications. Il enjoignait en outre au bailli d'exécuter ses ordres nonobstant l'objection que pouvaient faire les habitants de l'élection de Beauvais de n'être tenus de semblables travaux que dans les limites de cette juridiction (Regist. aux chartes E, f° 189. A. Thierry, II, 374) (1).

(1) Les comptes de la ville, 1475-1476, mentionnent la dépense faite pour le voyage de quatre-vingt

Les exercices militaires de la nouvelle compagnie des couleuvriniers ont le don de déplaire aux habitants de la rue de Metz. Le 13 octobre 1476, ils présentent requête à l'échevinage pour se plaindre du jardin qu'ils ont établi dans les fossés près et derrière les Halles et de la grant noise et tombissement qui s'y fait qui épouvantent aucunes fois très fort les petits enfants et les femmes enchaintes, et en demandent la suppression. Considéré que MM^{rs} ont donné permission aux couleuvriniers, ils sont contents qu'ils y jouent, toutefois s'ils trouvent lieu plus convenable et qu'ils y veuillent aler, MM^{rs} en seront bien contents (Regist. aux délib. Ibid. f° 64).

A la Saint-Simon 1476, Antoine Clabault ne fut pas réélu maire, mais premier échevin. En 1477, il est second échevin du lendemain, mais en 1478, il rentre à la mairie pour l'occuper cinq années consécutives. A quelle cause attribuer ces résultats des élections de 1476 et 1477. Est-ce refroidissement de la part des électeurs, ou plustôt serait-ce, qu'absorbé par les travaux de la démolition de la vieille forteresse, Clabault est tout entier attaché à cette œuvre. Les registres aux comptes nous montrent en effet qu'on 1476 il est encore avec son beau-père Fauvel, en mission auprès de Louis XI (2) à Tours.

Antoine Clabault paraît avoir été un sévère justicier, les registres municipaux font foi de la répression exacte des crimes et délits commis sous ses diverses mairies. Dans l'échevinage du 9 novembre 1478, sur défaut de comparution d'appel, l'on bannit sur la hart Jehan Mauborgne, natif de Saint-Riquier, pour avoir battu et navré, dont il mourut depuis, Jehan Hardy (Regist. aux délib. T. XII, f° 44). Suivant l'usage le condamné est conduit hors des limites de la banlieue par le bourreau avec une forte escorte d'archers au bondissement de la grosse cloche du Beffroi.

Le 7 janvier 1478, l'on décide d'acheter quatre grosses culeuvrines estans en la maison de Geoffroy Roye, appartenans à ung nommé Gilles, canonier ordinaire du roy notre sire, pour la provision de l'artillerie de ladite ville (Ibid. f° 57). La ville d'Amiens avait grand soin de ses moyens de défense et n'hésitait pas à la

jours, aller et retour, de sire Antoine Clabault, sur trois chevaux, et de Jacques Groul vers le roi, en la ville de Lyon sur le Rhône, au sujet de deux mandements, l'un pour contraindre les gens des villages aux environs d'Amiens à venir ouvrer aux fossés, l'autre par lequel le roi donnait viii^{xx} livres qui estoient en question entre Agustin de Vaux et Pierre Caignet, lors tenant parti contraire. Cette dépense est portée pour 74 écus et demi d'or 9 sols 6 deniers.

Registre aux comptes 1476-1477. Voyage touchant les villages assis à la taille pour les fossés de la ville d'Amiens. — Voyage fait par Antoine Clabault et Aubert Fauvel en la ville de Tours. — A sire Anthoine Clabault et Aubert Fauvel, 90 livres pour 45 jours de leur voyage à Tours.

dépense quand il lui fallait se pourvoir d'armes et d'artillerie. Outre les exemples que nous avons pu et que nous pourrons encore citer, feuilletons au hasard les registres aux comptes, nous y trouverons encore les renseignements suivants : 1474-1475, à Colet Desmaret, pour l'achat à lui fait d'une culevrine de fer pour la défense de la ville, viii'. — A Jehan Dupont, sept livres de poudre à canon pour la puissance de la ville, xiiii sols. — A Guille Havé, fondeur, la somme de xxx', pour avoir fait et livré de son estoffe pour la ville deux moulles de couivre à faire boulets à serpentine. — 1475-1476, à Forga, canonnier, quand il a fondu et éprouvé une serpentine, les 26 août et 21 septembre, chaque fois deux cannes de vin à 8 sols. — A Jehan de Pousseau, homme d'armes de la compagnie de Mr de Breuil, pour et au nom de M. de Forceville, la sõme de xl livres pour l'achat à lui fait de 32 pièces d'artillerie que grosses et menues qu'il avoit fait amener de Dourlens en la Halle dudit lieu. — 1478-79, 40 livres 12 sols à Gillet de la Haye, canonnier, pour l'achat à lui fait de trois pièces d'artillerie pour la dite ville (on lui avait donné en outre 300 livres de métal en treize vieilles couleuvrines et deux chambres. — A Pierre Mouret, caudronnier, 48 livres 18 sols 6 deniers pour le prix de 1,068 livres de métail dont a esté fait une grosse culevrine du poids de 1,000 livres pour l'artillerie de la ville. — 1479-80, à Guille, canonnier, qui avait fondu une serpentine pour la ville. — 1482-83, à Gille Hayet, canonnier du roy, Pierre le Séneschal et Henri le Chirier, maître de l'artillerie de ladite ville, 93 livres 5 sols 8 deniers pour une couleuvrine pour la ville, pesant 1,047 livres. — 1492-93, à Jehan Jacques, artilleur du Vieux-Rouen, pour 2,000 fers sur 8,000 de fer d'arbalestres qu'il a promptement fourni à la ville, xii'. Ibid. x livres, pour la même cause. Ibid. au même, pour 3,000 de traits à arbalestre à 6 liv. le mille, xviii', etc. La ville a grand soin aussi de consigner dans ses archives, la liste des provisions dont une grande cité doit être fournie en cas de siège. (Voir *Pièce justificative J*).

Echevinage du 3 février. Jehan Dacheu, magnier, fils illégitime de feu Jehan Dacheu, natif de la ville d'Amiens, en compagnie de Robinet, fils d'un sergent à mache de la ville d'Abbeville, avait ouvert de nuit l'huys de la maison où pend le Chastel Amoureux, rue de la Vièse Escole (1), monté dans une chambre en haut où il y avait un jeune fils couchié dans un lit. Ils y avaient pris furtivement deux robes, l'une de frise sanguine, l'autre de drap gris, et d'autres objets mobiliers qu'ils avaient emportés dans une vieille grange de la rue de Beauvais, où ils se les étaient partagés. Item, le jour de la Madelaine, dans la maison de Firmin de

_____

(1) La rue de la Vièse Ecole proche la Halle d'Amiens.

Mons magnier, où il avait peu auparavant demeuré, il avait pris une pièce de toile de canvre de 30 aunes qu'il avait vendue en la ville d'Arras. Item, avait dérobé au valet, une dague, trois grands blancs de roi et trois bouques d'argent, un écu d'or ; à un autre, une petite culeuvrine à main, et commis encore d'autres larcins. Ce voleur émérite est condamné à être exécuté criminellement et pendu et étranglé à la justice de la ville, tant que mort s'ensuive (Ibid. f⁰ˢ 60, 61).

Les travaux ordonnés par Louis XI s'exécutaient, et les registres aux comptes permettent d'en suivre pas à pas la succession dans tous les plus minutieux détails. En 1476, on refait les chaperons d'un des côtés du pont du Cange, on commence l'abbatis et la démolition des avant-pieds des murs entre la porte-lette des Ars et la porte Saint-Michel, abattant et mettant jus le comble de la Tour aux Coulons emprès la porte Saint-Denis, du côté des Augustins, on abat les avant-murs de cette porte de chaque côté, ceux des alez de la forteresse entre la porte de Longue-Maisière et les Halles, on étaie les ponts-levis des portes et boulevards de Montrescu et de Noyon, afin que les grosses bombardes et artillerie du roi y puissent sûrement entrer et sortir, on met jus les avant murs du pont Du Cange et le haut d'une des tours des Célestins qui penchoit trop sur l'eau, l'on abat le mur d'enceinte devant les Augustins.

En 1475-76, l'on avait également travaillé aux ponts derrière Saint-Leu, et à diverses portes. Jehan Bengier, peintre, avait peint et doré d'or et d'azur la croix qui était au dehors de la porte de Longue-Maisière, levé estoffe et fleur de lys d'or tout au long de la vergue de cette croix (1). Le même artiste peignit encore et dora d'or et d'azur une grande image de saint Loys, qu'un marchand entailleur d'images avait faite et taillée en pied pour mettre sur le boulevart de la porte Montrescu pour remplacer celle qui y existait (Regist. aux comptes, 1475-76). Le 17 février 1478, les religieux Jacobins demandèrent pour l'honneur de Dieu et de Mᵣ saint Loys, à l'échevinage, cette image hors d'usage du saint pour la mettre en leur église dédiée à ce bienheureux. Cette requête leur fut accordée.

Le 28 mars, l'on décide pour le bien, sûreté et décoration de la ville de faire

(1) Goze, rues d'Amiens, IV, p. 83. — Pagès. — Les historiens d'Amiens, Daire, Goze, parlent d'une belle croix de pierre, placée sur trois degrès hexagones, et qui avait donné le nom Belle Croix à la place Périgord. Suivant le premier elle aurait été édifiée en 1524, suivant le second, avant cette époque, comme expiation d'un crime contre nature. La belle croix fut enlevée, en 1749, comme gênant la circulation. On voit par notre citation qu'une croix existait déjà à cette même place, antérieurement à celle dont parle ces deux auteurs. Si cette croix fut érigée en expiation de l'acte de bestialité du Fourché, elle aurait alors été érigée après 1409. Voir Dubois. Justice et bourreaux à Amiens. — Goze. Hist. des rues d'Amiens, I, 109. — Dusevel. Hist. d'Amiens.

et achever de machonnerie la grosse tour de la Haye ou de la Barette, près de la Voirie, dont la première construction remontait à 1350, et d'en refaire le comble. On travailla également cette même campagne aux ponts où Dieu ne passa oncqques et de Duriame, et aux murs près le pont Du Cange.

Les registres municipaux contiennent à cette époque de nombreuses concessions à cens, faites à différents particuliers et sous certaines obligations de voierie, de terrains provenant des démolitions de la vieille forteresse. Nous relèverons, à la date du 3 mai 1479, celle consentie au profit du Maire. Et semblablement, ont baillé à cens, à sire Anthoine Clabault, certaine autre place et cantite de terre, estant en la démolition de la vieille forteresse, assez près de la porte Saint-Firmin, tenant d'un costé à la maison où solaient estre les portiers de la porte Saint-Firmin et à la chimentière de l'église dudit lieu de Saint-Fremin, d'autre à la maison Geffroy Roie et à la terre à luy nagaire bailliée en alant au mur et terre aussy baillié à sire Anthoine Caignet, par-devant au froc de rue et par-derriere audit sire Anthoine Caignet et audit chimentière, icelle place et terre contenant de long lad. rue en alant de ladite maison des portiers audit Geoffroy Roie, LXIIII pies ou environ, et en large, d'un bout en alant dudit Geoffroy à la terre d'icelle sire Anthoine Caignet, LXIX pies ou environ, et d'autre bout aussi en large, LX pieds ou environ, à la charge de II cappons de cens par an et de l'amaser sur froc de ladite rue de maison manable, bonne et suffisante à deux estages, couvertes de tuilles, en dedans IIII ans prochains venant, premier terme de paiement par l'année commenchant au jour de Noël qui sera l'an 1480 et ainsy en suivant (Ibid. fᵒ 84).

Le même jour, comme le bruit courait en ville que des gens de guerre du parti contraire étaient entrés dans la ville de Cambrai, on arrêta que dorénavant les portiers de la ville iraient aux portes bien embastonnez avec leurs sallades, plus soigneusement qu'ils n'avaient fait, et que les archers, arbalétriers et culeuvriniers y seraient armés et embastonnez comme il appartiendra (Ibid. fᵒ 83, vᵒ), les hostilités régnaient de nouveau sur les frontières de Picardie.

La veille des rois de 1476, la bataille de Nancy avait mis fin aux ambitions et à la vie du duc de Bourgongne. Cet événement si grand par ses conséquences se trouve ainsi mentionné par le clerc de la ville au verso du folio 313 du registre aux chartes C.

La Mort du duc de Bourgongne.

Le dimence viii° jour de janvier l'an mil ccccLxxvi nuit des roys, le duc de Lorraine desconfit et rua jus Charles duc de Bourgongne et son ost au devant de la ville de Nampxi en Lorraine, laquelle ville ledit duc avoit assiégé, lequel duc de Bourgongne fut tué et mort en la bataille et aussi plusieurs nobles hommes aveuc lui et fut enterré en l'église Saint-George audit lieu de Nampxi (1).

Dès la première nouvelle de l'événement, Louis XI expédiait en hâte, l'amiral de France et Philippe de Comines, vers la Picardie et l'Artois, avec pleins pouvoirs de recevoir et de conquérir soumissions de tous les pays placés sous la domination du duc. Ils avaient pouvoir d'arrêter les courriers de la poste et les messagers pour savoir si le redoutable duc était mort ou vivant. Tout en donnant pour prétexte que ne voulant nullement dépouiller sa chère filleule, Mlle de Bourgogne, mais au contraire la prendre sous sa protection, suivant la coutume de France, la garde noble d'une vassale mineure appartenant de droit au souverain, il ne cessait pas moins de faire rentrer dans le domaine de la couronne les villes de Picardie et d'Artois des états du duc ; par violence ou corruption, il en prenait possession. Il s'était emparé de l'Artois et d'Arras sa capitale, malgré l'aversion des Arrageois contre la France, et qui n'avait ouvert ses portes qu'aux sollicitations de Jean de la Vacquerie et de M^r d'Esquerdes que Philippe de Comines avait su détacher de la cause perdue de la maison de Bourgogne pour l'attacher à la fortune renaissante de la couronne de France.

Louis XI dans son habile politique s'était montré aussi intelligemment libéral qu'il l'avait été à l'occasion de la reddition d'Amiens. Mais ses soins pour gagner le bon vouloir des gens d'Arras n'avait servi à rien. Dès qu'il eut quitté la ville, elle ne tarda pas à se révolter contre la domination française, et pour la réduire

---

(1) Le registre C se trompe sur la date de la bataille de Nancy, elle fut livrée le 5 et non le 8 janvier 1476. C'est le mardi 7 que le corps du duc fut retrouvé dans l'étang glacé de Saint-Jean et le 8 qu'il fut inhumé à Saint-Georges. L'on connaît toutes les versions qui ont couru sur la fin de Charles-le-Téméraire. Entr'autres dictons ou sentences dont un scribe de l'échevinage s'est plu à illustrer un registre confié à ses soins, tels que : *Vox audita perit, sed scripta manent. Autant que bois vault mieux qu'escorche, subtilité vault mieux que forche, etc.*, il y inscrit aussi ce distique qui rappelle une tradition populaire ayant eu cours à propos de cette fin tragique :

> Par ung faux pas d'un cheval fort
> Fut le duc de Bourgogne mort.

Regist. aux contrats de 1507.

il fallut en faire un siège en règle. Cette fois encore l'on traita devant les forces supérieures du roi de France, qui le 4 mai y entra, non par la porte mais par une brèche, et s'arrêtant sur le Petit-Marché, dit aux bourgeois rassemblés : « Vous « m'avez été rudes, je vous le pardonne, et si vous m'êtes bons sujets je vous « serai bon seigneur. » Mais malgré ses efforts, lassé de ne pouvoir abattre l'indomptable esprit d'opposition à ses vues, le roi prit une grande et dure résolution, que la Convention nationale devait en 93 renouveler contre la ville de Lyon, sans se douter peut-être qu'elle imitait la conduite du seul tyran qui comme elle cherchait l'unité et l'indivisibilité de la patrie française. Le roi ordonna « de des- « chasser dehors tous les manans et habitans de la ville et la repopuler de la « nation de Normandie, estrangers et autres. » L'antique nom d'Arras même devait disparaître devant son courroux, et, la cité dépouillée de ses anciens privilèges, s'appeler désormais Franchise (1).

La ruine d'Arras allait enrichir Amiens d'une nouvelle industrie : la sayeterie fabrication très variée d'étoffes de laine pure, et quelquefois d'étoffes de laine mêlées de fil et même d'étoffes de fil. Amiens en eut longtemps le bénéfice et le monopole. Elle s'est perpétuée jusques à nos jours où elle subsiste encore, bien que considérablement modifiée sous le nom d'articles d'Amiens. Les sayes d'Arras étaient déjà célèbres sous les Romains. Saint Jérôme parle des étoffes qui s'y fabriquaient dans l'épitre à Argirucie et dans l'invective contre Jovinien, l'historien Vospicus rend témoignage de cette industrie dans la vie de l'empereur Carin, et l'empereur Gallien, au temps des Trente tyrans, apprenant la prise d'Arras, s'écriait : *Non sine sagis Atrabaticis tuta est respublica ?* Les Saga et les Birri d'Arras sous l'époque romaine servaient principalement à l'habillement des troupes et aux vêtements des classes populaires.

Forcés de s'expatrier, les ouvriers sayetiers d'Arras demandèrent à s'établir à Amiens pour y reprendre leurs travaux ; l'opposition, comme il s'était agi cinq ans auparavant à propos des réfugiés de Corbie, Doullens et Montdidier, ne vint pas cette fois d'une partie de l'échevinage, mais du lieutenant du roi d'Arras, qui lui écrivit la lettre suivante :

« Messieurs, je me recommande à vous ; j'ay reçeu vos lettres ensemble « certaine requeste à vous baillée par aucuns compaignons du mestier de saye-

(1) Registre aux comptes 1476-77, aux descarqueurs qui avoient chargé l'artillerie à la Court-Lévesque 4 kannes. — Aux sergents de nuit qui avaient veillé les poudres à canon du roi notre sire. — Aux descarquieurs qui avaient chargé l'artillerie à mener à Arras.

« terie affin de demourer en la ville d'Amiens. J'ay montré vos lettres à
« Monseigneur le maistre d'ostel Olivier Guérin, commissaire de par le roy en
« ceste partie, touttefois il ne scay si le roi sera content que lesdits saieteurs
« demourent en ladite ville d'Amiens ou non, et pour ce, me semble que devez
« envoier devers le roy scavoir sa volonté, affin que aucun blasmes ne vous en
« puist estre baillés, et adieu, Messieurs, qu'il soit garde de vous. Escript
« à Arras, le 26ᵉ jour de juing, le tout votre Baudricourt (1), et en la suscription
« estoit escript à MMʳˢ les maire et eschevins de la cité d'Amiens (Regist. aux
« délib. Ibid. fᵒ 95) ». Sur ces observations de Baudricourt, l'échevinage,
crainte de déplaire au roi, ne fut pas d'avis de répondre à la requête des Arrageois, non plus que d'envoyer auprès du prince, et conseilla aux maîtres sayeteurs
« d'y aler si bon leur semblait et en faire au mieux qu'ils pourraient. »

Tandis que le roi se montrait si cruel pour les Arrageois, il arrachait de force
et faisait conduire *(manu militari)* les populations qu'il destinait à repeupler
Franchise déserte. On trouve dans le registre aux comptes de 1478-1479, l'indication des sommes payées aux couleuvriniers et aux archers d'Amiens qui
servaient d'escorte à ces émigrants malgré eux. Mêmes mentions dans le registre
de 1479-1480. Les gens envoyés cette année à Franchise viennent de Tonnerre,
d'Orléans, Blois, Senlis, de la Saintonge et d'autres villes de la vicomté de
Thouars.

Le 16 août, bannissement à toujours, sous peine de hart, au bondissement de
la cloche du Beffroi, de Jacques Godin, boucher, et de Colin de Fournigot dit le
Borgne, demeurans à Amiens. Ces deux brûtes « ont battu et mutilé une jeune
fille de trois ans ou environ, dans les bras de sa mère, » violences dont la mort
de l'innocente victime a été la conséquence (Regist. aux délib. Ibid. fᵒ 98). Vers
cette époque, l'échevinage rend encore plusieurs ordonnances, concernant les
drapiers et pareurs de drap, le métier de tapisserie et les prix des draps écrus
portés en la petite Halle pour y être scellés (Ibid. fᵒˢ 98, 99, 100).

Louis XI avait nommé pour son lieutenant sur les marches de Picardie,
M. d'Esquerdes. On nous permettra de nous arrêter quelques instants sur cette
figure de vaillant soldat doublé d'un habile diplomate et qui servit Louis XI et
Charles VIII, avec la fidélité et l'habileté qu'il avait montrées au service de son

(1) Jean de Baudricourt, fils de Robert de Baudricourt qui présenta Jeanne d'Arc à Charles VII,
attaché d'abord au service du duc de Bourgogne passa à celui de Louis XI, qui lui donna le collier
de l'ordre de Saint-Michel et le gouvernement de la Bourgogne et de Besançon. Maréchal de France
en 1488.

premier maître, Charles-le-Téméraire. D'Esquerdes joue en effet un rôle des plus importants dans les années qui vont suivre, et malgré les savants et consciencieux travaux qui lui ont déjà été consacrés, la biographie de cet homme de guerre ne sera complète que le jour où le dépouillement des archives de toutes les villes avec lesquelles il fut en relations, aura fait connaître sa part active dans l'histoire de la succession du duc de Bourgogne (1).

Philippe de Crévecœur d'Esquerdes, ainsi nommé de cette terre en Artois qu'il avait héritée de sa mère Jacqueline de la Trémoille, décédée épouse en secondes noces de Jacques de Crévecœur, était né vers 1434. Attaché comme son père à la fortune alors florissante de la maison de Bourgogne, il était, suivant Anselme, en 1463 gouverneur des places de Péronne Roye, Montdidier. Il combattit en 1465, à la journée de Montlhéry. En 1467, il commandait les archers de la bataille du duc au sac de Liège. Chevalier de la Toison d'Or, le 17 avril 1468, au chapitre de Bruges, gouverneur des provinces d'Artois, de Picardie et de Ponthieu. Il fit en cette qualité exécuter la sentence rendue contre les Audomarois révoltés à propos d'un impôt levé sur la bière. Par ses rigueurs, il maintint sous la domination bourguignonne Abbeville, faisant abattre les maisons et exécuter sans pitié les partisans de la France. En 1472, il commandait l'avant-garde qui assaillit Beauvais. A la mort du terrible duc, d'Esquerdes, quoique déjà gagné à Louis XI par les agissements de Philippe de Comines, n'en conserva pas moins encore la cité d'Arras au nom de l'héritière légitime Marie de Bourgogne, et n'en fit la remise au roi qu'après le traité qui devait coûter la vie au sire d'Humbercourt et au chancelier Hugonet, qui l'avaient signé. C'est alors qu'il fit publiquement acte d'adhésion à la France, comme beaucoup d'autres serviteurs de Charles-le-Téméraire, et prit le commandement des troupes sous les ordres du roi pour s'emparer du reste de l'Artois, conquérant Lens, Béthune, Thérouanne, Hesdin, mais échouant devant Saint-Omer. A cette époque (19 août 1477) Marie de Bourgogne épousait Maximilien d'Autriche, fils de l'empereur Frédéric III.

Le 8 septembre 1478, M^r d'Eskerdes (2), lieutenant du roy notre sire ès marches de Picardie et M^r le prévôt des Maréchaux ont écrit plusieurs fois au bailly, son lieutenant, à MM^{rs} et aux élus de la ville d'Amiens, au sujet des vivres

---

(1) Voir notamment Bulletins de la Société des Antiquaires de la Morinie. — Epitaphe du Maréchal d'Esquerdes par Jehan Molinet. --- Le Maréchal d'Esquerdes par M. Liot de Nortbécourt, 1852-1856, p. 632 et suiv., 865 et suiv.

(2) Nous suivrons quand nous la rencontrerons ainsi, l'orthographe de nos registres municipaux.

pour mener avec ce qui avait été mené jusques à présent ès villes d'Hesdin, Térouanne et en l'ost et l'armée du roy, et scavoir si la chose continuait longuement et qu'il conviengne mener lesd. vivres où l'on prendra lesd. vivres et comment on y pourra besoigner et pourvoir et finablement ont délibéré que de tout leur pouvoir ils voulaient obéir au roy et enverroient lesd. vivres avec ce qui avait été envoyé au mieux que faire se pourra. On enverra xlvi quintaus des farines de la ville, vi^ii d'avoines et 40 ou 50 ponchons de vin ; même on achètera des blés au marché de la ville, afin de les faire mouldre et de les envoyer en toute diligence (Délib. Ibid. f° 102).

Les conquêtes d'Hesdin et de Térouanne et la lieutenance de d'Esquerdes sur les marchés de Picardie, imposaient, on le voit, des charges nombreuses à la ville d'Amiens. Nous extrayons des registres municipaux les mentions suivantes : xviii livres à six couleuvriniers pour leur paine et salaire d'avoir « alé devers Monsr d'Eskerdes mener une pièce d'artillerie dudit lieu d'Amiens en la ville d'Arras. » Comptes 1478-79. Vin donné aux archers qui avoient conduit plusieurs chars et vivres à Hesdin. — Aux couleuvriniers pour le même motif. — Aux deschargeurs pour avoir chargé un gros canon en la Halle pour Hesdin. — Maçons envoyés d'Amiens à Hesdin et Térouanne pour besoingner à la fortification d'icelle (1479-80). — Pour aller quérir l'artillerie de la ville qui estoit à Hesdin. — 10 août, charpentiers envoyés à Hesdin devers Monsr d'Eskerdes (1481-82). — Dix charpentiers envoyés à Hesdin devers M^r d'Eskerdes et de là à Aire (Ibid.).

Le 28 octobre 1479, les trois candidats présentés pour la mairie étaient Clabault, Lenormant et Caignet, mais on vint dire aux électeurs de la part de Jehan Harlé lieutenant du bailli et des gens du roi qu'ils ne procédassent pas plus avant à l'élection. Ces officiers descendus des Halles étaient venus avec plusieurs habitants à la Malemaison. Là, par la bouche de maître Jehan Vilain, avocat et conseiller du roi notre sire en ladite ville d'Amiens « fut dit parlant « audit sire Anthoine Clabault comment ledit jour ils avoient esté assemblés « avec lesdits habitants en ladite halle pour procéder au renouvellement de « ladite loy comme il estoit accoustumé faire chacun an, là où de l'advis et « consentement de tous lesdits habitants pour le bien et honneur de sa personne « et aussy pour le bon et louable service qu'il avoit fait au roy en ladite ville ou « gouvernement et bonne police de la chose publique d'icelle ville l'année de « ladite mairie dernière et paravant en autres années qu'il avoit esté maire, ils « avaient continué icelluy sire Anthoine Clabault maïeur d'icelle ville pour un

« an commençant ledit jour Saint-Simon-Saint-Jude, aussi lesdits prévôt, esche-
« vins, le grant compteur, le receveur de rentes et le maître des ouvrages qui y
« avoient esté ladite année passée, en requérant audit sire Anthoine que ce'il
« volsist accepter, ce que par luy après aucunes remonstrances et excusation fut
« fait et fist le serment en tel cas accoustumé comme pareillement firent lesdits
« eschevins et officiers et au lieu de feu Jehan Hérengier qui estoit eschevin en
« ladite année passée fut nommé Nicolas le Rendu bourgeois de ladite ville,
« mais comme pour ce qu'il estoit proche parent et de lignage dudit Godefroy de
« Chaulnes eschevin, il fut dit que mesdits sieurs en feraient un autre en leur
« échevinage. »

Cette prorogation en masse des pouvoirs de tout le corps municipal, n'est-elle
pas la preuve la plus irrécusable de la popularité et des hautes qualités de son
chef, comme de la juste reconnaissance des habitants pour les grands services
qu'il leur avait rendus ?

L'administration municipale se trouva donc ainsi constituée : sire Anthoine
Clabault maïeur continué, sire Jehan de May, sire Fremin le Normant, sire
Anthoine Caignet, Riquier de Saint-Fuscien, Jehan de Saint-Fuscien, Hue d'Aut,
Gaudefroy de Chaules, Pierre Rimache, Jehan du Gard receveur, Jehan du
Candas, Jehan de Vaulx, maistre Tristan Fasconnel prévost, Henry le Chirier,
Nicole de Lully, Jehan Bertin grénetier, maistre Jehan le Clerc, maistre Jehan
de Machy, Pierre le Senescal, Robert de Coquerel, Jehan Rohart, maistre Robert
de Hangard, Jean Houchard, Estienne de Vendueil ; Pierre le Couleur grand
compteur, maistre Bernard d'Aut receveur des rentes, Robert de Barly maistre
des ouvrages, continués.

Les soins d'intérêt purement local occupent exclusivement les premiers mois
de cette administration. C'est d'abord une réclamation des maîtres et eswards
des merciers, sur ce que le roi ayant fait partir de Franchise et d'autres villes
plusieurs gens de métiers, notamment des merciers qui avaient estallés et
vendaient à Amiens, sans avoir acquitté les droits du métier, l'échevinage
décide que quant aux marchands d'Arras les choses resteront aujourd'hui en
l'estat, mais pour ce qui touche les merciers d'autres villes, ils seront tenus
de payer les droits et devoirs selon les brefs et statuts ayant cours (Ibid. 113);
puis il rend successivement diverses ordonnances relatives aux patissiers et
cabaretiers, gaugeurs de vins, fruitiers, sur le nombre des hérengiers, les
eswards de poisson de mer, d'eau douce et de sauvechine, sur le poids de la
Halle, etc. Il refuse aux religieux de l'abbaye de Saint-Jean des pierres de la

vieille forteresse pour réparer leur église, mais par contre il accorde un don de 60 sols tournois aux frères carmes du couvent de Montreuil pour employer aux ouvrages et édifices qu'ils font faire auprès dudit lieu de Montreuil.

Le 3 février, M. d'Esquerdes écrit que le bon plaisir du roi est que Thérouanne soit amplement fournie de toutes les choses nécessaires pour le fait de la guerre, surtout de grande quantité de blé. On décide d'en acheter pour en mener une partie dans cette ville.

Le 19 février, réparation honorable est faite en l'échevinage en vertu d'une sentence rendue par Arthur de Longueval, chevalier, seigneur de Thenailles, conseiller et chambellan du roi, bailli d'Amiens, par Henry Gaîte, orfèvre fait prisonnier du roi au Beffroi pour raison de certaines paroles injurieuses proférées contre l'état et l'honneur des maire et échevins d'Amiens et de Pierre Fauvel aussi orfèvre. Il est condamné à dire, en l'échevinage, que ces paroles il les a controuvées et en a mauvaisement menti, priant chacun d'eux qu'il leur plût lui pardonner.

Pour subvenir aux frais des cent muids de blé demandés pour Térouanne, on décide de faire un emprunt sur plusieurs personnes de la ville, remboursable « sur l'aide des boichons de vin » ou de vendre encore certaine partie des rentes viagères que le roi a accordées (Ibid. 115).

Le 30 mars, décision de travailler à la tour de Guyencourt, et aussi à la tour du Vidame et d'y faire mettre et asseoir le comble de la tour Saint-Remy (Ibid. 130). Le 10 avril, arrêté pour vider la rue de Beauvais des filles de joie. Le 4 juin. ordonnance sur les barbiers.

Le 12, les manangliers et paroissiens de Saint-Martin-aux-Guèdes, pour la décoration de leur église et principalement pour l'honneur de Dieu et de Mʳ saint Martin, reprennent le vieux dessein de faire besogner au lieu où était précédemment le Huvrelas, et en ce lieu faire une chapelle et prendre la terre sainte appartenant à icelle église à prendre à (la) lingne du cloquier jusques à la cauchie, mais ils doubtaient que s'ils faisaient faire le dit ouvrage, qu'on en fist desplaisir, obstant que ledit huvrelas avoit pour aucun temps servy de asseoir et reposer les bourgeois et gens notables de ladite ville, lequel lieu pour le présent ne servoit de guères et si y faisaient seurtout plusieurs maux et dissolutions, tant de jour comme de nuit, jà fust-il que ledit lieu fût bon et dédié à Dieu, requérans qu'il nous pleust souffrir et permettre que ledit ouvrage se fist, lequel fait et parfait soit à la décoration d'icelle église et de ladite ville…. veu laquelle requête et sur ce eu conseil et advis audit eschevinage, nous informe que ledit lieu

estoit terre sainte appartenant à lad. église avons mis et mettons notre consentement à ce que lesdits manangliers prendent icelle terre et qu'ilz y facent faire
ledit ouvrage pour ladite église (Ibid. 141).

Le 17 avril 1480, les sayetiers d'Arras réfugiés à Amiens sollicitent l'échevinage pour avoir des brefs et des statuts de leur métier. Il leur demanda de lui
présenter un double des statuts de la sayeterie d'Arras et le 4 juin suivant fut
promulgué le règlement en trente-six articles qui déterminait les dimensions
des saies, leur confection, le temps et les conditions du travail, la teinture des
étoffes, les matières à employer, l'apprentissage, les marques, les devoirs des
eswards, etc. Ces statuts ont été publiés dans le II⁰ volume d'Augustin Thierry,
pages 376 et suivantes. Nous n'en rappellerons donc que les articles 6, 20 et 21.

« VI. Item pour ce que en ladite ville de Franchise estoit acoustumé que les
« dits saietiers avaient leurs ouvroirs sur rue ès premier et second estaiges des
« maisons tèlement que on les povoit voir ouvrer des rues affin qu'ils ne
« ouvrassent de vêpre, ne de matin à la chandelle, nous avons ordonné à cause
« de ce que quant à présent, ils ne poeuvent ancoires pour ce faire trouver
« maisons propices en cesdite ville, qu'ilz ouvreront par congié ès lieux plus
« propices de leurs demeures où ilz porroient mectre et asseoir leurs estilles (1),
« se ainsy n'est que les aulcuns d'eux aient leurs ouvroirs sur rue, ouquel cas
« ceulx qui les ont y seront tenus ouvrer sur pareille amende de xx sols parisis,
« à aplicquer comme dessus (c'est-à-dire moitié à la ville, moitié aux eswards ;
« c'était la peine appliquée aux maîtres travaillant à la lumière).

« XX. Item avons délibéré que le lieu et place estant entre le puich de
« derrière le Beffroy et les halles de ladite ville sera et l'avons ordonné pour
« doresnavant apporter vendre fillés de saiette les jours de vendredi et samedi et
« que le marchié commencera esdits jours à huit heures du matin et durera
« jusques à xii heures ensieuvans et que durant ledit marchiez, nul de quelque
« estat et condicion qu'il soit ne porra acheter filléz s'il n'est maistre du mestier
« de la saieterie et demourans en ladite ville, ne widier ledit marchié pour aller
« au devant de ceulx qui auroient fillés à vendre et sur paine de perdre lesdits
« fillés et amende de lx sols parisis au vendeur et achetteur à applicquer comme
« dessus.

« XXI. Item aussy ne porra nulz acheter en maisons, ne hors ledit marchié,
« ne aller au devant des fillés dehors des portes, tant comme la banlieue et

(1) Etille, métier à tisser à la main. J.-B. Jouancoux. Etudes pour servir à un glossaire étymologique
du patois picard, Amiens, 1880. T. I, p. 253.

« eschevinage dure, sur pareille paine et amende que dessus au vendeur et à
« l'acheteur. »

Voici les noms des maîtres et maîtresses, ouvriers et ouvrières de la sayeterie
sur la requête desquels ce bref fut rendu. Peut-être existe-t-il encore à Amiens
quelques-uns de leurs descendants : Regnault Hamon, Pierre Parent, Colart
Reuse, Jehan Lansel, Jehan Andrieu, Jehan Lentailleur, Robert Boursin, Chres-
tien Placier, Colard Lermite, Jehan Dugardin, Martin Leverrier, Colart de
Cambray, Mahieu Dongreville, Gille de Boubarme, Jehennot Langlès, Petit-Jean
Bernard, Amand de Réaville, Jehan Picon, Jehan Delattre, Pierre Turban,
Jacquemont Lescourte, Jehan Lebrasseur, Pierre Gosset, Jehan Danet, Regnault
Cavet, Thomas Griois, Robert Alavoine, Jehan Leviseur, Colart de Blencourt,
Jehan Leboucher dit Gondolet et Jehans de le Clos, Benoîte Portehors, Jehenette
Rougemare, Jacotte Lepot, Jehenne Cornille, Marguerite Leglé, Maroie Dugar-
din, Roberde Parent, Roberde Bérengier, Jehenne Parente, Masse Lance, Marie
Hourdée, dame Alis Lefranc, Berteline Sombrette, Jacotte Beharelle, Magan
Morillon et Péronne Lequien.

Le 31 juillet, on décide d'envoyer vers le roi au sujet du grenier à sel dont un
de ses valets de chambre, Jehan Moreau, avait obtenu d'être marchand, afin que
la ville puisse jouir du privilège qui lui avait été octroyé en forme de charte. En
effet, le 17 avril 1471, Louis XI avait autorisé la ville d'Amiens à lever un droit
de 16 sols parisis sur chaque muid de sel vendu dans la ville, pour être employé
à l'entretien des fortifications, et ce pendant dix années à partir du 17 mai 1471.
La chose en valait la peine car douze muids de sel à la mesure d'Amiens ne
faisaient qu'un muid de Paris. (Regist. aux comptes, Y, 3, 51, 1472-73).

Antoine Clabault fut de nouveau réélu maire le 28 octobre 1480.

1480-1481
Pâques 2 avril.

L'été de 1480 avait été, il paraît, affligé par la peste. C'est sous ce nom général
qu'on désignait les épidémies diverses, dont la science médicale d'alors ne nous
a pas laissé assez d'indications concluantes pour en préciser les véritables caractères et qui si souvent décimèrent les populations des villes et des campagnes.
Les apparitions trop fréquentes de ces fléaux, étaient vraisemblablement dues en
grande partie, à l'état de malpropreté des rues, au défaut de circulation d'air au
milieu des voies étroites et sinueuses, mal ou non pavées, encombrées d'immondices et de détritus organiques, aux émanations fétides, à l'ignorance évidente
enfin des lois les plus élémentaires de l'hygiène et aux ténèbres de l'art de guérir
réduit encore à l'empirisme. Pour ne citer qu'un exemple de la malpropreté des
rues, rappelons que lors de la célébration du mariage de Louis XII à Abbeville,

25 ans plus tard, il ne fallut pas moins de 260 bennes ou tombereux pour enlever les seules ordures de la place Saint-Pierre et de la rue de l'Arquet. Le 9 janvier, Hue de Louvencourt et Jehan de Doullens, naguères demeurant à Amiens, durant la peste qui avoit eu cours en la saison d'été deraine passée, reçurent un don de 10 livres tournois, pour avoir visité et soigné plusieurs pauvres personnes malades d'icelle peste, tant à l'Hôtel-Dieu comme ailleurs.

Le 13 février, il faut mentionner une délibération au sujet des hallebardes, piques et dagues que le roi a ordonné de faire fabriquer à Amiens. Pierre Le Couleur, grand compteur de la ville, commis de Nicolas de la Chesne, maître d'hôtel du roi, commissaire en cette partie, a fait faire 838 hallebardes, 308 dagues et 162 fers de piques. Il doit lui être payé à ce sujet la somme de 1414 livres 17 sols tournois. Le 1er avril, l'on décide un emprunt pour faire ce paiement.

« Contraintes par le fait des guerres de partir de Montreuil où elles se tenaient en priant Dieu et faisant le service divin, de venir en ceste ville sans trouver de logis (13 février), les religieuses de l'ordre de l'observance de Mr saint François, supplient MMrs avoir pitié d'elles et d'avoir placc en la maison et hôpital de Cocquerel. appartenant à la ville, pour y demeurer afin de pouvoir aider et loger les passans et administrer les nécessités aux pauvres ainsy qu'ou dit hospital est accoustumé faire, en tout cas et maladie fust de peste ou autre, sans toutefois par elles mendier ni quêter leur vie avant la ville, mais vivre de labeur de leurs mains au mieulz qu'elles porront. MMrs ont consenti et accordé pourvu qu'elles ne soient plus de xii » (Ibid. fo 171).

Entr'autres privilèges que Louis XI avait concédés à Amiens lors de sa réduction il avait, en décembre 1470, dispensé du service militaire, les bourgeois possesseurs de fiefs. Malgré cette décision, le bailli Arthur de Longueval voulait néanmoins leur imposer le service du ban et de l'arrière-ban. Déjà en 1479 on avait dû députer vers le roi à Montargis pour ne pas se rendre à l'arrière-ban publié en la ville d'Arras. En 1481, la même prétention s'étant renouvelée, les Amiénois se plaignirent de nouveau de cette violation de leurs droits à Louis XI qui, le 22 mai, leur accorda pleine et entière satisfaction par une lettre adressée le même jour au bailli pour lui défendre de contraindre au service militaire les possesseurs de fiefs et choses nobles, et lui enjoignant de cesser les poursuites

(1) A la Licorgne d'argent. Vin présenté aux commissaires des hallebardes (Regist. aux comptes, 1480-81).

qu'il aurait faites ou pourrait faire à cet égard (Cartulaire C. — A. Thierry, II, 386).

A son retour à Amiens, Antoine Clabault rendit compte à l'échevinage du voyage qu'il avait fait auprès du roi, à Tours, au sujet du grenier au sel, mais la lacune du registre aux délibérations ne nous offre cette relation que mutilée et illisible, et nous savons seulement par les registres aux comptes de 1480-1481 qu'il fit ce voyage en soixante-quinze jours, en compagnie de Jehan Piédeleu, eleu du maïeur, lui à trois chevaux, Piédeleu à deux, qu'il coûta 405 livres 12 sols, dont six-vingt livres pour le maire, et qu'il fut fait pour entr'autres choses que l'échevinage put être marchand du grenier à sel (Jehan Moreau fut en définitive débouté de son privilège) et pour les deniers à employer aux fortifications.

Le 8 octobre, on décida de faire refaire la voûte de la trésorerie de l'Hôtel-de-Ville après visite faite par le maçon Pierre Tarisel et autres (Regist. aux délib. 1481 à 1485, f° 4).

Le 23 octobre, sur la requête des manangliers et paroissiens de Saint-Leu, on leur accorde de prendre une portion de terrain appartenant à la ville pour élargir un petit, dans lad. église qui étoit bien petite, au regard au grand nombre des dits paroissiens pour la décoration d'icelle affin que Dieu y fust mieux servy, révéré et honouré, mesmes de y faire édiffier et construire ung bel et somptueux clocher (1). Ce clocher en charpente très élevé, terminé vers 1500, placé alors vers l'entrée du chœur, fut abattu le jour de Pâques 1581, par un épouvantable ouragan qui frappa la ville, et sa chûte en effondrant le comble coûta la vie à 68 personnes (2).

1481-1482
Pâques 22 avril.

Le 28 octobre 1481, Antoine Clabault est de nouveau réélu maire.

Cette année, l'hiver s'annonce mal. Le 5 novembre, vu la grande chéreté du blé et du pain, on enverra au pais de Normandie et à Etrépaigny, Gisors et lieux circonvoisins jusques à Corbie et Moreuil pour acheter du blé.

Le 13, défense est faite sous peine de 60 sols d'amende et punicion de prison aux hostelains, cabaretiers et autres de soustenir en leurs maisons, joueurs de quartes, de tables, de quilles, de boulles et autres jeux illicites et deffendus là où le nom de Dieu et des saints et des saintes est souventeffois jurez, détezté et plaphéméz *(sic)*, dont plusieurs débas et inconvéniens sont advenus et porroient

(1) Regist. aux délibérations. XIV, f° 6.
(2) Goze. Histoire des rues d'Amiens, I, p. 4.

advenir, en délaissant au moyen d'iceulx jeux leur mestier et besongne à faire qui est au détriment de eulx, leurs enffants et maisnages.

De la charge expresse de M. d'Esquerdes, depuis deux ans, l'on envoyait à Térouanne, des blés pour l'approvisionnement de la ville. Mr de Saint-André, lieutenant du roi, et Jaques de Rivery, capitaine de Térouanne, ont écrit par deux fois qu'on en renvoie; vu la chèreté on décide qu'on n'enverra pas les blés, si l'on en peut avoir et recouvrer l'on fera au mieux que faire se pourra (Ibid. fº 14).

Décision que les blés venant du Santerre ne seront pas mis aux greniers, mais distribués aux boulangers, cabaretiers et taverniers d'icelle ville, le fort portant le faible, pour prix raisonnable selon ce qu'ils auront coûté avec les voitures, quant aux blés d'achat du pays de Vimeu, ils se porront mettre, et celui demandé aux laboureurs des prévôtés du Vimeu et de Beauvaisis, il se vendra et distribuera au marché de la ville pour le profit des habitants (fº 15).

Le 6 décembre, nouvelle taxe du pain en raison de la chéreté du blé.

Les saieteurs sont en contravention aux brefs de leur corporation ; plusieurs ont ouvré de nuit et à la chandelle, toutefois l'échevinage consent à modérer l'amende qu'ils ont encourue.

Le 14 janvier 1481, le patron est fait par Pierre Tarisel et Guille Postel, maçons, et Jehan le Messier, carpentier, d'un pont de pierre à édifier au lieu des deux ponts de bois qui sont l'un au quai, l'autre emprès de la poissonnerie de douche eaue, « à commencher ledit pont de pierre à la tour Saint-Nicolay en alant « au travers des deux ponts de la rivière de Somme jusques à une tour étant « outre le bout dudit pont de ladite poissonnerie avec aussy une tour que on « fera et édiffiera nouvelle au lieu de ladite tour qui est oultre ledit pont de la « poissonnerie, laquelle tour est à présent comme démolie et en grand ruyne. » Décision est prise de commencer en mars prochain, de faire des pilotis pour ce pont et cette tour pour le tout achever le plus brief que faire se pourra. Ce fut six mois après, en juillet 1482, qu'on commença à enfoncer les pilotis pour la fondation de la grosse tour du Quai (Ibid. 25). Ce pont devait être le pont Saint-Michel dont la première pierre fut posée le 15 mai 1484.

Les travaux de démolition de la vieille forteresse avaient été aussi activement menés que les ressources financières l'avaient permis. En 1479-80, on avait démoli une grande partie de l'enceinte vers le midi, et sur son emplacement s'était ouverte la voie qui menait de la Belle Croix devant la porte Longuemaisière à la rue Saint-Jacques (aujourd'hui rues Delambre et Gresset); la rue dite alors du

Beauregard ou des Fossés (aujourd'hui rue des Trois-Cailloux) avait été formée par leur comblement. Une autre ouverture, malgré l'opposition du chanoine Simon de Conti qui l'occupait, faisait communiquer la cour Sire-Firmin-le-Roux avec la rue du couvent des Jacobins (Goze. Les Enceintes d'Amiens, p. 53).

L'on avait travaillé à la tour de Guyencourt, au mur du Quai, enfin en 1481, l'enceinte étant rasée, l'on avait posé des barrières sur les bords des fossés qui n'étaient point encore remplis pour éviter les accidents. On avait également travaillé à la Portelette, aux fagots du Quai, à l'abreuvoir du Vidame, au pont dormant de la porte Saint-Pierre, à la muraille près la porte Saint-Firmin. Les comptes du maître des ouvrages parfaitement tenus donnent semaine par semaine l'état des travaux faits, le nombre et les noms des ouvriers qui y participèrent.

Le 11 février, vu la chèreté du blé, défense est faite aux boulangers de faire durant le carême seminaux ni watelles, mais pain bis, blanc et à bourgeois (Ibid. f° 29, v°) (1).

Le 26, Bertran Valan, maistre, gouverneur et administrateur de l'hospital Saint-Julien, dit que, depuis certain temps, de l'ordonnance de MM^{rs} et pour donner aide aux pouvres sereurs de l'hospital de Cocquerel, se logeant chacun jour en l'hôpital Saint-Julien plusieurs sœurs et souventefois par jour et nuit de seize à dix-huit personnes à chacune desquelles il convenoit bailler une escuelle de potage qui estoit chose de plus grand charge et frais qu'ils n'estoient accoustumé et requiert d'augmenter ses gages et aussi de la mesquine comme soloit avoir le maistre dudit hôpital de Coquerel, savoir : le maistre x livres, la meschine c^s. Sur la première demande il y aroit regard en rendant son premier compte et en ordonneront, et appointeraient ainsy qu'ils verront estre à faire ; la meschine aura 60^s chacun an à prendre sur la recette dudit hôpital (Ibid. f° 31, v°).

Décision d'aller vers les commissaires du roi sur le fait des francs-fiefs et nouveaux acquêts pour les requérir de mander les gouverneurs et administrateurs de l'hôpital Saint-Jacques afin de voir les titres et lettres de fondation dudit hôpital, pour en avoir un double si faire se peut, pour, iceux veus, y pourvoir par autorité royale ou autrement ainsy que l'on verra estre à faire pour raison (Ibid. f° 32). Cet hôpital, nous l'avons dit plus haut, avait été fondé par un ancien maïeur, Liénard le Sec.

Le 26 mars, la disette ou du moins la difficulté d'alimentation subsiste

---

(1) Seminaux, simeniaus, pains ou gâteaux de fleur de farine.

toujours. Vu la chèreté du blé en la ville, au pays d'environ et en plusieurs lieux du royaume, outre les 200 muids de blé ou environ des greniers de la ville (1) on achètera le plus qu'on pourra de blé, notamment de petit blé du Vimeu ou ailleurs, parce qu'ils sont de meilleure garde et à meilleur marché que ceux du Santerre et d'ailleurs (Ibid. 37).

17 avril 1482. L'Hôtel-Dieu et de M^r saint Jean-Baptiste a quantité de pauvres et enfants trouvés au nombre de 200 et mieux à cause de la chèreté du blé, il se vendait 13 ou 14 sols le sestier dont on usoit chaque jour de 4 à 5 sestiers. La ville, en présence de cette pénible situation, décide que dorénavant elle fera baillier et délivrer par aumône au maître de l'Hôtel-Dieu, chaque samedy cent sols tournois (Ibid. f° 38, v°).

Mais la disette augmente toujours. Le blé arrive à un prix exhorbitant. Le 17 avril 1482, arrêté qu'on ne fera plus de pain blanc et à bourgeois, mais de bon pain bis. Par la même raison, on accorde à deux ladres de la Maladrerie chaque semaine 8 sols au lieu de 6. Malgré la pénurie, l'échevinage n'en décide pas moins de faire faire 24 grosses torches armoiées des armes de la ville pour porter aux processions solennelles par les vingt-quatre sergents de nuit (Ibid. f° 40, v°).

Le lendemain, à l'Hôtel-de-Ville, où se trouvent le bailli, le capitaine, le prévôt le procureur du roi, l'on taxe le pain bis douze deniers le grand pain, et l'autre 11 deniers et au-dessous, toutefois qu'ils seront tenus faire des demis et des quarts de pain auxdits deux prix afin que le pouvre peuple en puist avoir pour vivre et aussy qu'ils feront bon pain, bien cuit et panecquié (Ibid. f° 41).

Après le maximum, il faut recourir à des mesures plus radicales encore. Le 7 mai, on arrête qu'on ne laissera passer ne mener hors d'icelle aucuns blés, advoines, orges ne autres grains ; on achètera un certain nombre des meilleures avoines pour s'en aider en ung besoin et les moutrir avec le blé pour faire du pain, et au surplus qu'ils feront faire estal et esprouvoir pour faire du pain de quatre sestiers de farine et blés moulu et de quatre autres sestiers de farine d'avoine pour ce fait, avoir advis quel prouffit pour le poure poeuple il y porroit avoir à ce faire (Ibid. f° 41, v°).

On fera la plus grande diligence pour acheter blé pour la provision de la ville

(1) Le muids d'Amiens était la troisième partie de celui de Paris. C'est ce qui résulte de cette indication du Livre Noir :

Le septier au blé de la ville de Paris a esté trouvé revenir à quatre septiers et demy à lad. mesure d'Amiens. Et ont en lad. ville de Paris pour muid tant au blé qu'au mars, douze septiers.

et que pour ce on fera certaines assiettes par forme de prêt (c'est après le maximum l'emprunt forcé) sur plusieurs particuliers des gens de bien et des gens qui ont puissance en la ville, et au surplus que on constraindera aucuns de ladite ville auxquels on avoit baillié du blé pour leur provision et qui les ont revendu pour gagner et profiter à en prendre certain nombre pour le prix qu'il aura coûté rendu en ville et qu'on enverra de rechef devers M[r] d'Eskerdes, lieutenant du roi, afin d'avoir congé, si faire se peut, d'en lever dans les prévôtés de Péronne, Montdidier et Roye, et au pays de Vimeu.

21 mai. Attendu que la moisson d'août est assez proche, considérans la sûreté des blés estants sur le pays, on déleira un petit de temps comme de dix ou douze jours d'en acheter, et aussi de faire visite du nombre des blés possédés par les particuliers (Ibid. f° 43).

Il faut encore subvenir aux nécessités des pauvres sœurs de charité. Celles de Sainte-Claire et de Saint-Nicolas-en-Coquerel recevront par semaine, les premières 40 sols, les secondes 20.

Malgré la sévérité des ordonnances sur la circulation des grains, il est avec le ciel des accommodements. Le Maréchal de Gié, Pierre de Rohan, demande le 2 juin 1482, par la bouche de M. le vicomte d'Auchy, qu'on veuille bien laisser passer hors de la ville pour mener à Ham en Vermandois du blé qu'il avait en la maison de Colart Féron, receveur d'icelluy seigneur. « Pour complaire et « demourer en la bienveillance dudit seigneur qui commandait alors comme « lieutenant du roi en Artois, sa requête lui fut accordée » (Ibid. f° 44). En même temps et peut-être à cette occasion, comme la moisson est proche, on lève l'interdiction sur la circulation des blés, on établit une nouvelle taxe, le prix du blé étant diminué, et l'on pourra cuire comme auparavant pain blanc et à bourgeois.

Un chirurgien nommé Hue de Louvencourt, « vu les paines, travaux et dilli- « gence qu'il avait eus à visiter les pouvres personnes malades de plusieurs et « diverses maladies tant en l'Hôtel-Dieu qu'ailleurs en ville » réclamait un don de l'échevinage en raison des services qu'il prétendait avoir rendus. On rejeta sa demande, attendu *que Jehan Mahieu cirurgien est gagié sur ladite ville pour visiter et appointier les pauvres de l'Hôtel-Dieu,* qu'il exerce son recours contre lui, si bon lui semble, et au surplus qu'il sera dit à iceluy Jehan Mahieu qu'il visite et entende dorénavant comme il est tenu faire auxdis povres malades (Ibid. f° 47).

Le même jour (17 juin) on informera sur le fait d'un religieux trouvé couché dans une chambre où il y avoit une fille qui auroit donné de l'argent à des sergents de nuit et des compositions de cette nature qu'on dit par eux avoir été faites.

Les habitants du village de Hem-lès-Amiens réclament que d'ancienneté ils sont soumis aux tailles et subsides mis par le roy et la ville, comme il était notoire et qu'il pouvait apparaître « par plusieurs registres, cartulaires et autres enseignements estans à l'Hostel-de-Ville, et sous ombre qu'ils sont de la paroisse de Monstières on veut journellement les asseoir aux tailles de ce lieu et étaient contraints de payer en les deux lieux. Vérification sera faite à l'Hôtel-de-Ville, s'il y a privilèges lettres ou enseignements qui puissent les aider, qu'ils les verront pour en faire ce qu'il appartiendra.

Le 1er juillet, on arrête de vendre aux hostelains, au prix coûtant, certaine quantité des avoines de la ville, on vendra aussi les blés et avoines de Saint-Ladre le plus profitable que faire se pourra ; le grand compteur pour pourvoir aux vivres du peuple et habitants de la ville, baillera chaque semaine aux boulangers des blés de la ville au nombre de 20 muids à prix raisonnable jusques à ce que lesdits blés soient tous vendus et widées.

Le 7 juillet, considéré la chèreté du blé qui se vend en ville 16, 17 et 18 sols le septier et aussi que le temps est fort pluvieux, *parquoy les blés sont retardés et ne peuvent venir en murisson,* on rend une ordonnance « pour faire pain de deux livres et demi cartron pièce au prix de vii deniers, sauf quars de pain qu'ils porront faire ; défense de vendre pain blanc aux taverniers et cabaretiers, visite des greniers des paroisses pour vendre le superflu. Pains blancs seront faits s'il plaît aux boulangers pour ce qu'ils ne pourront faire pain à bourgeois.

Le 16 juillet, convocation des eswards de la boulangerie au sujet du pain ; on retire les gardes que l'on avait remises aux portes pour la circulation des pain, blé et avoines.

Au nombre des ordonnances sur l'industrie locale, il n'est pas inutile de faire mention de celle promulguée le 23 juillet sur les ferroniers, taillandiers et armuriers. Les gens de guerre en garnison à Amiens s'étaient souvent plaints de la mauvaise qualité des brigandines et des haubregeries qu'ils avaient achetés en ville. Les fabricants d'armures supposant que ces défectuosités ne provenaient que de marchandises fabriquées par des gens étrangers à leur corps, voulant prévenir les fraudes et conserver les intérêts et la réputation de leur corporation, sollicitèrent de l'échevinage un nouveau règlement en douze articles destiné à

20

assurer la bonne qualité des objets de cette industrie (Ibid. 51. — A. Thierry, II, 389).

Le 29 juillet, touchant « les vivres qu'il convient envoier en l'ost et armée du « roy estant en la ville de Aire, on contraindra chaque semaine, tant que l'armée « sera sur lesdits champs, un boulanger de la ville à fournir deux charrios de « pain et les taverniers d'y mener du vin » (Ibid. f° 53).

Le 26 août, les habitants de la rue de Noyon réclament avec instance l'ouverture de la porte de Noyon afin de pouvoir faire leur labeur et gagner leur vie, eux qui étoient gens de métier, mêmement afin que les passants ne traversent plus parmi les vignes estans au dehors de cette porte et de celle de Paris, mais pour certaines causes à ce les mouvans, MM^{rs} ont décidé qu'elle demourera close encore (1).

Le 17 septembre, nouvelle ordonnance sur la boulangerie. Les 30 boulangers sur lesquels, de leur consentement, l'assiette des blés de la ville avoit été faite, seront contraints, par prise de corps si mestier est, de prendre le surplus des blés d'icelle ville étant encore en greniers, selon ladite assiette.

30 septembre, MM^{rs} ont veu audit eschevinage unes lettres missives à eulx escriptes par M^r d'Eskerdes, lieutenant du roy ès marches de Picardie, par lesquelles il requéroit que mesdis sieurs se volsissent consentir à ce que Madame de Contay (Jacqueline de Nesle veuve de M. de Contay) put faire mettre et transporter sur sa plache du Soleil, en son hostel et gardins, une maison qu'elle maintient avoir acheté du prieur de Bouves (2), séans assez préz des Augustins en ladite ville, et sur ce eu advis, ont ordonné que on rescripra auxdit sieur unes lettres, afin qu'il luy plaise que ladite maison demeure au lieu où elle est, attendu que le plaisir et voloir du roy a esté et est, maisons et édiffices estre faits ou lieu de la démolition de la vieille forteresse ou lieu où est assis icelle maison et autres causes dont estoit causées esdites lettres (Ibid. 64).

Le 6 août précédent, Simon Pertrisel, échevin, avait été nommé maître, gouverneur et administrateur de la maison de Saint-Ladre, à la place de Jehan Murgale le jeune, décédé. Vu le double de la visite faite de cet établissement, touchant les réparations qui y étaient nécessaires, le 24 septembre, en présence

(1) On voit que la vigne était alors cultivée aux portes mêmes d'Amiens. Nous avons déjà eu occasion de mentionner à diverses reprises les vignobles de Picardie. Un professeur du Lycée d'Amiens, M. Duchaussoy, s'occupe en ce moment d'un travail tout spécial sur la viticulture de cette province, puisé aux documents officiels des archives départementales et municipales.

(2) Boves.

de Henri le Chirier, Robert de Bailly, Simon Pertrisel maître de Saint-Ladre, Jehan de Bailly clerc des comptes, Guille Postel machon et Jehan Bisard carpentier, Simon Pertrisel « pour le bien et entretènement dudit hostel de Saint-« Ladre qui est de anchienne fondation, devra faire en toute dilligence ouvrer et « besongner en temps convenable et opportun auxdits ouvraiges les plus néces-« saires et qu'il y mette et emploie sous trois ans, dans chacun an, les deniers « venus de la revenue dudit hostel et de la cense de Oissonville appartenant à « ladite ville, les charges dudit hostel de Saint-Ladre préalablement payées » (Ibid. f° 64 et suiv.).

Le 15 octobre 1482, on n'avait point encore rien reçu des 1,200 livres accordées par le roi pour huit ans, applicables aux ouvrages des fortifications et répations de la ville. Malgré plusieurs voyages, les 4,970 livres 8 sols restaient dus sur les recettes des aides et du grenier à sel. Aussi était-il expédient pour les recouvrer, d'obtenir du roi ses lettres patentes aux généraux des finances à Paris et, aussi de pour le bien du cours entretènement et réparation de la rivière de Somme entre Amiens et Abbeville, même de la cauchie de mer en icelle ville d'Amiens et pour la réparer à cause du mauvais et dangereux passage qui dépiéça y a esté et est au préjudice de ladite ville et habitans de ceux du pays à l'environ et des marchants chacun jour à tout leurs charriots et chevaux passant en icelle, avoir et obtenir certaines provisions et mandements. Sur cet exposé l'on décide d'envoyer vers le roi.

1482-1483
Pâques 7 avril.

Au renouvellement de la loi, au mois d'octobre 1482, Antoine Clabault fut renommé mayeur, cette fois encore de manière inusitée.

« Ledit jour en procédant par mesdis s^{rs} oudit eschevinage à l'ellection de « ceulx qui en icelluy eschevinage auroient esté portéz pour de l'ung d'iceulx « estre fait maïeur ceste année présente et ainsy qu'on regardoit les brinefs « baillés en la manière accoustumée lesquels desdits postes audits avoit le plus « de voix, est assavoir sur sire Anthoine Clabault, sire Jehan Lenormant et sire « Fremin le Normant, sire Jehan de May et sire Anthoine Caignet qui estoient « ceulx qui avoient le plus grand nombre de voix pour les trois d'iceulx estre « portés en la Halle ainsy qu'il est accoustumé faire, Jehan Harlé lieutenant de « Monsr le bailly d'Amiens, maistre Jehan de Saint-Delis licencié ès loix, « avocat, et plusieurs autres, vinrent oudit eschevinage par devers mesdits « sieurs par lequel lieutenant fust, dit et remonstré parlant oudit sieur Anthoine, « comment ledit jour, mondit sieur le bailly d'Amiens, les avocats et conseillers « du roy et les bourgeois, manans et habitans de lad. ville en grant nombre,

« avoient esté assemblez en la Halle d'icelle ville en la manière accoustumée
« pour par icelluy mons^r le bailly procéder au renouvellement de la loy, et que
« par l'advis et du consentement, de tous lesd. habitans, led. sieur Anthoine
« Clabault pour le bien et honneur de sa personne, et aussy pour le bon et loable
« service qu'il avoit fait au roy notre dit seigneur et à lad. ville et habitans, au
« gouvernement et bonne police de la chose publicque d'icelle ville l'année de sa
« mairie dernière et paravant en autres années qu'il avoit esté maïeur, avoit
« esté continué maïeur d'icelle ville avec lesd. prévost, échevins, le grant
« compteur, le receveur des rentes, le maistre des ouvages, ainsy qu'ils avoient
« esté l'année passée, en requérant audit s^r Anthoine que ce il volsist accepter
« et aler en lad. halle pour faire avec lesdits officiers les sermens que tel cas
« requiert. A quoy par icelluy sire Anthoine a esté respondu qu'il remerchioit
« mondit sieur le bailly, lesdits lieutenant, officiers du roy et lesd. habitans de
« l'honneur qu'ils lui faisoient et avoient fait, mais toutes voies pour ce qu'il
« avoit esté oudit office de maïeur par trois années continuelles, où il avoit eu de
« grandes peines et travaux et aussy qu'il y avoit de gens notables oudit
« eschevinage qui porroient estre oudit office comme il avoit esté, il n'estoit
« point délibéré de accepter ne emprendre lad. mairie et en ceste estat se sont
« lesdis lieutenant, maïeur et eschevins, partis dud. eschevinage et alés en lad.
« Halle où estoit led. mons^r le bailly, lesdits gens du roy et lesdits habitans en
« grand nombre, et eulx illecq venus ont esté faits audit sire Anthoine Clabault
« maïeur, par mondit sieur le bailly et lesdits gens du roy autelles remons-
« trances que faites avoient esté oud. eschevinage par ledit lieutenant aux
« quelles ledit sire ne s'est volu condeschendre en faisant autelles refus et
« et excusacions que fait avoit oudit lieutenant, mais néanmoins depuis et assez
« tost après aux remonstrances de rechief à luy faites touchant ceste matière
« par lesd. habitans, icelluy sire Anthoine Clabault s'est condeschendu de
« accepter et a accepté lad. mairie, pour ledit an et a fait en lad. halle, le
« serment en tel cas accoustumé comme parcillement ont fait lesd. eschevins,
« grant compteur, receveur des rentes et maistre des ouvraiges » (Regist. aux
délib., T. XIV, f°s 70-71).

Le 29 octobre, le grand compteur, le receveur des rentes, le maître des
ouvrages, furent invités à rendre leurs comptes avant la Saint-Martin, afin de
savoir par leurs reliquats ce qu'on pourrait employer en blés, considéré sa
chèreté qui a esté et est encore apparent d'estre ceste présente année. Invitation
est également faite au grand compteur de ne baillier ni payer plus dorénavant

aucunes sommes à qui que ce soit, sans l'autorité de mesdits s^{rs} (Ibid. f° 73).

Attendu la chèreté des blés, on refuse à un marinier de Corbie de le laisser passer avec son batel chargé de blé acheté à Corbie par des boulangers d'Abbeville.

Le 12 novembre, on décide d'acheter des céréales dans le Santerre et ailleurs.

Une délibération est prise au sujet de la reconstruction de la Male-Maison. Vu la nécessité des achats de blé et des ouvrages de la tour et du pont du Quai commencés et autres choses nécessaires être faites et achevées, on décide, vu les dépenses qu'il nécessiterait, de délaier encore ledit ouvrage mais néantmoins ils ont consenti que on abatte les vièzes murailles de ladite plache et qu'on mette à l'onny des terrains de la cour, les terrains estant dedans ichelle et environ et, ce fait, aviser plus tard quelle décision prendre (Ibid. 74).

Depuis 1477, Louis XI n'avait cessé de négocier avec la Flandre, mais ces pourparlers tournèrent en longueur par suite des défiances réciproques des parties et de leurs mandataires. Déjà les ambassadeurs flamands étaient passés par Amiens au mois de mars 1481, comme nous le voyons par les registres aux comptes de cette année qui mentionnent des dons de vin faits aux archers de la ville qui avaient été en armes le 23 à la porte de Montrescu, et le 24 à celle de Beauvais, attendre leur passage. Le 18 juin 1481 ils reçoivent encore un autre présent pour avoir gardé la porte tant que l'ambassade de Flandre resta en ville. Ces négociations allaient enfin aboutir. L'héritière de Charles-le-Téméraire était morte le 27 mars 1482, des suites d'une chûte de cheval, ne laissant que deux enfants en bas âge au pouvoir de ses turbulents sujets les Gantois. Louis XI déjà en grande intelligence avec les flamands, redoubla ses secrètes pratiques par l'entremise de d'Esquerdes, d'Olivier Le Daim, de l'évêque de Poitiers Guillaume de Cluni ancien conseiller du duc de Bourgogne, de Guillaume Rym premier conseiller, et de Copenole, syndic des chaussetiers de Gand (1). Grâce à leurs influences les Gantois avaient tout d'abord dans la réunion des Etats de Flandre refusé à Maximilien d'Autriche la tutelle de ses enfants, ou du moins avaient singulièrement annihilé ce droit en lui imposant un conseil de tutelle. Enfin le 23 décembre, Monsieur d'Esquerdes, Olivier de Coëtmon, gouverneur d'Arras, le premier président Jean de la Vaquerie et Jean Guérin son maître d'hôtel, que le roi avait choisis pour ses plénipotentiaires, signaient avec la Flandre l'avan-

---

(1) Dans sa Notre-Dame de Paris, Victor Hugo a reproduit et caractérisé avec bonheur les physionomies si différentes de ces deux ambassadeurs flamands, le politicien et l'homme d'action.

tageux traité de paix dont le premier article était le mariage du Dauphin et de Mlle Marguerite d'Autriche apportant en dot les comtés d'Artois, de Bourgogne, les seigneuries de Mâcon, Auxerre, Salins, Bar-sur-Seine et Noyers.

Le jour même, d'Esquerdes annonçait à l'échevinage cette heureuse nouvelle par la lettre suivante :

« Messieurs, je me recommande à vous. Nous avons tellement besongnié
« aveuc les ambaxadeurs du duc d'Autrice et des estatz des pays de par delà que
« paix soit faitte et accordée et a este publiée en ceste ville aujourd'huy à l'eure
« de la messe et pour ce je vous prie que la facez publier selon le double que je
« vous envoie icy dedans enclos et que faites chanter le *Te Deum*, faire prédi-
« cacions, processions, feux et aultres solempnités accoustumés à faire à une
« paix de tel prouffit comme est luy. Et à tant Messeigneurs, je prie notre
« Seigneur qu'il vous ait en sa sainte garde. Escript à Franchise, le xxiv° jour
« de décembre. Au dessoubz desquelles lettres étaient escript par en bas
« Lecoulbre ? et signé Philippe de Crévecœur, et au dos d'icelles à Messeigneurs
« les bailly d'Amiens, maïeur et eschevins de ladite ville ».

En conséquence l'on publia la proclamation suivante :

« Au nom et à la louange de Dieu notre benoît créateur, de la très glorieuse
« Vierge sa mère, est faite paix final, union et intelligence perpétuelle entre le
« roy notre souverain seigneur, Monsr le Dauphin, le réaulme de leurs pays,
« seigneuries et subgectes d'une part, très haut et très puissant prince Monseig^r
« le duc Maximilian d'Aultrisse, Monsr le duc Philippe et Mademoiselle
« Marguerite d'Aultrisse ses enffans, leurs pays, seigneuries et subgectz
« d'aultres. Ensemble le traictié et aliance du mariage entre Monsg^r le Dauphin
« et madite demoiselle d'Autriche selon et par la fourme et manière que contenu
« est au long ès articles furent qonsenties, accordez et concluds par les ambas-
« sadeurs d'iceulx seigneurs et princes et desd. pays.

« Lesd. lettres missives et publicacion ont esté publiées en ladite ville
« d'Amiens à son de trompe et cry publicque ès lieux accoustumez à faire cris et
« publicacion, le xxv° jour de décembre l'an mil cccc iiii^{xx} et..... ainsi signé :
« J. Ducloy ». (Regist. aux chartes E, f° 209).

Ce jour 25, fête de Noël, des réjouissances eurent lieu pour célébrer cet événement. On lit dans les registres aux comptes : Vin donné la nuit de Nouel à Jehan Ostien et autres qui avaient joué jeux de personnaiges, le 26 aux jouers qui avaient joué jeux devant Saint-Germain à certaines procession, le même **jour** à Maressal Guilongne et autres qui avaient joué jeux de personnaiges à l'ostel des Cloquiers (Regist. aux comptes, 1482-1483).

Les représentations théâtrales étaient en grande faveur à cette époque. On a déjà vu et l'on verra encore par la suite de nombreux exemples de ces représentations dont MM. Dusevel et A. Dubois se sont faits les historiens, l'un en écrivant : Les Joueurs de Farce à Amiens, l'autre : Les Mystères à Amiens dans les xv° et xvi° siècles.

Aux termes de ses stipulations, le traité d'Arras devait être ratifié par vingt-sept villes françaises qui devaient y donner leur adhésion et jurer de veiller *par leur foi et serments et sur leur honneur* à l'exécution de ses conventions et notamment de celles qui avaient trait à l'union du Dauphin et de l'héritière de Flandre, et à la neutralité de la ville de Saint-Omer, qui, jusques à la conclusion du mariage, avait obtenu de se garder elle-même. Le 2 janvier, les gens d'église, nobles gens de bonnes villes et autres du tiers et commun estat faisant et représentant les trois estats du pays et bailliage d'Amiens, pour ce, assemblez en ceste ville d'Amiens, donnèrent cette ratification devant le bailli Arthur de Longueval, en présence de Jean Scourion et Amé Dainval, auditeurs royaux (Regist. aux chartes E, f° 206, r°. — A Thierry, II, 401 et suiv.) (1).

Au milieu de ces intérêts politiques, l'échevinage arrête plusieurs règlements sur les fèvres, maréchaux et autres métiers de leur bannière, sur les fourbisseurs, les orfèvres, les pareurs de draps, les grossiers de poisson de mer (Regist. aux délib. Ibid. f° 80-81-82-83). Le 28 janvier, l'on décide d'acheter encore cent muids de blé. En feuilletant ce registre nous y rencontrons ce détail qui intéresse l'histoire de la cathédrale, c'est qu'il y avait alors 75 chapelains dont 48 prêtres journellement occupés à faire le saint service divin au salut des âmes des vivants et trépassés.

Le traité d'Arras avait été ratifié par Louis XI, le 4 février. Ce fut sans doute à cette occasion que fut représenté, le 11, le Jeu d'Odengier, mystère fort goûté à Amiens. Toutefois la publication de cette ratification n'eut officiellement lieu qu'au mois de juillet suivant, comme il résulte du registre aux chartes E, f° 279, v°).

Le 4 mars 1482, on a obtenu les lettres royaux touchant l'amélioration de la

---

(1) La Picardie était pays d'élection. Nous voyons cependant par cette délibération, l'existence d'une sorte de représentation des trois ordres. Il serait intéressant d'étudier et de préciser l'existence et le rôle de ces représentations locales.

rivière de Somme, mais il y a lieu d'avoir l'avis des maire et échevins d'Abbeville et autres qui en sont avec la ville impétants.

Une difficulté assez grave surgit maintenant entre la ville et le vidame. Ce seigneur, arguant d'une ordonnance royale, avait fait faire défense à son de trompe et à cri public aux habitants d'Amiens de recevoir chez eux des grains sans les avoir au préalable fait mesurer par les sesteliers ses agents, sous peine de confiscation et d'amende arbitraire. Mais en examinant les titres pour connaître quels droits l'ancienne coutume locale lui accordait, on reconnut que si les Amiénois étaient tenus de faire mesurer par les officiers du vidame les grains qu'ils achetaient pour revendre, chacun pouvait paller en la ville son ablay à se mesure, sans vendre et sans acheter et transmener de sa maison ou du saulier à autre que jà la mesure le vidame n'y sera appelée. Aussi le 22 mai 1482, ordonna-t-on que nonobstant la publication du vidame, chacun usât de son droit, vu l'opposition formée pour conserver à cet égard à la ville ses franchises et libertés (A. Thierry, II, 398).

Le 15 mars, l'on a fait un présent de vin à Jehan dit Petit roy et à d'autres compaignons de la paroisse de Saint-Souplis qui ont joué jeux de personnages ; le 9 avril, sur la requête de Jehan Destrées, Jacques le Messier, Michel Deleaue et autres compaignons de la ville, piqués aussi d'émulation pour avoir congié les festes de la Pentecoste de jouer par personnages le mystère des Dix mille Martyrs, pièce composée en rhétorique par frère Michel le Flameng religieux de l'ordre des Jacobins en ladite ville d'Amiens, dans les fossés de l'ancienne forteresse au devant de l'église et abbeie de Saint-Martin-aux-Jumeaux, à prendre depuis le jardin de Anthoine de Cateleu ? en alant jusques à la porte Saint-Denis, mesmes qu'ils puissent livrer la plache et terre aux habitants de lad. qui voloient voir ledit jeu; considéré les temps de paix et aussi ledit mystère *qui est chose de bon exemple,* cette autorisation leur est accordée (Regist. aux délib. Ibid. f° 89).

« 15 avril 1483, sur ce que le jourd'huy a esté mis en termes oudit esche
« vinage comment il estoit venu à la congnoissance de Messrs que en la fin de
« cest présent mois d'avril Monsr de Beaujeu, Madame sa femme fille du roy, et
« plusieurs autres seigneurs et dames du costé du roy notre sire doivent venir
« et passer par ceste ville pour aler en la ville de Hesdin ou autre ville ès pays
« du roy recevoir Madame la Delphine, fille de Monsr le duc d'Otriche, qui par
« grands seigneurs et dames doit estre amenée oudit lieu de Hesdin pour la
« mener en Franche, vu aussi le traitté de paix naguères fait, et scavoir pour

« le bien de la ville et communauté d'icelle, si lesdits seigneurs et dames
« viennent, passent et repassent par ceste ville, quels présents on leur porra
« faire en vins, vaiselle ou autrement, et après plusieurs ouvertures faites
« touchant ceste matière, ont Mesd. sieurs sur ce eu conseil et advis ensemble,
« ordonné et délibéré de faire pour le bien et honneur de ladite ville où cas que
« lesdits s^{rs} et dames passent ou repassent par icelle ville les présents qui
« s'ensuivent :

C'est assavoir à Monsr de Beaujeu qui est lieutenant du roy, IIII ponchons de
vin, II de blanc et II de claret.

A Madame de Beaujeu, II drageoirs d'argent à demy doré pesans ensemble
XVI marcs.

A Madame la Delphine, ung navire d'argent ou autre chose que l'on porra
faire par l'advis des orfèvres, pesant 28 marcs d'argent et de la fachon telle
qu'il sera concluedue avec les orfèvres.

Et aux seigneurs et dames, autres présents de vin par pièces et par kannes,
ainsy que l'on verra estre à faire quand l'on sçara quels seigneurs et dames sont
à venir en ladite ville (Ibid. f°s 90-91).

Le 14 mai, les habitants devant le Beffroi demandent qu'il leur soit délivré
aux dépens de la ville, une nouvelle tente et parement pour estre tendus en la
manière accoustumée au devant dudit Beffroy au jour du Sacrement et à la
procession que l'on fait chacun an audit jour, à l'occasion de ce que ladite tente
qui y avoit esté longtemps, estoit toute usée et déchirée, et sur ce eu advis, ont
mesdits sieurs comis Jehan Obry et Mahieu Lenglet à visiter ladite tente et de
parler auxdis supplians affin qu'ilz participent à la tente que on pourrait faire
nouvelle, pour au surplus en faire rapport à mesdis sieurs (Ibid. f° 92) (1).

_____

(1) A partir de 1492 la tente qui se plaçait devant le Beffroi fut remplacée par un mai (Regist. aux
comptes, 1492-93 et suivants). — « Pour avoir paré et couvert de mai, la tente estant au devant du
« Beffroy pour révérender la procession du Sacrement comme il est accoustumé faire chacun an »
(Regist. aux comptes, Y, 3, 82, 1507-1508) : Pour may livré et emploié à couvrir en lieu de tente, le
lieu et place de devant le Beffroi pour la décoration de la procession faitte le jour du Sacrement en la
manière accoustumée (Ibid. Y, 3, 83, 1508-1509). — Il faut entendre par cette expression de mai, non
les mais que l'on dressait à certaines solennités, comme le Mai des amoureux devant la maison de leurs
maîtresses, le Mai des Gobelins, ou celui des clercs de la Bazoche dans la cour du Palais à Paris, mais
la frondaison du mois, qui servait à faire des portiques de verdure. — A Nicolas Blanchart, serviteur des
ouvrages de ceste ville, pour avoir couvert de may les cordelles tendues au devant du Beffroy pour
l'honneur et révérence de la procession (Ibid. Y, 3, 92). — Pour la révérence de la procession du Saint-
Sacrement, l'on dressait aussi une tente devant l'église Saint-Martin, laquelle tente se souloit tendre aux
despens de la prévosté des marchands, mais en 1527, sous la mairie de Simon Clabault, par le moyen

On défend de vendre chairs salées dans les boucheries.

Le 18 mai, l'échevinage reçoit la visite de Jehan Vilain bailly, et autres officiers de révérend père en Dieu M^r l'évêque pour remercier de l'honneur que mesdis s^{rs} avaient fait à l'évêque à son entrée naguères faite en cette ville, pour qu'il leur plût de faire faire certain ouvrage nagaires avisé auprès de la grosse tour de la Bresche pour la navigation du Hocquet afin qu'elle puisse recouvrer le cours qu'elle avait avant les guerres, que Monsr eut sa part et portion des aides de la ville etc. Ce nouveau prélat était Pierre Versé. Le successeur de Louis de Gaucourt était le neveu du médecin de Louis XI, Jacques Coyctier, et par l'influence de son oncle était arrivé de l'abbaye de Saint-Pierre de Châlon-sur-Saône au siège épiscopal d'Amiens. Il avait fait son entrée le 8 mai (1).

La Dauphine Marguerite d'Autriche fit son entrée à Amiens, au mois de mai (2). Pour maintenir l'affluence de la foule qui s'était portée sur son passage, on avait tendu des cordes ainsi que l'indique cette mention du registre aux comptes : Audit lieu (la taverne du Bos) le 23e jour de may, pour six kanes de vin données aux cordiers qui furnirent de cordes les lisses depuis la porte de Montrescu jusques à l'ostel des Cloquiers à la venue de Madame la Doffine, à xv deniers le lot xxii^s vi deniers.

Madame de Contay profita de ce passage et de l'honneur qu'elle avait eu de recevoir chez elle cette princesse, pour remettre de nouveau sur le tapis, la question de la maison qu'elle avait acquise du prieur de Boves (3). « Mr de Beaujeu a mandé aujourd'hui M^r le maire à l'hôtel de Contay où il estoit logié et parlé à luy et aussy comment Madame de Beaujeu avoit parlé encore M^r le maïeur et à aucuns de MM^{rs} ainsy qu'on reconvoyoit aux champs Madame la Delphine à son partement de ceste ville, à ce que mesdits sieurs volsissent consentir en faveur de Madame de Contay sur laquelle madite dame la Delphine et lesdits s^r et dame de Beaujeu avoient esté logiez, qu'elle put faire oter et déffère cette maison,

que pour le présent ladite prévôté n'a revenu, il fut ordonné par mesd. sieurs que toute la dépense se paierait par ledit receveur sans préjudice au temps advenir avec v^s pour autre tente devant le Beffroi (Regist. aux comptes, Y, 3, 109). — C'est sans doute la même pénurie d'argent qui fait alors aussi payer par la ville les frais de la messe des marchands qui se célébrait dans cette église (Regist. aux comptes. Ibid. 109-122.

(1) A Hue le Selier pastichier la somme de xxxviii^s pour despense à ung disner à l'ostel de lad. ville par plusieurs de mesd. s^{rs} le jour que révérend père en Dieu Monseigneur l'évesque d'Amiens fist son entrée en ladite ville (Regist. aux comptes, 1482-83.

(2) Non en juin, comme le dit M. A. Dubois qui fait accompagner cette princesse du Dauphin.

(3) Voir page 141.

selon la requête qu'elle avoit autrefois présentée à cet effet. » Il était difficile de répondre par un refus à un désir si hautement exprimé « pour obtempérer à la « requeste desd. seigneur et dame et leur complaire, ils sont contens que la dame « de Contay puisse faire oter et deffère ladite maison et asseoir sur son téne- « ment en baillant par elle cauxion subgecte de en faire faire en dedans ung an, « une aussi bonne et à deux estaiges, couverte de tuilles comme lad. maison et « tènement » (Ibid. fº 94, vº).

L'échevinage avait reçu en grand apparat la royale fiancée, et s'était mis en dépense pour donner toute la solennité possible à son entrée. Les registres aux comptes vont nous faire connaître quelques détails de cette cérémonie.

« A Pierre de Dury, orfèvre et clerc des ouvrages de la ville (on voit qu'à ces « deux fonctions il joignait encore les talents d'artiste dramatique) la somme de « LX sols à lui ordonnée estre paié pour sa paine et travail de avoir fait ung jeu « qui par lui et aultres joueurs a esté joué sur ung charriot en divers lieux avant « ladite ville à la louange et honneur du roy, de Monsr le Doffin et du traittié de « paix, pour ce icy par mandement et quittance LXˢ.

« A Robert le Mangnier merchier, et autres compaignons des paroisses de « Saint-Souplis, Saint-Leu, Saint-Fremin, Saint-Germain, Saint-Remy et Saint- « Martin x livres, c'est assavoir x livres auxdis compaignons desdites paroisses « pour avoir joué sur hourds en divers lieux du long le cauchie à l'entrée de « Madame la Doffine dix histoires montrées par personnaiges et audit Dury « xx sols pour luy et ses compaignons pour avoir joué meilleure histoire que les « autres.

« A Pierre de Dury et Pasquier de Bétembos prebtre et aultres leurs compai- « gnons la somme de LX sols pour avoir joué lendemain du jour de l'entrée faite « par Mme la Doffine en lad. ville d'Amiens ung jeu de personnaiges sur un « chariot touchant le trône de Salmon *(sic)* et de l'anchienne histoire dont jadis « vint Francion et la noble succession de France (1).

(1) Dans ses Mystères à Amiens, M. Dubois cite ce passage sans doute de mémoire, mettant Franchios au lieu de Francion. On sait que déjà à cette époque, les savants faisaient remonter l'origine de la maison de France à Troie-la-Grande et à Francion fils d'Hector. Nicole Gilles dans ses Annales et Croniques de France depuis la destruction de Troie jusques au temps du roi Louis onzième, raconte ces fables. Suivant les Grandes chroniques de France qu'il avait abrégées, les Gaulois et les Francs étaient issus des fugitifs de Troie, les uns par Brutus prétendu fils d'Ascanius fils d'Enée, les autres par Francus ou Francion fils d'Hector. Dans les Monuments anciens et modernes de la ville d'Amiens, H. Dusevel cite cette anecdote à propos de Pierre de Dury. On rapporte même, dit-il, que Louis XI et le Dauphin depuis Charles VIII furent si contents de l'histoire de Francion et de la noble lignée de France qu'il joua

« A Jehan Alart, Jehan Gromelin, Pierre Fauvel, Jehan d'Amiens, Henry
« Coroier, Pierre de Dury et Pierre Quinquant orfèvres à Amiens, 674¹ 2ˢ 6ᵈ
« pour deux drageores et deux [c]uilliers d'argent demi viez, un navire d'argent
« doré garni de chasteaux et de piet, présenté les deux drageoirs et louchettes à
« M. de Beaujeu et le navire à la Dauphine. »

Les mêmes registres nous apprennent encore que les bâtons du poêle porté
au-dessus de la Dauphine étaient, par une délicate allusion, peints de dauphins
et de marguerites, et qu'une somme de 7 livres 10ˢ 6 deniers fut payée à Hue le
Selier pâtissier, pour la despense à l'Ostel-de-Ville où furent plusieurs de
mesdis sieurs conseillers et officiers au retour de l'entrée faite à Amiens par
Madame la Doffine (1).

Ces représentations n'avaient pas, il paraît, assouvi le goût de la population
pour les spectacles, puisque le 26 juin, l'échevinage accorde encore à la requête
des maîtres de la confrérie de Saint-Nicolas de Tolentin, l'autorisation de jouer
la vie de se saint au lieu où on avait joué les Dix mille Martyrs (Regist. aux délib.
Ibid. f° 96).

La tranquillité renaissant, afin de supprimer les frais de la garde des portes
devenue inutile depuis le traité de paix, on arrêta de diminuer cette garde de
moitié (Ibid. 97).

Louis XI était sur son déclin. Des symptômes non équivoques lui révélaient
que le terme de sa carrière était proche, aussi s'empressa-t-il de faire célébrer au
plus vite, les fiançailles du Dauphin en présence des députés des bonnes villes,
gardiennes de l'exécution du traité d'Arras.

Le maire Antoine Clabault et Jehan Lenormant, élus pour représenter la ville
d'Amiens à cette cérémonie, rendirent compte de leur mission dans une séance
de l'échevinage du 12 juillet 1483. Arrivés à Amboise, le vendredi 20 juin, et
logés en la ville en deçà des ponts avec les autres députés des villes de Clermont
d'Auvergne, Caen, Chartres, Rouen, Limoges, Angers, Tours, Reims, Laon,

devant eux sur un charriot vis-à-vis l'ancien Hôtel-de-Ville que le roi l'embrassa publiquement, lui fit
un présent considérable et lui permit de prendre place à sa table chaque fois qu'il séjournerait à Amiens.
La légende est jolie; par malheur Louis XI n'est jamais venu à Amiens avec le Dauphin.

(1) Durant leur séjour à Amiens, par application du droit qu'avaient les rois de France à titre de
joyeux avènement, de créer dans toutes les villes du royaume, un maître de chaque métier, Mʳ et
Madame de Beaujeu (Pierre de Clermont, comte de Bourbon etc., ayant le gouvernement et conduite de
ma très redoubtée dame et niepce madame Marguerite d'Autriche, daulphine de Viennois) donnèrent
entr'autres des lettres de maîtrise de chapelier gantier et bonnetier au profit de Otelet Doublet, et de
barbier, cirurgien, en faveur de Pierre de Canteleu (Regist. aux chartes, côté F).

Poitiers, le Mans, Abbeville, Troyes, Franchise, Thérouanne, Orléans, La Rochelle (les députés de Paris, de Lyon, d'Auxerre, Bourges et Bordeaux n'étant point arrivés en temps utiles), ils avaient assisté à l'entrée de la jeune Dauphine, « où estoient les rues d'Amboise tendues de cordes et de draps au-dessus comme « l'on fait à Amiens à la procession du Sacrement, » puis aux épousailles au château, et la solennité faite, il leur avait été envoyé à eux et aux autres députés vin et poisson pour dîner ensemble et faire grande chère.

Comme d'usage les promesses les plus séduisantes n'avaient pas été épargnées aux députés, le Dauphin les recevant après la messe leur avait dit ces mots : *Je vous remercie de la paine que vous avez prins pour moi et si vous avez affaire de moy, je suis en vostre commandement.* Puis le chancelier Pierre Doriol, en présence des sires de Beaujeu, de Dunois et d'Albret, leur fit entendre que, non seulement, le roi les avait mandés pour être présents à la solempnisation du royal hymen, mais encore afin de les réunir à Tours pour mettre ordre et abréviation en la justice de son royaume, bon et ample cours en la marchandise et s'il était possible établir une loy, un poids, une monnaie. Quelques jours après il leur promit encore l'abolition de tous les péages, sauf ceux levés aux extrêmes frontières. Enfin le mardi 30, Louis XI les reçut lui-même au Plessis-lès-Tours, leur exprima de sa propre bouche ses désirs pour l'extension du commerce et le maintien de la paix et leur annonça pour dans six semaines la convocation d'un député de chacune de leurs villes pour ouïr ce qui serait sur le tout advisé et conclu, ajoutant qu'il savait bien que tous l'aimaient mieux voir vieil homme que mort. Hélas une loi, un poids, une monnaie, la suppression des barrières intérieures, étaient peut-être les vœux sincères de l'astucieux et profond politique, mais le vieil homme, malgré ses efforts pour se cramponner à la vie, expirait deux mois après, le 30 août 1483. Les Etats-Généraux de Tours, réunis par son successeur, l'année suivante, se séparèrent après de stériles travaux, et il ne fallut rien moins que le grand souffle de la Révolution Française pour renverser les obstacles qui se dressaient contre cette unité si désirable et réaliser, après trois siècles, la dernière pensée de Louis XI (1).

L'échevinage eut ensuite à s'occuper des blés de la ville et du pain blanc et bis.

(1) Archives de l'Hôtel-de-Ville, xiv° regist. aux délibérations, A. Thierry, II, 400 et suivantes. La lettre des députés d'Amiens à l'échevinage a été publiée par Dusevel, T. XI des Mémoires de la Société des Antiquaires de France ; le procès-verbal de l'assemblée échevinale du 12 juillet 1483, dans les preuves des Mémoires de Comynes, édition de Mlle Dupont, T. III, p. 345. — La ville d'Amiens, à leur passage, au retour du voyage de la cour, où ils avaient également assisté au mariage du Dauphin, offrit un repas aux députés de Térouanne et d'Abbeville (Regist. aux comptes, 1482-83).

et le 24 juillet, il décida de bailler à cens les marais du Petit-Saint-Jean en alant au Pont-de-Mès, et ceux depuis le pont de Longueau en venant au village de Nœufville-sous-Saint-Acheul, en tout 29 journaux 40 verges, inutiles parce que vu l'éloignement, les habitants « n'y cachoient point leur bétail ».

Le dernier jour d'août, dans l'assemblée tenue à l'Hôtel-de-Ville, on arrête « que tant et jusqu'à ce que l'on arra nouvelles certaines dudit trespas (celui du « roy) on tenra seules en ladite ville, deux portes ouvertes (Beauvais et « Montrescu) pour la garde desquelles l'on cueillera sur les seize portiers des « dites portes chacun jour xvi sols pour payer les gardes qui y seront commis « et y aura à chacune ung des sergents de la XIIᵉ comme maistre et chief » (Regist. aux délib. Ibid. 106). Le lendemain, Charles VIII annonçait à la ville d'Amiens, la nouvelle du trépas de son très cher seigneur et père, recommandant de prier pour lui, promettant l'exécution du traité d'Arras et le maintien des privilèges, droits, franchises et libertés de la cité (1).

Comme les appréhensions des suites de la mort du roi avaient cessé, l'on décida, le 10 septembre, que les portes de Montrescu, de Beauvais, de Noyon et de la Hotoie seraient ouvertes, avec 8 hommes de garde à la porte Montrescu et 4 seulement aux autres.

On s'occupa alors de célébrer les funérailles du feu roi.

« Mesdis sieurs ont advisé et conclud ensemble de communiquer avec MMᵣˢ du

(1) A. Thierry, II, p. 412. Registre aux chartes C, fᵒ 207-208.
La veille, Pierre de Beaujeu, mari de la régente, avait adressé cette lettre aux habitants d'Amiens :

« A Messᵣˢ LES Maïeur ET ESCHEVINS, MANANS ET HABITANS DE LA VILLE D'Amiens,

« Messeigneurs, j'ay présentement esté adverty de la mort du feu roy cui Dieu pardonne dont nous « devons tous estre aussy desplaisans que de chose qui nous peust advenir et pour ce que en son vivant « vous vous estes tousiours bien et deuement acquictiés envers luy et monstrés ses bons et loyaulz « serviteurs et subgetz et que j'espère que sy vous avez bien servy le père que ancores ferez vous le roy « son fils notre souverain seigneur, lequel a autant de vertus et beau comanchement que jamais prince « pourroit avoir. Je vous prie Messᵣˢ que chacun de vous en droit soy se mette en son devoir de prier « et faire prier Dieu pour l'âme dudit feu seigneur en la plus grant dévocion, révérence, honneur et « solempnité que faire porrez et come il luy estoit deu et qu'il est accoustumé de faire pour ses pré- « décesseurs roys de France, en ayant l'œul à garder en bonne seureté votre ville pour le roy notre sou- « verain seigneur qui à présent est, en manière qu'il congnoisse par effect la loyaulté que avez tousiours « monstré à la couronne de France et que avez le voulloir de le servir aussi bien et aussi loyaument que « avez fait led. feu seigneur son père. En quoy faisant vous vous acquiterez ainsy que devez et luy « donnerez cause de bien et doulcement vous traictier en tous vos faits et affaires tant en général que « en particulier et adiou Messᵣˢ.

« Escript à Amboise, le dernier jour d'aoust Ainsy signé : Pierre, et par en bas, D'Amont

« chapitle pour faire le service du roy Louis dernier trépassé que Dieu absoille,
« et accorder avec eulx que si de leur part ils veuillent décorer le tour de la
« grant église Notre-Dame de luminaire, Mesdis sieurs feront décorer la nef
« d'icelle église de luminaire, que touttefois ils porront faire reprendre et
« emporter après ledit service fait, sans que lesdits du chapitre en aient aucunes
« choses à leur profit » (Regist. aux délib. Ibid. 106, v°).

Le 22 septembre, on décida que de la somme de 96 livres à quoi à monté le
luminaire qu'il a convenu pour le service du roy en la grant église Notre-Dame
d'Amiens, les lx livres seront demandés à l'évêque doyen et chapitre, et la ville
fournira le surplus (Ibid. 107).

Voici les autres dépenses auxquelles donnèrent lieu ces funérailles :

Taverne du Blanc-Rosier, le xiie jour de septembre, quatre kannes aux cloquemans de N.-D. qui avoient sonné durant le service du roy. — Deux kannes à
ceux qui avaient publié par la ville le service du roy.

Au Bos, le 12e septembre, six kannes aux vicaires et chapelains de N.-D. qui
avaient chanté le service dudit roy à xv deniers le lot, pour ce xxiis vi deniers.

Quatre kannes aux sergents royaux qui avoient esté oudit service.

Huit kannes aux vingt-quatre sergents de nuit qui avoient porté le luminaire
pour ledit service à l'église Notre-Dame, xxx sols.

Quatre kannes aux compaignons desquarquiers qui avoient suivi mesdits
sieurs oudit service, xv sols.

Quatre kannes aux sergents à mache qui avoient esté oudit service du roy,
xviiis (Au Porc sangler).

Luminaire et autres mises pour le service du roy, xlix livres viiis vii deniers.

A Jehan Benge peintre, la somme de xvi livres xvi sols pour avoir au
commandement de mesdits sieurs paint et fait xviii xiies d'escutz armoiés des
armes de feu le roy que Dieu absoille, mis aux grilles de l'église Notre-Dame
quant l'on fist les vigilles et service pour icellui feu.

A Thomas de Pernois, ixl xs pour despence faite à ung dîner audit lieu des
Cloquiers où furent Monsr le bailli, Monsr le capitaine, mesdits sieurs et plusieurs
des conseillers et officiers de ladite ville qui avoient esté au service fait en l'église
Notre-Dame d'Amiens pour l'âme de feu le roy Loys de France que Dieu
absoille, pour ce etc... ix livres x sols.

Des services analogues avaient été célébrés, sinon dans toutes, au moins dans
plusieurs paroisses de la ville, car nous trouvons à la date du 15, deux kannes
aux capellains et clercs de Saint-Firmin-en-Casteillon qui avaient chanté ung

service pour le roy. Même don à ceux de Saint-Firmin-à-la-Porte. Notons en passant que ces deux paroisses étaient celles de l'Hôtel-de-Ville et de la maison de sire Antoine Clabault.

L'Eglise en définitive devait bien ces prières à l'âme du feu roi, car soit dévotion réelle, soit hypocrisie politique, car qui peut encore sonder l'âme du bon raillard, nul prince ne s'était montré aussi libéral envers l'église d'Amiens. En 1475, après l'entrevue de Picquigny, il avait donné son rubis balais au chef de saint Jean-Baptiste, et en l'honneur de saint Martin fait faire « la porte d'argent « avec l'image du sainct à cheval qui contient son reliquaire, scavoir un eschan- « tillon du manteau qu'il divisa au pauvre, auquel ce mesme roy fit encore « présent du diamant qui luy prend au col, estimé dehors par les orbfèvres à « cinq cens escus sans la chaîne d'or avec la rose où il est assis pesans ensemble « dix-neuf estrelins comme appert d'une charte de l'Hôtel-de-Ville de l'an 1478 « où les religieux de l'abbaye le prennent en leur charge » (La Morlière. Ibid. Livre I, p. 25). En dernier lieu, il avait fait don d'une nouvelle châsse pour le chef du Précurseur, auquel il montrait une grande dévotion, puisque, on l'a vn plus haut, il avait fondé une messe quotidienne en son honneur. Nous lisons dans le registre aux comptes de 1481-82 : « A Hue le Selier, pastichier, la somme de « cIᵉ ix deniers qui lui estoient deus pour la despense faite à ung dîner en l'ostel « de mondit sʳ le maïeur où estoient plusieurs de mesdits sieurs au retour de la « grant messe dite en l'église Notre-Dame le jour que l'on porta la custode d'or « que le roy avoit envoié pour le chef Monsʳ saint Jehan-Baptiste, pour ce cI' « ix deniers ». Cette custode ou châsse se trouve ainsi décrite (Mémoires de la Société des Antiquaires de Picardie. T. X) d'après l'inventaire de 1535 (Archives du chapitre) publié par M. Garnier, secrétaire-perpétuel de cette Société : « Ung vaissel d'or de viii carrés à quatre pietz avec le couverchel tout « d'or donné et offert à l'honneur de Dieu et Monseigʳ saint Jehan-Baptiste par « deffunt de bonne mémoire le roy Loys xiᵉ de ce nom pesant ensembls l marcs « x unches.

« Audit vaissel et couverchel sont quatre unches et deux estrelins d'argent « doré qui font la clôture du couverchel sur ledit vaissel lesquelz sont prisiez « audit poix pour x.

« Item dedans ledit vaissel d'or y a ung plat d'or auquel repose la face du chef « monsʳ saint Jehan-Baptiste pesant xviii marcs deux unches et sur le bort « dudit plat y a deux esmeraudes six saphirs deux amatistes deux topasses et « trente-deux perles en unze assiettez les armes de France environnées de « xiii perles et une petite esmeraude sur la couronne pesant xviii marcs.

« Audit grant vaissel d'or sur ledit plat ou repose ladite face y a un visage
« enrichy de plusieurs pierres précieuses et deux chapiaulx d'or ausqu'ilz y a
« plusieurs pierres précieuses tant par les rubis saphirs que aultres petites
« pierres comme cy après sont spécifiées, ladite pièce avec ses joiaulx qui y sont
« attachez pesant quinze marcs d'or.

« Au couverchel du dessusd. grant vaissel d'or y pendent et sont attachiés six
« agnus d'or, d'argent l'un grant l'aultre moyen blanc et les quatre autres
« d'argent doré avec affique d'argent doré à ung grand doublet avec quatre
« perles.

« Et primes en hault et au milieu de ladite face y a une fleur d'or et six
« pampes emmaillés de blanc et rouge au-dessus ung escu couronne les armes
« de France en laquelle fleur à ung ballet prisié ix° ou mil escus.

« Auprès de ladite fleur du côté dextre a ung gros saphir brut mis en or à
« quatre crampons, l'un par devant a esté prisié xxx escus.

« Item en hault du costé dextre auprès dudit grant saphir à ung fort maillet
« garny de douze perles, trois saphirs et ung ruby au millieu....

« Item au menton dudit chef pend une grande pièche d'or en laquelle est
« empreint d'un costé un Saint-Eloy assiz sous un pavillon et à l'aultre costé
« saint Andrien.

« Item une Nostre-Dame en forme d'un tabliau garni de plusieurs perles à
« l'entour.

« Item du côté senestre auprès du ruby ballet ung catton d'or garny d'un
« grant saphyr.

« Item un fort maillet d'or garny de six grosses perles au millieu dudit maillet
« à ung ruby ballet et au-dessus une pointe de diamant ou une fleur blanche.

« Item un aultre fort maillet d'or garny de douze perles quatre esmeraudes
« et au millieu un rubis ballet.

« Au-dessous du menton de ladite fache est un sanctuaire de cristal qui se
« baise et est où on fait les estanemens.

« Item un noble à la rose, ung noble Henry, ung lyon, un réal, un demy escu
« de roy, ung philippus, un escu au soleil, ung demi noble Henry, ung petit
« tableau auquel est ung saint Jehan, icelluy tableau garny de trois perles. »

Nous avons donné tout au long l'inventaire de la relique du chef du Précurseur
telle qu'elle existait encore au xvi° siècle. Ce n'est pas une mention indigne de
l'histoire du culte des saints et ds notre orfèvrerie religieuse française, dont il
nous reste malheureusement si peu de témoins authentiques. Ce sont les textes

22

seuls, relatifs aux arts, qu'on rencontre au hasard des recherches dans les archives, qui nous donnent une idée plus ou moins relative de sa richesse et de
son goût, après tant de déplorables destructions de ses plus beaux chefs-
d'œuvre.

Une note manuscrite de mon aïeul, Louis-François Janvier, dernier greffier en
chef de l'Hôtel-de-Ville, que je copie textuellement est ainsi conçue : Antiquités
d'Amiens. Eglise Cathédrale. Echevinage du 4 décembre 1485. « Députés
« nommés par la ville sur l'invitation du chapitre, pour aviser de l'emploi d'une
« certaine quantité de marcs d'argent donnés par feu Louis XI pour la déco-
« ration de l'église et de la vieille châsse d'argent du chef saint Jean (1), le
« même roy en ayant fait présent d'une en or. » Bien que malgré cette indication nous n'ayons trouvé trace de cette délibération dans le registre de 1485,
il s'agit évidemment ici de l'emploi projeté de cette argenterie pour la confection
du rétable d'argent ciselé de la cathédrale exécuté en 1485 sous l'épiscopat de
Pierre Versé, que le chapitre se vit contraint de vendre en 1598, et notamment
de la représentation en argent de la ville d'Amiens avec son enceinte de tours et
de murailles crénelées, don du feu roi en 1474, qui était suspendue à la voûte du
chœur.

Antoine Clabault et Jehan Lenormant procureur du roi et échevin, furent
après les funérailles députés avec Liénard le Clerc, procureur de la ville, afin
d'obtenir du nouveau souverain « la confirmation des libertés et franchises par
« le roy défunt et ses prédécesseurs rois de Franche données et octroiées à icelle
« ville (2). » Charles VIII ratifia immédiatement ces privilèges par ses lettres
d'octobre 1483, datées de Blois, et accordant notamment aux Amiénois que l'une
des deux foires franches annuelles de huit jours que le feu roi son père leur avait
accordées en 1477, celle de la Saint-Remy fut transférée au lendemain de la
Saint-Martin d'hiver, attendu qu'elle coïncidait avec les foires d'Anvers et de
Saint-Omer et la saison des vendanges (A. Thierry, II, 413).

Les boucheries d'Amiens avaient, il paraît, une certaine réputation, puisque le

(1) In primis habemus faciem beati Johannes-Baptiste incastratam in pelvi argentea munita per ora
lapidibus preciosis etc.... (Inventaire du trésor de la Cathédrale de 1419. Ibid. T. X, p. 277).

(2) A sire Anthoine Clabault, maistres Jehan (Lenormant) et Linart le Clerc la somme de cc livres à
eulz bailliez sur certain voyage à eulx ordonné faire pour ladite ville devers le roy en la ville de Tours
pour ce icy par mandement et quittance dudit Liénart, 200 livres.

A sire Anthoine Clabault, Jehan Lenormant, citoiens de ladite ville et à Linart le Clerc, procureur
d'icelle ville, la somme de 332 livres 10s, assavoir Clabault 32 livres, Lenormant 34 livres et le Clerc
266l 10s 8 deniers (sur mandement et quittance du maire du 13 août) (Regist. aux comptes, 1482-1483).

registre aux comptes fait mention des frais d'un repas donné à un député de Rouen « qui est venu visiter les boucheries et le lieu où l'on tue les bestes en ceste ville pour en faire de semblables à Rouen. » Les boucheries d'Amiens que venait ainsi visiter le délégué de la grande et populeuse capitale de la Normandie, avaient existé depuis longtemps à peu près sur le même emplacement. Déjà au xiiie siècle, dans un titre de 1277, elles se trouvent désignées : *Maisellos ubi venduntur carnes in foro Ambianensi.* La grande Boucherie ou les Grands-Maiseaux fut plus tard édifiée à l'extrémité de la rue des Tripes sur un terrain acquis par la commune des héritiers d'Honoré Malherbe. Après enquête faite par le bailli, le roi Philippe VI, par lettres données à Saint-Germain-en-Laye, au mois de novembre 1330, avait accordé aux maire et échevins l'autorisation, attendu l'acquiescement des héritiers, d'acquérir cet emplacement et de *tenir illeuc nouvelle boucherie à perpétuité,* mais la nouvelle boucherie dura peu. A peine édifiée, au mois de juillet 1391, elle fut consumée par un feu de meschief. On dut la reconstruire alors à l'endroit où on la voit, dit le P. Daire, c'est-à-dire dans la rue des Tripes.

Les registres aux comptes de 1494-95 nous fournissent d'utiles renseignements sur l'importance de ces boucheries « Etaux des Petits-Maiseaux apparᵗ « tenant à la ville d'Amiens baillez pour trois ans commenchant au jour de « Pasques mil iiie xiii *(sic)* et finant mil iiiie iiiixx xvii aux bouchers ci-aprez « nommés. » Nous y voyons : Ranc du lez du marché 15 étaux, l'autre ranc 15 étaux.

Etaux des Grands-Maiseaux baillez pareillement pour trois ans finant iiiie iiiixx xvii aux bouchers cy-aprez nommés…. Le renc contre la maison du Mouton d'Or 10 étaux, l'autre renc dudit comble 10 étaux, l'autre renc de l'aultre comble du lez du Marchié 10 étaux, l'autre renc dudit comble 10 étaux. Somme iie xxviiil xviis vi deniers.

C'est donc, outre les étaux forains de la porte Saint-Denis et de quelques autre lieu, soixante-dix étaux de boucherie. Dans les noms de leurs locataires nous relevons au cours de la plume ceux de Hue de Revelle, Hubaut, Tattegrain, Maillart, dont les descendants ont longtemps et, sans doute, exercent encore la même profession.

A la Saint-Simon de 1483-84, Antoine Clabault fut élu premier échevin. Il était encore alors absent de son voyage à la cour (le maire fut Jehan Lenormant). Nous trouvons son beau-père, Aubert Fauvel, fermier de l'aide des cervoises et menus breuvages. Un Jehan Clabault l'aîné est clerc des fermiers de l'aide du vin (Regist. aux délib.). Les Etats-Généraux réunis à Tours, avaient pour député du Tiers-Etat de la ville d'Amiens, Jehan de Saint-Delys, licencié ès-lois, bachelier en décret, conseiller au bailliage. A l'élection de 1484, trois candidats furent présentés aux suffrages des électeurs, Jehan le Normant, maire sortant, Antoine Clabault et Firmin le Normand. Clabault fut de nouveau porté à la première magistrature de la ville.

1484-1485
Pâques 18 avril.

« Le 3 novembre 1483 on décide d'entretenir, c'est-à-dire de continuer les « ouvrages du pont du Kay, de aler sur le lieu et avoir avis quelle matière de « bos et de grez et autres convient avoir et qu'ils appelleront Jehan le Messier « carpentier avec maître Pierre Tarisel machon, et aussy que l'on fera ouver- « ture à la rivière venant par le cours de la poissonnerie, telle que pour le bien « de la marchandise on y puist passer en batel pour aler amont et aval de ladite « rivière » (Ibid. f° 168).

Le 9, pour le bien de la ville, comme il a été fait autrefois, les grands compteurs rendront leurs comptes en dedans le jour Saint-Andrieu.

La peste s'était encore fait sentir à Amiens. Nous relevons un don de 20 sols fait à Enguerran Esglet, escripvain, pour ce que les deux années passées il avait visité en avant la ville, en divers lieux, plusieurs personnes qui avaient esté malades de cette maladie (Ibid. f° 170).

La police des mœurs attire l'attention du maïeur. La prostitution s'exerce trop ouvertement. On rend une ordonnance contre les filles de vie dissolute au dehors du lieu et rue publique d'anchienneté accoustumée (Ibid. 170, v°). Mais cet essai de répression fut, il paraît, assez inefficace pour qu'un an après, l'on dut cette fois défendre aux filles de joie de paraître dans les rues sans porter pour enseigne une aiguillette rouge attachée au bras à une pièce de drap jaune de la largeur de trois doigts ou environ, d'avoir failles ou mantilles fourrures et chainctures d'or ou d'argent. Les habitants d'Amiens chez lesquels elles se retiraient devaient, sous peine de prison et d'amende, les mettre incontinent dehors, enfin on ordonna à celles-ci d'aller habiter les rues des Blanquemains, des Poulies, du Pont-à-Fillettes ou derrière le Don et l'Escorcherie, sous peine de fustigation ou de bannissement (1).

« Pour la rivière de Selle, afin de lui faire, si se peut, porter navire depuis le « lieu où elle sourdoit, qui estoit en la ville de Fontaine-sous-Catheu (2), jusques

---

(1) Dusevel. Histoire d'Amiens, p. 289.

(2) Fontaine-sous-Catheux aujourd'hui Fontaine-Bonneleau, canton de Crèvecœur, arrondissement de Clermont (Oise).

« en cette ville d'Amiens, on fera visite de la rivière pour voir ce qu'on pourroit
« faire obstant les molins estant dessus et qu'on écrira à Monsr d'Eskerdes, s'il
« semble bon d'icelle visitation, affin de avoir et obtenir provision du roy pour
« cueillir les deniers sur ledit pais, ainsy qu'il seroit advisé ».

Pour furnir aux ouvrages de la ville et soy pourvoir de mairien et autres
matières pour lesdits ouvrages afin de ouvrer au pont du Kay (le pont Saint-
Michel) et ailleurs, le maître des ouvrages aura, outre les 600 livres de l'aide des
cervoises et des deniers des causes, certaine somme de deniers telle qu'il sera
avisé à prendre sur le grant compteur, et au surplus que l'on yra visiter la forteresse pour savoir quels ouvrages il y a nécessité de faire (Ibid. 172, v°).

Pour élargir la grant rue de la Cauchie au blé on décide la démolition de la
porte de Grand-Pont qui estoit fort vièze et sera mis à l'onny du pavé de la rue.
Suivant Dusevel (3), son existence remontait au viiie siècle et son architecture
solide présentait un mélange curieux des styles grec et romain dégénérés. Quoi
qu'il en soit de cette assertion, le corps municipal paraissait tenir beaucoup à la
conservation de cette porte, puisqu'en 1461, il l'avait fait visiter en vue de réparation ne voulant pas qu'elle fust à ruynes, *considéré que c'estoit des plus
anchiennes portes de la ville.*

Le 29 janvier 1483, en l'Ostel-de-Ville, vu les lettres missives à eulx envoyés
aujourd'hui de par le roy, en date du 18 janvier, pour envoyer devers lui, délibéré au plaisir de Dieu tousiours faire bonne garde pour le roy de ladite ville au
mieulx que faire se porra, et de lui députer au plus brief maistre Jacques Groul.

Un violent orage assaillait le gouvernement du jeune successeur de Louis XI.
Le duc d'Orléans qui prétendait à la régence, se voyant exclu par la fermeté de la
dame de Beaujeu vraie fille de Louis XI, des conseils de l'Etat, venait de quitter
la cour et de s'enfuir en Bretagne, organisant comme une nouvelle ligue du Bien
public avec le roi des Romains, les ducs de Bourbon, de Bretagne, de Lorraine
et tous les seigneurs jaloux de voir la régente continuer avec habileté et énergie
l'œuvre de son père. Mais cette première levée de boucliers fut bientôt réduite
à néant.

Le mur de briques entre la grosse tour de la Bresche et la tour de Guienne est
mauvais et dangereux ; il sera visité et Pierre Tarisel et Guille le Messier yront
pour avoir leur avis.

L'on espère un moment que le jeune roi viendra bientôt visiter sa bonne ville
d'Amiens. Aussi prend on cette décision : « Attendu que le roi étant en la ville

(3) Dusevel. Ibid. p. 48.

« d'Evreux en Normandie doit brief venir à Rouen, et de Rouen à Amiens, de
« lui faire don de six quennes d'argent doré au bord du haut et de bas pesant
« ensemble 100 marcs d'argent, avec vi ponchons de vin, trois de vermeil et les
« autres de claret ; au regard des princes et seigneurs qui viendront avec luy
« qu'on leur présentera vins en pièces. » Pour parer aux frais de cette réception
on décida de faire un emprunt sur certains particuliers de la ville. Mais ce fut
seulement dix ans après que devait avoir lieu la royale visite.

Le 19 avril. le grand compteur donnera chaque semaine la somme de 30 livres
pour les ouvrages de la ville et du pont du Quai. A cette époque se présente une
réclamation de sire Jacques Clabault, citoien d'Amiens, demandant le paiement
des frais du voyage qu'il avoit fait, en 1471, auprès du roi à Paris pour obtenir
l'argent destiné au boulevart de la porte Montrescu (Ibid. 183).

Malgré toutes les garanties dont on l'avait entouré, le traité d'Arras ne devait
être qu'une trève momentanée, et son exécution était l'objet de difficultés jour-
nalières en attendant une reprise ouverte des hostilités. C'était encore comme au
temps de Louis XI, d'Esquerdes qui avait été maintenu par la confiance de la
régente, au poste si important de la garde des frontières du Nord. Il avait été
élevé à la dignité de Maréchal de France par lettres du roi Charles VIII du
2 septembre 1483, et avait prêté. le 8, serment en cette. qualité. Quelques
historiens assurent cependant que sa promotion à cette charge datait du roi
Louis XI. D'Esquerdes resté à la tête de son armée bien organisée et bien
disciplinée se tenait à portée de la Flandre prêt à·y pénétrer et à secourir les
Flamands, peu d'accord comme toujours avec leur suzerain. Aussi n'était-ce
alors que mouvements et levées de troupes pour parer aux éventualités d'une
nouvelle conflagration.

Le 13 septembre, la ville d'Amiens refuse de laisser faire dans ses murs la
montre de 2,000 francs-archers levés en Picardie, placés sous la charge de
Me Jacques Manchel maître d'ostel du roi, et qui devaient être envoyés à ce
prince à Orléans, vu ses lettres qui défendent de laisser entrer en ville des gens
de guerre sans mandement patent et charge de luy. On ne laissera passer en une
fois et ensemble que 2 à 300 hommes, et c'est quand ils seront payés et hors de
la ville que 2 ou 300 autres y entreront, et ainsi continuer, et qu'il y aura en
ladite ville deux portes ouvertes, Montrescu et Beauvais, jusqu'à ce que ledit
paiement sera fait, les portiers seront doublés et les chaînes tendues si besoing
est environ les rues où ils passeront avant la ville, sur les portes il y aura
guettes pour sonner les cloches et gens aux herches tant que autrement sera

ordonné. L'on communique ces décisions au maréchal d'Esquerdes en lui envoyant les instructions du roi.

« Notre très grand et redoubté seigneur, nous nous recommandons à votre
« bonne grâce tant que poons et vous plaist scavoir que nous avons esté advisé
« que de brief se doivent passer monstres ès villes de Thalmas, Villers ou
« Boscage et environ de certain nombre de gens de guerre soubz votre charge,
« pour après icelle, faire trouver au service du roy là où il leur sera ordonné
« mesmes de faire faire le paiement en ceste ville d'Amiens et pour ce que puis
« nagaires nous avons reçu lettres de par le roy contenant entr'autres choses
« l'article qui s'ensuit : Et vous mandons en oultre faire bonne et seure garde de
« votre ville pour nous et que ne y recevez ne laissez entrer ni comiser aucuns
« gens de guerre non aians sur ce charge expresse de nous et que de ce il vous
« appert par lettres closes et mandemens patens signez de notre main et de l'un
« de nos secrétaires. Et nous y (avons) comme en vous nous en avoit notre
« confiance, et en manière que inconvénient n'en adviègne et que il ne y ait point
« de faulte. Donné à Orléans, le dernier jour d'aoust, ainsy signé : CHARLES, et
« par en bas PARENT, et que nous volons de tout notre pooir accomplir le bon
« voloir du roy, nous vous prions tant que poons qu'il vous plaise sur ce nous
« respondre votre bon plaisir, notre très grant et redoubté seigneur. Escript
« dudit XIIᵉ de septembre IIIIˣˣ et V » (Ibid. Regist. aux délib. 1481-85, fᵒ 193).

Le 21 septembre, nouvelle ordonnance sur la garde des portes.

A la Saint-Simon-Saint-Jude 1485, Antoine Clabault est nommé premier échevin, et sire Jacques Clabault, quatrième. Le 24 novembre, Antoine Clabault et Jacques Groul sont députés vers le roi au sujet du sel, avec Jehan Bertin, grènetier, Loys d'Aut ou bien Jehan Delattre, pour ce que ledit Delattre a congnoissance et habitude à la cour à cause de ce qu'il est bailly de Mʳ le duc Lorraine de sa terre et châtellenie de Boves.

En 1486, Antoine Clabault est réélu échevin du jour (troisième). L'année suivante, 1487, il reprend la Mairie. Sous cet exercice, pour la sécurité de la ville, on décrète l'obligation de couvrir de tieulles les maisons de la ville, et défense est faite aux couvreurs d'estieulles de couvrer les maisons sans congé (6 novembre 1487). Le 27, on achète un gros canon pierrier, pour 200 livres de grès ou environ pour commencement du parachèvement des trois arches du pont du Quai. (16 avril) on décide de refaire le second pont de Longueau, de refaire de pierre le fronteau de la porte de la Hotoie comme est celui de la porte de Beauvais avec deux elles de machonnerie et ung pan de mur à commencher aux

1487-1488
Pâques 15 avril.

attentes de ladite porte en allant vers la tour du Vidame. On fera pareil fronteau à la porte de Noyon (Regist. aux délib. f° 150).

Le 4 mai, les particuliers n'auront point de clefs pour les huisseries de la forteresse, on ouvrira aux gens de bien qui auront à faire (depuis le pont du Cange jusques à la porte Montrescu). Il n'y aura que quatre clefs, une à l'Hôtel-de-Ville, l'autre à la porte Montrescu, la troisième à Maressal ? au pont Ducange, la quatrième aux maîtres des ouvrages.

La guerre était alors ouverte et dans tout son plein. Encouragé par la surprise de Térouanne, Maximilien l'avait déclarée le premier. D'Esquerdes et son collègue le Maréchal de Gié pourvurent d'abord au plus pressé, en établissant de fortes garnisons dans les places frontières et en harcelant avec ce qui leur restait de troupes disponibles, l'ennemi qu'ils forcèrent à rester sur la défensive. Dès le 9 octobre, d'Esquerdes songeait déjà à reprendre Thérouanne qu'il resserrait en l'enveloppant de petites forteresses, et qui ne recevait plus de secours que par la connivence des Audomarois qui, peu soucieux de leur neutralité, leur faisaient passer secrètement des vivres et avaient fini par s'engager à recevoir une garnison autrichienne (1). Dès le mois de juin 1486 à la première nouvelle de la surprise de Thérouanne, le Maréchal d'Esquerdes n'avait pas hésité un seul instant pour lever les troupes qui lui étaient nécessaires, il avait demandé à la ville d'Amiens un prêt de 2,000 livres, lui donnant pour gage sa vaisselle (Regist. aux délib. T. XV, 1485-88) qu'il retira ensuite sous caution au mois d'août 1487 (Dom Grenier, XIV, paquet n° 8, p. 143). Grâce à ce secours pécuniaire il put entretenir des intelligences qui lui réussissaient si bien et en avril 1487 il surprenait à son tour Saint-Omer, s'emparait du château de Renescure, le 26 juillet enlevait Térouanne avec la même facilité, et battoit Philippe de Clèves avec une perte de 900 hommes entre Merville et Béthune que les espions de d'Esquerdes lui avaient montré comme une conquête sûre. « N'est merveille « dit à ce sujet, un historien, *si le seigneur d'Esquerdes et plusieurs de sa* « *bande natifs de Picardie sont cauteleux fort subtils et ingénieux, car les* « *anchiennes histoires nous enseignent que les Picards descendent des* « *Grégeois qui sur toutes nations en science en arts et en armes furent le* « *plus recommandés et que ainsi soit qu'ils soient imitateurs des Grégeois* « *leurs progéniteurs, le vrai s'en aperra en l'exécution de ceste besogne.* »

Antoine Clabault était au nombre des citoyens qui avaient fourni les fonds que réclamait le Maréchal comme le prouve cette mention du registre aux comptes,

(1) Liot de Northécourt. Ibid. p. 908 et suivantes.

Y, 3, 63. « A sire Anthoine Clabault citoien adprésent maïeur de ladite ville
« pareillement xʟ livres de rente héritable dont il avoit aussi baillé la some de
« c livres, de laquelle some il a seullement esté remboursé des deniers dudit prêt
« et, au regard des arrérages qui lui en estoient deubz, ils les a donné à lad. ville
« et n'en a volu en rien proufiter pour ce icy Néant. » Jehan Murgale et Jehan
de Hénaut avaient de leur côté donné le même exemple de patriotique désin-
téressement.

Les succès du Maréchal furent accueillis avec enthousiasme dans la ville
d'Amiens. Le même registre va nous le dire. Des présents de vins sont faits aux
cloquemans et aux souffliers des orgues de Notre-Dame au lendemain du surprise
de Saint-Omer. — A messire Pierre Volant et Jehan Meurisse qui avoient ledit
jour canté canchons à l'onneur du roy et de Monsʳ d'Eskerdes. — A Messʳᵉ Jehan
dit Paillart et messire Nicolas Bracquette pour semblable cause. — A l'abbé de
la moienne? aux sergents royaux et le trompette qui ledit jour avaient publié la
nouvelle prise de Saint-Omer. — Quatre kannes de vin données aux vicaires de
N.-D. qui avoient chanté *Te Deum*. — VIII kannes de vin données à Jehan
Destrées et autres qui avaient joué jeux de personnages et chanté à l'onneur du
roy notre sire pour la prinse de Saint-Omer. — Le 12 août aux compaignons de
Saint-Souplis qui avoient joué ung jeu de personnages devant mesd. sʳˢ. Enfin
l'on donne deux kannes de vin à un bourgeois de Gant qui avoit apporté nouvelle
à mesd. sieurs que la ville de Gant estoit obéissant au roy nostre sire, mais
c'était une fausse nouvelle.

L'on avait dû cette année se préoccuper des désordres du cours des monnaies.
A cet effet le procureur du roi Jehan le Clerc avait été envoyé à Paris vers le
souverain. Le 8 juin 1488 deux publications furent faites au nom de ce prince
pour en régler la valeur.

Enfin comme travaux publics les charpentiers avaient dreschié le comble de la
Malemaison et les maçons avaient assis la première pierre du dernier pilier du
pont du Quai. C'est par cette construction hardie que finit l'agrandissement de
la cité. Les arches en grès du pont Saint-Michel présentaient cette singularité
frappante que regardées en face elles paraissaient former l'équerre tandis que le
pont suivait une ligne parfaitement droite. Indépendamment des deux grosses
tours qui avec la Barbacane formaient de ce côté un système complet de
fortifications, de grosses chaînes défendaient le passage de la rivière sous les
arches. Chaque jour le chaînier devait aller le matin chez le mayeur chercher les
clefs pour ouvrir ces chaînes et les reporter le soir après les avoir fermées. Le

23

vieux pont de Pierre Tarisel vécut jusques en 1843 et fut rebâti en 1844 et 1845 bien qu'en le réparant avec soin, il eut pu durer encore de longues années.

Tandis que sur les frontières d'Artois les Maréchaux Desquerdes et de Gié faisaient triompher les armes du roi, La Trémoille en Bretagne mettait fin à la rébellion du duc d'Orléans dont la nouvelle et dernière résistance, n'avait plus de point d'appui qu'en Bretagne. Battus à Saint-Aubin-de-Cormier (28 juillet 1488) Louis d'Orléans et son allié le prince d'Orange faits prisonniers allèrent expier dans la tour de Bourges et le château d'Angers leur malheureuse campagne. La journée de Saint-Aubin livrait la Bretagne aux Français. En quelques jours La Trémoille s'emparait de Dinan, de Saint-Malo et de six autres villes aussi importantes. Le 28 août le traité de Sablé, signé par le duc François, présageait la prochaine réunion à la France de la vieille terre de granit.

Ces succès furent célébrés à Amiens comme l'avaient été ceux du Maréchal d'Esquerdes. Les registres aux comptes en font encore foi : Aux vicaires de Notre-Dame qui avoient chanté *Te Deum* pour la victoire que le roy nostre sire avait eu en Bretagne. — Aux cloquemans et souffliers des orgues de Notre-Dame. — « 22 août à Jehan Destrées et Olivier Sauval et autres qui avoient « joué de personnages pour la ville pour les nouvelles de la prise de Saint-Malo « en Bretagne. — Pour même cause à Fremin de Flers et autres, aux menes-« treux qui avoient joué devant l'ostel de M^r le Maire. — 25 août jour de la « Saint-Loys pour deux kannes de vin données à ceux de la paroisse de Saint-« Fremin-le-Confès qui avoient joué de personnaiges pour ladite ville à l'onneur « du roy. — Mêmes dons à ceux de Saint-Germain, Saint-Remi, Saint-Souplis « et Saint-Leu. — A la taverne du Bos le vi août aux menestreux qui avaient « joué devant MM^{rs} après la procession la fiertre Monseig^r Saint-Fremin-le-« Martir. — Audit lieu ledit jour vi août à Pierre Dury et autres compaignons « qui avoient joué jeux de personnaiges pour ladite ville à l'onneur du roy x s. — « Idem au petit Destrées et Olivier Sauvalle et autres qui avoient joué pareil-« lement x s. — Dons à Pierre de Dury et ses compaignons xxxii^s pour jeux de « personnages sur charriot en l'honneur de la victoire au pays de Bretagne « (8 août). — A Jehan Destrées l'aisné et ses compaignons même cause xxiv s. « — Feu au Marché pour la même cause xxx sols à Jehan Haret marchand de « bos. — xxxii s. à Pierre de Dury et autres pour jue sur charriot de person-« nages touchant l'onneur du roy nre sire (c'est sans doute une répétition du « comptable). »

En 1488 Antoine Clabault est élu premier échevin. Nicolas Fauvel est maire.

Mais le Maire s'inspire sans doute des avis et des conseils de son prédécesseur et beau-frère, car il dîne et soupe fréquemment avec lui comme le prouvent ces indications du registre aux comptes (1488-1489).

Ledit jour pénultième d'octobre pour deux cannes de vin présentées à M. le Maïeur au disner à l'ostel sire Anthoine Clabault. — Le 1er novembre au disner à l'ostel dudit sire Anthoine. — Le 6 décembre quatre cannes au disner et au souper à l'ostel sire Anthoine Clabault. — Le 26 janvier deux cannes au disner à l'ostel sire Anthoine Clabault. — Le 3 mars même dépense pour même cause. — Le 17 juing quatre cannes au dîner et souper à l'ostel sire Anthoine Clabault. — Le 25 septembre dîner et souper à l'hôtel Clabault. Ces fréquentes réunions étaient la suite des recommandations de Louis XI que nous avons citées, et d'ailleurs on pouvait déjà dire alors comme de nos jours :

Tout s'arrange en dinant dans le siècle où nous sommes,
Et c'est par les diners qu'on gouverne les hommes. (1)

En 1489, mairie de Jean Péredieu et 1490 mairie de Nicolas Rendu, Antoine Clabault ne figure plus dans l'échevinage. Pourquoi ? Est-ce besoin de repos ou ingratitude des électeurs. Mais à la Saint-Simon 1498 il est réélu maire pour la neuvième fois.

De nombreuses ordonnances marquent son retour à la première magistrature de la ville. Le 30 octobre on fait un don de dix livres au couvent des frères mineurs Cordeliers pour aider à paver la cour de leur église (Regist. aux délib. Ibid. f° 148). L'on passe bail pour trois ans du moulin à vent de nouvel fait au dehors de la porte de Montrescu. Le 21 novembre la ville est grande pour les douze sergents de nuit ; il leur est difficile de faire bien la police. Plusieurs compaignons à marier font de nuit plusieurs maux, faisant larchins abattant huis et fenestres et plusieurs noises et débats en diverses manières. Pour y remédier on mettra chaque nuit avec eux certain nombre de ceux du guet comme de 2 à 3 dizaines avec une partie de ceux du réveil (Ibid. 154). Ordonnances enfin sur les bouchers, les viandes salées, l'hygiène publique, sur les peintres, tailleurs, verriers, viésiers etc. (Ibid. 158 et suiv. 160).

Le 16 janvier décision prise pour ouvrages à faire pour le bien de la ville à la forteresse (Ibid. 266 v°). Le registre aux comptes nous montre en effet qu'au mois d'avril les maçons travaillaient à la muraille du pont de Baraban.

(1) Casimir Delavigne, Les Comédiens. Acte I, sce IX.

Un événement important venait de s'accomplir ; l'héritière de Bretagne délaissée, trahie de toute part, était enfin réduite à capituler. La fiancée de Maximilien d'Autriche, se résigna à devenir reine de France et épousa dans le vieux château de Langeais le 6 décembre 1491 le roi Charles VIII. Cette union donnait la Bretagne à la France. La politique de Louis XI triomphait, l'unité nationale était accomplie. Il ne restait plus que Calais aux Anglais.

Le 21 février le bruit arrivait à Amiens que le roi et la reine de France devaient environ Pasques venir en ville on décida de faire prendre des informations sur les réceptions qui leur avaient été faites à Paris, à Orléans et dans toutes les autres bonnes villes et quels présents leur avaient été offerts (Ibid. 192).

Le 5 mars des gens de guerre bretons et autres qui nagaires par aucuns temps avaient été logés en aucuns villages à l'environ de ceste ville d'Amiens où ils avaient fait plusieurs outraiges et insolence au pouvre peuple retournent de rechief et sont à présent logés en certains villages estans assez près de la ville. Avis en est donné par Nicolas Rendu lieutenant général du bailli qui fait savoir que le roy a envoié des lettres pour repairer à ces désordres et les faire déloger. On avisera à faire les frais nécessaires dans ce but. Ces turbulents gens d'armes sont-ils ceux dont parle à la date du 23 avril suivant le registre aux comptes : Quatre kannes de vin données aux archiers de lad. ville qui avoient esté à la porte de Beauvais tant que Mr de Nanssot ? (de Nasseau) et sa compagnie fut passée.

Le 16 on arrête dorénavant chaque année pour le bien et sécurité de la ville de faire nettoier par haudragueurs et pionniers les fossés de Saint-Pierre de auprès la porte de Gaiant, celluy étant entre les tours de Guienne et de la Bresche et auxtres à l'endroit de la forteresse et lieux plus nécessaires ainsi qu'il sera advisé. Le 16 juillet l'on délibère pour ouvrer à la chaussée de Longueau qui est fort rompue et gastée, par où passent et viennent chacun jour du pays de Santers plusieurs biens tant bleds comme autres vivres; considéré que le droit de travers appartient au chapitre, dont il a grand profit, on lui demandera son concours pour cette réfection. Le 30 on s'occupe encore de cette même affaire et le 7 août on décide de faire travailler au puits des Wattelets.

Le mariage de Charles VIII avec l'héritière de Bretagne était pour Maximilien d'Autriche une double insulte, l'atteignant comme époux et comme père. Le nouveau roi d'Angleterre Henri VII avait vu aussi avec dépit, les riches provinces de l'Armorique échapper par cette union à l'influence que les Anglais y avaient si longtemps exercée. Une alliance étroite devait unir ces deux princes pour venger leurs communs griefs.

Une ambassade anglaise était à l'occasion de la lutte prête à s'engager, passée par Amiens. L'on voit dans le registre aux comptes (1491-92) à la date du 1ᵉʳ juillet : Au Pot d'estain six kannes de vin données aux archiers de la ville qui avaient gardé la porte tant que Monsʳ le comte d'Estanfort fut passé hors de la ville.

Toutefois le roi de France, en violant les stipulations du traité d'Arras, par la rupture de l'union projetée entre lui et l'archiduchesse Marguerite, avait cru devoir prévenir par une ambassade solennelle, non le père irrité, mais le frère de la princesse l'archiduc Philippe. La députation fut d'abord mal reçue mais malgré des paroles d'aigreur, on entra en explication. Les ambassadeurs dirent que la princesse avait toujours été traitée en France avec les égards et l'attention que méritaient son âge et sa naissance et qu'on était prêt à la faire reconduire le plus honorablement qu'il serait possible, qu'on reconnaissait bien que les événements devaient apporter des modifications au traité et que le roi était disposé à nommer des commissaires pour y travailler. Maximilien encore trop piqué, se refusa à ces offres et déclara la guerre.

Le renvoi de l'archiduchesse s'effectua bientôt. Le 9 août 1492 l'échevinage recevait des lettres missives du roi en date du 4 du même mois de la Ferté-Alais, lui annonçant le voyage fait « pour mener et conduire en la ville d'Hesdin notre très chière et très amée cousine Marguerite d'Autriche, enjoignant de la recevoir honorablement et la loger au plus beau lieu que adviserez estre le plus propre pour elle (1). » On décida que l'on n'irait point hors de la ville au devant de ladite dame, mais quand elle sera descendue en l'hôtel de Madame de Disquemuc (2)

(1) Pièce justificative K.

(2) Claire de Flourens épouse en premières noces de Antoine de Hardenthun, seigneur de Maison, en secondes de Colart de Mailly, seigneur de Conty, Saint-Ouen, Blangy, Hamel et autres terres, bailli de Vermandois, et en troisièmes de Roland, seigneur de Disquemuc et de Bavelinghem, « morte sans enfans « de pas un d'eux qu'elle survescut longtemps demeurant en la ville d'Amiens et y passant sa viduité ès « exercices de piété et de charité envers les églises et les pauvres comme on le voit de notre nécrologe « où elle a son obit fondé dit d'elle le chanoine La Morlière. » Recueil de plusieurs nobles illustres maisons vivantes et éteintes dans l'étendue du diocèse d'Amiens. Paris. Sébastien Cramoisy, MDCXLIII, p. 244-45.

La noble et pieuse dame mourut le 22 décembre 1501 et fut inhumée dans l'abbaye de Saint-Martin-aux-Jumeaux devenue couvent des Célestins à partir des premières années du XVIIᵉ siècle lorsque ces religieux durent quitter leur premier établissement par suite de la construction de la citadelle. J'ai été assez heureux en 1873 pour découvrir, dans une démolition d'une maison de la rue Porte-Paris n° 49 où

en la rue Saint-Denis, le maire et l'échevinage iront lui faire la révérence, et la réception faite on lui présentera deux ponchons de vin, l'un vermeil et l'autre de claret et aussy à Mg^r l'arcevesque de Sens (1), Mr de Monpensier (2) et Mr Despiènes (3) qui sont avec elle, chacun selon sa qualité.

Ledit ix août nuit Saint-Leurens arriva ladite dame en ceste ville d'Amiens et lui furent présentés par mesdis sieurs lesdits deux ponchons de vin.

Et le lendemain auxdits sieurs dessus nommés ensemble xxiv kannes de vin (Ibid. 193 et v°).

Le 13 août sur lettres missives du roi l'on décide de faire faire 6 ou 8,000 de traits d'arbalestres.

Le 8 octobre les commissaires du roi viennent à l'Hôtel-de-Ville remontrer « comment les Anglais anchiens ennemis de cest réalme estoient naguères « deschendus au lez de Calais pour invader, lequel étoit besoin de avitailler Boul- « longne, Monstrœul et autres villes, d'y envoyer bledz, lards, chars et autres « vivres. » On décide d'envoyer par eau à Abbeville un cent de blé de vingt-sept muids.

Deux jours avant en effet, le prince Anglais était débarqué à Calais à la tête d'une armée de plus de 20,000 hommes et d'une artillerie considérable. Le 19 il était venu assiéger Boulogne, mais le Maréchal d'Esquerdes gouverneur du Boulonnais dont les ordres étaient suivis avec ponctualité obtenait sur ses adversaires tous les avantages que donne un plan bien combiné et la ville répondait avec vigueur aux coups de l'artillerie anglaise.

---

elle servait d'obturateur à un puits abandonné, une pierre de 70^c de long sur 64 de haut et épaisse de 8 représentant au milieu la Vierge, sur un trône à baldaquin, tenant le divin enfant sur ses genoux, à droite agenouillée devant elle Claire de Flourens que lui présente sainte Claire sa patronne en costume de religieuse de cet ordre tenant en main la monstrance légendaire du miracle d'Assise, à gauche sainte Barbe, mais très mutilée. Presque au-dessus de la tête de cette dernière un écusson portant le créquier de Disquemuc et les maillets de Mailly.

Cette pierre que son propriétaire a bien voulu offrir au Musée laisse encore lire cette inscription :

Chi devãt git noble dame Clare de Flourens qui en son
vivant fut fenie de deffuctz Anthoine de Hardanthun
Mess. Collart de Mailly et de mess. Rolland s^r de Desquemuc
q. trépassa l'an mil (cinq cent un) xxii .... (priez) po son âme.

Bulletin de la Société des Antiquaires de Picardie. T. XI, p. 304 et suiv.

(1) Tristan de Salasart, archevêque de Sens, 1475-1519.

(2) Gilbert de Bourbon, comte de Montpensier, né vers 1443 mort en 1496 dans le royaume de Naples vice-roi de Charles VIII.

(3) Il faut lire M. de Piennes (de la maison d'Hallwyn). Il fut plus tard gouverneur de Picardie.

Ce fut au milieu de ces événements que se firent les élections de 1492. Antoine Clabault fut continué à la mairie.

Mais déjà l'invasion anglaise avait avorté. Comptant bien que le roi d'Angleterre était peu disposé à continuer une expédition rendue plus difficile par le manque de secours qu'il espérait de Maximilien retenu ailleurs, D'Esquerdes avait eu avec lui une entrevue dans laquelle de part et d'autre on formula des propositions de paix. Elle fut signée le 3 novembre à Etaples et le lendemain Henri VII reprenait avec son armée le chemin de Calais pour repasser la mer. L'or avait encore eu une fois raison des velléités conquérantes des Anglais.

La ville d'Amiens fut instruite de ce résultat par la lettre suivante :

« Très chers et especiaulx amis je me recommande à vous, en vous faisant
« savoir que à la louange de Dieu notre créateur, Je et aultres ambassadeurs du
« roy notre souverain seigneur avons fait conclud et accepté bonne et seure paix
« avecques les ambassadeurs du roy d'Angleterre. Pourquoy je vous prie et
« néantmoins de par ledit seigneur ordonne que incontinent cestes veues, les
« faictes publier par tout ès mettes de vos offices selon le billet cy enclos et en
« rendez grâce à Dieu et en faictes faire festes et esioussemans comme le cas le
« requiert et ainsy qu'il est accoustumé faire pour sy grant bien estant, très
« chiers et especiaulx amis notre Seigneur vout ait en sa sainte garde. Escript à
« Estaples le IIIe jour de novembre le bien votre : Philippe de Crévecœur. — Et
« au dos d'icelle estoit escript à mes très chiers et especiaulx amys les officiers
« du roy en la ville d'Amiens, maïeur et eschevins de ladite ville (1). »

L'on vous fait assavoir que bonne seure et ferme paix union et amitié est faite entre très hauts et très puissants princes les roys de France et d'Engleterre, leurs royaulmes, pays, seignouries et subgetz durant la vie desdits princes, du dernier vivant d'eulx deux et ancores un an aprez le trépas dudit dernier vivant et que par ceste paix les subgietz desdis royaulmes, pays et seignouries de quelque estat ou condicion qu'ilz soient, peuvent hanter et converser marchandement autrement les ungs avec les aultres par terre, par mer et par eaue doulce sans qu'il leur soit besoin d'avoir autre sauf conduit en général ou en parchemin. En laquelle paix et amitié seront comprins les aliez desdiz deux roys, se comprins y

(1) Les ambassadeurs plénipotentiaires avaient été pour la France : Le Maréchal de Crévecœur d'Esquerdes, son lieutenant Louis de Hallewyn seigneur de Piennes, François de Créquy seigneur de Dourier, Raoul de Lannoy seigneur de Morvilliers et Jean Dauffay maître des requêtes de l'hôtel du roi, pour l'Angleterre : Richard évêque de Bath, Gilbert d'Aubeney gouverneur de Calais, Christophe de Bisbleck ou Wiswel, Henry Aynesworth grand aumônier et Jacques Tyrel lieutenant de Guines.

vœullent estre, pour sûreté entretènement de laquelle paix sont advisés accordez
et concluds les points et articles ou long desclairiés ès lettres desdits ambassadeurs desdits princes et que par eulz furent confirmées, ratiffiées. Fait à
Estaples le iii⁰ jour de novembre l'an mil iiii⁰ iiii^{xx} et douze par commandement
de Monsr d'Eskerdes lieutenant et autres ambassadeurs du roy. Ainsi signé :
De la Forge.

Les lettres missives et publicacion dudit traictié faicte à Amiens à son de
trompe ès lieux accoustumez faire cris, publicacions le vi⁰ jour de novembre mil
cccc iiii^{xx} et douze.

La ville d'Amiens se montra libérale au vis-à-vis des plénipotentiaires anglais
qui se rendirent vers Charles VIII pour les ratifications de ce traité. On lit en
effet dans les registres aux comptes :

A Nicolas Platel marchand la somme de xxv livres qui estoient deubz, c'est
assavoir xiiii livres pour l'achat à lui fait d'un ponchon de vin blanc de Paris et
x livres x^s pour une demie quène de vin de Beaune présentez de par la ville au
comte Daupenfort (?) et aultres ambassadeurs du roy d'Engleterre venus en icelle
ville pour aler devers le roy nostre dit s^r pour le traitié de la paix depuis faite
entre le roy nostre dit s^r et le roy d'Engleterre, pour ce icy par mandement et
quittance du xx⁰ jour de novembre.

Quatre douzaines de connins, quatre douzaines de plomiers, deux douzaines
de chappons, deux douzaines d'oiseaux de rivière, quatre butors, quatre faisans
et quatre moutons présentés par mesdits s^{rs} pour l'onneur d'icelle ville aux cour
et ambassadeurs dessus dits xxiii l.

lxiv sols à Ponthieu héraut d'armes du roy qui avoit apportés lettres du
Maréchal d'Eskerdes touchant la paix faite entre le roy nostre sire et le roy
d'Engleterre.

Mais le traité d'Etaples n'assurait pas la tranquillité de la ville d'Amiens, car
au lendemain des signatures, Maximilien rentrait en possession d'Arras par la
connivence de ses habitants, et c'est à cette campagne aussi infructueuse que
l'avait été celle de son allié d'Angleterre qu'il faut rattacher la tradition locale de
Catherine de Lice dont nous parlerons plus bas. La proximité de l'ennemi à seize
lieues d'Amiens devait être pour la ville le signal d'un redoublement de
précautions. Antoine Clabault ne faillit pas à sa tâche. Le 6 novembre il fait
rendre une ordonnance sur la garde de la ville, et pour contraindre les veuves de
Béry, de Colart Rendu, de Fremin Lenormant de Godefroy de Chaules et autres
d'envoyer à la porte et au réveil. Le 2 décembre nouvelles ordonnances pour se

trouver en cas d'effroi devant l'Hôtel-de-Ville et au Marché, pour obliger les gens d'église à aller sur la forteresse. On fait fabriquer aussi 120 maillets de plomb pour armer les trois ordres mendiants et aucuns enffants des grans escolles puissans de porter bastons dont les maistres respondront (Ibid. f° 213).

Le 10 décembre l'on reçoit la lettre suivante du roi :

« De par le roy, très chers et bien amez, nous vous tenons assez records de
« la demande que deraisnement vous feismes faire pour résister aux entreprinses
« des Anglois, lesquelz alors faisoient grans préparatifs et assemblées de toutes
« choses servans pour la guerre, laquelle demande ne avions volu faire lever sur
« vous ne autres bonnes villes jusques à ce que l'affaire urgent fust survenu,
« pour le désir que avons de vous bien traité, et pour ce que le roy d'Engleterre
« est puis nagaires deschendu de Calais avec son effort, et marchié depuis en
« pais en intencion de nous courrir sus et invader nostre roialme et j'a aprins
« brûler et destruire aucunes places dedans nostre dit royalme, délibéré de tirer
« plus avant s'il ne trœuve bonne résistance, et que à l'aide de Dieu et de noz
« bons et léaux parens serviteurs et subgiez avons bien intencion de faire, et
« désia avons fait mettre sus, une bonne et grosse armée, et s'y nous sommes
« préparé pour y aller en personne avec lesdits princes et seigneurs de notre
« sang, et pour furnir aux despensches que à ceste cause nous conviendra, nous
« est de nécessité, contraints aydier de nosdites bonnes villes, et à ceste cause
« nous volons, vous mandons et expressément enjoignons, que la somme de
« III^m livres t' que deraisnement vous avons fait demander, vous paiez bailliez
« et délivriez comptant à nostre cher et bien aimé secrétaire et varlet de chambre
« ordinaire, Henry Bohin, par nous commis au paiement de certains nombre de
« gens de guerre de nos ordonnances pour conduire et emploier au fait de sa
« commission et ne faites faulte de le paier promptement, en prenant seulle-
« ment la deschage qui pour ce en a esté levé, en mandant que nos affaires qui
« sont sy pressées, que plus ne porions ne en serions par vous retardez, et que
« congnoissons par effect le bon volloir que avez à nous, autrement en votre
« reffus, aurions bonne occasion de y faire procéder par constrainte, car vous
« entendez de combien ceste affaire nous touche et à toute la chose publicque de
« nostre roialme. Donné au Montilz-lès-Tours, le IXe jour d'octobre. Ainsy signé
« CHARLES, et par en bas PARENT, et en la suscription est escript : A nos chers et
« bien amez les bourgeois, manans et habitans de notre ville d'Amiens ».

Et aprez la lecture faite oudit eschevinage desd. lettres, a esté mis en termes comment, le jour d'hier, mesdits s^{rs} avoient fait remonstrer, en la présence de

24

Estève Goyer de la ville de Tours qui avoit apporté lesd. lettres avec lettres particulières du roy pour constraindre mesdis s^{rs} de lad. somme de iii^m l. t^s, à Messrs de Lille, du Bochaille, mons^r le grant escuyer et à Mr de Colemault conseillers du roy nostre sire qui estoient ensemble en l'ostellerie du Paon en ceste ville d'Amiens, les grans charges et affaires d'icelle ville, avec aussy les prêts fait au roy pour ses urgens affaires pour lad. ville de la somme de iii^m v^c l. en l'an iiii^{xx} xi (1) et pareillement remonstré comment depuis environ la Saint-Jehan-Baptiste derrain passé, mesdis s^{rs}, sur autre demande à eulz faite de par le roy de lad. somme de iiii^m l. t^s, ilz avoient traictié avec Monsr de Rélhac et autres commissaires du roy à iii^m livres par forme de don fait au roy de par lad. ville, à prendre icelle somme de iii^m l. sur lad. somme de iii^m v^c l., mais en. . . . . . .

. . .l'on avoit de nouvel et puis nagaires vollu constraindre mesd. s^{rs} à paier lad. somme de iii^m l. que nulle raison ne volloit, et sy avoit ancores en sa main Jehan du Gard recepveur des aydes et des tailles lad. somme de viii^c livres, ainsy prestée comme dessus, pour ce qu'il n'avoit point eu son estat comme il disoit, et à ceste cause, avoient lesd. s^{rs} de Lille et autres dessus nommés, mandé aller vers eulx led. recepveur audit hostel du Paon, là où avoit esté advisé par eulx, que sur lad. somme de iii^m v^c l., ledit recepveur bailleroit audit Estève Goyet la somme de viii^c l., et que entre certain jour, Messrs enverront devers le roy pour remonstrer led. don et appoins, ainsy fait qomme dessus. Et sur tout, eu conseil et advis, et la matière débatue, ont mesdis s^{rs} conclud rescripre au roy et aussy à Monsr le général Gaillard, touchant ceste matière, selon les minutes des lettres de ce faites, qui ont esté veue au long oudit eschevinage, et qu'ils y envoieroit maistre Jacques Groul avocat de la ville, qui est muny de la matière, avec luy Jehan de Hénaut, pour y besongner tellement que on puisse demourer quicte de lad. somme de iii^m l. dernièrement demandée, mesme pour ravoir la somme de v^c l. du reste de lad. somme de iii^m v^c l. sur ledit Jehan du Gard recepveur, mesmes pour par lesdits Groul et de Hénaut rapporter dudit général le pris du sel derainement acheté pour la ville.

Et outre ont aussy conclud que aucuns de mesdis s^{rs} se obligeroient, en leurs noms singulliers pour la ville envers ledit du Gard receveur en lad. somme de viii^c l., ainsy bailliée aud. Goyet par icelluy receveur, à lui rendre à sa vollenté, et que lettres de desdommagemens leur soient de ce faites et baillées devant audit receveur, f°s 214-215.

(1) Le 18 mai 1491 dans une assemblée tenue à son de cloche ce prêt avait été voté et le 19 la somme de 3,000 écus d'or valant 3,500 livres versée à l'Hôtel-de-Ville (Regist. délib. Ibi l. f° 125 et suivants).

On contraindra aussi certains portiers à avoir harnas et bastons pour la sécurité de la ville.

Le 17 l'échevinage reçoit une requête pressante des hortillons, sur ce que depuis la surprise d'Arras par les Bourguignons, on a clos de jour comme de nuit la Barbaquène (1), huis de nuit et barrières qui faisaient et font sécurité sur la rivière de Somme descendant partie au pont Du Cange et l'autre au rieu du Hocquet et ne peuvent passer en bateaux pour aller à leurs aires pour labeurer. L'échevinage pour faciliter leurs travaux décide de leur donner passage de sept heures du matin jusques à quatre heures de vespres. Les signataires de cette supplique sont : Jehan Castellain, Gilles Castellain l'aisné, Gilles Castellain le jône et autres laboureurs et hortillons. Cette famille des Catelain n'est pas encore éteinte aujourd'hui et l'un de ses membres fait à l'heure où nous écrivons ces lignes partie du conseil municipal d'Amiens.

Les hortillons d'Amiens comme les maraichers des faubourgs du Haut-Pont et de Lyzel à Saint-Omer ont continué longtemps à former une population à part, se succédant dans la propriété des mêmes aires et formant leurs alliances exclusivement dans leurs familles. Honnêtes, probes, laborieux, attachés à cette terre cultivée à la bêche, qu'ils défendent contre les envahissements des eaux, ils alimentent, en suivant les nombreux canaux de la Neuville et de la Voirie, qui sont les rues de leur terroir, avec leurs bateaux qu'ils conduisent habilement à la perche ou à la pelle, leur chien fidèle invariablement assis sur le cornet de la barque, la ville d'Amiens des magnifiques légumes récoltés par leur travail opiniâtre.

Le 10 janvier 1492 (Ibid. f° 220) maître Jacques Groul avocat et conseiller de la ville fait son rapport du voyage qu'il avait fait pour la commune d'abord à Paris auprès de Mons' de Relhac l'un des seigneurs des comptes, puis de cette ville où il avait laissé malade Jehan de Hénaut auprès du roi à Milly en Gatinois où il lui avait remis les lettres dont il avait été chargé, en présence de M' de Monpensier de l'admiral et autres grans seigneurs estant en sa cour et tantôt s'estoit parti le roi et la reine pour Melun ; qu'il s'y était rendu et avoit été oy par le roi (il s'agissait des 3,000 livres demandées pour s'opposer aux invasions anglaises). Ce prince ordonna de ne pas procéder plus avant à l'exécution des lettres de Henri Bohin, mais sur le receveur du Gard et non ailleurs, de

---

(1) La Barbaquène. On appelait ainsi de l'ouvrage de ce nom, une ouverture étroite et longue par laquelle une partie des eaux et des immondices de la ville se déchargeait dans la Somme proche la grève (Daire, I, 451).

la somme de 3,5000 livres dont mesdis s^{rs} avaient décharge sur luy de MM^{rs} les généraux à cause du prêt fait au roi par lad. ville en l'an 1491, de laquelle somme de 3,500 livres l'on avait par les appoins fait don au roi de lad. somme de 3,000^l et de cette matière avoit parlé à MM^{rs} de Lille du Bouscalle et Briseau qui s'estoient trouvez avec MM^{rs} les généraux qui leur avoit fait despêche et avoir estat d'icelle somme de 3,500 livres sur ledit du Gard receveur et en cas de reffus à rapporter lettres patentes et exécutoires du roy et de Monsr le général Gaillard adressées audit receveur pour le contraindre ensuivant ses cauxions, de lad. somme de 3,500^l est assavoir 3,000 livres pour le roy notre sire et 500 livres pour lad. ville et ledit receveur a esté mandé audit hostel ouquel ont esté bailliées lesd. lettres missives (Ibid. f° 213).

Le 27 on rehaussera de trois ou cinq pieds la muraille de la forteresse depuis le pont des Célestins jusques à une tour en venant dudit pont vers le jardin des archers, puis depuis ladite tour jusques au mur neuf au devant dudit jardin ; on visitera aussi les pieds des vieux murs pour savoir s'ils sont bons ou non.

Le 4 février MM^{rs} ont été avertis qu'en la ville de Péronne et ailleurs sur les marches de Picardie y avaient aucuns marchants du party du roy, et aussi de Cambrai, Douai, Lille et autres villes et plaches tenant parti contraire au roi, ayant sauf-conduits, quils faisaient charger chaque jour à Péronne et autres lieux, vins bleds et vivres qu'on menait à Cambrai, Douai, Lille, Arras pour l'avitaille-ment des gens de guerre y estant et d'un hostclain d'Arras qui se tenoit en ceste ville ayant pareillement un sauf-conduit pour mener vivres esdits lieux ; que de ce trafic avec les adversaires, grands dommages et inconvénients pourraient s'en-suivre, pour le bien du roi, de sadite ville d'Amiens et de tout le pays ; conclud d'avertir par lettres, le roi et MM^{rs} de la cour de Parlement des choses dessus dites, et qu'avant de le faire ils causent de la matière avec le bailli d'Amiens et les gens du roi pour sur ce avoir leur avis (Ibid. f° 225).

Le 11 février on prend la décision d'augmenter la garde ordinaire de la ville devant le jardin des Archers, à la tour de Bos et porte Saint-Pierre, à la tourelle prochaine la porte de Gayant du lez de Duriame. Conclu aussi, comme autrefois a été fait, que le bailli fasse amener à Amiens ou à Corbie le bac de Daours afin d'empêcher les Bourguignons d'Arras ou autres lieux d'y passer, attendu qu'on dit que puis nagaires il en est passé certain nombre à deux ou trois fois. On augmentera aussi la garde des portes.

Le 11 mars on décide de donner aux quartiniers des piques que l'on a fait faire pour les faire porter en cas d'effroi à telles personnes qu'ils aviseront (Ibid. 230).

Le 1ᵉʳ avril 1493 Messieurs ont parlé ensemble oudit échevinage comment le jour d'hier le roy nostre seigneur envoia en ceste ville d'Amiens par ung nommé Jehan Potaire son varlet de chambre unes lettres missives adréchant à Monsieur le bailly contenant que son plaisir estoit de venir brief en ceste dite ville et que l'on se informast aux curez et médechins se il y avoit point danger de peste avant icelle ville (1) pour luy faire la réponse par ledit varlet de chambre, lesquelles lettres lesd. sʳ Nicollas le Rendu lieutenant dudit Monsʳ le bailly avoit communiqué à mesdits en l'Hostel de la Ville où lesdits curés et médechins, présent ledit varlet de chambre, avoit esté mandez et interrogés, que sur ce devant auxdites lettres reçeues avoient fait réponse qui avoient esté envoiées hastivement devers le roy par ung chevauchier d'escuries et sy avoit ledit lieutenant envoié lesdites lettres audit Monsʳ le bailly au Plessier-lès-Noion où il estoit allé, et aprez a esté mis (en premiers soins? si le roy et la reine venoient en ladite ville d'Amiens quels présents on leur pouroit faire de par icelle ville et comment mesd. sieurs y aront à conduire pour le bien de ladite ville et, sur ce eu conseil et advis ensemble, a esté advisé et conclud pour les honnourablement recevoir avec aussy les princes qui venrroient avec eulx de faire ce qui s'ensuit :

C'est assavoir de aller par mesdits sieurs au devant de eulx aux champs pour par maître Jacques Groul avocat de la ville faire les révérences et propositions telles qu'il conviendera et sera advisé.

« Item à l'entrée de la porte par laquelle ils entreront avoir et tenir par huit
« ou dix mesdits sieurs deux poilles pour en porter l'un sur le roy, qui sera de
« drap de damas vremeil, et l'autre sur la reyne qui sera de drap de damas blanc
« vert ou pers, et que lesd. poilles seront portés sur lesd. roy et reyne jusques à
« l'entrée de la grant église Notre-Dame.

« Item que mesdis sieurs seront vestus de robe avecq toques de drap de demi
« graini dont chacun paiera aucuns pris tel qu'il sera advisé.

« Item que à porter lesditz poilles seront comiz sire Jehan Lenormant, sire
« Nicolle Rendu, sire Nicollas Fauvel, sire Jehan Pèredieu, Jehan de Lully
« prévost, Pierre de May, Jehan Bertin, maistre Robert Acousteaux, Richier de
« Saint-Fuscien, maître Bernart d'Ault, Anthoine Lorfèvre, et à trouver lesdits
« draps ont mesdits sieurs commiz Robert de Barly Jehan le Riche et Jehan
« Esrachenoie.

(1) Nous l'avons déjà dit la peste existait à Amiens à l'état endémique. Les registres aux comptes de 1482-83 nous montrent une procession où est portée la chàsse de Saint-Fremin-le-Martyr et autres reliquaires pour l'influence alors régnant en ladite ville.

« Item et après que le roy et la reyne seront entrés en la porte, seront faits
« en plusieurs et divers lieux, tels qu'ils seront ordonné, aucuns mistères le plus
« honnourablement que faire se pourra et depuis ladite porte jusques à l'église
« Notre-Dame, et à parler de ceste matière à monseigneur l'abbé de Saint-Martin
« et autres à ce congnoissant, sont commis lesdits Henry le Chirier et Jehan
« Bertin qui derainement y furent commis, et aussi plus que à ceux qui feront
« lesdits mistères, sera donné pour leur paine ce qui sera ordonné par mesdits
« sieurs.

« Item que au roy et à la reyne retournés de ladite église en leur ostel, sera
« de par la ville fait présens : c'est assavoir : au roy de vi des plus beaux bœufs
« gras que l'on porra avoir et recouvrer au pais, de xii ponchons de vin, les vi
« de vermeil et les autres de Biaune ou de Orléans clérés.

« Item à la reyne de une pièce d'œuvre en fachon de une fontaine d'argent
« doré en aucuns lieux, pesant cinquante marcs d'argent ou environ, ou sera
« emploié pour la fachon et donné x marcs d'argent ou environ, en laquelle
« fontaine y aura la fachon d'une licorne ou d'une cheraine (1) d'argent et que au
« pied d'icelle fontaine aura aussy et seront les armes du Roy et de la Reyne et
« au-dessoubs celles de la ville esmaillées, affin que ladite reyne puisse en
« gardans ladite fontaine avoir mémoire dud. don pour le bien d'icelle ville, et
« que par aucunes paintures, l'on fera métre en blanc ou en noir ladite fontaine
« par l'advis des paintres et des orfèvres.

« Item et aux princes qui seront venus sera fait présent de vin en pièches ainsi
« qu'il sera ordonné.

« Et pour furnir aux mises sera par telle ordonnance ce qui sera à faire affin
« de trouver argent à gaing ou autrement pour lad. ville d'Amiens.

« Et pour trouver et faire acheter lesdits vi bœufs et parler aux bouchers
« d'icelle ville seront comis Pierre le Seneschal et maistre Bernart d'Ault.

« Item et pour entendre aux vins de présents, les tâter (2) et acheter sont
« commis Simon Pertrisel (3) à présent grant compteur de la ville, et telles
« autres personnes que avec luy il voldra prendre et appeler. »

(1) Syrène.
(2) Goûter.
(3) Simon Pertrisel tavernier, échevin en 1481 et 1493, maître du Puy avait donné à cette confrérie
le tableau portant pour devise: Digne eschielle de terre où le ciel l'adresse. Il portait d'azur, à trois
perdrix d'or. Breuil, les Œuvres d'art de la confrérie de N.-D. du Puy d'Amiens. — Amiens, 1858,
in-8°.

Le 22 avril 1493. « Messieurs sur ce le jourd'huy ont conféré et advisé
« ensemble oudit eschevinage ont conclud pour le bien de la ville que en atten-
« dant la venue du roy et de la reyne en ceste dite ville et affin de estre pour-
« veux si ils y viennent, ils feront par aucuns bouchers boullengiers ou autres
« acheter à Péronne, Lihons. Roye ou ailleurs ou païs et environs jusques au
« nombre de XII beaux bœufs pour les amener en ceste dite ville, les y tenir et
« nourrir en l'estable attendant icelle venue et en iceux bœufs choisir les VI
« meilleurs, et avec présenter les XII ponchons de vin ainsi que ou précédent
« eschevinage a esté advisé délibéré et après faire le prouffit des autres
« VI bœufs, etc.

« Aussy ont conclud qu'ils feront par aucuns orfèvres besoingnier et commen-
« chier la pièce d'œuvre de la fontaine d'argent que l'on doit faire pour la ville
« présenter à la reyne, dont oudit précédent eschevinage est touché et ce selon
« le patron fait par Richier Hauroie paintre par mesdits s^{rs} être veu audit
« échevinage (1).

« Et au surplus que pour trouver et furnir auxdits présents ou partie d'iceulx,
« qu'il convient auxdits princes faire, Jehan de Hénaut maistre de la maison et
« ostel Saint-Ladre appartenant à lad. ville baillera la somme de IIe livres qu'il
« dist avoir en sa main des deniers appartenant aud. ostel, et sy seront vendus
« les bledz et advaines d'icelle hôtel avec aussy ceulx de la ville. Oultre se
« prendra la somme de IIIe livres des deniers de l'office de sergent à mache dont
« possessoit feu Jacques Piquet, nagaires par mesdits sieurs vendu à Guillemin
« Muydeblet jône compaignon à marier dont à plain est fait mention dans la
« requête baillée audit échevinage par ledit Guillemin Muydebled.

« Et ancores pour ce que la grange et maison par MM^{rs} nagaires retraient à la
« table et domaine de lad. ville qui furent à feu Gille Loste, séant en la rue de
« Bayart en icelle ville ne sont pas fort dussables ou de grant prouffit, que l'on
« vendera ladite grange le plus prouffitable que faire se pourra à la charge des
« XXXV^s IIII deniers de cens de la ville et autres dont icelle grange estoit chargée
« par an, pour des deniers venant de la vendition sy en aider à furnir auxd.
« présents. »

13 mai 1493 « MM^{rs} ont le jourd'huy parlé ensemble oudit eschevinage

(1) A Riquier Hauroye paintre la somme de XXXII sols pour avoir fait trois patrons divers les uns des autres, de la charge de mesdis sieurs, pour le don qu'ils ont intencion faire à la nouvelle entrée de la reyne en ceste ville d'Amiens, pour ce par mandement du xe jour de may (Regist. aux comptes 1492-93

« comment puis nagaires l'on avait fait rescripre à aucuns orfèvres de la ville de
« Péronne qui estoient fort bons ouvriers scavoir si ilz voloient prendre la
« charge de faire la pièce d'œuvre qui avoit esté ordonné estre faite pour la ville
« à le présenter à la reyne à sa venue en ceste ville d'Amiens, dont en aucuns
« eschevinages ci-dessus est fait mention; sur quoy l'un desdits orfèvres avoit
« rescript à un sien frère estant en ceste ville d'Amiens, que luy et sondit frère
« et ung autre ouvrier de la ville de Valenchiennes seroient contens enprendre
« de faire ladite pièce d'œuvre moiennant quant à la licorne et au-dessus d'icelle
« pièce à la livre d'argent blanc et à la marchandise le pris et some de cent sols
« pour chacun marc et du bat et résidu aussy par marc iiii livres, et que de
« ceste matière avoient pareillement esté parlé à ung nommé Jehan de Graval,
« orfèvre demeurans audit Amiens qui avoit veu le patron d'icelle pièce d'œuvre,
« lequel demandoit par marc de ladite pièce vi livres et pour ledit bat appoin-
« tement aussy par marc iii livres x sols, laquelle pièce d'œuvre comme le dist
« ledit de Graval pour dorer les garnitures ainsi que ledit patron le monstroit
« iiiixx ducas ou environ. Et surtout eu conseil et advis oudit échevinage, ont
« Mesdis^rs ordonné qu'ilz feront par les ouvriers de dehors faire ladite licorne
« audit prix de c sols par marc, se meilleur marché ilz n'en veuillent faire, pour
« ladite pièce d'œuvre estre gardée en la trésorerie se aussy estoit que la reyne
« ne vint de brief en ceste ville d'Amiens et quant audit bat, icelle licorne
« premièrement faite, ilz le feront faire par iceulz ouvriers audit pris de iiii livres
« si pareille meilleur marché n'en peuvent avoir (Ibid. f° 241).

« Comme on ne peut trouver de beaux bœufs gras, on décide aussi ce jour,
« qu'on présentera au roi autre chose telle qu'il en sera délibéré (Ibidem).

Le 14 mai « fut délibéré pour la venue du roy et de la reyne envoyer à Paris
« sire Jehan Pèredieu citoien de lad. ville afin de scavoir s'il porroit trouver sur
« Pierre le Comte ou autres aucunes bonnes bagues d'or ou d'argent à présenter
« au roy et à la reyne avec aussy plusieurs des draps de damas et franges
« pour les poilles et des draps de escarlatte et demi granis à faire robes les vi
« d'escarlate pour vi de Messieurs et xxii autres pour aussy aucuns deMess^rs. »

20 mai 1493 « Messieurs ont cejourd'huy veu audit eschevinage unes lettres
« à eulx envoyés par sire Jehan Pèredieu de présent estant pour la ville à Paris
« contenant en effet que en ensuivant la charge à luy baillée par lad. ville, il
« avoit veu ung tableau d'or que luy avoit monstré Pierre et Jehan le Comte,
« ouquel tableau y avoit huit balays, huit perles et xvi fermes d'esmailles esmail-
« lées de petits grains noirs dont la bordure estoit faite, dedans lequel tableau y

« avoit ung couronnement de Notre-Dame, de ymages eslevez et émaillés de
« rouge et de blanc pesant le tout ıı marcs et ııı onches d'or de Paris et la
« faisoient à vendre à en faire prix pour icelle ville d'Amiens si on le volloit
« acheter de eulx la somme de 200 livres escus d'or, duquel tableau il avoit
« envoié le patron à mesdits sieurs et se porroit enrichir ledit tableau si on estoit
« délibéré le présenter de ıııı bons rubis et ıııı dyamans, estant de xʟ escus, qui
« seront faits et achevés en une sepmaine.

« Contenant oultre lesdites lettres qu'il ne avoit point trouvé de vaisselle
« d'argent doré ou d'or qui fust le fait de la ville à faire présent à la reyne, qui
« valoit en marc tout rompu xıı l., or sy avoit le roy commandé en faire 1,300
« marcs pour donner aux ambassadeurs. » Ces ambassadeurs sont ceux qui sous
peu de jours vont signer le traité de Senlis.

« Ancores qu'il avoit trouvé des draps de damas et des franges pour faire les
« poilles du roy et de la reyne, aussy trouvé des draps d'escarlate et demis
« grainis de diverses sortes et prix et que surtout mesdis sieurs luy volsissent
« rescripre leur plaisir et volonté.

« Sur lesquelz lettres eu conseil et advis et aussy quel présent pour icelle
« ville on feroit à la reyne et à quoy l'on se arrêtera du jour, soit à faire faire la
« pièce d'œuvre d'une fontaine dont en aucuns échevinages précédens est fait
« mention, à acheter ledit tableau ou autre pièce d'œuvre que on pourroit faire.
« Iceulx mesdits sieurs ont conclud de non prendre ledit tableau d'or pour ce
« qu'il est de petit mestier, qu'il est de grant pris et aussy qu'il porroit encore
« beaucoup couster à enrichir de rubis et diamans et feront mesdits sieurs faire
« ladite fontaine par les ouvriers de Péronne et autres à qui en a esté rescript le
« plus brief que faire se porra et que en sera rescript audit sʳ Jehan Pèredieu.

« Aussy rescript qu'il achète les draps de damas pour faire les deux poilles
« dont luy a esté parlé auparavant son partement, l'un pour le roy rouge et
« thané et l'autre pour la reine en pers et blanc que on dist estre leurs coulleurs
« avec des franges pour lesd. poilles, ancores qu'il achète pour les vı de MMʳˢ
« qui porteront lesdits poilles xxxvı alnes de drap d'escarlatte à l'aune de ceste
« ville d'Amiens et de draps de demi grainis xxıı robes à lad. aune d'Amiens,
« desquels draps de damas, franges, escarlatte et demi grainis, ledit sʳ Jehan
« Pèredieu et avec luy Pierre Lecomte, se mestier est, répondroit pour la ville
« ce qui en aura esté acheté.

« Et quant au présent du roy il sera fait, comme autrefois il a été advisé, de
« xıı ponchons de vin, les vı vermeilleux et les autres claros avec ıııı bœufs gras

« que l'on a trouvé en ceste ville et sy luy seront présentez xii gras moutons,
« une xiiᵉ de paons, une xiiᵉ de faisans, une xiiᵉ de grives, une xiiᵉ de butors,
« une xiiᵉ de hérons rouges et une xiiᵉ de chèvres, le tout en vie (Ibid. fᵒ 242).

« Et en tant qu'il touche les mistères qui se feront en divers lieux avant la
« ville, aucunes sommes de deniers seront données à ceulx qui les feront, ainsy
« qu'il sera advisé, et seront aucunes personnes mandez par mesdits sieurs pour
« ce faire et y entendre.

« Au regard des archiers, arbalestriers et culeuvriniers, mesdits sieurs aront
« advis là où ils seront à ladite entrée (Ibid. fᵒ 243). »

27 mai 1493 « Veues par mesdits sieurs oudit hostel, certaines lettres
« missives à eulx cejourd'huy envoiées par sire Jehan Pèredieu de présent estant
« pour la ville à Paris, contenant entr'autres choses que pour icelle ville d'Amiens
« il avoit acheté xxiiii alnes d'escarlatte et iiiixx alnes de demi grainis à l'aune de
« Paris avec des draps de damas pour faire les poilles du roy et de la reyne,
« ainsi que chargé lui avoit esté lesquelz ne avoit encore levé, et que pour les
« lever mesdits sieurs luy volsissent envoier argent que poöit monter à vii à
« viiiᵉ livres ou environ.

« Mesdis sieurs eu conseil et advis ensemble, sur lesd. lettres missives, consi-
« déré les grands frais et mises que cousteroient lesdits draps d'écarlate et demi
« granis, et aussy les charges et debtes de ladite ville à prendre le tout sur lad.
« ville, ont les plusieurs de entre eux esté d'avis et d'opinion que des deniers
« d'icelle ville, l'on baillera aux vi personnes qui porteront lesdits poilles à
« chacun xx escus d'or pour supporter la mise de leurs robes d'escarlatte qu'ils
« porront doubler de draps de damas ou autre chose honnourable ainsy que bon
« leur semblera, et aux autres xxii escus qu'ilz aront aussy desdits deniers,
« chacun d'eulx iiii escus d'or, et le surplus de ce qu'il cousteroit sera paié par
« eulx et que mesdits sieurs feront rescripre audit sire Jehan Pèredieu qu'il
« porra souffir pour les vi de mesdits sieurs qui porteront lesd. poilles acheter
« trois aulnes et demi d'escarlatte à ladite aune de Paris qui montent en tout à
« xxv aulnes et pour les autres xxii robes de demi grainis chacun de iii aunes et
« ung cart à ladite aune qui font lxxi aulnes et demi et que iceulx mesdits sieurs
« luy enverront jusques à vi ou viiᵉ livres pour fournir à paier lesd. draps de
« damas, franges, escarlatte et demi grainis.

« Et au regard des deux livres d'or de Chypre et de Venise que on s'en dépor-
« tera de les avoir ne acheter (Ibid. fᵒ 244).

« Samedi 8 juin 1493, MMʳˢ ont cejourd'huy parlé ensemble oudit hostel de

« la venue du roy nostre sire en ceste sa ville d'Amiens et qu'il y doit estre
« lundy ou mardy prochain, là où il sera reçeu le mieux et plus honnourable que
« faire se pourra et qu'il appartient, et ont conclud et advisé comme autrefois ils
« seront vestuz à ladite venue ainsy et par la manière que contenu est en
« l'assemblée faite en icelle hostel le xxiiiᵉ jour de may derrain passé.

« Le viiᵉ jour dudit mois, veues certaines lettres escriptes de par le roy à
« Messieurs et données à Noyon le viiᵉ jour d'icelluy mois, affin de avoir et
« prendre en ceste ville les gentilshommes de son hostel estant soubz la charge
« de Monsieur le comte de Ligney (1) avec la compagnie aussy estans soubz la
« charge de Monsieur le Mareschal de Gyé pour en la ville attendre tant qu'il y
« pense estre et rechevoir de bons logis en paiant par eulx vivres au prix du
« marché, mesdis sieurs, sur lesdites lettres eu conseil et advis, ont conclud de
« envoier devers le roy nostre dit sire maistre Jacques Groul, avocat, et A. de
« L., procureur et conseiller de la ville, et lui rescripre que son feu père à son
« vivant donna et octroia à lad. ville habitans et communauté d'icelle certains
« privillèges libertez et franchises, et par le roy depuis confirmés par lesquelles
« privillèges led. feu roy Loys entr'autres choses exempta à toujours icelle ville
« de tous logis de gens de guerre, aussy lui rescripre le traitié de la paix
« nagaires publiés, que mesd. sⁱˢ feront au plaisir de Dieu bonne garde de lad.
« ville et que son plaisir soit toutes choses considérans, déporter lesd. habitans
« de la charge desd. gens de guerre.

« A Jacques Groul advocat et Anne Dainval procureur pour voyage fait en la
« ville de Ham en Vermandois vers le roy pour luy remonstrer qu'il luy plust
« décharger la ville de ce lances de son ordonnance que l'on vouloit mettre en
« garnison attendant qu'il fut retourné de son voyage de Boulogne xi liv.
« iiii sols. Charles VIII était alors dans cette ville pour exécuter l'engagement
« pris par son père d'offrir à N.-D. de Boulogne un cœur d'or de 13 marcs.

« 16 juin 1493, MMⁱˢ ont conclud comme autreffois faire présent au roy de
« xii ponchons de vin, de iiii bœufs gras, xii moutons gras et de la vollaille dont
« en aucuns eschevinages est fait mention.

« Item que présent sera fait à Monsʳ d'Orléans (2) de iiii ponchons de vin,
« lesd. ii de vremeil et les ii autres de claret.

« Item à Monsʳ de Vendosme (3), de vin deux quènes de vin d'Orléans.

---

(1) Fils de Pierre de Luxembourg et petit-fils du connétable de Saint-Pol.
(2) Louis duc d'Orléans depuis roi de France sous le nom de Louis XII.
(3) François de Bourbon comte de Vendôme mort à Verceil le 2 octobre 1495.

« Item à Monsr de Foix (3), de vin deux quènes de vin d'Orléans.

« Item à Monsr Loys de Luxembourg (4), de vin demie quène de vin d'Orléans.

« Item à Monsr de Guise demie quenne de vin d'Orléans.

« Item à Monsr le Mareschal d'Eskerdes lieutenant du roy ès marches de
« Picardie une demie quenne de vin d'Orléans.

« Item à Monsr le Mareschal de Gyé une demie quenne de vin d'Orléans.

« Et quant aux seigneurs du sang royal, se aucuns en y a, ainsy que aulx-
« dessus dénommez à chacun d'eulx demie quenne de vin d'Orléans.

« Et au regard de plusieurs autres seigneurs suivans la cour, ils seront servis
« en kannes ainsy qu'il sera ordonné et advisé.

« Item ont mesdits sieurs ordonné de faire faire les mistères en divers lieux
« avant la ville avec jeux, chanchons, feux et esbattemens le jour et le lendemain
« de l'entrée du roy.

« Item que il y aura fallos ardans de nuyt par les carefours avant la ville tant
« que le roy y sera.

« Item que en faisant lad. entrée il y aura ii ponchons au bolevart de la porte
« de Montrescu pour donner à boire à tous ceulz qui voldront boire tant à ceulx
« de la garde du roy que aultres.

« Item ils envoieront Jehan de May dudit eschevinage et aussy hommes avec
« luy devers mondit sieur le Mareschal d'Eskerdes et mons^r de Morvillers
« à tout lettres missives qu'ils rescripront affin qu'il leur plaise tenir la main
« que le roy fasse son entrée par lad. porte de Montrescu et aussy pour voir les
« entrées de Hesdin, Monstreuil et autres villes de par de-là.

« Item que l'on mettra sur le pont dudit bolvert les bannières de la ville.

« Item sur la principale porte de Montrescu les bannières du roy.

« Item et sur les tours de la forteresse d'un lez et d'autre d'icelle porte, tous
« les estendarts des seigneurs en joieuseté de lad. ville. »

Sur la requête des maîtres et compagnons arbalétriers archers et couleuvriniers qui avoient fait faire des hoquetons de livrée pour vêtir à cette occasion
« lesquelz hoquetons ils feroient volontiers pour l'honneur du roy notre sire et
« d'icelle ville couvrir en aucunes parties de orphavrerie selon le patron par eulx
« de ce montré et qu'ilz ne porroient faire sans avoir ayde et à ceste cas requé-
« roient qu'il pleust à mesd. s^{rs} leur octroyer à chacun d'eulx pour aidier auxd.

(3) Jean de Foix beau-frère du duc d'Orléans ?
(4) Louis de Luxembourg comte de Ligny.

« hoquetons touchant ladite orphavrerie jusques à la somme de xxiiii[1]. En
« considération des services qu'ils avoient parcy devant faiz et faisaient chacun
« jour pour la garde de lad. ville, veue laquelle requête, et sur ce eu advis oud.
« eschevinage, mesd. srs ont ordonné que lesd. compaignons qui sont pour lesd.
« iii compaignies au nombre de viiixx personnes est assavoir lesd. arbalestriers
« l, les archiers lx et lesd. couleuvriniers l aroient chacun d'eulx, la somme de
« xx sols tournois, pourveu toutesvoies que lesdits deniers fourniront et sont
« emploiés en lad. orphavrerie, sur iceulx hoquetons argentés selon ladite
« monstre, et pour servir à lad. entrée du roy là où il sera ordonné auxd.
« supplians par mesd. srs. »

Enfin eut lieu cette entrée dont les préparatifs avaient causé tant de soins à
la ville. Elle se fit conformément au cérémonial que nous venons d'indiquer.

La Mer des Hystoires raconte ainsi ce voyage de Charles VIII : Et quant il eut
visité la pluspart de sondit pays, il vint faire son entrée en la ville d'Amiens qui
est le chief de Picardie où il fut bénignement reçeu et entra en ladite ville le
plus somptueusement et en grants pompes qu'il estoit possible. Aussy fut-il
reçeu en grant triumphe et honneur par les habitans de ladite ville et se volut
logier en la maison de Madame de Disquemue auquel lieu Madame Marguerite
estoit logiée durant le temps qu'elle se tint audit Amiens. (Mer des Hystoires.
Lyon. 1506. Livre II, feuillet 156).

Lorsque la ville se refusait quelques jours avant, à recevoir les gentilshommes
de l'hôtel et la compagnie du Maréchal de Gié, elle alléguait la paix naguères
publiée à Amiens qui rendait inutile la présence de la garde du souverain. Le
traité de Senlis signé le 23 mai précédent avait en effet mis un terme aux hostilités de la France et de l'Archiduc

Cette paix avait été, qu'on nous pardonne l'expression, baclée, car déjà les
rêves qui lui montraient la conquête de l'Italie et comme couronnement l'Empire
de Constantinople, hantaient la cervelle du petit roi, et il lui tardait d'être
débarassé de toutes les entraves qui pouvaient gêner l'exécution de ses chimé-
riques projets.

Philippe de Crèvecœur avait adressé « au bailli et à ses très chiers et espé-
« ciaulx amis », ses lettres datées de Saint-Christofle-de-Hallate-lès-Senlis du
24e jour de mai, pour faire publier la paix de Senlis conclue avec le roi des
Romains. Cette publication eut lieu à Amiens le 25 et comme d'habitude elle
fut célébrée avec les réjouissances usitées en pareilles circonstances ainsi que
l'indiquent les registres aux comptes : « A Artois héraut d'armes du roy et

« Guise poursuivant de Monsr le Maressal d'Eskerdes pour les bonnes nouvelles
« du traitié de la paix qu'ilz avoient porté en ladite ville et qui en leur présence
« fut publiée, et au trompette de la ville ensemble ıı l. v s. mandement du
« pénultième jour de may. — 25 mai 1493, aux hérauts d'armes du roy qui
« avaient apporté lettres à ladite ville de la paix 4 kannes. — A Jehan le
« Barbier pastichier, despense faite à un dîner à l'hostel mond. s^r le maïeur
« aprez certaine procession faite pour le bien de la paix où fut portée la fiertre
« Monseig^r Saint-Fremin-le-Martir cx^s vı deniers. — A Robert Granthomme etc.
« compaignons de la paroisse Saint-Fremin-au-Val pour avoir joué sur ung
« chariot avant la ville ung jeu de moralité pour les bonnes nouvelles du traitié
« de la paix xx^s. — A Pierre Lelong, Jehan le Verrier etc. pour avoir joué jeux
« de mistère sur ung chariot avant lad. ville à cause des bonnes nouvelles de la
« paix publiée en icelle ville par mandement du 29 may 8 livres. — A Tristan
« Duhamel et autres ses compaignons d'une part, Jehan Ostren, Jehan de
« Luisières et autres ses compaignons xl^s jeu sur chariot, jeux de moralité à
« l'onneur du roy n^{re} s^r à cause de la paix publiée (mandement du 4 juin). —
« 26 mai, jeu de mystères par personnaiges joué par les compaignons de Saint-
« Souplis. Au Porc, ledit jour pour deux kannes de vin données à Jehan Miette
« pour certaines joieusetés par lui faite à MM^{rs} ledit jour. — A Jehan le Barbier
« pastichier la somme de vı livres pour despense faite en sa maison à ung disner
« par maistre Jehan Normand, Me Philippe de Conty et autres qui avoient porté
« à la procession générale faite en ladite ville à cause de la paix la fiertre Monsr
« Saint-Fremin-le-Martir. »

C'est ici qu'il nous faut aborder la question controversée de la tentative faite
sur Amiens par un lieutenant de l'archiduc Maximilien après la surprise d'Arras,
que nous rencontrons dans les récits de tous nos historiens, et qui ne pût avoir
lieu qu'entre le 4 novembre 1492 date de la surprise d'Arras, et le 23 mai 1493
date du traité de Senlis qui mettait fin aux hostilités et non en 1494 comme ils le
répètent tous en se copiant, et qui aurait donné lieu à l'acte de dévouement de
Catherine de Lice.

Cathrine de Lice, cette héroïne problématique a-t-elle existé jamais ? Pagès
dans son cinquième dialogue écrit : « Voici un autre mayeur dont la mémoire sera
« toujours honorable pour les véritables amiénois, pour la prudence et la valeur
« qu'il fit paroître, lorsqu'en 1494 l'empereur-archiduc Maximilien ayant voulu
« surprendre la ville d'Amiens par la porte Saint-Pierre ou de Montrécu (l'on
« voit déjà que notre annaliste ne sait pas au juste par laquelle des deux) une

« femme de ce fauxbourg voyant une grosse troupe de soldats s'approchant la
« nuit fort proche de la ville, vint sur le bord du fossé de ce côté-là, et s'écria en
« son langage picard : *Hé guet pinse à ty,* ce qui ayant donné l'alarme à ceux qui
« étoient dans les corps de garde, et ensuite dans la ville, chacun se mit en
« défense cela n'ayant point empêché les ennemis de brûler les fauxbourgs. Les
« bourgeois conduits par Mr de Rubempré alors capitaine de la ville et animés
« par la valeur de l'exemple du sieur Antoine Clabault sieur de Hédicourt,
« repoussèrent vigoureusement les ennemis qui furent obligés de s'en retourner
« avec honte. »

Racontant le même fait, le P. Daire plus explicite dans son Histoire d'Amiens,
T. I, p. 254, nous montre les ennemis si vivement repoussés que plusieurs
d'entr'eux qui s'étaient introduits dans la ville, n'ayant pas eu le temps de
regagner le chemin par où ils étaient entrés, furent obligés de sauter par-dessus
les murailles pour sauver leur vie. Rubempré vouloit les poursuivre, mais le
maire l'empêcha de sortir. Daire nous donne le nom de l'héroïne : « *Quelques*
« *soldats ennemis avoient même déjà escaladé les murs,* dit-il, *quand la*
« *nommée Catherine de Lice dont la mémoire mérite de passer à la postérité*
« *s'imagina avec raison qu'on méditait quelque entreprise contre sa patrie*
« etc.... »

Pagès écrivait son cinquième dialogue en 1715, mais comme Adrien de La
Morlière l'unique historien d'Amiens à cette époque, il répète le fait après lui,
sans en nommer l'héroïne. Cependant on lisait déjà dans la sixième édition de la
Gallerie des femmes fortes par le Père Le Moyne de la compagnie de Jésus (Paris
1668, in-12). « La France a eu ses amazones aussi bien que la Scythie et les
« autres pays d'outre-mer et pour remettre à une autre fois la Pucelle dont la
« vaillance fut une vaillance d'inspiration et de miracles, pour ne point produire
« icy une Catherine Lisse qui chassa les Flamands d'Amiens et leur arracha des
« mains une ville prise et une victoire gagnée, pour ne point parler de la
« hardiesse des dames de Beauvais repoussant les Huguenots *(sic)* durant les
« troubles, la mémoire est encore fraîche du dernier siège de Cambray et du
« courage héroïque que la Maréchale de Balagny y fit paraître avec un éton-
« nement général de tous ceux qui la virent sur ce théâtre. »

Catherine de Lice, dont l'administration municipale, peut-être un peu trop
fière de certaines gloires locales de plus ou moins de valeur, vient de donner le
nom à une rue, a-t-elle donc réellement existé ? Dom Grenier dans son Intro-

duction à l'Histoire de Picardie, rapporte d'après Rumet (1) qu'en 1492 ou 1494 (on n'est pas sûr de la date on le voit), dans un assaut livré de nuit par les Anglais et les Bourguignons, l'ennemi fut forcé de fuir, *Adjuncta mulierum Ambianicarum audacia et magnanimitate.* Des mémoires particuliers, ajoute le savant bénédictin, mais sans citer de preuves, lui d'ordinaire si soigneux d'indiquer ses sources et de produire ses témoins, nous « apprennent de plus que les ennemis « y étaient entrés déjà en grant nombre faute de bonne garde, quand une femme « nommée Catherine de Lice s'en aperçut et courut par les rues criant aux « armes et encourageant les bourgeois à sauver la ville. »

De tout ceci ressort cette situation : Adrien de La Morlière en 1642, Pagès en 1715, rapportent le fait d'une tentative sur Amiens, mais ni l'un ni l'autre ne connaissent le nom de la personne qui a par son avertissement fait avorter ce dessein. C'est une femme et voilà tout.

Plus tard Decourt dans ses mémoires racontant à son tour le fait, remarque que suivant Monstrelet et La Morlière il se passe en 1494, suivant Mézeray en 1492, suivant De Serres, Belleforest, Moréri et les Mémoires du temps en 1491 date à laquelle il semble se rallier. Daire en 1757, Dom Grenier enfin nomment seuls Catherine de Lice, et ce nom vient de mémoires particuliers. Par qui ont-ils été rédigés ? Quelle est leur provenance ? Nous venons de poser plus haut la question.

La Morlière notre plus vieil historien, dont malgré l'ancienneté, les renseignements ne sont pas à dédaigner, semble indiquer l'origine de la légende de l'attaque d'Amiens dans ces quelques lignes : « toutefois la Mer des Histoires « en donne l'honneur du premier advertissement à une femme des fauxbourgs de « Saint-Pierre qui etc. »

Que nous apprend donc la Mer des Histoires ? Voici son récit tout au long :
« Ung petit aprez les gens d'armes de la garnison dudit Arras vindrent aux « faulxbourgs de la ville d'Amiens cuydant prendre la ville d'assaut, mais les « habitans de ladicte ville d'Amiens faisoyent tousiours si bon guet que environ « le minuyt, ils ouyrent le bruyt aux faulxbourgs de Saint-Pierre où ils estoient « et vint *une femme desdits faulxbourgs* appeler le guet et leur dist pour vray « que ilz estoient des gens de l'archiduc, pourquoy chacun guet sonna sa cloche « et puys en somme la grosse cloche du Beffroy dont le peuple fut fort espou-

(1) Rumet Nicolas, sieur de Buscamps et de Beaucaurroy, auteur d'une histoire manuscrite de Picardie citée souvent par Dom Grenier.

« vanté et en peu de temps fut esveillé et tantost mys en armes en se tyrant
« chacun en son cartier, tellement que les femmes portaient les bastons et
« armeures avec leur maris. Les habitans se conduirent si bien que tantost firent
« reculer les ennemys car ils les servirent vitement d'artillerie, pareillement
« Dieu leur donna un singulier bien. Ce fust que la lune luisait et faisoit aussi
« clère quasi comme de jour. Et que eut laissé faire Monsieur de Reubempré, il
« fut sailly de la ville avec les habitans, mais sire Anthoine Clabault alors maire
« et gouverneur de la ville avec le conseil, ne voulut pas, disant qu'il suffisoit
« assès que on gardat ladite ville que le roy leur avoit tousiours baillée en garde
« et sans garnison (1). »

Voilà donc (d'après nos recherches du moins) le titre original de cette attaque d'Amiens. La Mer des Histoires à laquelle nous l'empruntons est *la Mer des hystoires augmentée à la fin du dernier volume de plusieurs belles hystoires et premièrent des faitz, gestes et victoires du roy Charles VIII et d'aulcunes vaillances, triumphantes conquestes et œuvres chevalereseuses faictes au temps du roy Loys XII, imprimée à Lyon en 1506 par Claude Davostals de Troyes.*

C'est quinze ans au plus, après l'événement que l'auteur de la Mer des Hystoires raconte le fait, c'est donc à peu près un auteur contemporain auquel on peut ajouter foi. Son récit est sobre et paraît sincère. L'ennemi veut surprendre la ville, une femme prévient le guet, on sonne l'alarme, la population hommes et femmes prenant les armes, le clair de lune permet de tirer à coup sûr l'artillerie sur lui, le Maire arrête l'élan du capitaine qui veut poursuivre au dehors les assaillants. Ceci est naturel et bien loin des hyperboles du P. Daire et des ennemis se précipitant dans leur fuite du haut des remparts. Mais la Mer des Histoires, elle aussi, a oublié d'indiquer le nom de cette femme providentielle.

La tentative sur Amiens peut donc être considérée comme un fait possible, probable même, mais nous le répétons elle n'a pu s'accomplir que de novembre 1492 à mai 1493 avant l'arrivée du roi Charles VIII à Amiens et non en 1494. D'après l'auteur de la Mer des Hystoires, elle serait à peu près contemporaine de la mort de l'Empereur Frédéric III le Pacifique qui arriva le 19 août 1493. En 1494 Charles VIII était déjà passé en Italie et Maximilien arrivé au trône impérial était trop préoccupé de conclure son mariage avec Blanche Sforza, et surtout

(1) La Mer des Hystoires. Ibid. II, feuillet 155.

d'e s'assurer de la dot de 440,000 écus d'or que lui apportait la petite-fille du condottière Attendolo.

Qui donc a inventé Catherine de Lice ? Toujours est-il que les registres municipaux ne font nulle mention de sa personne. Bien que Dusevel dans la deuxième édition de son Histoire d'Amiens rapporte encore le fait d'après l'autorité de ses devanciers, le rapport que dix ans avant il faisait à la Société d'Archéologie de la Somme, sur les archives de la Mairie, constate qu'il ne trouvait rien dans les registres aux délibérations de la ville qui eut trait à cette tentative sur Amiens. « On doit donc, ajoutait-il, rejeter cette tradition comme un fait apocryphe « imaginé par le peuple toujours ami du merveilleux, pour avoir ainsi que Beau- « vais et Péronne son héroïne, sa Jeanne Hachette ou sa Marie Fourré. » Nous avons recommencé avec soin les recherches de Dusevel et nous n'avons comme lui, rien trouvé dans les délibérations, non plus que dans les registres aux comptes cependant toujours si complets dans l'énumération des dons et des présents. Une Catherine de Lice par sa vigilance aurait sauvé la ville, et n'au- rait pas reçu une récompense si minime qu'elle fut, quand l'échevinage donnait si libéralement et en toute occasion pour des motifs de bien moins d'importance. Après cette enquête, nous ne pouvons que nous rattacher à l'opinion émise par notre savant collègue en 1838. Il est toujours regrettable de détruire la foi aux légendes, surtout aux légendes patriotiques, mais c'est le devoir de l'historien avant tout de chercher et de proclamer ce qu'il croit être la vérité.

Reprenons le cours des événements dont cette digression nous a éloigné. Le 27 juin 1493, on décide d'envoyer vers le roi. Des faits graves s'étaient produits de la part des gens de guerre ; plusieurs d'entre eux à Corbie avaient blessé ou tué des archers de la ville d'Amiens qui s'étaient rendus en pélerinage dans cette ville. Le 22 juillet Jacques Groul avocat et conseiller de la ville rendait compte de son voyage auprès du souverain, au sujet de ces soldats « dont le roi « se demonstra estre fort mal content en les maldissant des fureurs certaines et « qu'il voldroit qu'on les (prins et estranglés) et promit d'y faire bonne « provision. »

La colère du roi ne fut pas lettre morte, bien qu'elle ne paraisse pas avoir eu grand effet. Aux registres aux comptes se lit cette mention : « Don aux archers, « arbalétriers, couleuvriniers envoyés à Corbie avec le bailli d'Amiens pour « ramener prisonniers du roy nostre sire, au beffroi d'icelle ville, aucuns « compagnons de la garnison de Corbie à cause des murdres par eulx nagaires « commis ès personnes de deux archers de la ville d'Amiens, et aussi des

« batures, navreuvres par eulz faits sur aucuns aultres leurs compaignons
« archiers, en retournant du pardon de Corbie à Dours, lesquelz délinquants ne
« furent point appréhendez pour ce qu'ils s'estoient jà absentés du pays,
« xxviii livres.

« Aux sergents royaux qui avaient accompagné d'Amiens à Corbie, Nicolas le
« Rendu lieutenant général du bailly d'Amiens qui pour le bien de la ville estoit
« allé devers Mᵣ le Maréchal d'Eskerdes audit lieu de Corbie lxx s. »

Les batures et navreures avaient donc été jugées assez graves pour que le
Maréchal d'Esquerdes fût venu à Corbie. Est-ce aux auteurs de ces délits que
s'applique la note suivante : « lxvi sols aux arbalestriers, archers et culeuvri-
« niers, au retour de la maison ou hostel de Saint-Ladre au nombre de xxx ou
« xl armez et embastonnez pour prendre aucuns compaignons de guerre qui
« s'étoient logiez oudit hostel auquel il avoient commenchés à faire aucuns
« désordres, lesquels furent amenés par les dessus dits par devers mesdits sᵣˢ
« audit lieu d'Amiens (1). »

Maistre Jacques Groul gagnait bien les honoraires que lui accordait la ville
d'Amiens en raison des nombrux voyages qu'elle lui faisait faire auprès du roi.
Avant sa venue à Amiens, il était allé à Ham pour le logement des 200 lances du
Maréchal de Gyé (Voir p. 195), le lendemain de son départ, en compagnie de
Nicolas le Rendu, il se rend de nouveau : « devers le roy le lendemain qu'il
« partit de ladite ville d'Amiens ès villes de Folleville et Saint-Just affin de luy
« remonstrer aucunes des besongnes et affaires d'icelle ville. » Ce voyage coûta
vii l. 4 s. Mais ce dernier n'avait pas uniquement trait à l'incident de Corbie, son
objet le plus important regardait certaines mesures financières.

Les entrées royales et princières sont de lourdes charges pour les villes, et
l'enthousiasme et la joie des populations finissent par se traduire toujours par
l'inévitable quart d'heure de Rabelais.

Il s'agissait encore d'avoir l'expédition des lettres et arrêts obtenus du roi à
son passage à Amiens et surtout des lettres pour vendre six cents livres de

(1) Ce n'est qu'un peu plus tard qu'on paraît avoir mis enfin la main sur les vrais coupables. A
Thibaut le Normant dit le registre aux comptes (1493-94) maistre des archiers d'Amiens, la somme de
vi livres « pour avoir alé en la compagnie sire Nicolas le Rendu lieutenant de Monsᵣ le bailli d'Amiens,
« aucuns sergents royaux et plusieurs archers d'icelle ville tant à pié comme à cheval en la ville de
« Querrieu pour prendre le bâtard Pestel et autres ses compagniz gens de guerre pour les omicides
» par eulz nagaires commiz ès personnes de deffunts Jehan Savalon et Guille Caudavaine en leurs vivans
« archiers d'icelle ville. Mandement du 20 mars. »

rentes viagères pour les deniers en provenant être employés au rachat des rentes héritables dues pour le prêt fait à ce prince de la somme de trois mille livres (Ibid. f° 251).

L'entrée royale avait coûté cher, en voici la preuve : « MM^{rs} ont veu les
« parties des mises et dépenses faites pour la venue et entrée du roy qui peuvent
« monter à 2,000 livres ou environ y comprins les présents faits au roy, à
« Monseig^r d'Orléans, aux princes du sang royal et autres seigneurs en vin en
« pièces et autrement aussy en ce compris les draps de escarlatte, de demi
« grainis et autres choses et pour ce que les deniers de la ville ne porroient à
« beaucoup près....... auxdites mises, ilz ont conclud de prendre argent à gaing
« ou boutez à viii du cent jusques à la somme de vi ou viie livres ou environ de
« maître Robert Acousteaux ou autres, et ce selon chacune minute de ce faite,
« levée et veue oudit échevinage (Ibid. 248) et au surplus qu'on obtiendra lettres
« du roi pour vendre rentes viagères sur ladite ville afin de pooir rembourser
« les rentes héritables montant à 200 livres ou environ sur icelle ville vendues
« environ à ii ans à des iii^m livres à ce temps prestées au roy par ladite ville et
« depuis à lui données par icelle ville pour servir à ses affaires (Ibid.
« f° 248) (1). »

« Robert Auxcousteaux docteur en médechine avait prêté pour les frais de
« l'entrée du roi 390 livres placées à rente ou boutez pour et au prouffit de ses
« enfants mais averti par des clercs et docteurs en théologie que deniers à
« boutez ne se pouvaient bonnement bailler sans blescher la conscience aussi
« demande-t-il au lieu desdits boutez de bailler ses deniers en rentes héritables
« au denier douze qui serait de 120 livres parisis offrant à la ville se mestier
« estoit encore 300 ou 400 livres. Accordé pourveu toutefois que MM^{rs} porroient
« rembourser ladite rente à une ou deux fois touttefois que bon leur semblera
« avec les autres se aucuns ne sont d'eulx escheux (F° 252). »

Le 5 août 1493 sur la requête des gens du métier, l'échevinage ordonna que le marché au lin et au chanvre qui de longtemps se faisait dans la rue au Lin se tiendrait dorénavant au carrefour de Saint-Firmin-à-la-Porte *qui est bel et spacieux* (Ibid. 253).

(1) Ce prêt est celui consenti en 1491, quand Charles VIII, jugeant urgent d'achever la conquête du duché de Bretagne, recel et refuge des malveillants du royaume, pria pour subvenir aux frais de la guerre, les magistrats municipaux d'Amiens d'engager aussi vertueusement qu'ils le sauront faire les plus notables d'entre les nobles gens d'église et bourgeois, à lui prêter dans le plus bref délai, telle somme qu'il leur serait possible de réunir. (Voir regist. aux délib. T. XVI. — A. Thierry. Ibid. II, 435 et suiv., et ci-dessus, page 186).

La peste, cette année s'était encore fait sentir, car nous voyons des frais payés à un médecin pour cette maladie, et une ordonnance du 19 août qui accorde aux porteurs des pestiférés à porter en terre à Saint-Denis, à l'Hotel-Dieu et ailleurs 20 deniers par jour, et afin « qu'on les puisse congnoistre seront tenus avoir et « porter chacun d'eulx en la main une petite verge blanche avant la ville. »

Antoine Clabault est réélu maire à la Saint-Simon-Saint-Jude 1493. Il prête serment dans la Halle aux cuirs *que on dit la Malemaison.*

Le même jour on décide que les robes confectionnées pour l'entrée du roi seront payées par la ville.

Il restait encore des terrains vagues dépendant des démolitions de la vieille forteresse. « Jehan de Monchaux, s^r de Monchaux, de Martincourt, de Hodenc-« en-Bray, conseiller du roi et général de ses finances tant ordinaires qu'ex-« traordinaires ès pays de Picardie et Artois, veut prendre à cens certaine « quantité de terre là où soloit être la porte Saint-Firmin, qu'il a intention de « faire amaser et édiffier de maisons manables et autres édifices, moyennant un « chapon de cens par an. » On lui accorde cette autorisation sous l'obligation d'édification en trois ans et d'une rente de deux chapons.

Le 4 novembre, l'échevinage revient sur un projet déjà ancien : la navigation de la rivière de Selle, à commencer au-dessus du village de Croissy où elle prend sa naissance, suivant les termes des lettres octroyées par le roy au mois de juin dernier dans la ville d'Amiens, et aussy selon l'advis et forme de la figure piéça de cette forme monstrée au roy et au Maréchal d'Esquerdes. On désigne Jehan Lenormant, Nicolas le Rendu, sire Nicolas Fauvel et Jacques Groul pour deman-der à MM^{rs} du chapitre qui ont plusieurs prés et bois touchants à cette rivière, quelle aide ils voudraient fournir pour la dépense qu'exigeront les travaux à entreprendre (Ibid. 267).

Le 2 décembre sur la visite de la rivière faite par Mr Colart de Haudrechies, Pierre Tarisel, Jehan le Messier et autres, qui a esté mise et rédigées au long par escript, on conclue de mander à l'Hôtel-de-Ville aucuns mariniers de la ville pour communiquer avec eulx ladite visitation, et avoir leur adviz et qu'après ce faire, les commissaires de mesdits s^{rs} se trouveront avec les députés du chapitre (1).

_____

(1) Voyage de Me Colart de Haudrechies, Pierre Tarissel, Jehan le Messier et Andrieu de Machy pour avoir alé le long de la rivière de Selle jusques à Croissy, Famechon, Forestmontiers et aultres lieux faire visitacion de ladite rivière pour savoir si on pourroit trouver façon qu'elle peut porter navire xxxiii^l iiii^s (Comptes 1493-1494).

Le 7 janvier, l'on rend une nouvelle ordonnance sur le métier des huchers et le 28, contre « des compagnons oiseux » qui commettent des désordres. Les archers, les arbalestriers et les couleuvriniers marcheront en trois ou quatre lieux pour les prendre prisonniers et en faire ce qu'il appartiendra (Ibid. 277).

Ici l'on rencontre dans les registres aux comptes les mentions suivantes que je copie textuellement.

1493-94. Taverne du Sagittaire ix de mars *pour deux cannes de vin présentées à Monsg* le maïeur* (le Maire est sire Anthoine Clabault) *au souper du plevinage Anthoine Clabault.*

Audit lieu (le Sagittaire) 26 mai *pour XII kannes de vin présentées à Antoine Clabault le jour de ses nopces* audit pris font LX*.

Aud. lieu ledit jour *pour 4 kanes de vin présentées aux compagnons de la ville qui avaient joué jeux devant mesd.* s** xx*.

Ces quelques lignes sont pour moi une énigme dont j'ai vainement cherché le mot.

Quel est cet Antoine Clabault auquel on fait un si grand présent de vin, serait-il un fils du maire?

Est-il son filleul et cousin, fils de Jacques Clabault et de Jeanne Postelle, c'est-à-dire Antoine, plus tard seigneur de Lincheu et de Vercourt?

L'importance du présent, la représentation théâtrale donnée le jour du mariage pourraient faire supposer qu'il s'agit réellement d'un fils du maire et de défunte Isabelle Fauvel, mort peu après et avant le convol de son père en 1495, mais à défaut d'indications plus certaines je n'ose me prononcer sur ce point délicat, faute de renseignements plus explicites.

Le 11 mars on revient encore sur les dépenses de l'entrée royale. « Mess. ont « parlé ensemble oudit eschevinage de la pièce d'œuvre qu'ils ont piéça fait « dernièrement à présenter pour la ville à la reyne quand elle venra en lad. ville, « laquelle pièce par plusieurs de mesdits s** fut cejourd'hui veue à l'ostel de « Mons* le maïeur et a esté mis en termes savoir se ilz feroient dorer la licorne « d'icelle pièce par Regnaut des Hosteux orfeuvre qui a fait ledit ouvrage, et « finablement, sur ce eu advis, a esté conclud faire dorer lad. licorne ès lieux « qu'il lui convient dorer par ledit des Hosteux au pris de ii ducas le marcq se « meilleur marchié on n'en peut avoir à luy, et quant au bat qui est encore à « faire iceluy des Hosteux le fera (Ibid. 280) (1). »

(1) Mentionnons encore à ce propos les notes suivantes : A Nicolas des Hosteux et à son frère orfèvres

Le même jour on avait reçu « lettres missives du roy de Mollins en Bourbon-
« nois afin d'envoyer vers luy, en la ville de Lyon sur le Rosne, aucun bon
« personnage de lad. ville pour oyr ce qui sera communiqué et dit de par icelles,
« et en faire rapport. Mesd. sieurs décidés d'obéir aud. lettres et bon plaisir du
« roy en envoyant sire Nicolas Fauvel et Jacques Groul avocat et conseiller de
« la ville. A la veille de partir pour l'Italie, Charles VIII désirait obtenir des
« bonnes villes les scellés de leur adhésion au maintien de la paix de Senlis. »

Le 25 avril suivant les députés firent le rapport de leur voyage à Lyon et
dirent par la bouche de Jacques Groul :

« Que le lundy de la sepmaine sainte derrain passée ils arrivèrent oudit lieu
« de Lyon et présentèrent à Mons* le Mareschal d'Eskerdes unes lettres missives
« de par mesdits s** et le lendemain portèrent au roy pareilles lettres pour lad.
« ville touchant la matière pour laquelle ils estoient envoiés avec ceulx des
« autres bonnes villes de cest royalme, lesquelles lettres il recheut agréable-
« ment, après leur fust dit que Mons* de Saint-Mallot (1) avoit charge les
« despesches, qui depuis leur dist qu'il tenroit la main à leur expédition le plus
« tôt que faire se porroit, et se party le roy dudit Lion et le lundi après Quasi-
« modo y retourna et depuis se trouvèrent avec les députés des villes de Paris,
« Rouen, Angiers et autres lieux et conclurent ensemble que quant la matière
« leur seroit mise en cours de par le roy que ilz feroient réponse que ilz ne
« avoient pas les lettres du roy envoiées auxd. villes, synon charge de oyr et
« rapporter.

« Dist qu'ils furent ensemble à l'hostel de Mons* l'archevesque de Lyon
« ouquel vint le roy en une grant salle fort parée et tendue de draps d'or et
« autres où estoient ledit archevesque, Mons* le chancellier (2), Mons* de
« Bourbon (3), Mons* de Foix et autres grants seigneurs et commanda le roy
« oudit Mons* le chancellier ce qu'il avoit à charge.

xxiv livres pour employer à l'ouvrage d'argent pour la reyne (Comptes de 1492-93). — A Nicolas
des Hosteux L*¹ x* pour achat de l'argent à faire ung vaisseau d'argent que mesd* sieurs lui font faire
pour présenter à la reyne quand elle fera son entrée en icelle ville d'Amiens (Comptes 1493-94).
— Audit Nicolas encore la somme de iiii** xl xiv* (Ibid.) — A Regnaut et Nicolas des Hosteux
orfèvres la somme de LX* à eux payée sur 82* 6* à eux deulz de reste du présent fait par la ville à la
reine. — Nicolas et Regnaut des Hosteux LVII* xl* xi* qui leur estoient de reste pour une pièce d'œuvre
d'argenterie etc. (Comptes 1494-95).

(1) Guillaume Briçonnet cardinal de St-Malô.
(2) Guillaume de Rochefort chancelier de France.
(3) Pierre de Bourbon mari de Madame de Beaujeu

« Dist que ledit Monsr le chancellier leur dist que le roy très chrestien illec
« présent les avoit mandé et fait rescripre par ses lettres missives et que notre
« dit Saint-Père le Pappe avoit paravant et nagaires rescript au roy que les
« turcqs et infidèles faisaient grant guerres aux chrétiens et y en avoit eu de
« mors de chrétiens jusqu'au nombre de x^m.

« Dist que le roy et ses prédécesseurs rois de France avoient plusieurs fois en
« temps passé secouru les chrétiens et que à ceste cause le roy estoit délibéré
« aller atout une bonne armée, en personne contre lesdits turcs et infidèles et
« monstreroit qu'il estoit et volloit estre deffenseur de la foy chrestienne.

« Dist oultre que le roy avoit dernièrement esté adverty que à luy appartenoit
« le roialme de Napples, qu'il avoit l'intention conquester moiennant la grâce
« de Dieu et requéroit à ceulx de ses bonnes villes, durant ce qu'il seroit absent
« de son réalme que on volsist faire bonne garde desd. villes.

« Dist qu'il y avoit bonne paix entre le roy et le roy des Romains.

« Dist que le lendemain ils se trouvèrent ensemble à l'ostel dudit Monsr le
« chancellier où il récita en substance ce qu'il avoit dit le jour précédent.

« Dist qu'il remonstra les biens et vertus qui estoient ou roy et qu'il desiroit
« de tout son pooir faire raison et justice.

« Dist qu'il y avoit traittié de paix entre le roy et le roy d'Espagne et qu'il
« convenoit que ceulx desd. bonnes villes baillassent leurs lettres de tenir et
« entretenir les traittiés fais entre le roy notre dit s^r d'une part et ledit roy des
« Romains et d'Espaigne d'autre, selon les termes des minutes qui de par le roy
« avoient esté baillées auxdites villes, lesquelles sont cy-après au long insérées.

« Dist que led. jour ils furent à l'ostel de Monsr le chancellier ouquel ostel ung
« nommé Palamèdes Pourvenchal, présens plusieurs grants seigneurs et ledit
« Monsr le chancellier, leur dist entr'autres choses que anchiennement ung qui
« ot nom Mainfroy (1) avoit par aucuns temps esté possesseur du réalme de
« Napples où il se gouverna mal et à ceste cause en fut expulsé et fu donné au
« roy Charles (2) lequel depuis le remist en la main de l'église et après le donna
« le pappe à .... dist que ung nommé Frédéric Barberousse en
« fut aussy expulsé par ung pappe de Rome (3).

« Dist que ledit réalme fut depuis possessé par ung nommé Jouen et Jouenelle

(1) Mainfroy roi de Naples 1258 tué à la bataille de Bénévent.
(2) Charles Ier frère de Saint-Louis, roi de Naples en 1266.
(3) Frédéric II frère de Jacques roi de Sicile, roi de Naples en 1296.

« laquelle Jouenelle adopta le roy d'Arragon audit réalme dont il fut ingrat (1).

« Dist que après plusieurs remonstrances faites touchant ledit réalme de
« Napples et la matière bien débatue il a esté trouvé que icelluy réalme appar-
« tient au roy et que en le conquestant il porra recouvrer tous ses droits et
« justiche.

« Dist que le roy de Sécille dernier le avoit donné au roy du consentement de
« notre dit Saint-Père le Pappe (2).

« Dist que le mercredy ensuivant le roy manda iceulx des bonnes villes et par
« la bouche dudit Mons᷉ le chancellier furent remerchiés de ce qu'ils estoient
« allez vers luy oudit lieu de Lyon, dist que on gardast bien lesd. villes de su-
« prinses, que son roialme estoit en tranquilité plus que piéça n'avoit esté, qu'il
« estoit content que chacun s'en retournast et que on baillast à chacun de ceulx
« des villes qui estoient audit lieu de Lyon le double des lettres que ledit roy
« volloit qu'ilz baillassent pour entretenir les traitiez faits dont le roy fut re-
« merchier par ceux desd. villes.

« Dist que maistre Florimond Robertet secrétaire du roy les a expédiés de
« leurs lettres desquels qui ont été veues oudit eschevinage la teneur s'ensuit
« cy-aprez (3).

« Et sy ont vu le double des minutes baillées auxdits s᷉ Fauvel et Groul
« touchant lesd. traittiés dont pareillement cy-aprez les teneures s'ensuivent.

« Et là tout veu et oy ledit rapport a esté conclud, sur ce eu conseil et adviz à
« grant et meure délibération de faire grosser lesdites lettres selon lesd. minutes
« et les envoier devers le roy pour lad. ville d'Amiens ainsy qu'il a pleu au roy
« que l'une desdites lettres en tant qu'il touche le traittié de paix fait entre le
« roy d'une part et le roy des Romains de l'autre, qui seront faictes sous le scel
« aux causes d'icelle ville et seront signées du seing manuel de Jacques Lenglet
« greffier de ladite ville. »

Ces lettres furent en effet données à Amiens dans la forme arrêtée, le 25 d'avril
1494 (A. Thierry, II, p. 465) (4).

Le 19 du même mois, l'on avait publié par la ville, des lettres du roi en date du

---

(1) Jeanne II de Naples reine en 1414 institua pour son héritier Alphonse roi d'Arragon et de Sicile
mais lasse de lui, lui substitua Louis d'Anjou ou à son défaut René son frère.

(2) René d'Anjou connu dans l'histoire sous le nom du roi René.

(3) Ces lettres sont publiées par A. Thierry, II, page 464.

(4) Le voyage à Lyon de Nicolas Fauvel et de Jacques Groul coûta à la ville 207 livres (Regist. aux
comptes. Ibid.).

27

château de Montils-lès-Tours du 17 décembre de l'année précédente, par lesquelles ce prince faisait savoir « qu'il avoit esté adverty et accertené par « plusieurs grants et notables personnages tant de l'Université de Paris que « aultres que en plusieurs villes et lieux de son royaume résident plusieurs « mauvaises et très pernicieuses personnes tant hommes que femmes mal « sentans de la saincte foy catholique, usans de très mauvaises et réprouvées « sciences contre l'honneur de Dieu nostre créateur et notre mère sainte église, « voullant notre souverain seigneur comme roy très chrestien à ce dilligemment « pourvoir, a décresté, statué et ordonné que toutes telles manières de gens « comme charmeurs devineurs, invocateurs de mauvaiz et dampnez esperils, « nygromanciens et toutes gens usans de mauvais ars sciences et sectes prohi- « bées et deffendues par notre dite mère Sainte église soient à toutte dilligence « prins et constituez prisonniers par les juges ordinaires chacun en son regard « et ceulx dont la congnoissance directement appartient à la juridiction ecclé- « siastique » (Regist. aux chartes E, f° 220). Cette mesure à la veille de franchir les monts, pour entrer en Italie comme soutien de la foi et vengeur de la chré- tienté, paraît bien revêtir un caractère d'opportunisme plus politique que religieux.

Malgré la paix, l'on n'en continuait pas moins à travailler activement aux fortifications; nous voyons dans le registre aux comptes de cette année une dépense de lx° pour deux fois que le maître des ouvrages assembla Pierre Tarisel le maître maçon de la ville, Jehan le Messier maître charpentier, plusieurs autres maîtres de ces mestiers et Riquier Hauroye paintre etc. « et les a menés sur la « porte de Montrescu pour deviser et composer les combles et édifices qui es- « toient nécessaires à faire sur lad. porte, ouquel lieu furent prinses les mesures « et fait l'estime des matières qu'il y conviendroit. »

Le Maréchal d'Esquerdes avait été remplacé comme gouverneur de Picardie par Louis de Luxembourg comte de Ligny petit-fils du fameux connétable de Saint-Pol (1). Lorsque Charles VIII se résolut à entreprendre son expédition d'Italie l'on ne tarda pas à comprendre que le vieux guerrier dont le nouveau conseil du roi maintenant majeur, espérait se passer et auquel on n'avait confié que des sinécures, comme la grande chambellance et la garde des places mises en sequestre par le traité de paix de Senlis, était le seul homme capable d'organiser l'armée prête à entrer en campagne. Appelé à Lyon il dissuada

(1) Daire. Ibid I, 511.

fortement cette expédition qui devait entraîner la France dans des luttes si désastreuses, mais malgré ses efforts, l'entreprise étant irrévocablement résolue, il exposa dans un nouveau conseil de guerre le plan de campagne qu'il entendait suivre, mais qu'il ne put réaliser. Fort malade depuis plus d'un an et ne vivant pour ainsi dire que par les secours de la médecine, il mourut à Bresle près de Lyon le 22 avril 1494.

Charles VIII auquel manquait si malheureusement la vieille expérience de Philippe de Crévecœur voulut du moins qu'on rendit à sa dépouille mortelle, dans toutes les villes que traverserait son convoi funèbre depuis Lyon jusques à Boulogne-sur-Mer où il avait voulu être inhumé aux pieds de l'image miraculeuse, les mêmes honneurs qu'à un monarque de France. Philippe de Crévecœur n'avait toutefois que 64 ans, mais comme le disait son épitaphe que nous a conservé un manuscrit de la bibliothèque d'Abot de Bazinghem.

En mes vieux jours j'ai vu du labeur grosse somme
J'ay perdu maint repos et dormy petit somme

Le 6 mai 1494, disent les registres aux délibérations, « MM^{rs} ont aujourd'huy
« parlé ensemble oudit eschevinage comment le jourd'huy par Monsr le bailly de
« Caux avoient esté advertyz que le corps de feu Monsr le Maréchal d'Eskerdes
« qui puis nagaires esté allé de vie à trespas en Lyonnois et devait le jour de
« demain apporter et passer par ceste ville pour après le porter à Boullongne sur
« la mer où il doit estre inhumé (1) et a esté mis en termes scavoir se mesdits sieurs
« yront au devant avec les gens d'église se ilz y alloient au dehors, ou jusques à
« la porte de Beauvais et comment ilz se y avoit à conduire, à considérer qu'il
« estoit lieutenant du roy ès pays de Picardie et aussy capitaine de ceste ville et
« finablement sur ce eu advis, ont ordonné qu'ilz yront à pié jusques à ladite
« porte au devant dudit corps et des seigneurs qui sont avec ledit corps pour
« mener audit lieu de Boullongne, et après yront jusques à Sainte-Clare où l'on
« menera ledit corps pour la messe » (Regist. aux délib., f° 10, v°). Les seigneurs d'Amiens dit M. Liot de Nortbécourt allèrent au devant luy et donnèrent une charrette de torses et de flambeaux pour le conduire oultre (Bulletin de la Société des Antiquaires de la Morinie. Ibid.).

(1) La sépulture du Maréchal d'Esquerdes fut brisée et détruite comme beaucoup d'autres en 1544 par les Anglais maîtres de Boulogne qui emportèrent son effigie en marbre blanc (Voir Petite histoire de Picardie : Dictionnaire historique et archéologique, p. 140).

Mais à la veille d'entrer en campagne, le roi avait plus que jamais besoin d'argent et le 16 juin 1494, dans une assemblée tenue à la Malemaison, on donna lecture de lettres apportées par M⁰ Jehan de la Vacquerie premier président en la cour du Parlement à Paris et Mʳ Pierre Parent trésorier de France demandant un prêt de 6,000 livres pour un an. Délibéré que la ville « remonstrera au mieulx « et plus doulchement que faire se porra, les privillèges, libertez et franchises « octroyés et confirmez par le roy à la ville, ses grandes charges et affaires, « même le don de 3,000 livres fait il y a trois ans » (1491) et priera le roy de l'exempter de ce prêt.

Ces représentations furent faites aux commissaires royaux en l'ostel où pend l'enseigne de la Rose devant la grand église Notre-Dame par Jacques Groul, en présence du maïeur Antoine Clabault, de Nicolas Fauvel, Jehan Lenormant, Pierre de May prévôt, Loys d'Aut, M° Robert Auxcousteaux et autres.

Le lendemain 17, Jacques Groul rend compte de la visite faite aux commissaires et des remontrances qu'ils n'ont pas voulu admettre.

En présence de cette fin de non recevoir, l'on arrête le 20 juin d'envoyer à Paris vers les archevêques de Sens (1) et de Narbonne (2), Mʳˢ d'Orval et autres commissaires du roi, Jacques Groul et Jehan Péredieu pour réitérer les remontrances de la ville (3).

Dans une quatrième assemblée le dernier jour du mois, le prêt fut enfin réduit à la somme de 2,000 livres. Pour trouver cette somme qu'il faut fournir en dedans la Notre-Dame prochaine (15 août) on arrête de vendre rentes rachetables sur le corps de la ville et de prendre la moitié des deniers à quoi se montera le produit des droits levés sur les cervoises et menus breuvages (Délib. Ibid. f° 20).

La peste a encore fait son apparition ou du moins donnait des craintes pour la santé publique. Aussi était-il sage de s'entourer de précautions. Le 31 juillet l'échevinage prend cette délibération : « A l'occasion du dangier de peste à « présent estant en aucuns lieux avant la ville que l'on parlera à Jehan Obry (4)

(1) Tristan de Salazar.
(2) Georges d'Amboise.
(3) Voyage de Jehan Péredieu et Jacques Groul à Paris LVII livres. Regist. aux comptes 1493-94.
(4) Le 2 juin 1494 Jehan Obry avait été nommé chirurgien de la ville au lieu de Nicolas Mahieu décédé, aux gaiges et proufits accoustumés (Regist. délib. Ibid.). — Nous trouvons dans le même registre la preuve de l'exécution des mesures décrêtées par l'échevinage. A Pierre le Machon barbier chirurgien Lˣ pour depuis le 23 juillet jusques le 13 octobre a visiter de sayner aucuns malades de la maladie de peste en icelle ville. — A Fremin Billecocq dit Pintrelot pour avoir visité etc. xˡ. — A Hue de Brabant et ses compaignons pour avoir ou mois de juillet porté ès chimentières d'icelle ville plusieurs

« afin qu'il trouve un chirurgien pour soy charger de aller visiter et saigner avant
« ladite ville les malades de ladite maladie se aucuns y en avoient cy-aprez, que
« Dieu ne vœulle, lequel ara gages pour un an tel que de xvi ou xx livres. »
Il arrête qu'il y aura aussi des porteurs pour porter les corps en terre qu'on
retiendra jusques à la Toussaint (1).

Le même jour on augmente le cens du bail fait à Mr Jehan de Moncheaux, et
l'on fait crier l'annonce des rentes rachetables à émettre pour fournir les 2,000
livres promises au roi.

Le 23 septembre le receveur des rentes est autorisé à fournir au maître des
ouvrages 200 livres pour les travaux nécessaires pour l'achèvement des ouvrages
de la porte Montrescu.

Louis de Malet sire de Graville de Montaigu et de Marcoussy amiral de
France fait à cette époque et non en 1498 comme le dit par erreur le P. Daire
(I, 511) son entrée officielle dans la ville. L'admiral de France à présent lieutenant du roi ès marches de Picardie en l'absence de M^r le comte de Ligny estant
en l'armée au voyage de Napples vient en ceste ville « ilz (MM^rs) yront faire luy
« en son hostel faire la révérence comme il appartient et au surplus que on luy
« présentera de par mesdits sieurs pour la première fois 24 kannes de vin et
« quant aux autres fois ilz aront advis combien ilz en donneront. » Je ne trouve
cependant pour cet objet aux registres aux comptes que l'emploi de deux demies
kannes.

1494-1495
Pâques 30 mars.

Le 28 octobre 1494 Antoine Clabault est réélu maire pour la douzième fois. Il
a occupé exceptionnellement cette fonction, nous l'avons vu depuis 1491 sans
interruption.

Le 16 novembre il doit s'occuper d'un cas de nouvelleté commis au détriment
des droits de la ville. « Les maistres de la confrairie de Saint-Denis ont fait faire
« puis nagaires de machonnerie, le portail et entrée du chimentière Saint-Denis
« du lez de la rue Saint-Denis en ceste ville d'Amiens et aussy comment Maistre
« Firmin Pinguerel avoit fait faire sur ledit portail ung jugement de machon-
« nerie entaillée et que à l'une des jambes dudit portail et à la dextre ledit
« Pinguerel avoit fait mettre et entailler ses armes et à l'aultre lez mestre celles·
« du roy combien que au viez portail qui paravant y estoit y fussent les armes
« de la ville seule pour ce que à cause dudit chimentière qui appartient la plus-

personnes trespassées de lad. maladie de peste. — Firmin Billecocq chirurgien commis l'année dernière
à soigner les pestiférés, vu sa povreté sera payé de xl^s à luy donné du reste de plus grant somme pour
la cause cy-dessus et en aulcuns aultres eschevinaiges déclariée (Délib. 1494).

« part à la ville, icelle ville est redevable des certains deniers de cens envers les
« religieux, abbé et couvent de Saint-Martin-aux-Jumeaux et à ceste cause a esté
« mis en termes scavoir si on feroit oster les armes dudit Pinguerel qui de sa
« volonté et sans le congié de mesdis s^rs les a fait entailler en lad. jambe dextre
« dudit portail, sur quoy eu conseil, MM^rs ont ordonné que lesdites armes dudit
« Pinguerel ainsy mises de son auctorité audit portail seront ostées et effachiées
« et que à la jambe dextre seraient mis et peintes celles du roy et à la jambe
« senestre celles de la ville d'Amiens. »

L'hiver s'annonce il paraît de bonne heure et semble devoir être dur si nous en
jugeons par la délibération suivante prise à la même époque sur une requête des
pauvres malades de Saint-Ladre réclamant « pour avoir du bos pour se chauffer,
« car n'eust esté le censier dudit hostel qui leur avoit donné du fœurre à bruller,
« ils eussent esté ancores en plus grand pouvreté qu'ils estoient. » Il leur est
accordé des recettes de la maison à chacun un cent de fagots et pour eulx tous
ensemble trois carrées de bos (Délib. Ibid. f° 37).

Le 24 (Ibid. f° 38) « pour le bien de ladite ville et éviter au danger des feux
« de meschief qui porroient advenir, que Dieu ne veuille, on ne permettra plus
« doresnavant de couvrir d'esteules les édifices que l'on fera de nouveau en
« icelle ville ès grans rues en ladite ville, mais de tieulle, principalement des
« édifices qui seront faits sur frocs desdites rues, et quant aux maisons et
« édiffices estans en divers lieux à présent couverts d'esteules tant derrière
« Saint-Leu que ailleurs appartenant à plusieurs pourres gens, ceulx à qui sont
« ou seront lesd. maisons quand ilz voldront faire œuvre à recouvrir aucune
« chose en leursd. maisons, ilz seront en ce cas tenuz avant que les faire couvrir
« d'esteulles ne y faire besoigner par les couvreurs d'esteulle d'Amiens, venir
« devers mesdits s^rs à l'Hostel de la ville, pour après faire visiter lesd. maisons
« et en faire selon l'adviz de mesdits sieurs, laquelle ordonnance signifiée aux
« couvreurs d'esteulles et aux couvreurs de tuilles affin que ladite ordonnance
« soit entretenue et que lesdits couvreurs de tuille y entendent et ce sur peine de
« pugnition dessus dite à ceulx qui la transgresseront et d'amende arbitraire »
(Ibid. f° 38).

Vient maintenant la répression de certains délits. Mahieu le Jeune tanneur
avait naguères en l'Hostel-de-Ville en présence de plusieurs de MM^rs et parlant
au maire, proféré plusieurs grandes et oultraigeures paroles en grands jurements
de justice, à propos d'une plainte que Jehan de Saisseval hostelain avait porté
contre luy à propos d'une dette pour vente de vin. En punition de ses blasphèmes

il avait juré la chair Dieu et le nom de Dieu ; il « sera amené mercredi prochain,
« nu tête, genoux fléchis, tenant en main une torse de 3 ou 4 livres de chire,
« criant merchy à Dieu, à mond. s^r le Maïeur desd. injurieuses paroles pour
« justice et loy pour qu'il luy plaist luy pardonner et ce fait accompagné de
« aucuns sergens et officiers de la ville, porter lad. torse à l'entrée de l'église de
« Sainte-Clare pour icelluy estre arse au saint service divin. »

18 décembre 1494. Vu information faite par Richier de Saint-Fuscien prévôt
pour le roy notre sire, Loys d'Aut et Nicollas Féron eschevins « à l'encontre
« des religieux et couvent des Cordeliers pour raison du désordre et vie lubric-
« que depuis estant oudit couvent à cause de plusieurs femmes et filles de vie
« dissolute chacun jour et nuit estant oudit couvent et dont les aucuns desd.
« religieux ont plusieurs enffans, et sur ce eu conseil et adviz, pour ce qu'il leur
« est à souffisance apparu dudit désordre, ont ordonné que lesd. députez à faire
« ladite information, parleroient de ceste matière au gardien du couvent réformé
« de la ville d'Abbeville à présent estant en ceste ville d'Amiens pour avoir son
« advis par quel fachon on pourroit trouver moien de faire réformer ledit couvent
« des Cordelliers d'Amiens à l'honneur de Dieu, de l'église, d'icelle couvent et
« d'icelle ville d'Amiens et après en faire rapport à mesdits s^{rs}. »

Le célèbre prédicateur Olivier Maillart docteur de Sorbonne, professeur de
théologie de l'ordre des frères Mineurs, prédicateur du duc de Bourgogne, de
Louis XI, conseil et protégé de Charles VIII, connaissait-il et avait-il censuré,
dans les satires amères et outrageantes débitées dans le langage trivial et gros-
sier qui formait le fonds de son éloquence, la conduite scandaleuse dont ses
confrères donnaient l'exemple, lorsque quelques mois auparavant (février 1493)
il était venu à Amiens durant le carême. Les registres aux comptes nous
montrent en effet que deux kannes de vin furent présentées les 21, 23, 24 et 25
février à frère Olivier Maillart. Nous l'ignorons, mais toujours est-il que lorsqu'en
1501 le légat du Saint-Siège ayant entrepris de réformer tous les couvents de
Paris, l'éloquence du fougueux sermoneur échoua contre l'obstination des enfants
de Saint-François, qui contraints de promettre d'accepter cette réforme devant
les injonctions formelles de l'autorité séculière, se vengèrent de leur soumission,
en le chassant avec violence de leur couvent comme un faux frère (1).

(1) Il revint encore à Amiens en 1495 (22 janvier), deux kannes de vin présentées à frère Olivier
Maillart (Regist. aux comptes). C'est à son influence sur l'esprit de la régente et du jeune roi a-t-on dit
que fut due l'impolitique rétrocession du Roussillon à l'Espagne. Dreux du Radier prétend que c'est de
lui qu'à voulu se moquer Rabelais, en mettant dans la bouche de son frère Jean des Entomeures les

Le 25 janvier, frère Jehan Masselin religieux des frères prêcheurs à Amiens en une prédication « a dit et prophéré aucunes paroles malsonnantes et au « déshonneur des frères Mineurs de lad. ville, desquelles paroles qui ont été « dites en grant esclandre des femmes mariées, il est ordonné que ce frère sera « mandé à l'Ostel-de-Ville en présence des officiers du roy et de mesdis s^rs et les « conseillers afin de l'interroger sur la cause qui l'a amené à dire ces paroles. « Ledit Masselin pour réparation, dans un sermon qu'il fera, devra se dédire « publiquement et contraint d'être hors de la ville par l'espace de trois ou quatre « ans » (Ibid. f° 47). Le 6 avril le frère Masselin présenta requête sur cette sentence, demanda pardon, sollicitant de rester dans son couvent, « ce qui lui « est accordé pour tant qu'il leur touche et peut toucher que led. suppliant « rentre en sondit couvent » (Ibid. 60) (2).

Au mois de mars l'on célèbre à Amiens les succès du roi en Italie et la soumission du royaume de Naples. « 23 mars aux sergents à mache pour avoir « assisté avec mesdits sieurs à une procession faite en priant Dieu pour le roy. « Mandement du 24 mars : procession faite où plusieurs de mesdits s^rs avaient « porté la fiertre de Monseig^r Saint-Firmin-le-Martyr à cause des conquestes « faites par le roi de plusieurs villes et places en son royaume de Naples » (Comptes 1494-95). C'est sans doute aussi à ces succès qu'il faut rattacher les représentations théâtrales données à l'ostel de la ville par joueurs de person-naiges les 13 janvier, 6 février et 3 mars. A cette dernière représentation on joua le jeu d'Odengier.

Le 6 avril les religieux de Saint-Martin-aux-Jumeaux sollicitent l'autorisation de faire faire au mur répondant à la rue Saint-Denis auprès de l'ostel où demeure Madame de Disquemuc, une huisserie pour servir à des étables que voudrait faire faire Mr de Morvillers, auquel aprez le trespas de lad. dame, ledit hôtel doit appartenir viagèrement comme l'on dist. Accordé moyennant lettres de non préjudice.

Le 5 mai la ville fait un nouvel emprunt pour l'achèvement des travaux des ponts du Cay et autres (Délib. Ibid. 62). On achevait aussi la porte Montrescu;

imprécations par lesquelles le prédicateur breton envoyait souvent dans ses sermons ses auditeurs ou ceux dont il parlait *ad omnes diabolos, ad tringenta mille diabolos.*

(2) Ce religieux ne semble avoir que la synonimie du nom avec Jehan Masselin doyen du chapitre de Rouen, qui a laissé le Journal des Etats-Généraux de France tenus à Tours en 1484 et publié en 1835 par A. Bernier dans la collection des documents inédits de l'Histoire de France, comme avec le neveu et exécuteur testamentaire de cet ecclésiatique.

« 13 janvier vi kannes aux carpentiers qui faisaient le cloquier de la porte
« Montrescu » (Comptes 1494-95).

D'après l'enquête faite sur les agissements des Cordeliers « veue par eulx
« (MM^rs) et par Monsr l'admiral lieutenant du roy ès marches de Picardie et
« autres grans seigneurs estans avec luy et comment mesdits sieurs avoient la
« pluspart d'entr'eulz esté mandez par mondit sieur l'Admiral avec les
« officiers du roy au bailliage afin de savoir se ils voloient bailler leur consen-
« tement de escripre à Monsr de Bourbon lieutenant-général du roy nostre dit
« sire et avec ce luy bailler requeste ou nom desd. officiers du roy et de mesdits
« sieurs à la fin de réformer ledit couvent des Cordelliers et se ladite requeste
« seroit signée du greffier de la ville, comme aussy elle seroit de Robert Bigant
« greffier dudit bailliage ou autres commis en ceste partie desd. officiers du roy,
« et finablement, sur tout eu conseil et adviz, a esté délibéré de rescripre lettres
« pour ledit Monsr de Bourbon au nom de mesdits sieurs, qui ont esté veues avec
« ladite requeste oudit eschevinage à la fin d'icelle réformation faire, par lettres
« royaux à adresser à mondit s^r l'admiral et présenter ladite requeste qui sera
« signée dudit greffier de la ville » (Ibid. 62).

L'Amiral, comme ses prédécesseurs, se faisait un devoir de veiller aux intérêts
de la province confiée à ses soins. Quelques mois après (février 1495) nous
voyons que les vins de la ville sont offerts aux maires et échevins du Crotoy, de
Béthune, de Saint-Pol, de Doullens, d'Abbeville, Péronne, Montdidier, Hesdin,
Thérouanne et gouverneurs de Boulogne venus pour conférer avec lui au sujet
des monnoies. Huit jours avant on avait fait un présent de cette nature *à ung
bourgeois de Dieppe son lieutenant.*

Le 13 mai la ville prend à rentes de noble et puissant seigneur Monseigneur
Charles de Rubempré, seigneur dudit lieu et d'Anchins, pour les travaux qu'elle
a à achever la somme de 600 livres tournois en grans blancs du roy.

Un nouveau conflit éclate à propos des droits de sesterage du vidame. Nous ne
nous étendrons pas sur ce différend qui se termine par un arrêt du Parlement
condamnant les sestelliers du vidame à lever leurs mesures (Ibid. notamment f^os
71, 72, 73 et 74).

La campagne de Charles VIII en Italie n'avait été d'abord qu'une promenade
triomphale, mais après la conquête de Naples, la ligue de Venise signée entre
cette république, le pape, l'Empereur, le roi d'Espagne et le duc de Milan forçait
le roi de France à repasser au plus vite les monts. Il fallut toute la *furia fran-
cese* pour s'ouvrir un passage à Fornoue (6 juillet). Le retour du prince fut

28

accueilli avec les démonstrations ordinaires de joie officielle. Nous trouvons dans les comptes : 19 juillet : « Aux compagnons de Saint-Firmin-à-la-Porte qui « jouèrent ung jeu à l'onneur du roy. — xii¹ iˢ vi⁴ disner à l'Ostel-de-Ville où « furent mesd. sᵣˢ, les conseillers et officiers de la ville au retour du *Te Deum* et « bonnes nouvelles du retour du roy notre dit seigneur ouquel jour et lendemain « l'on feist feux, jeux et esbatemens avant lad. ville. »

La question des améliorations à apporter à la navigation de la rivière de Somme revient de nouveau à l'étude. Le 10 septembre Richier de Saint-Fussien prévôt et Loys d'Aut échevin font rapport du voyage qu'ils ont fait en bâteau sur la rivière de Somme aux villages de Long et Longpré avec Pierre Tarisel maçon, Jehan le Messier carpentier et Andrieu de Machy procureur de la ville pour faire visitation de plusieurs ruptures au préjudice de la marchandise et de la chose publique, même de certaines questions et différences estant entre les religieux de Corbie, les maire et échevins d'Abbeville et Mʳ le vidame d'une part, à l'encontre de messire Jehan Kraquelement et Madame Ysabeau de Ligny sa femme ayant le bail et garde de Jehan de Nœufville auquel appartient partie dudit Longpré avec un molin sur la rivière ; décidé de se réunir en dedans la Saint-Remy pour savoir quel parti prendre (1).

Le 28 septembre l'on veut faire gager les porteurs des pestiférés par les corps des métiers (Ibid. fᵒ 80, vᵒ).

Le 30 une condamnation sévère est prononcée contre Andrieu Dubos sergent à masse. Il est privé de son office pour avoir renié et blasphémé le nom de Dieu nostre créateur et dit autres détestables paroles.

Le 15 octobre les religieux de Saint-Martin-aux-Jumeaux ayant acquiescé aux conditions posées par la ville, il leur est accordé congé d'ouvrir leur huisserie sur la rue Saint-Denis durant le temps de la vie de Mʳ de Morvillers (1).

Le 19, on décide d'envoyer pour le roi 400 livres montant de la valeur des 200 muids, mesure de Paris, de sel estant dans les greniers d'Amiens.

Citons encore comme dernier acte de cette mairie, une exécution judiciaire. Le 26, Jehan Caron dit le Menteur, demeurant à Hesdin, natif de Montreuil-sur-

---

(1) A ce sujet on lit dans les comptes de 1494-95 : A Jacques Platel peintre deux figures de peinture de la rivière de Somme entre les villages de Long et Longuet et ce à cause de certains procès meuz et espriez à cause de ladite rivière xiiˢ. — Audit Guérard de Saint-Pierre pastichier la somme de xliiˢ pour despence faite à ung disner à l'ostel de ladite ville où furent aucuns de mesdis sᵣˢ avec aucuns députés d'Abbeville envoiés pour communiquer avec mesd. sᵣˢ touchant le fait de la rivière de Sõme.

(1) Raoul de Lannoy seigneur de Morvillers et de Paillart capitaine de la ville en remplacement de M. de Rubempré.

Bresle, charpentier, sur la plainte de Hubert Morel de la même profession, demeurant à Saint-Just en Beauvaisis, de lui avoir dérobé en une chambre à l'ostel de la Cheraine aud. lieu de Saint-Just où ils avaient couché plusieurs nuits ensemble, une robe de drap jaune, un manteau de drap rouge, un chaperon blanc et une rapière et les avoit apportés à Amiens où il avait été arrêté, et pour d'autres larcins encore, fut condamné a être fustigé et battu de verges par les carrefours de la ville et au surplus banni sous peine de hart, à toujours de la ville et de la banlieue, condamnation qui reçut son exécution le même jour au bondissement de la grosse cloche du Beffroi suivant l'usage.

Reprenant l'œuvre de Charles VII à qui appartient le premier honneur de la rédaction générale des coutumes, et celle de son père Louis XI, Charles VIII avait rendu le 28 janvier 1493 une ordonnance réglant la tenue des assemblées locales pour leur rédaction, sous la présidence des baillis, sénéchaux et autres officiers royaux et la forme des cahiers qu'elles devaient envoyer au roi. Neuf ou dix membres de la magistrature du barreau de Paris furent délégués par lettres du roi de janvier 1495 afin d'examiner celles qui avaient déjà été adressées à cette époque et le premier président de la Vacquerie aidé de quelques assesseurs fut à son tour chargé de revoir les coutumes et les avis des premiers commissaires. Le bailliage d'Amiens s'occupa un des premiers de ce soin (1) comme l'indique cette note du registre aux comptes 1494-95 : « A Guérard de Saint- « Pierre pastichier la somme de LXVIII sols qui lui estoient deubz pour despense « faite à ung disner à l'ostel Monsr le maïeur où furent aucuns de mesdis s^{rs} et « les conseillers après visitation par eulz faite des coustumes locales d'icelle « ville mises par escript pour les bailler avec celles du bailliage à aucuns « commissaires du roi à les voir et réunir. » Le registre suivant (1495-96) nous donne encore cette mention : « A Guérard de Saint-Pierre pastichier LII^l IX^s « dépense d'un disner à l'Ostel-de-Ville où furent aucuns de mesdits s^{rs} et les « conseillers assemblez pour visiter les coustumes générales du bailliage « d'Amiens et celles d'icelle ville pour les envoier par escript en la court du « Parlement. »

« A Andrieu de Machy pour avoir extrait d'un des livres de ladite ville « plusieurs coutumes locales qu'il a depuis grossé en parchemin et qui depuis

(1) Il existait déjà antérieurement à cette époque deux monuments écrits des coutumes municipales de la ville d'Amiens vraisemblablement rédigées, l'une vers les premières années du XIIIe siècle, et l'autre après la promulgation des Etablissements de Saint-Louis. Augustin Thierry en a donné les textes, Ibid. T. I, p. 121 et suiv. M. Bouthors greffier en chef de la cour d'Amiens et Marnier bibliothécaire de l'ordre des avocats à la cour de Paris ont aussi publié d'intéresants travaux sur cette matière.

« ont esté baillé à Monsr le bailli ou son lieutenant pour les envoyer avec les
« coutumes du bailliage à la cour du Parlement xxxii^s » (Comptes 1495-96).

La première édition du coutumier général de France éditée en 1517 (in-4°
gothique) contient la coutume d'Amiens.

Il ne sera peut-être pas indifférent, ne fut-ce qu'à l'unique point de vue de la
curiosité historique de montrer au lecteur quels étaient à cette époque les
principaux revenus de la ville.

Les étaux des boucheries des grands et petits Maiseaux loués pour trois ans
produisaient . . . . iie xxviii^l xvii^s vi^d

Le Windas (1) affermé à Mahieu Ringuet pour trois ans à raison de iiii^{xx} xvi^l
parisis qui valent . . . . : . . . . xl^l

Les petits panniers à Thibaut le Normant xlii^l parisis qui valent tournois. . . . . lii^l x^s

Les fouare à Jehan de Buyon xiv liv. qui valent . . . . xvii^l x^s (2)

Le Cange et estaplaige (3) à Jehan le Prevost dit Petit roy xii^l parisis qui
valent . . . . xv^l

Le forage du vin (4) tel que du tiers appartient à icelle ville baillié pour trois
ans à Vinchent le Cat, Jehan Rohaut, Jehan Matissart, Nicolas Platel et autres
taverniers moiennant vi^l pour chacun d'iceux, pour ce icy, pour cest an iiiie année
vi^l p. qui valent. . . . . vii^l x^s

Le travers avec les brainches et appendances à Jehan Finet xxviii^l p. qui
valent . . . . xxxv^l

Le tonlieu des toilles à Jehan Ostien et Maressal viii^s p. . . . . . x^{sl}

Le tonlieu du fruict à Jehan Lecointre pour xxii^s p. . . . . . . xl^s

Le Gréage et rouage à Pierre Waigne xx^s (5) . . . . xxv^s

Tonnelieu du poisson de mer à Jehan Lestocq iv livres qui valent. . . c^s

    — des laines à Jehan de Moreaucourt iiii^s parisis . . . . v^s

    — du Waide à Pierre Waigne xx^s . . . . xxv^s

    — du bestail à Pierre Poit... dit Portau vi^l p. . . . . vii^l x^s

    — de la Viéserie à Maressal viii^s . . . . x^s

(1) Windas ou Guindal grue destinée à décharger les marchandises des bateaux. La rue du Guindal
existe encore.

(2) La Fouée impôt sur les bois de construction et de chauffage.

(3) Cange droits autrefois perçus par les châtelains d'Amiens sur chaque comptoir de change, esta-
plage droits perçus sur les marchés aux vins et aux guèdes.

(4) Impôt sur les taverniers et débitants de vin en détail.

(5) Voir A. Thierry, I, 71.

Tonnelieu des draps à Jehan Labarre vi^l . . . . vii^l x^s

— l'avoir du pois xiii^l . . . . xvi^l v^s

— Prévôté de Grant-Pont xiv^l qui valent (1) . . . . . . xvi^l v^s

Les défauts iiii^l . . . . c^s

Le Nuiturne iiii^l (2) . . . . c^s

Les arrêts faits par les sergents à mache iiii^l . . . . c^s

Grenier à sel pour le droit de kaiage (3) . . . . . . xxviii^l viii^s iiii^d

La maison et pois de la Halle . . . . xcii^l

La maison et chepage du Beffroy c^l parisis par an qui valent . . . vi^xx v^l

Des changeurs qui pour leur drap donnent chacun an à la ville au jour de Saint-Fremin-le-Martir . . . . lx^s

Du travers de Longue-eau dont les Célestins d'Amiens donnent à cause de la prévosté d'Amiens au jour Saint-Remy . . . . xl^s plus les amendes.

Aides octroyées par le roy nostre sire sur chaque carque de hérent, recette . . . . lxix^l

Sur chaque tonneau de waide mis en œuvre . . . . xliv^l

Sur chaque tonneau fait à Amiens et mené dehors . . . . . . Néant

Sur chaque tonneau de waide fait hors d'icelle . . . . Néant

Sur le blé. . . . . Néant

Sur cuir à poil . . . . xxxii^l

Torse de chire . . . . lxix^l

Coquet de cervoise blanche . . . . ii^m vi^cl

Muids de vin vendus à brocque et à détail en la juridiction de MM^rs maïeur et eschevinaige d'Amiens . . . . ii^m ii^cl

Vin, cervoise, goudale et autres. Juridiction des doyens et chapitre d'Amiens . . . . (cc^l)

Vin, cervoise, goudale et autres. Juridiction de l'évêque . . . . (lx^l)

Sur chaque pesée de laine pure . . . . l^l

Sur chacune saye au passer l'eswart et au fer en la Halle . . . . xxiv^l

Les pensionnaires de la ville sont à cette époque :

Jehan du Drac, Nicole Poulain avocat.

Robert Lalement procureur et conseiller de la ville en la court de Parlement.

(1) Impôt levé sur chaque bateau qui passait dessous.
(2) Droit de pêche la nuit.
(3) Droit sur les marchandises débarquées au port d'Amiens.

Jehan Coignet procureur et conseiller de la ville en la court de Parlement.

Jacques Groul avocat et conseiller au siège du bailliage.

Loys Scorion avocat et conseiller audit siège.

Jacques Lenglet clerc de la ville.

Jehan de Bailli clerc des comptes.

Anne Dainval procureur et conseiller au siège et auditoire des Cloquiers.

Linart le Clerc procureur et conseiller au bailliage.

Andrieu de Machy procureur.

Baugois Loste procureur et conseiller en la cour espirituelle.

Pierre Delesseau clerc de la prévosté d'Amiens.

Jehan Obry barbier et chirurgien.

Robert Parent serrurier et gouverneur de l'horloge du Beffroy.

Jehan Agier artilleur.

Pierre de Dury clerc et contrôleur des ouvrages.

M° Pierre Tarisel maître maçon de la ville.

Jehan le Messier charpentier.

Jehan Hargon fondeur.

Pierrot Dyen maître paveur.

4 sergents à mache de la prévôté d'Amiens.

4   id.   de la Marie.

4   id.   des Kannes.

1 sergent à verge de la compaignie Monsr le Maire.

Jehan de Luisières dit Maressal messier de la ville ès marais de Saint-Pierre, Longueau, Longpré et ès terres de la Caruée appartenant à la ville.

Denis Cousin exécuteur de la haulte justice.

Monsr Raoul de Lannoy chevalier capitaine d'Amiens (1).

Sergents de nuit, portiers, petits portiers veillant de nuit au porche de Monsr le maïeur pour la sûreté de sa personne et de ladite ville deux personnes. Vingt-quatre sergents de nuit ordinaires.

495-1496
les 19 avril.
Le 28 octobre 1495 la loi ne fut pas renouvelée. Robert de Fontaines avocat du roy au bailliage et M° Jacques Groul avocat de la ville sont venus et le premier a dit et déclaré qu'ilz estoient illec envoiés par le bailli d'Amiens, les gens du roy et Monsr le bailli de Caux qui avaient aucunes choses à dire à mesdits sieurs touchant le renouvellement de la loy pour leur dire et exposer de par le roy

(1) Les gages du capitaine sont de 80 liv. par an.

et M^r l'admiral de France estans en lad. ville d'Amiens (1) aucunes choses touchant ce renouvellement et alors Jacques Groul dit que c'estoient certaines lettres missives de par ledit Monsr l'admiral rescriptes aux bourgeois, manans et habitans de cette ville et que le plaisir du roy estoit la loy de lad. ville estre continuée pour ceste présente année en l'estat qu'elle estoit et aussy que fait avait esté en plusieurs villes du pays de Picardie, et que on le volsist ainsy faire sans préjudicier aux privillèges de lad. ville et après lecture faite à la Malemaison où le bailli de Caux déclara en substance ce qu'avoit dit Jacques Groul, Antoine Clabault fut donc continué maire (Ibid. f°s 86-88).

Le 30 octobre comme nous l'apprend le registre aux comptes 1495-96, une procession fut faite pour le roy.

Nous trouvons dans ce même registre à la date du 27 cette mention : « A la « taverne du Bar à Monseig^r Philippe de Sombreset, ambassadeur du roy d'En- « gleterre, 4 kannes xvi^s », puis encore à la date du 10 février suivant semblable don à M. Charles de Sombreset ambassadeur d'Angleterre. Nous ignorons le but de cette ambassade, qui se rattache peut-être aux agissements du prétendant Perkin Warbeck, mais le scribe du compteur se trouve évidemment en erreur, en donnant à l'ambassadeur d'abord le nom de Philippe puis celui de Charles. Il n'y a à cette époque qu'un Charles de Somerset fils naturel de Henri de Beaufort duc de Somerset et de Jeanne Hill, comte de Vigorne grand chambellan d'An- gleterre chevalier de la Jarretière, qui mourut le 15 avril 1526, et nous n'avons rencontré nul Somerset portant le nom de Philippe.

Diverses ordonnances sont rendues relatives aux huchiers, bouchers, serruriers on renouvelle les brefs des potiers d'étain (Délib. Ibid. f°s 90, 91, 95).

Le prévôt Jehan le Riche et le maître des ouvrages sont commis avec maçons, charpentiers et gens à ce connaissans, pour visiter le mur et les combles de devant sur la rue, de l'Hôpital de Saint-Nicolas-en-Coquerel au bout de la rue Saint-Germain, qui estoit fort empiré et esboullé et pendant sur icelle rue, afin d'aviser à remédier à cet état de choses.

Les religieuses sœurs grises de cet hôpital, réclament en même temps de la ville la remise d'une somme de cinquante sols de cens qu'elle lui devaient pour une maison « naguères acquise et appliquiée à icelle hospital pour le eslargir « et augmenter. » Veue laquelle requeste et sur ce eu advis, MM^{rs} ont ordonné que le recevveur des rentes fera recette de la somme de L^s deus par lesd. supplians

(1) Au Sagittaire (26 octobre) aux archiers de ladite ville pour festoyer avec les archiers de Monseig^r l'admiral de France vi kannes xxx^s (Comptes 1494-95).

et que par sa quittance, il confessera avoir receu d'elles icelle somme, et en ce lieu MM^rs leur ont donné en considération des ouvrages qu'elles ont fait faire audit lieu, leur ont donné la somme de 60 sols (Délibérations. Ibid. f°s 96-97).

Antoine Clabault était nous l'avons dit veuf de la fille d'Aubert Fauvel, il contracta au mois de janvier une nouvelle union avec demoiselle Lyénore du Caurrel (1).

Voici les détails que le registre aux comptes (1495-96) nous fournit sur ce mariage :

« Audit lieu (taverne du Pot d'Estain) le xiiiie jour dudit mois (janvier) pour « xxiv kannes de vin présentées à sire Anthoine Clabault lors maïeur, qui ledit jour espousa demoiselle Liénor du Caurel, oudit prix iiii^l x^s (1) ».

« (2 février) viii kannes de vin présentées à la feste Monseig^r le maïeur oudit « pris xxx^s ».

« (8 février) Deux kannes au disner à Monsr le maïeur à l'ostel de maistre « Jehan du Caurel.

« Le même jour deux kannes au souper à Monsr le maïeur à l'ostel de maistre « Jehan Du Caurel.

« A Clément Boistel merchier, la somme de iiii^l x^s qui luy estoient deubz pour « avoir livré pour le présent fait pour la ville à sire Anthoine Clabault maïeur le « jour de ses nopces, quatre kannes de Ypocras avec autre vin de présent et une « autre canne d'Ypocras donnée à mesdits s^rs au prix de xii^s le pot. »

« Le 15 février les manangliers de l'église et paroisse Saint-Leu présentent « une requête afin d'avoir voirie pour l'hôpital dit Saint (lire, sire) Liénard « appartenant à la ville assez près et au devant de ladite église pour porter les « corps des petits enfants décédés dans cette paroisse en un jardin appartenant à « un propriétaire au derrière de cet hôpital, et qu'il voulait donner à l'église pour « faire un chimentière pour lesdits enfants n'ayant aucun lieu en ladite église ou « environ. »

« MM^rs ont parlé aussy de la maison et ostel qu'on dist d'Espaigny, qui est à « vendre, pour l'acheter et y faire une place et maison à logier les filles repenties « qui sont logiez en la grande chaussée qui est en temps de peste chose de « grand danger et en l'autre partie pour y faire ledit cimetière pour les enfants. « Décision d'acheter ledit hôtel qui ledit jourd'hui a été visité par M. le maire, « Robert Auxcousteaux et autres, et qu'après ce fait on vendra l'ancienne maison

(1) Eléonore Du Caurel était veuve en premières noces de Jehan du Gard (Registre aux contrats de la ville d'Amiens, 20 mars 1495).

« des filles repenties, le plus profitablement que faire se pourra » (Ibid. f° 99).
L'hôtel d'Espaigny qui avait été en 1473 occupé par Madame de Saveuse était
alors en fort mauvais état. La ville ne donna pas suite à ce projet, et Louis de
Hédouville seigneur de Sandricourt et Françoise de Rouvroy-Saint-Simon son
épouse. l'achetèrent pour y établir les Minimes (Goze. Hist. des Rues d'Amiens,
I, 69).

Diverses ordonnances et règlements sur l'industrie occupent les soins de
l'échevinage. Nous ne nous étendrons pas sur cette matière qui regarde plus
spécialement ceux qui voudraient consacrer leurs études aux anciennes corporations des métiers et nous indiquerons seulement celles pour les hostelains
contre les pâtissiers (Délib. Ibid. f° 100), pour le bien de la chose publique sur la
fonte des suifs et les couvertures d'estieulles (f° 102), pour le pavage et l'abattage
des arbres devant le couvent des Augustins (f° 103), sur les brasseurs, les
tondeurs de grande force (f° 118), les taverniers (f° 128), la condamnation des
eswards du métier des couturiers (f° 129), etc.

Le 6 mai, une réunion se tient à l'Hôtel-de-Ville au sujet de 3,000 écus d'or à
prêter au roi. Jean de la Vacquerie chevalier premier président du Parlement et
Jacques Coictié vice-président des comptes, avaient mandé les maire et eschevins
à se présenter devant eux en l'hôtel de Révérend père en Dieu Monseigneur
l'évêque d'Amiens, afin de leur communiquer les lettres missives dont la teneur
suit :

De par le roy, chiers et bien amez, après plusieurs délibéracions mises en
avant en notre présence, pour trouver issue et moien de conduire nos procès et
affaires, et meismement pour résister aux entreprinses et efforts faits à l'encontre
de nous, nous voians que notre pouvre pœuple à cause des précédens affaires, a
assez eu et a de charges à supporter, et qu'il nous est besoing promptement
pourvoir et recouvrer argent, pour satisfaire à la despense qu'il nous conviendra
faire, pour reculler led. roy d'Espaigne s'il se met en plus grant effort, comme il
est vraysemblable que y fera, veu les grants préparatifs qu'il fait par mer et par
terre, avons advisé pour le mieulx affin de mettre rien sur notre dit pouvre
pœuple, de recouvrer, par forme de emprunt, des bonnes villes de cestuy nostre
réaulme, certaines sommes de deniers à la charge de rendre et restituer pour
sûr en fins de année prochaine et l'autre en l'année de après ensouivant, espérans
que cy après le présent affaire widée, nous mettrons telle ordre en nosdits
financez, qu'elles, avec ce qu'il nous pourra venir de nostre roiaulme de Secile,
soient souffissant non seulement de rendre ce qu'il nous convient présentement

29

emprunter, mais d'avantage pourrons faire un bon et grant soullagement à nostredit pouvre pœuple comme de tout notre cuer le désirons, pour partie duquel emprunt, nostre dite bonne ville et cité d'Amiens a esté tauxé en la somme de Trois mil escus d'or à la couronne. Sy vous prions, sur tout le service que jamais faire nous désirez, que vous nous vœulliez prester et accorder lad. somme de III mil escus, et icelle faire mettre entre les mains de notre amé et féal notaire et secrétaire maistre Loys de Pouchet par nous commis à tenir le compte de l'extraordinaire de nos guerres, pour soumettre? et employer au fait de lad. commission, lequel pour sécurité de votre dit remboursement, vous en baillera sa recongnoissance, et en vostre dit remboursement ny aura nul faulte ne difficulté, partie en lad. année prochaine advenir et l'autre partie en l'année de ensuivant comme dit est, car nous le avons ainsi ordonné aux gens de nos finances et vous en apparaîtra bien et convenablement en icelles deux années en leur rapportant lad. recongnoissance, et en ce faisant vous nous ferez plaisir que ne metterons jamais en oubly, et qui reviendera généralement à l'utilité et prouffit de vous et de tous nos subgetz, et serviront aussy nosd. affaires présentes qui sont si pressées que plus ne pourroient ou sauraient retarder ou nous et tous nos subgiez arroient grant intérest, ainssy que de tout ce, serez plus amplement advertiz par nos amez et féaulx l'évesque de Tours (1) nostre conseiller, le prévost de Paris (2) nostre chambellan, Jehan de la Vacquerie chevalier premier président en nostre court de parlement à Paris, Jacques Cottier (3) vice-président de nos comptes aussy chevalier, maistre Jehan de Rilhac et Jehan Raguin maistres de nos comptes, Guy Aurillac clerc et Nicolle Gilles controlleur de nostre trésor (4), nos notaires et secrétaires. Donné à Amboise le VIIIᵉ jour de mars ainsy signé CHARLES, et par en bas DUBOIS (Regist. T. XVIII, fᵒ 112).

On décida de répondre à cette nouvelle demande en faisant valoir les grandes

(1) Robert III de Lenoncourt évêque 1484, 1509.

(2) Jacques d'Estouteville chevalier seigneur de Beyne, conseiller et chambellan du roy, prévot de Paris en 1479, mort en 1509.

(3) Jacques Coitier premier médecin du feu roi Louis XI. Il avait eu la présidence de la chambre des comptes, Charles VIII la lui avait otée en 1483 pour la donner à Pierre Doriole, mais il le maintint dans la dignité de vice-président.

(4) Nicole Gilles mort en 1503. Auteur des très élégantes, très véridiques et copieuses annales des très pieux et très excellents modérateurs des belliqueuses Gaules depuis la triste désolation de la très inclyte et très fameuse cité de Troye jusqu'au temps de très prudent et victorieux roy Loys unziesme et depuis additionnées jusques en l'an mil cinq cens et vingt. Paris, Galiot-Dupré, 2 tomes en 1 vol. in-fᵒ gothique. L'œuvre de Gilles continuée ainsi après lui obtint successivement jusqu'à dix-sept éditions dans le cours d'environ un siècle.

charges de la ville (Ibid. f° 112 et suiv.). Le 10, au sujet de ce prêt réduit à 3,000 livres, on arrête de demander mandement du roi pour vendre 4 ou 500 livres de rente (Ibid. f° 113). Le 13 juin on vend en effet pour les affaires de la ville des rentes héritables à rachat. Engagement est pris par Antoine Clabault, Jehan Lenormant et Nicolas Fauvel, chacun d'eux pour le tout, devant auditeurs royaux envers M° Robert Auxcousteaux en la somme de L^l xx^s tournois pour la livre de rente héritable chacun an et ce moyennant la somme de viii^c livres. Le 23 juin Antoine Clabault offre de baillier à rente, au denier douze, la somme de 1,500 livres.

Aujourduy xxviii° jour de juing mil iiii^c iiii^{xx} et xvi, en la présence des auditeurs royaux ci-après nommés, sont comparus en leurs personnes : Pierre de May citoyen, Jehan Judas, Nicollas Platel et Nicaise Judas bourgeois et demeurans à Amiens, et recongneurent que pour leur profit apparant, et moiennant la somme et pris de Quinze cens livres tournois qu'ils ont confessé avoir eu et reçu de honnourable personne Anthoine Clabault escuier seigneur de Hédicourt demeurant à Amiens en pièces cy-après déclairées est assavoir : en sept cens quarante escus d'or au soleil, qui montent au pris de xxxvi^s iiii^d pièce à la somme de Treize cens quarante et une livre cinq sols, et en monnoie de grans blancs vii^{xx} xviii livres xv^s dont etc. et en ont quitté etc., ils avoient et ont vendu bien justement loialement et sans fraude aud. Anthoine Clabault et luy sont tenus, promis et promettent rendre, paier, furnir, faire valoir etc., chacun d'eulx pour le tout ou à ses hoirs et ayant cause, la somme de six vingt livres, iii^s v deniers de rente héritable pour en jouir par luy ses hoirs et ayant cause héritablement et à tousiours à prendre, avoir, perchevoir et estre paié de lad. rente de vi^{xxl} en et sur toutes les biens mœubles, immeubles, catheux, acquests et héritaiges desd. reconnaissants et de leurs hoirs qu'ils ont de présent et aront, ou temps advenir, et de chacun d'eulx pour le tout, à deux termes et paiements en l'an, aux xxviiie jours des mois de décembre et de juing, assavoir lesd. jours et termes, moittié de lad. rente, premier terme commenchant au xxviii° jour de décembre prochain venant, le second au xxviii° jour de juing ensuivant et ainsy enssuivant, laquelle rente de vi^{xxl} iii^s v deniers, toutesvoies lesd. recongnoissans, leurs hoirs et ayant cause pourront ravoir et racheter dud. Anthoine Clabault ou de sesdits hoirs et ayant cause, touttefois que bon leur semblera, en remboursant tout à une fois lad. somme de xv^{cl} en espèces d'or et monnoie dessus déclairés, arrérages escheux à cause de lad. rente se aucuns en estoient deubz à terme de lad. rente à rata de temps, etc. etc.

Suivent les lettres de desdommagement de lad. rente.

Comparut en sa personne Anne d'Ainval procureur et conseiller au siège du bailliage d'Amiens ou nom et comme procureur de honnourables et saiges les maïeur et eschevins habitans et communaùlté de lad. ville et recongneust de la charge expresse à lui baillée par lesd. maïeur, eschevins et enssuivant la délibé-ration de l'eschevinage tenu par lesd. maïeur et eschevins le xxıx° jour de cest présent mois de juing dont cy-dessus est à plain fait mention, que à la requeste d'iceulx maïeur et eschevins, Pierre de May citoyen, Jehan Judas, Nicollas Platel et Nicaise Judas bourgeois et marchands demeurans à Amiens se soient obligés et chacun d'eulx pour le tout, par devant auditeurs royaux à honnourable personne Anthoine Clabault escuier, seigneur de Hédicourt demourant en lad. ville d'Amiens, en la somme de vɪ^{xx}l de rente héritable chacun an et ce moiennant la somme et pris de xv^{cl} xx^s tournois pour la livre, que led. Anne oudit nom en a confessé lesd. maire et eschevins avoir eu et receu comptant dudit Anthoine Clabault ès pièces cy-après déclairiées : Est assavoir en sept cens quarante escus d'or au soleil qui montent au pris de xxxvɪ^s ɪɪɪ deniers pièce et xɪɪɪ^c xLɪ^l v^s et en grans blancs vɪɪ^{xx} xvɪɪɪ^l xv^s, lesquelles parties font lad. somme de xv^c liv. pour lad. somme de xv^c livres couvrir et contribuer avec pareille somme de xv^c livres au paiement de la somme de ɪɪɪ^m livres au roy notre dit seigneur nagaires accor-dée par forme de prest par icelle ville et secourir aux grands et urgents affaires du roy notre dit seigneur et à la guerre d'Espagne ainsi que conclud et délibéré a esté en certaine assemblée faicte des portiers en l'ostel d'icelle ville le ve jour de may derrain passé, laquelle rente de vɪ^{xx} livres ɪɪɪ^s v deniers, lesd. maïeur et eschevins seront tenus rendre et paier chacun an en l'acquit desd. dessus nommez Pierre de May et autres obligiez aud. Anthoine Clabault ses hoirs et ayant cause, héritablement et à tousiours à deux termes de paiement en l'an. Est assavoir aux xxvɪɪɪ^e jours du mois de décembre et de juing, à chacun desd. termes moittié, premier terme de paiement, pour premier terme commenchant au xxvɪɪɪ^e jour de décembre prochain venant, le second au xxvɪɪɪ^e jour de juing ensuivant et ainsy enssuivant et meisme de paier chacun an le terme de lad. rente et le racheter dudit Anthoine Clabault ses hoirs et aiant cause en dedans vɪɪɪ ans prochains venans, paier les droits seigneuriaux et paier estoires, frais de lettres et autres léaux coustraints et de tout en acquict de lad. desdommagiée purger et rendre juridicions iceulx dessusdits nommés obligiez, avec de tous cousts, frais, despens, dommages et intérêts que à ceste cause se porroient enssuir promet led. Anne Dainval oud. nom n'en jamais aller au contraire soubz l'obligacion desd. biens héritaiges, revenus et temporel appartenant à lad. ville

et communaulté d'icelle renonchant etc. dudit xxviii° jour de juing oudit an mil
iii° iiii°° et xvi (Regist. aux délib. T. xvii, f° 121).

Toutefois le 27 juillet suivant on eut connaissance « des lettres du Maréchal
« de Gié « estant en court » à Mons' l'admiral de France estant à Paris, par
« lesquelles le bon plaisir du roy a esté ordonner que les places sur frontières
« de Picardie seraient exemptes des emprunts. On décide d'adresser des lettres
« à l'amiral pour le remerchier du bon volloir qu'il a démonstré et démonstre
« tousiours à la ville et qu'Andrieu de Machy lui portera avec Jehan Coignet et
« Robert Lalemant procureur de la ville » (Ibid. 123, v°).

On se préoccupe alors du rendement de certains impôts qui ne produisent
plus guères, soit par manque d'affaires soit par fraude au préjudice de la ville.
« On mandera à l'Ostel-de-Ville aucuns marchands particuliers subjets d'icelle
« ville afin de savoir quel nombre de tonneaux de waides ils ont fait ou fait faire
« puis dix ans enchà au dehors de la ville et s'ils en ont ou non payé les droits de
« la ville et de la prévôté, selon la mise sus que l'on fait chacun an. On a vu
« plus haut que le fermage de cette marchandise n'était plus affermé que pour
« xxv sols. Le 29 août 1496 Pierre le Senescal donne la déclaration du voyage
« fait en plusieurs villages de la charge de mesdits sieurs par Pierre Wagne et
« Jehan Joly waiderons afin de s'informer en effet dans ces villages à l'en-
« viron quels marchands de la ville depuis huit ou dix ans ont fait ou fait faire
« guèdes au dehors d'icelle ville pour faire payer au prouffit de ladite ville et de
« la prévôté des marchands ce qu'ilz en porroient devoir selon la mise sus, et
« sur tout eu adviz, a esté ordonné de mander lesdits marchands à l'hostel de la
« ville pour les interroger, savoir quels guèdes ils ont fait faire et quelz nombre
« de tonneaux depuis ledit temps ès dits villages et au dehors tellement que on
« puist estre paié de ce qui en est dû pour ladite mise sus » (Ibid. f° 126).

Le 8 septembre, la reine Anne était accouchée de Charles de France second
dauphin ; (le premier âgé de trois ans était mort l'année précédente). Des réjouissances officielles devaient accueillir la naissance du seul héritier du trône qui ne
devait vivre au surplus que quelques jours. Voici ce que disent à ce sujet nos
registres aux comptes : Au Cercle vert 2 kannes de vin aux sergents royaux et
autres qui ont publié les lettres de la nativité Mons' le Dauphin (20 septembre).
— A Jehan Lenain dit le Caron et aultres qompaignons de la paroisse Saint-
Souplis, Jehan Frérot et aultres de Saint-Fremin-le-Confez pour aulcuns jus sur
charriotz avant lad. ville pour les joieuses nouvelles M' le Doffin xl'. — A
Guérard de Saint-Pierre lxx° dîner au retour de la procession générale qui se

faisoit pour la nativité de Monsr le Dolfin en laquelle mesdits s^{rs} portèrent la
fierte Monsr Saint-Firmin-le-Martir.

Cette année 1495 nous avons occasion de citer une nouvelle union dans la
famille Clabault. Au Blanc Bœuf le xixe jour dudit mois, avril, lisons-nous, pour
six kanes de vin présentées à Monseig^r le Maïeur (Anthoine Clabault) au souper
des nopces de la fille Jacques Clabault audit pris : xxii^s vi^d.

Ce Jacques Clabault est le propre frère du Maire et cette fille est Jacqueline
Clabault épouse de Jehan le Berquier, comme on le verra plus loin. (Regist. aux
comptes 1495-1496).

Le 28 octobre 1496 Pierre de May est nommé maïeur, et sire Antoine Clabault
premier échevin. On le trouve ensuite échevin du jour en 1497, 1498, 1499,
échevin du lendemain en 1500, du jour en 1501 et 1502, maire pour la dernière
fois en 1503. Malheureusement le registre aux délibérations T, 20 mai 1503 à
31 mars 1508 fortement imprégné par l'humidité est presque illisible. Nous n'y
relevons qu'avec peine une délibération de novembre 1503 portant que la porte
Saint-Pierre ouverte durant les vendanges sera refermée pour la sûreté de la
ville (f° 36); une autre touchant les fiefs, arrières-fiefs et arrière-ban, enfin l'échevinage du 13 juin parce que c'est le dernier présidé par sire Antoine Clablault.
Quelques jours après nous y trouvons ce procès-verbal.

« Ouquel hostel a esté mis en termes par ledit sire Nicolas Fauvel qui étoit
« lieutenant de feu sire Anthoine Clabault, comment le jourd'huy environ heures
« de huit heures du soir ledit sire Anthoine estoit allé de vie à trespas, qui
« avoit ordonné estre inhumé et porté en terre en habit de cordelier par lesd.
« cordeliers au couvent des frères mineurs oudit Amiens et savoir comment
« mesdits s^{rs} pour l'honneur de la ville et aussy dudit feu estoit à faire en ceste
« partie, et sur ce eu conseil et advis, ont ordonné et advisé de faire tout
« l'honneur que possible sera audit feu qui représentoit la personne du roy,
« chef de mairie et justice d'icelle ville et cyté d'Amiens et que il y ara douze
« torses nœufves à chacune desquelles aura ung escusson armoyé des armes de
« lad. ville que porteront autour du corps dudit feu les sergents de nuyt de lad.
« ville. Et seront mesdits sieurs qui yront audit enterrement vestus de noir et
« sera mis ung drap noir autour dudit corps et lesdits sire Nicolas le Rendu, sire
« Pierre de May, sire Jehan Bertin et sire Richier de Saint-Fuscien assisteront
« ledit corps et tiendront les quatre cornets dudit drap noir et yront les sergens
« à mache et Jehan de Fourdrinoy hérault au devant dudit corps aprez les torses
« et Jehan Ostien sergent à vergue yra et suivra aprez ledit corps sa vergue bas

« et au surplus ledit sire Nicolas Fauvel et mondit sieur le prévôt méneront le
« dueil aprez ledit corps et mesdits sieurs les eschevins et partiront ensemble de
« l'hostel de la ville pour aller jusques à l'ostel dudit feu en la rue au Lin où il
« estoit demourans. Du second jour de juillet l'an mil cinq cens et quatre en
« l'ostel de la ville où estoient sire Nicolas Fauvel, sire Nicolas le Rendu, sire
« Pierre de May, sire Jehan Bertin, sire Richier de Saint-Fuscien, Pierre le
« Senescal prévôt, maistre Anthoine Leclerc, Anthoine l'Orfèvre, Anthoine
« Lomme, Nicole de Rocourt, Hue de Canesson, Jehan de Cesseval, maistre
« François Fasconnel, maistre Jehan le Rendu, Guille Le Mattre, Jehan le
« Chirier, Raoul Sacquespée, Fremin Parmentier, Colart d'Ainval eschevins,
« maistre Jehan du Gard, maistre Loys Scourion advocatz, Anne d'Ainval,
« Liénard le Clerc et Andrieu de Machy procureurs et conseillers de la ville. »

Amiens perdait ce jour-là un grand citoyen, car Antoine Clabault fut le plus
brillant représentant de cette grande famille municipale qui entrée aux affaires
dès 1368, devait disparaître, trente-cinq ans à peine après sa mort, de la haute
position qu'elle avait si longtemps occupée. Aussi avant de continuer ce travail,
essayerons-nous de résumer brièvement cette physionomie particulière.

Antoine Clabault dut évidemment sa haute position à sa fortune indépen-
dante et à sa grande intelligence. De sa fortune personnelle, il avait hérité
de son père la maison domaniale de la rue au Lin et acquis la maison contiguë. Il en possédait d'autres sur le Grand-Marché, la maison du Blanc-
Bœuf (1) et celle du Petit Blanc-Bœuf chargée d'une kane de claret et de 2 sols
de cens, la terre d'Hédicourt alias de Saint-Sauveur. Il était devenu le gendre
du riche Aubert Fauvel ; aussi peut-il prêter souvent à la commune comme nous
l'avons vu dans diverses circonstances difficiles, notamment lors du prêt consenti
au Maréchal d'Esquerdes ou la cautionner, à l'occasion, de sa signature. Sa haute
intelligence, la preuve en est donnée par son long séjour aux affaires, par ses
élections successives contre les usages reçus (2), par les missions délicates dont

(1) La maison du Blanc-Bœuf tenant d'un côté à la rue qui fait le coin du Marché et mène au Beffroi,
d'autre côté audit bailleur, par derrière au Doffin et par devant sur ledit Marché. Bail par Antoine
Clabault à Jehan le Queux pastichier du 25 février 1474 pour six ans moyennant 26 livres 4 deniers au
franc du roy (Registres aux contrats).

(2) Antoine Clabault avait été maire 15 fois, deux fois cinq années de suite, consécutivement de 1478
à 1483, puis de 1491 à 1496.
Les autres maires d'Amiens comme lui conservés exceptionnellement dans leurs fonctions furent,
avant l'édit de 1507 qui supprima la mairie d'Amiens, d'après les listes officielles des archives datant de
1345 :

il fut chargé, par ses nombreux voyages auprès du roi à Senlis, à Tours, au Plessis-lès-Tours, à Amboise. Louis XI qui se connaissait en hommes et ne donnait sa confiance qu'à bon escient, le choisit pour la démolition de la vieille forteresse ; c'est par ses soins que les vieux remparts tombent, que la ville s'assainit, et que s'exécutent les grands travaux au couvent des Augustins, à la tour de la Barrette, à la porte Montrescu, aux ponts Du Cange, Saint-Michel, etc., que nous avons relatés plus haut et qu'un poète anonyme célébra dans ces vers sur les Clabault.

> *Par leur soigneuse cure*
> *Se dressa la ceinture*
> *Qui enferme dedans*
> *Cette ville frontière*
> *Notre beau cimetière*
> *Et les trois mandians* (1)
> *Aucuns roys de France*
> *Les nommaient par plaisance*
> *Leurs chyens bons et loyaux*
> *Disant que pour la garde*
> *D'Amiens ville picarde*
> *Il fallait des Clabaults* (2).

Cette intelligence se traduisait encore, ajouterons-nous, par les soins qu'il apportait aux intérêts de la commune et à la bonne gestion des affaires, à la garde et à la police de la cité, à la répression sévère des fraudes, des crimes et des délits. Par son initiative, les archives de la ville s'enrichirent d'un nouveau cartulaire copie littérale de la première partie du cartulaire E, fait un siècle

Mile de Berry 1429, 1430, 1431, 1432.
Philippe de Morviller 1459, 1460.
Nicolas le Rendu 1485, 1486.
Pierre de May 1498, 1499, 1500, — 1507, 1508.
Nicolas Caignet 1514, 1515.
Jean de Saint-Fuscien 1518, 1519.
Antoine de Saint-Delis 1524, 1525.
Firmin de Canteleu 1551, 1552.
Jean de Collemont 1587, 1588.

(1) Les Augustins, les Jacobins et les Cordeliers.
(2) Manuscrit de Mr de Montmignon cité par Dusevel dans son Histoire d'Amiens, 2e édition, p. 121.

auparavant sous la mairie de Pierre le Monnier par Jehan Bargoul clerc de la
ville. « Ce présent livre fut mis en la Trésorerie de la ville le vingtième jour de
« janvier l'an mil cccc quatre-vingt-quatre, sire Antoine Clabault maïeur et
« Jacques Lengles le jône greffier de la ville » comme l'indique la note inscrite
au verso du dernier feuillet. Il comprend 326 feuillets en parchemin, d'une belle
écriture, ornée d'initiales rouges et bleues. C'est le cartulaire côté C. Depuis
la confection du cartulaire de Jean Bargoul, la langue ayant vieilli dans l'espace
d'un siècle avait fait sentir le besoin d'une rédaction nouvelle. En 1481 il avait
fait voûter la salle du trésor de l'hôtel des Cloquiers pour assurer la conservation
des archives municipales. Ajoutons enfin et ce n'est pas là son moindre titre de
gloire qu'il encouragea les lettres et les arts. Nous avons indiqué les nombreuses
représentations théâtrales données sous sa mairie ; nous trouvons encore dans les
registres qu'en 1479-80 Riquier Hauroye peintre reçoit 24 sols pour avoir fait
une histoire à vignettes pour un livre que mesdis s^{rs} avoient fait faire pour icelle
ville, en 1481 que Pierre le Long prêtre avait écrit et enluminé d'azur et de vermeil un missel pour l'hôpital de Saint-Nicolas-en-Coquerel, en 1486-87 que Jean
l'Arcevesque peintre avait peint plusieurs ymaiges au renclusage Saint-Jacques,
qu'il fit acheter en 1480 de Jean Destabel marchand pour vi livres un grant livre
nommé la Légende Dorée, en 1493 de Jehan de Rouen libraire, pour l'ostel de la
ville moyennant cinquante sols, « un livre nouvelle nomé Josephus » et pour
viii livres, trois livres et volumes des Croniques de France. (*Voir pièce justificative M*). Enfin la bibliothèque de l'Arsenal possède deux riches manuscrits, un
Evangéliaire et un Epistolaire enrichis de miniatures et ornés de ses armes et de
celles d'Isabelle Fauvel sa première femme, dont il avait fait don à l'un des monastères les plus célèbres de la ville *(Pièce justificative N)*.

30

PRÈS le décès d'Antoine Clabault, la mairie d'Amiens ne semble pas avoir vécu en excellentes relations avec la veuve de son défunt premier magistrat, car dans l'échevinage du 19 novembre 1504, on décida qu'il serait demandé « à la vesve de feu sire Anthoine Clabault certaine quantité « de damas thané blanc vermeil et pers, qui fut laissé en la main dudit « feu sire Anthoine dès l'entrée que fist en ceste ville ledit feu roy Charles et en « soit recouvré, qu'elle sera pour ceste cause mandée par devant Mᵉ le Maire « pour y répondre et la contraindre à le restituer comme appartenant à lad. « ville » (Regist. aux délib. fᵒ 70).

Par réciprocité, le 12 décembre, Dᵉˡˡᵉ Lyénore du Caurrel vesve de feu Anthoine Clabault réclama à son tour contre l'échevinage et dit : « Que son mari ayant « esté esleu maire d'Amiens à la Saint-Simon-Saint-Jude 1503 aux honneurs « drois et profis accoustumez, à cause de quoy lui appartenait à prendre sur le « grant compteur d'icelle ville pour ladite année le droit de pallefroy la somme « de vingt livres, pour la bourse du maïeur sept livres et pour la visitacion de « l'opital de Coquerel cinq livres. Sur quoy il est ordonné que la veuve sera « païée du droit de pallefroy au prorata de ce que le défunt maire a géré. Pareil- « lement sera entièrement paié à ladite vesve pour la bourse qui doit servir à « mettre les sceaux de ladite ville, et pour les cinq livres dessus à cause de la « visite de l'hôpital de Cocquerel comme ledit deffunt ne l'a point faite, il n'en « sera rien paié à la veuve mais cette somme sera réservée pour celui qui fera « cette visite » (Bibliothèque Nationale. Collection Dom Grenier, xivᵉ paquet, nᵒ 8, p. 163. A. Thierry. Ibid. II, 503, note. Regist. aux délib. T. XX.) Les comptes de 1503-1504 portent en effet : « A demoiselle Liénor du Caurel vesve « et légateresse universelle de deffunct sire Anthoine Clabault qui avoit esté « créé maïeur pour l'an de ce présent compte, la somme de xiiiˡ viᵗ viii deniers « que mesdits sieurs en leur eschevinaige tenu le xiiᵉ jour de décembre mil cᵉ et « quatre ont ordonné luy estre bailliée pour le droit de pallefroy, le gros tour- « nois pour xviii deniers pièce, pour avoir par ledit sieur exercé ledit office de « maïeur jusques au second de juillet dudit an qu'il alla de vie à trespas qui est

« au proratta et portion de temps que sire Nicolas Fauvel fut ou lieu dudit feu
« subrogé audit office, pour ce par mandement et quittance . . xiii^l vi^s viii^d
« Audit sire Nicolas Fauvel pour aussy avoir excrsé icellui office depuis ledit
« deuxième jour de juillet jusques au jour Saint-Simon-Saint-Jude ensuivant que
« la loy d'icelle ville fut renouvellée en la manière accoustumée, la somme de
« vi^l xiii^s iiii deniers. »

Léonor Du Caurel était, comme nous le dirons plus loin, légataire d'Antoine
Clabault en vertu de son testament fait quelques jours avant sa mort, du moins,
pour les biens dont il pouvait disposer en vertu des dernières volontés de son
père Pierre, car il ne laissait point d'enfants de ses deux unions. En lui faisant
contracter trois mariages M. A. Dubois, (Bulletin de la Société des Antiquaires
de Picardie, 1887, p. 256), s'est étrangement trompé en écrivant ces lignes :
« Etait marié avec Isabelle Fauvel, laquelle est décédée en septembre 1490, il
« s'est remarié le 25 mai 1493 avec Léonor Ducaurel, puis le 14 janvier 1495. »
S'il avait épousé en 1493 Léonore Ducaurel, elle n'eut point été sa veuve en 1504,
puisqu'il y aurait eu une union postérieure, et si le mariage de 1493 auquel il fait
allusion eut été celui du maire, les registres auraient qualifié l'époux du titre de
Sire. Les mentions du registre aux comptes que nous avons citées plus haut démontrent du reste cette méprise.

En 1513, dix ans à peine après la mort d'Antoine, il ne restait plus de la
lignée de sire Pierre Clabault qu'un seul héritier mâle un petit-fils, Simon
Clabault. De ses cinq enfants : Dame Jehenne, on l'a vu, était décédée avant sa
mère remariée à Pierre Pèredieu, c'est-à-dire avant 1479, (Voir ci-dessus, page
67). Isabelle Clabault avait épousé Jehan de Bournonville dit Athis écuyer.
Est-ce lui ou plutôt un de ses fils qui figure dans la montre de cinquante-neuf
hommes d'armes et de cent-vingt archers de la compagnie d'ordonnance de Jean
de Bruges seigneur de la Gruthuse, faite à Doullens le 8 juillet 1506 ? Des deux
autres frères d'Antoine, l'un avait embrassé l'état ecclésiastique. Dampt Pierre
Clabault religieux de Saint-Mard-lès-Soissons qui était rentier de la ville ne
paraît plus en cette qualité à partir de 1486. Jacotin ou Jacques Clabault s'était
marié le 29 novembre 1477 ou plutôt avait ratifié devant l'église une union illicite
contractée avec D^{lle} Marie Truquette. L'acte de célébration de cette union sous
les signatures de frère Pierre Léger religieux Augustin et de Jean Chamu
chanoine de Saint-Firmin-le-Confesseur constate que trois enfants avaient été
mis sous le drap. C'était l'usage à cette époque de placer sous le poële, pour les
légitimer, les enfants lorsque les père et mère se mariaient, ce que les juris-
consultes appelaient la légitimation *per subsequens matrimonium,* mais un

autre fils Simon était né depuis cette célébration, et vingt ans après, il devint nécessaire d'obtenir une nouvelle attestation de ce mariage. Elle fut délivrée le 4 janvier 1497, à la requête de Jehan Clabault alors prêtre, après le décès de Jacques Clabault son père, parce que dans l'acte de mariage, Jean le requérant, Pierre et Jacqueline ses frère et sœur avaient été mis sous le drap sans être nommés, ce qui pouvait faire douter que lesdits trois fussent ceux que l'on avait voulu légitimer en 1477 (1). Jean et Pierre étaient morts avant 1509 (2) comme le constate une transaction sur leur succession passée devant les maire et échevins le 12 août de cette même année, entre Simon Clabault et sa sœur Jacqueline *(Pièce justificative O)*.

Le docteur Goze dans ses rues d'Amiens a cité les clauses suivantes du testament de Jacques Clabault, du pénultième jour du mois de septembre l'an M CCCC LXIX. *})*

« Primes et mon corps quand l'âme sera séparé être mis en terre au cimen-
« tière Dieu et Monseigneur Saint-Denis en ladite ville d'Amiens auprès du bon
« évesque lequel est enterré au milieu. Je laisse à la nœufve capelle de Saint-
« Jacques située en ladite cimentière VI^s. Ytem je vœulx et ordonne que soient
« fais aux despens de madite exécution deux pellerinages l'ung à Notre-Dame
« de Grâce à Monstrœul par une personne à piet et l'aultre à Notre-Dame de
« Liesse en pareil cas et ung aultre pareillement à Nostre-Dame de Liesse à pié
« nus et sans coucher au lit. » Nous donnons du reste plus loin le texte entier de cet acte de dernière volonté que le docteur Goze a eu le tort de ne pas publier car il est non moins intéressant que celui de, son père Pierre *(Pièce justificative P)*.

Nous n'avons pas rencontré le testament d'Antoine Clabault malgré toutes nos recherches. Cet acte en date du mois de juin 1504 eut sans doute éclairé quelques points obscurs de cette histoire. Sa légataire universelle ne s'empressa pas, il paraît, de satisfaire aux exigences fiscales que lui imposait cette qualité, puisque

(1) Pièce originale parchemin. Titres de la famille De Mons.

(2) Registre aux comptes Y 3, 83, 1508-1509 : A Guérard de Saint-Pierre la somme de LXVI^s qui lui estoit deue pour despence faite à ung dîner à l'hostel de la ville le jour du service fait pour maistre Jehan Clabault où mesdis s^rs avaient assisté en l'église Saint-Fremin-le-Confès et ce oultre la somme de LXXIIII^s envoyés à mesdis s^rs par les exécuteurs dudit deffunt, pour ce par mandement LXVI^s.

Marie Truquet survécut neuf ans à son fils aîné comme l'indique le regist. Y 3, 92: Audit Arthus (le pâtissier Guillot) CXIII^s IX^d despence faite à l'hostel des Cloquiers au retour du service de demoiselle Marie Truquet veuve de feu Jacques Clabault auquel mesdis s^rs ont été invitez et priez, déduction faite de C^st à eulx donnés par les exécuteurs du testament de lad. deffuncte. Par mandement du IIIe jour de may.

nous trouvons cette délibération du 10 septembre 1506 : « Pour ce qu'il a esté
« dit oudit eschevinage que deffunt sire Anthoine Clabault avait par son testa-
« ment donné et laissé plusieurs héritages situés en ceste ville et banlieue
« donnés à demoiselle Liénor du Caurel sa veuve, desquels ladite veuve n'avoit
« encore paié aucuns drois à ladite ville et qu'il sembloit qu'elle devoit faire au
« moien de la mise sus des droits seigneuriaux desdites aydes il a esté ordonné
« que Pierre Senescal parlera à lad. veuve pour savoir son intencion pour en
« faire rapport et avoir advis si on poursuira ou non ladite veuve. »

Nous ignorons ce qu'il advint de cette mission ; l'on trouve seulement dans les
registres aux comptes Y 3, 80, octobre 1505 à octobre 1506, au chapitre des
droits seigneuriaux : « De D^{lle} Liénor Du Caurel la somme de c sols à cause de
« hypotecq par elle prinse sur une maison appartenant à Jehan et Jacques
« Colaye séant en la rue de Beauvais pour la sûrcté de 8^l 6^s 8 deniers de rente
« par eulx vendus moiennant la somme de c^l, par mandement du ixe jour dudit
« mois (juin). »

Léonore Du Caurel survécut peu à Antoine Clabault comme l'indique un
compte de 1509 des marguilliers de l'église Saint-Firmin-à-la-Porte. « Oudit
compte 1509 se voit la fondation de demoiselle Léonor Ducaurel femme de sire
Antoine Clabault qui a fondé chacqun an un obit le dernier septembre, receu
par contrat passé par devant Jacques Cretu et Antoine Dubos entre les exécuteurs testamentaires et les marguilliers de ladite église pour l'acquit duquel
obit ladite demoiselle a donné deux livres en parchemin qui estoient deux
missels historiés et dorés avec une robe qui a esté vendu soixante-douze livres
sur laquelle somme etc. »

C'est en l'année 1513 que la mairie d'Amiens est de nouveau confiée aux mains
d'un membre de la famille : Philippe Clabault, fils de Jacques, maire en 1465.

Philippe CLABAULT

ES registres aux délibérations sont très défectueux à cette date. Le registre T 21, années 1508, 1510, 1513 est en mauvais état, illisible, et tombant en poussière. Le 22ᵉ ne s'est pas rencontré, le 23ᵉ ne commence qu'en 1535. C'est donc à l'aide des seuls registres aux comptes qu'il nous est permis de continuer cette étude ; encore y manque-t-il maintenant le chapitre des présents de vin si souvent curieux à consulter, mais depuis les premières années du xvıᵉ siècle, les grands compteurs ont pris l'habitude de n'inscrire que le chiffre total des sommes dépensées chaque trimestre pour cet objet, le détail en étant inscrit sur des cahiers particuliers dont on ne trouve plus trace aujourd'hui.

Philippe Clabault fils de sire Jacques Clabault maire en 1465 arrivait à la mairie dans des circonstances assez critiques qu'il ne paraîtra pas inutiles de rappeler brièvement. Le successeur de Charles VIII avait poursuivi les affaires d'Italie. En 1513 une coalition formidable l'avait contraint de rappeler les forces qu'il y entretenait, pour défendre le sol de la France menacée au Nord par le roi d'Angleterre Henri VIII, à l'Est par l'empereur Maximilien et les Suisses. Henri VIII débarqué à Calais était parti pour Thérouanne qu'il assiégea et où l'empereur ne tarda pas à le rejoindre. Ce bizarre allié qui ne craignait pas d'arborer les couleurs anglaises et de se déclarer soldat du roi aux gages de 100 couronnes d'or par jour pour ses frais de table, s'était déjà au temps de la Ligue de Cambrai fait payer deux ou trois fois la solde des troupes qu'il conduisait contre Venise. Henri VIII dut en faire autant pour les lansquenets et les Suisses que ce César besoigneux lui amenait de Flandre. L'armée française ayant été battue à la journée de Guinegate que l'histoire a nommé la journée des

Eperons (16 août 1513) parce que dans la panique les éperons y jouèrent un plus grand rôle que l'épée, Thérouanne dut capituler et fut impitoyablement, malgré les conventions, détruite de fond en comble, ses murailles abattues, ses fossés comblés, ses maisons incendiées, hormis la cathédrale et les cloîtres. A la nouvelle du danger de cette ville qu'il voulait secourir à quelque prix que ce fut, Louis XII, quoique tourmenté de la goutte, s'était fait transporter en litière de Paris à Amiens. Il y était arrivé le 13 août et y signa des lettres portant que pour subvenir aux frais de la guerre, il était obligé de prendre les consignations tant de la cour des comptes que du Châtelet de Paris (1). Le duc de Valois (depuis François Ier) fut mis à la tête de l'armée. Il la ramena sur la Somme bonne ligne de défense dans le cas où l'ennemi tenterait de pénétrer dans le cœur du royaume, mais il n'y songea pas, et les alliés allèrent se disputer au siège de Tournay. C'est au milieu de cette situation critique, que se rappelant les services rendus par les Clabault, les amiénois élirent pour maire Philippe Clabault. Ce choix ne se fit pas toutefois sans une certaine opposition qui nécessita l'intervention du pouvoir royal.

Philippe Clabault et Pierre de May prétendaient chacun avoir été appelé à remplir cette fonction. Louis XII qui se trouvait alors à Corbie s'émut de cette contestation aussi inopportune, Pierre de May avait été maire en 1504, 1507, 1508, 1511, Philippe Clabault n'avait encore exercé aucune fonction publique. François d'Aligre seigneur de Précy, Pierre de Saint-André premier président du parlement de Toulouse, Pierre Legendre trésorier de France et Jean Marnac conseiller au grand conseil furent immédiatement envoyés à Amiens pour procéder à une enquête que nécessitait, le point délictueux de l'élection faussée du

(1) Daire. Histoire d'Amiens, I, 256. — Dubois. Entrées royales et princières à Amiens. — Louis XII suivant les historiens était à cette entrée vêtu d'une galbardine, la tête couverte d'une toque d'écarlate, coiffure qu'il paraissait affectionner, comme on le voit représenté dans presque tous ses portraits, notamment dans une belle aquarelle gouachée du XVIe siècle, travail italien, de la collection de M. Alexandre Delaherche de Beauvais, et sur un médaillon d'une des fenêtres du château de Blois. Il était accompagné des ducs d'Angoulême, d'Alençon, de Suffolck (Richard l'un des derniers représentants de la Rose blanche d'Angleterre) de Jean Stuard duc d'Albany, de Vendôme, du comte de Saint-Pol. Il établit à Amiens une étape pour le ravitaillement de l'armée dont un détachement sous les ordres du vicomte d'Estanges enleva à l'ennemi une grande couleuvrine nommée l'Apôtre Saint-Jean qui fut transportée dans la ville.

Un article du compte des dépenses de la ville porte : A Jehan d'Amiens LXXVII^s que mesdis s^{rs} ont ordonné lui estre baillié pour avoir fait et livré pour lad. ville une grant trompe de leston chaudée d'argent qui avoyt esté ordonné estre faite pour sonner au Beffroi les heures de la nuyct durant que le roy estoit en lad. ville.

28 octobre (2). Les commissaires s'acquittèrent en hâte de l'exécution de leur mandat, et quatre jours après le renouvellement de la loi, le 1er novembre 1513, le roi « pour le bien de nous et seureté de ladite ville attendu la disposition du « temps et émynent péril qui porroit estre par tel différend, il n'est pas requis « que icellui différend tombe en langueur mais qu'il y soit promptement « pourvcu », prenait la décision souveraine suivante :

Philippe Clabault devait être investi pour l'année des fonctions de maire à l'exclusion de Pierre de May, « nonobstant opposicions ou appellacions quel- « conquez, et prêter serment en cette qualité entre les mains des commissaires « qui nommeraient ensuite aux fonctions d'échevins en présence de Philippe « Clabault et après avoir soumis les noms, et s'ilz sont agréables auxdis habitans « et par eulx acceptés, six personnes de la ville pour remplacer les six échevins « que le lieutenant du bailli d'accord avec Pierre de May son beau-père, avait « illégalement institués, sans les avoir fait agréer par l'assemblée électorale « comme il est requis. » En conséquence de cette décision Pierre de May cité à comparaître le 2 novembre deux heures de l'après-midi, en l'auditoire du bail- liage royal devant les commissaires répondit que ce délai était bien court et qu'il se rendrait au bailliage s'il le pouvait. Renvoyé une seconde fois auprès de lui, François Desbarres huissier ordinaire du grand conseil somma cette fois l'intimé au nom du roy et sous peine de mille marcs d'argent et d'être déclaré traître et rebelle, de lui restituer les sceaux de la mairie qu'il avait entre ses mains. Devant cette injonction si formelle, Pierre de May dut se rendre et les sceaux remis entre les mains de Jean Marnac, furent donnés au Maire, comme seul représen- tant légal de la mairie, en vertu des lettres royales (Regist. aux chartes E, 236- 237. — A. Thierry, II, 553 et suiv.).

Trois faits importants marquent la mairie de Philippe Clabault : les soins de veiller à la sûreté de la ville et de la décharger en même temps de la garnison qu'on y veut introduire, le fléau de la peste, enfin l'incident de l'ambassade anglaise que nous raconterons tout à l'heure.

La peste régnait en ville et les registres aux comptes nous donnent à cet égard les renseignements suivants :

« A Jehan Carpentier et Jehan de Cuignières xs tournois, à Jehan Pingrenon

---

(2) A Guérard de Saint-Pierre...... despense faite par M. de Précy, Monsr le trésorier Legendre et maistre Marnacq conseiller au grant conseil pour le roy à eulx informer et enquérir sur la forme tenue au fait du renouvellement de la mairie de lad. ville le jour Saint-Simon-Saint-Jude au disner en la maison Pierre Vilain où ledit Legendre estoit descendu (Regist. aux comptes Y 3).

31

« maistre des haultes œuvres et à Jacob Massias comis à porter en terre les
« corps de ceulx qui mœurent de peste en ceste ville, pareille somme pour avoir
« esté le jour d'hier barrer et clore les huys de seize maisons esquels on s'estoit
« mort de peste (26 novembre 1513. Regist. aux comptes Y 3, 88).

« A Guérard cayellier xii' tournois pour la faichon d'une brouette qui luy a
« esté ordonné faire pour baillier à Jacob Massias et autres ses consorts à porter
« en terre les corps de ceulx qui mœurent de peste (29 novembre 1513. Ibid.).

« A Colard Baude barbier et cirurgien d'icelle ville la somme de viii' que
« mesdis sieurs avaient ordonné lui estre payé oultre ses gaiges, en considé-
« racion des grans services qu'il a fait ceste année aux manans et habitans
« d'icelle ville en les alant visiter et seigner pour les préserver de la peste viii'
« (7 décembre. Ibid.) (1).

« A Jehan Macherre huchier la somme de xii' pour avoir barré huit ou dix
« maisons où l'on s'estoit mort de la peste (15 décembre. Ibid.). »

Pour faire reconnaître les porteurs destinés au triste service des inhumations,
l'échevinage achète à Andrieu Boistel chaucetier pour ci' vi deniers sept aunes
de drap noir pour faire deux robes à Jacob Massias et à son compagnon ; elle paie
à Guillaume de Flandre cousturier la façon de ces deux robes, et la livraison des
draps blancs qui sont sur icelles robes, à Pierre Pallette peintre xiiii' tournois
pour avoir peint de noir le charriot de bois ouquel l'on mect et porte les gens
mors de la peste, en terre, et sur icelli fait une grant croix blanche 29 avril
(Ibid) ; à Valent Chocquet caron ung petit charriot de bois à deux roues qui sert
à porter en terre les corps qui mœurent de peste en ceste ville d'Amiens (12 mai).

---

(1) On trouve encore cette mention : A Colard Baude cirurgien d'icelle ville adfin qu'il fut plus dilli-
gent de aller visiter les pouvres malades de peste de lad. ville et aussy en consideracion que luy a este
contraint habandonner son mestier de barbier et à ceste cause a perdu sa cachalandise (12 juillet 1514.
Ibid.).

L'épidémie ne fut pas moins meurtrière l'année suivante. Colard Baude et Jacques Lenglès son
confrère en furent notamment les victimes (Regist. aux comptes Y 3, 89, 1514-1515).

Les pertes qu'elle avait infligées à la ville furent un des considérants qui motivèrent en sa faveur un
acte gracieux de l'autorité royale. On lit dans le registre aux comptes Y 3, 89 : A Nicolas de Saisseval,
« voyage fait vers Mons' de Piennes estant à Roye et d'illec en la ville d'Amboise où estoit le roy nre
« sire, pour avoir quittance ou moderacion de iiimi dont il faisoit demande à lad. ville attendu les grans
« ouvraiges qui avaient esté encommenchiés en icelle et les grans charges qu'elle avoit portées tant à
« l'occasion de la descente des Anglois en Picardie comme de la grant peste qui avoit esté longue
« espace de temps en ceste ville, ou du moins adfin d'avoir délay de paier lad. somme qui luy avoit esté
« accordé ouquel voyage il avoit seiourné xvii jours qui monte au pris de xxiv' par le jour à lad. somme
« de xx' viii', par mandement du viii' jour de juillet (1515).

Avec ces seuls documents il est difficile de se rendre bien compte de l'intensité de la maladie. Elle dut toutefois être assez meurtrière, si l'on en juge par le nombre de repas auxquels assista l'échevinage, au retour des services auxquels il était invité, et qui cette année furent de bien supérieurs aux années précédentes. Si la mortalité frappait ainsi sur les classes aisées, à plus forte raison devait-elle exercer ses ravages sur les pauvres.

Bien que les hostilités fussent ralenties et que les deux parties s'observassent, la concentration de l'armée française sur la Somme n'en apportait pas moins de lourdes charges pour la ville menacée de recevoir une forte garnison, dont elle sut cependant se débarrasser en en achetant l'exemption par des présents intéressés et par la corruption de certains fonctionnaires sensibles aux séductions de l'or, car ainsi qu'on va le voir tout se borna en cette occasion et se réduisit à des dépenses d'hôtel et à certaines gratifications plus ou moins habilement données. Les registres aux comptes nous édifient à ce sujet.

« A Fremin Cleuet hoste de la maison de la Ficquet de ceste ville la somme « de xxxii¹ xviiˢ iiii^d que Jehans de Villers escuyer s^r de Vaulx commis à faire le « logement des gens d'armes ordonnés par le roy estre mis en ceste ville, les « maressaux et fourriers des compagnies Monsr d'Engoulesme et Monsr « d'Allensson ont despensé en lad. maison le temps qu'ilz ont vacquié à faire « lesd. logements etc.

« A Jacques de Pernois hoste de la maison du Pan *(sic)* vi¹ xˢ despense des « maressal des logis et fourriers de la compagnie du grand maître (14 novembre).

« A Pierre de Saint-Blimond hoste de la maison des Deux-Angles xii¹ xˢ « despense des maréchaux et fourriers de la compaignie de Monsr de Bonnyvet « pour faire le logis des gens d'armes de ladite compaignie qui avoient esté « ordonné estre mis et assis en garnison en icelle ville dont depuys le roy notre « sire a exempté les manans et habitans d'icelle ville (20 novembre).

« A Colart de Hauchel pâtissier pour despense en sa maison par lesdis sieurs « De Vaulx, fourriers maressaux des logis des compaignies de Monsr le grant « maistre et Monsr d'Allenson xii¹ (12 décembre).

« A Jehan Lequien pastichier liiiˢ despense des fourriers de la compaignie de « Monsr le grant maistre durant le temps qu'ils furent en ceste ville faisant les « logis des gens d'armes d'icelle compaignie, laquelle despence faite par les « dessus dits et autres fourriers, mesdits s^rs ont ordonné luy estre payée en « considéracion que par le moyen d'entr'eulx et d'autres fourriers la ville a été « préservée et n'a point eu de garnison (10 novembre).

« L'aveu est franc et certaines dépenses de cette nature, de nos jours n'appa-
« raissent pas aussi clairement dans les budgets.

« Deux aunes et demie de satin, aulne de Paris pour le fourrier de la
« compagnie de M^r le grant maistre en recoingnoissance des voyages qu'il a fait
« tant en allant devers Monsr le grant maistre et aucuns autres pour empescher
« que les gens d'armes d'icelle compaignie se fussent assis en icelle ville en
« garnison comme ils le requéroient (3 novembre).

« A noble homme Jehan de Villers sire de Vaux xliii^l iiii^s à luy baillié et
« délivré en 24 escus couronne, de la charge et ordonnance de mesdits s^rs faite
« en leur échevinage tenu le 3e jour de novembre, pour et au lieu d'un courtaud
« à luy promis en récompense et recongnoissance des voyages et peines qu'il
« avoit prinses pour faire exempter ladite ville du logement des trois cents
« lances ordonnées y estre assis de par le roy. »

En même temps que ces dépenses, il s'en présentait d'autres, nécessitées par
les exigences des mouvements de troupes. C'est ainsi que nous lisons : « A
« Guille le Mattre marchand tavernier demourant à Amiens la somme de vi livres
« pour la perte et tarre qui a eu ledit Guille sur le vin qu'il a esté par nous
« contraint mener à Longpré-les-Corps-Sains après les deux cents gentils-
« hommes de l'hostel du roy que menoit Monseig^r le duc de Longueville,
« lesquels estoient partis de lad. ville le xviiie jour de juillet dernier passé et à
« leur partement avoient requis leur envoyer ledit vin (4 novembre). »

Mais si la ville avait obtenu d'être exemptée de garnison, il était de son devoir
de faire bonne garde. On ne négligea pas ce soin. Les registres aux comptes
font mention sous les dates des 31 décembre et 28 janvier, d'un « quidam
« envoyé à Arras et à Calais pour espier et enquérir du bruyt de la guerre. »
Regnault Damanez touche viii^l vii^s pour onze jours de voyage à Montreuil et
Huclers (1) pour mener des charriots d'avoine au camp du roi qui pour lors estoit
illecq et aussy pour avoir mené à Montreul par devers Mr de Piennes lieutenant
général du roy ung prisonnier que mesd. s^rs luy envoyoit, mesmes pour avoir par
ledit Regnault l^m tant bledz que farines qui furent délivrés par mesdits s^rs aux
commissaires de l'avitaillement du camp du roy. Mandement du 26 janvier 1513.
Le 1er décembre, le Maire, sire Nicolas Fauvel, sire Pierre de May, sire Richier
de Saint-Fussien, Jehan le Prévost prévôt, et plusieurs autres échevins, en
compagnie de MM^rs du Fresnoy, de Saint-Martin, de Millencourt et des officiers

----

(1) Hucqueliers, chef-lieu de canton de l'arrondissement de Montreuil.

du roi, vont visiter la forteresse pour voir ce qu'il conviendroit y faire, spécialement les dehors de la porte de la Haultoye, et illec deviser la forme du boslevert qui fut advisé y estre fait (4 décembre). Durant le mois de janvier l'on fait le guet de nuit ès villages et clochers de Saint-Pierre et de Saint-Mœurisse. Enfin nous voyons sous la date du dernier jour de février que cent sols tournois sont donnés aux maître et compagnons couleuvriniers pour les premiers sallaires et vacacions qu'ils ont eu et desservy pour avoir par l'espace de deux mois fait le guet sur la forteresse d'icelle ville et lieux à eulz ordonné, durant que la rivière estoit gelée pour doubte de la surprinse. Ainsi aux maux de la peste s'ajoutaient donc encore les souffrances d'un hiver assez rigoureux pour arrêter le cours rapide de la Somme.

Ce fut sans doute pour venir en aide aux couleuvriniers que la ville favorisa la création d'une nouvelle compagnie militaire, celle des Arquebusiers. Daire s'est trompé en donnant à cette institution la date de 1475. Pagès et Pierre Bernard lui assignent en effet sa vraie date, la dernière année du règne de Louis XII. A. Thierry n'avait trouvé, avant leur règlement de 1528 qui constituait légalement leur organisation, aucun document qui les concernât. Nous avions partagé cette opinion dans notre Notice sur les anciennes corporations d'archers, d'arbalétriers, de couleuvriniers et d'arquebusiers des villes de Picardie, trompé par une mauvaise interprétation du dire de Pagès (1), mais le registre aux comptes (1513-1514) ne laisse plus aucun doute à cet égard. Au grant compteur y est-il dit « xlviii livres qu'il a payé de sa recette à maistre « Anthoine de Saint-Delys escuier sieur de Herucourt comme maistre de la « congrécation des harquebusiers de nouveau hérigée et mise sus en ceste dite « ville pour la garde, tuyssion et deffense d'icelle en ensuivant l'accord et « consentement à eulx baillié par mesdis s^{rs} sur la requeste par lesdits harque- « busiers à eulx fète et ce pour le paiement de leur jardin scituée en la rue de « Beauvais par eulx naguères acheté pour eulx en icelle exerciter ou fait et jeu « de lad. harquebuze ainsi qu'il peut apparoir par l'extrait de lad. requête datée « du xxviii° jour d'avril et quittance dudit Saint-Delis. »

Un événement imprévu devait bientôt changer la face des affaires de France, la mort de la reine Anne de Bretagne décédée à Blois le 9 janvier âgée de

(1) Pagès cite les comptes de l'Hôtel-de-Ville de l'année 1514. Il a raison en ce sens que le 28 avril est de l'année 1514, mais l'année municipale des comptes, allant d'octobre d'un an à octobre de l'an suivant, il eut été plus exact de dire les comptes de 1513-1514, ce qui a fait chercher inutilement la preuve de son assertion dans le registre de 1514-1515.

37 ans (1). Débarrassé de l'entêtement de sa bretonne comme il l'appelait lui-même (2), dont les vues étaient l'alliance de Mme Claude France avec l'archiduc Charles d'Autriche (depuis Charles-Quint) afin de rendre sans doute au petit-fils ce qu'elle avait ôté au père en épousant Charles VIII, Louis XII, suivant le projet qu'il avait de ne marier sa fille aînée qu'à un prince de son sang, avait dès le mois d'avril 1506, mandé à Tours un certain nombre de députés des principales villes du royaume. M. de la Gruthuze lieutenant général du roi en Picardie avait fait venir à son château de Famechon (3), le Maire, Antoine Lorfèvre, sires Nicolas Fauvel et Pierre de May et leur communiqua une lettre du roi « portant « crédence et ordonnance de faire entièrement tout ce que par luy leur serait « ordonné, laquelle crédence, il leur avait exposé et pour ce que c'estoit chose « qui touchoit le grant bien du royalme et de la chose publique d'iceluy qui re- « quiert estre tenue secrette et que bonnement ne se pooit encore divulguer. » La ville délégua le Maire, sires Nicolas Fauvel et Pierre de May avec Me Raoul le Couvreur avocat et conseiller pour se rendre auprès du roi. Le 16 juin Le Couvreur rendait à l'échevinage compte de leur mission à Tours. Sur la demande faite par les députés des bonnes villes, auxquels elle avait été préalablement soufflée, le roi reconnut que pour le bien du royaume et de la chose publique, il était nécessaire et convenable d'allier sa fille Mme Claude de France à M^r le duc de Valois comte d'Angoulême et d'en faire les fiançailles à l'Ascension prochaine puis au nom de la ville d'Amiens, ses délégués avaient juré « sur les saintes « évangiles de Dieu, de entièrement entretenir lad. alliance, et ledit mariage « consommé incontinent que les fiancés seraient parvenus à l'âge pour icelluy « consommer, mesme que si le roi alloit de vie à trespas sans délaisser enfant « masle, de tenir ledit seigneur de Valois pour roi et souverain seigneur et

(1) Un service funèbre fut célébré à Amiens pour cette princesse : Audit Guérard de Saint-Pierre xiil xis vid despense faite en l'Hostel-de-Ville au retour du service qui se fist le jourd'huy en la grant église Notre-Dame pour l'âme de la reyne de France où tous mesdis sieurs se trouvèrent (26 janvier).

A Arthur le Scellier peintre demourant à Amiens la somme de iiiil xs pour les deux grans blasons qui ont servy aux vigilles et service nagaires fait en la grant église pour le salut de la reyne de France que Dieu absolve, partie desquels blasons sont de présent attachés aux pilliers estans en la grant nef d'icelle église Notre-Dame (28 février. Regist. aux comptes Y 3, 88).

(2) Le roi l'appeloit quelquefois dans ses goguettes sa bretonne. Vies des dames illustres françoises et estrangères. (Brantome.)

(3) Famechon-sous-Poix (Somme) construit vers 1040 par Gautier Tyrel prince de Poix. Cette forteresse qui suivant la tradition avait reçu l'épithète de Fameuse, aurait été il paraît flanquée de 17 tours. Les Anglais, en 1346, mais toujours suivant la même autorité, n'avaient osé l'attaquer après avoir saccagé Poix. Ce château dont on voit encore des vestiges informes fut détruit pendant les troubles de la Ligue.

« comme tel lui obéir, » promettant de faire ratifier cet engagement par la ville, en dedans le jour de la Magdelaine prochain venant. Le lendemain la ville adressait ses lettres de ratification. Anne de Bretagne était morte le 9 janvier 1413, le 18 mai suivant, le mariage de Mme Claude de France se fit, encore dans le deuil de la défunte reine.

Les hostilités allaient avoir un terme; l'ombrageux Henri VIII était fatigué de ses alliés. D'un autre côté, Louis XII, privé du concours efficace de l'Ecosse, dont le roi Jacques IV avait été tué dans la défaite de Flodden-Field, cherchait à se procurer la paix avec l'Angleterre. Le duc de Longueville prisonnier depuis la bataille de Guinegate, la négocia ; le traité en fut conclu le 14 septembre. La princesse Marie d'Angleterre en fut le lien, et le mariage du roi avec elle, une des conditions (1). Il fut célébré à Abbeville le 9 octobre 1514, où les royaux époux reçurent la bénédiction nuptiale dans un appartement tendu de drap d'or, à l'hôtel de la Gruthuse (2) en présence des cardinaux d'O et de Prie, de l'archevêque de Rouen et des ambassadeurs de Florence et de Venise (3).

Une ambassade anglaise s'était rendue en France pour régler les conventions de cette union. Elle devait nécessairement passer par Amiens. Noël Hubelée procureur de la ville et Charles le Fournier sergent royal, furent en conséquence députés à Abbeville auprès de Mr de Piennes lieutenant général du roi, pour lui porter des lettres de crédence, pour selon le mémorial et charge de bouche qu'ils avaient reçus, savoir le jour de son arrivée, s'il convenait d'aller au devant d'elle de quel nombre de chevaux et d'hommes elle était pour pourvoir à son logement et autres choses (8 septembre).

(1) Louis XII époux divorcé de Jeanne de France fille de Louis XI, veuf d'Anne de Bretagne avait alors 53 ans. La princesse Marie en avait 16 ou 17. Aussi disait-on par lors quand il l'épousa qu'il avait pris une jeune guilledrine qui bientôt le mènerait en paradis tout droit et plus tôt qu'il ne voudrait son grand chemin (Brantome. Ibid.).

(2) L'Hôtel de la Gruthuse était situé rue Saint-Gilles près le couvent des Carmélites. Commencé par le Maréchal d'Esquerdes peu de temps avant sa mort, il fut achevé par Jehan de Bruges seigneur de la Gruthuse mort en 1512 et inhumé dans l'abbaye de Saint-Riquier. Etant tombé dans le domaine du roi, on y établit en 1614 le siège de la Sénéchaussée du Ponthieu, puis le Présidial, les Eaux et forêts, le Grenier à sel, l'Amirauté. En 1790 l'on y installa le District Il fut incendié dans la nuit du 4 au 5 janvier 1795 et avec lui périt un grand nombre de livres, de meubles, de tableaux précieux provenant des églises et des châteaux du département et un dépôt d'armes et d'équipements militaires. Aujourd'hui le Tribunal civil occupe son emplacement. (Voir E. Prarond. Notices sur les rues d'Abbeville).

(3) Voir sur la célébration du mariage de Louis XII à Abbeville : Louandre, Histoire d'Abbeville. E. Prarond, et Hypolite Cocheris : Entrées de Marie d'Angleterre femme de Louis XII à Abbeville et à Paris. Paris. Aubry. 1849. Un vol. in-8°. — L'archevêque de Rouen était Georges II cardinal d'Amboise, le cardinal René de Prie, cousin-germain du cardinal Georges Ier d'Amboise, défunt ministre de Louis XII.

L'ambassade anglaise passa en effet à Amiens et y reçut de la part de la ville, les présents d'usage comme l'indiquent les registres aux comptes : « A Jehan le « Prevost prévost et à Mᵉ Jehan Auxcousteaux eschevin de lad. ville commis par « mesdis sʳˢ à acheter le poisson tant de mer comme d'eau doulce dont a esté « fait présent à MMʳˢ les ambassadeurs d'Angleterre à leur venue en ceste ville « d'Amiens la somme de xlvˡ ixˢ à quoy à monté l'achat dudit poisson comme il « parait plus à plain apparoir etc. (12 septembre. Regist. Y 3, 88).

« A Guillaume de Chaules marchand demeurant à Amiens la somme de liiˢ « tournois que les xxiv sergens de nuit d'icelle ville ont despensé en sa maison « le jour que Monsʳ de Sombresset (1) et autres ambassadeurs d'Engleterre « arrivèrent en ceste ville pour aller en court touchant le mariage du roy notre « sire et de la fille d'Engleterre, et laquelle somme mesdis sʳˢ ont auxdits « sergens en considéracion de la peine qu'ils vinrrent cedit jour en accom- « pagnant mesdⁱ sieurs et en veillant de nuyt alentour du logis des ambas- « sadeurs par mandement du xᵉ jour d'octobre (Ibid.) liiˢ.

« A Guillaume de Chaules xiˡ tournois demy quenne de vin de Beaune blanc « présenté à Monsʳ de Sombresset et autres ambassadeurs d'Engleterre au « passer par ceste ville lorsqu'ilz allèrent en France pour le mariage du roy et « de la fille d'Engleterre (13 octobre. Ibid.).

« A Jehan Matissart tavernier xxviˡ xviˢ deux demies quennes de vin de « Beaune aux ambassadeurs d'Angleterre en ce compris xxxviˢ pour pain et « vi pots de vin aux maistres d'ostel desd. ambassadeurs (2). »

Malheureusement à son retour, car il résulte des citations que nous venons de faire que l'ambassade anglaise traversa deux fois la ville en septembre d'abord puis en octobre, elle s'y rencontra avec une ambassade d'Ecosse. La haine héré-ditaire entre les deux nations, et l'événement tout récent de la bataille de Flodden-Field amenèrent sans difficulté, une querelle et une rixe entre les gens de ces ambassades. En bons français et en francs picards, des Amiénois prirent chaude-ment le parti de leurs alliés, ce qui amena le grave incident diplomatique dont on trouve les traces dans les registres aux comptes dont nous allons donner les extraits suivant l'ordre dans lequel les faits y sont présentés (3).

(1) Somerset.

(2) Jean Matissart maître de la confrérie de N.-D. du Puy en 1482.

(3) Le lecteur est prié de remarquer que les dates indiquées ci-après sont celles des mandements par lesquels le compteur est autorisé à solder les dépenses, et que par conséquent elles n'indiquent pas la date exacte des faits auxquels ils ont rapport.

« A Ferry de Ricquebourg, Jehan Sauwal, Gilles Parmentier, Pierre Sœullet
« et Pierre le Tellier sergents royaulx au bailliage d'Amiens la somme de XLI
« livres tournois à eulx dus et qui leur a esté paié par mesdis sieurs pour avoir
« mené à Abbeville par devers les ambassadeurs d'Engleterre par ordonnance
« du roy nostre sire les XVIII prisonniers qui estoient en ceste ville d'Amiens et
« empesché pour raison de la noise et débat advenu en lad. ville à l'encontre des
« gens des ambassadeurs d'Engleterre et aussy pour le louage de dix-huit
« chevaux sur lesquels furent menez lesd. prisonniers et pareillement pour
« despence desd. chevaux (10 octobre).

« A Nicolas de Saisseval greffier d'icelle ville XIᵉ IIIIˢ tournois pour sept jours
« qu'il a vacquié luy deuxième à deux chevaux à deux voyages qu'il a fait en la
« compaignie de Mʳ le maïeur en la ville d'Abbeville par devers MMʳˢ les ambas-
« sadeurs d'Engleterre en pourchassant la despêche et délivrance des XVII ou
« XVIII des habitans de lad. ville qui estoient prisonniers et en danger de leurs
« vies par raison de l'excès qui avoit esté fait au logis desd. ambassadeurs en
« ceste ville d'Amiens où ils estoient arrivés 18 octobre 1514.

« A Nicolas de Saisseval..... pour avoir tiré et desboursé la despence faite par
« Monsʳ le maïeur, Andrieu de Monssures, Anthoine Louvel eschevins et icelluy
« de Saisseval au voiage qu'ils firent en la ville d'Abbeville par devers Monsʳ de
« Piennes lieutenant général du roy en ce pays de Picardie, qui avoit escript à
« mondit sʳ le mayeur se y trouver devers luy oudit lieu pour parler de l'excès
« que l'on disoit avoir esté fait à Messgʳˢ les ambassadeurs d'Engleterre, eulx
« estans en ceste ville d'Amiens et soy informer de la vérité si estoient employés
« à pacifier le débat qui estoit entre les gens desd. ambassadeurs et les gens des
« ambassadeurs d'Escoche afin d'en advertir le roy que on disoit être malcontent
« de Monsʳ le maïeur et mesdis sieurs à cause du rapport autre que véritable
« qui lui avoit esté fait, XIIᵉ IIˢ VIII deniers (27 octobre 1514).

« Noël Hubelée..... voyage d'Abbeville sievant Monsʳ d'Amiens (1) pour la
« despêche de aucuns habitans d'icelle ville constitués prisonniers du roy pour
« les esforts que on maintenoit avoir esté fait par eulx aux anglais ambassadeurs

(1) Par Monsʳ d'Amiens faut-il ici comprendre l'évêque d'Amiens François de Hallwyn qui peut-être
aurait fait une démarche en faveur de ses ouailles ? cette mention manque de clarté. M. Soyer dans ses
notices sur les évêques d'Amiens dit en effet que ce prélat alla solliciter leur grâce auprès du roi qui
le renvoya au duc de Somerset. Le caractère sacré dont il était revêtu joint au crédit et à la juste considération dont jouissait sa famille, fléchirent le courroux de l'ambassadeur anglais, il se contenta d'exiger
que les coupables vinssent lui demander pardon à genoux les pieds nuds et la corde au cou, et il les
renvoya chez eux sains et saufs. Soyer, ouvrage cité, p. 151.

« d'Angleterre estans en ceste ville d'Amiens et après avoir eu la despêche
« d'eulx oudit Abbeville, esté de nuyt et en poste retourné à Amiens atout lettres
« desd. ambassadeurs estant oudit Abbeville adreschant à Monsr de la Tré-
« moille (1) et autres qommissaires du roy et de par luy envoyés oudit Amiens
« pour faire le procès desdits prisonniers, adfin de les non mener oudit Abbeville
« se faire se eust peu et depuis retourné oudit Abbeville à la sollicitacion desd.
« prisonniers vii^l viii^s (Mandement du 8 octobre 1514).

« Me Raoul Le Couvreur advocat, lxxii^s pour avoir esté à Abbeville avec le
« maïeur devers les ambassadeurs d'Engleterre pour les affaires de la ville
« (12 octobre).

« Nicolas Cardon sergent royal xxx^s pour cinq jours au voyage fait à Abbeville
« avec le maïeur pour l'affaire des ambassadeurs d'Engleterre (24 octobre).

« Lyénard Coppin hérault de ceste ville...... xviii^s (6 octobre).

« Andrieu de Monssures escuier seigneur de Grouchy la somme de x^l tournois
« pour trois voyages l'un à Famechon par devers le roy lui porter la nouvelle du
« desbat qui estoit survenu en lad. ville entre les ambassadeurs d'Engleterre et
« les ambassadeurs d'Escoche, les deux autres à Abbeville vers les ambas-
« sadeurs pour l'expédition d'iceux qui estoient prisonniers pour raison dudit
« débat (18 octobre).

« A sire Nicolas Fauvel xxii écus d'or à la rose montant xl^l xvi^s tournois qu'il
« a baillé par ordonnance de MM^rs, les xx escus à ung hérault d'armes du roy
« nommé Champagne pour plusieurs voyages faicts à la requeste de mesd. s^rs
« tant à Famechon vers le roy comme à Abbeville en poursuivant la despêche de
« ceulx qui estoient prisonniers pour le desbat advenu en lad. ville entre les
« anglois et escochois adfin qu'il faist tousiours bon rapport au roy de mesd. s^rs
« maïeur et eschevins et des manans et habitans d'icelle ville et ii escus à ung
« aultre hérault d'armes nommé Normandie pour avoir sollicité la despêche
« desd. prisonniers (19 octobre 1514).

« xxxiii^l ix deniers Jehan le Prevost, garde de la prévosté d'Amiens, savoir :
« xviii^l viii^s ix deniers pour la despence du maire, sire Nicolas Fauvel, luy,
« Noël Hubelée, Nicolas de Saisseval ou voyage à Abbeville voir les ambas-
« sadeurs d'Engleterre y estant en poursuivant la despêche d'aucuns habitants
« de lad. ville qui estoient prisonniers et en dangier d'estre décapitez en raison
« de l'excès que lesd. ambassadeurs maintenaient leur avoir esté fait en icelle

« ville, pour éviter scandale qui s'en eut peu ensuyr; xi¹ xˢ pour deniers tirés et
« payés aux secrétaires et officiers desd. ambassadeurs et le reste pour frais de
« voyage (15 octobre 1514).

« A Nicolas de Saisseval greffier d'icelle ville cinq escus roze qu'il a payé de
« la charge de mesdits sˢ au hérault d'armes de mesdis sˢ les ambassadeurs
« d'Engleterre pour avoir esté à dilligence devers le roy nostre sire, luy estant
« à Airaines porter la requête et supplication que lesd. ambassadeurs faisaient
« au roy nostre sire, adfin qu'il luy pleust donner pardon à xvii des habitans de
« lad. ville qui estoient prisonniers et en dangier d'être exécutés criminellement
« pour raison de l'excès qui avoit esté fait auxdits ambassadeurs eulx estans en
« ceste ville d'Amiens, lequel hérault avait rapporté la despêche desd. prison-
« niers en sorte que le lendemain, ils furent mis à plaine délivrance (9 octobre). »

A tout ceci il faut encore ajouter les dépenses suivantes : « A Marquet
« Bourssin geolier et garde des prisons de l'évesque pour despense faite par
« Jehan Gorrelier (1) et autres au nombre de xviii prisonniers esd. prison, après
« avoir été interrogés par le prévost de l'hostel du roy, sauf recours contre lesd.
« prisonniers vii¹ xˢ ix^d.

« A Jacques de Dury, Anthoine Galois, Guy le Mangnier et Jehan le Testu
« auditeurs royaux en lad. ville, la somme de ʟxxˢ tournois...... ouquel débat y
« olt assemblée du même peuple à cause du son de la cloche, en laquelle infor-
« macion qui fut mise ès mains de Monsʳ de la Trémouille et autres commissaires
« commis par le roy furent oys jusques au nombre de xxiiii tesmoins (10 octobre
« 1514). »

Enfin dans les comptes de 1514-1515 (Reg. Y, 3, 89) « A Philippe Clabault à
« présent maïeur la somme de xi¹ iiiiˢ (c'est une dépense non payée de l'exercice
« précédent) à luy donnée pour vii jours qu'il a vacquié en deux voyages qu'il a
« fait avec aucuns de mesd. sieurs par devers les ambassadeurs d'Engleterre y
« estans, touchant les personnes de ceste ville pour l'excès que lesd. ambas-
« sadeurs maintenoient leur avoir esté fait en icelle ville et aussy pour informer
« Monsʳ de Piennes de la manière du cas advenu en la décharge de lad. ville
« adfin qu'il en volsist advertir le roy, en quoy faisant, le roy a fait mettre lesd.
« prisonniers à délivrance, par mandement du 24 octobre. »

L'excès de patriotisme des Amiénois en prenant fait et cause pour les Ecossais
comme on vient de le voir par les extraits qui précèdent aurait pu leur coûter
plus cher. La noise ou débat paraît avoir été assez violent pour qu'il eut été

(1) Nous avons le nom d'un des prévenus, est-ce parce qu'il était le plus compromis.

nécessaire de faire sonner la cloche d'alarme. Mais enfin après les allées et venues que nous venons d'énumérer, l'affaire fut étouffée, et l'on put dire de cette échauffourée, grave cependant pour les conséquences qu'elle eut pu engendrer, comme plus tard le poète anglais : *All's well that end well.*

Philippe Clabault quatrième échevin du jour en 1514, premier du lendemain en 1516 fut réélu maire à la Saint-Simon de 1517. Nous ne savons que peu de choses sur sa mairie.

Six mois avant cette élection, le nouveau roi de France, François I⁰ᵉʳ avait fait sa joyeuse entrée à Amiens le 29 mai, en compagnie de la reine Claude, de Mᵐᵉ d'Angoulême (1) sa mère, de Mᵐᵉ d'Alençon sa sœur (2). Louise de Savoie, princesse instruite, protectrice des savants, n'avait pu voir dans la cathédrale, les tableaux et les chants royaux de la confrérie de Notre-Dame du Puy sans désirer un recueil de ces poésies et un souvenir de ces peintures. Les magistrats municipaux d'Amiens firent donc exécuter du mieux qu'ils purent le manuscrit souhaité. C'est celui aujourd'hui conservé à la Bibliothèque Nationale sous le n° 6,811 et portant pour titre : Miniatures anciennes en l'honneur de la Vierge ou mieux Chants royaux en l'honneur de la Sainte-Vierge, prononcés au Pui (3) d'Amiens, renfermant 48 chants royaux et autant de grandes miniatures dessinées en grisailles ou en blanc et noir d'abord par un peintre amiénois Jacques Platel puis mises en couleur par un enlumineur ou historieur de Paris Jehan Pinchon. « Cette collection de miniatures exécutée d'ailleurs avec un « talent assez médiocre dit Auguste Breuil, dans les Œuvres d'art de la « confrérie Notre-Dame du Puy d'Amiens, nous semble due en grande partie à « l'imagination de Jacques Platel. Cet artiste aura trouvé plus commode de « composer comme il l'entendait les images destinées à accompagner les chants « royaux que de copier avec exactitude les tableaux de la cathédrale. » Le savant auteur justifie en effet son observation, mais ce qui est le plus intéressant, c'est que le premier il a eu l'heureuse pensée, dédaignant les indications souvent inexactes de Pagès à cet égard, de donner *in extenso* dans l'appendice de son excellent travail sur les œuvres d'art du Puy, d'après le registre aux comptes Y, 3, 92, le compte du grand compteur relatant la dépense faite par la ville pour satisfaire au désir manifesté par la duchesse d'Angoulême. On y voit que Jacques

(1) Louise de Savoie née en 1476 morte le 29 septembre 1532.

(2) La célèbre Marguerite d'Angoulême épouse en premières noces de Charles III duc d'Alençon puis en 1527 d'Henri d'Albret roi de Navarre.

(3) Voir sur la confrérie de Notre-Dame du Puy les différents historiens d'Amiens et plus particulièrement MM. le docteur Rigollot et A. Breuil.

Platel tira de blanc et de noir le pourctrait desd. tableaux au nombre de 48 comprins une histoire y mise à volonté où estoit la représentacion d'icelle dame la ducesse et de ceulx qui luy présentoient led. livre, que sire Jehan des Béguignes prebstre fit la calligraphie des ballades, enrichies de grandes lettres illuminées par Guy le Flament enlumineur d'Amiens, que Nicolas de la Motte rhétoricien refit les ballades qui avoient esté adhirés en certains tableaux. Jehan Pinchon de Paris, comme nous l'avons dit, enlumina les dessins de Platel, à raison qu'il n'y avoit ouvrier en ceste ville (d'Amiens) pour le bien et souffisamment enluminer et estoffer (1), un relieur de Paris Pierre Favereux, nettoya, tympana, céla, dora, relia et couvrit ce volume relié en velours pers et renfermé dans une grande custode noire. Le volume des Chants royaux coûta à la ville trois cent soixante-dix livres dix-huit sous. On va voir qu'elle n'eut pas à regretter cette dépense.

Andrieu de Monsures et Pierre Louvel echevins avaient été délégués pour présenter à la Reine mère alors à Amboise le précieux volume et la supplier d'avoir toujours la ville et ses habitans en bonne recommandation. Avant leur départ, ils l'avaient porté et montré à Monsieur de Piennes et aussy à M. d'Ardes son fils estans à Pernois, pour avoir d'eux quelques bonnes lettres d'introduction, car ils avoient aussi mission de solliciter du Roi de vouloir bien accorder sur les aides levées pour lui dans la ville, quelque somme de deniers pour employer aux travaux nécessaires aux fortifications. Ils étaient déjà en route quand l'échevinage reçut des lettres de M° Jehan Ruzé receveur général de France lui faisant connaître que le roi demandait à emprunter à la ville quinze cents livres. On écrivit en diligence aux deux députés pour que, par le moyen de lad. dame, ils obtinssent, si possible estoit, exempcion dudit emprunt ce qu'ils feirent (2) (Ibid. Regist. 92).

(1) A. Breuil dans son consciencieux et remarquable travail sur les Œuvres d'art de la conférie de Notre-Dame du Puy a supposé qu'Amiens renfermait des artistes capables d'exécuter les tableaux d'une manière satisfaisante. Le compte qu'il cite lui donne cependant une négation positive à cet égard. Il n'y avait pas à Amiens d'ouvriers capables d'enluminer et d'étoffer les croquis de Platel. Suivant nous, il est dans le vrai, en reconnaissant l'existence dans une province limitrophe de la Picardie, dans la Flandre, d'écoles florissantes sorties de l'école des frères Van Eyck. Nous trouvons dans les registres aux comptes nombre de noms de peintres industriels ou décorateurs mais nulle trace d'artistes. Il faut donc tirer cette conséquence que les chefs-d'œuvres de Notre-Dame du Puy sont sortis du pinceau de peintres Artésiens, Douaisiens ou Valenciennois, et non comme l'a pensé Alfred Michiels (le Moyen-Age et la Renaissance, T. V) d'une école nationale picarde.

(2) Ouquel voyage ils vacquièrent xxxvi jours pour, chascun desquelz leur a esté payé xxxii sols qui font ensemble cxvl iiiis.

Le second jour de l'an 1518, le lundi de Pâques se fit à Amiens une procession solennelle « où furent portés plusieurs reliquaires et corps saints notamment « celui de saint Firmin le martyr, par ordonnance de Révérend père en « Dieu, Monseigneur l'Evêque d'Amiens qui avait reçu à cet égard des « lettres du roi afin de faire cérémonie pour inviter le pœuple d'icelle ville à « dévocion et à prier Dieu le créateur pour la conservacion de la foy crestienne « en donnant victoire contre les Turcqs infidèles qui avaient commenchié à faire « la descente en la chrestienté (1). » Le sultan Sélim vainqueur de la Perse et conquérant de l'Egypte menaçait l'Europe par ses préparatifs. Le Pape Léon X aurait désiré réunir tous les princes chrétiens dans une étroite alliance contre l'ennemi commun, mais ils ne promirent qu'une alliance défensive en donnant au Pape le vain titre de chef de la Ligue. Un dimanche de septembre eut lieu une nouvelle procession pour la paix de la chrestienneté où furent également portées toutes les châsses de la ville.

François Ier par lettre d'Amboise du dernier février 1517, avait informé la ville de la naissance d'un Dauphin (2). Pierre Audebert chevaucheur des écuries qui apportait cette bonne nouvelle reçut une gratification de deux écus soleil, et pour célébrer cet heureux événement, la ville, outre une procession solennelle en actions de grâces, fit faire, suivant l'usage, des réjouissances publiques (3).

Le 15 avril, le maire assisté de plusieurs officiers de la ville est obligé de visiter le cours de la Somme dans l'intérêt public. Plusieurs particuliers ayant leurs prés aires et héritages sur cette rivière avaient fait des entreprises qui entravaient la navigation et le halage. Il fit sur le champs rétablir les choses dans l'état où elles devaient être (Ibid. Y 3, 92).

(1) Il n'y eut point alors d'hostilités avec les Turcs ; la mort empêcha le sultan Sélim de poursuivre les projets qu'il avait conçus. C'est à son successeur Soliman, quelques années plus tard, qu'il fut donné d'expulser de l'île de Rhodes, après un siège meurtrier, l'ordre religieux et militaire de Saint-Jean de Jérusalem, malgré la vigoureuse résistance du grand maître Villiers de l'Isle-Adam.

(2) François premier fils de François Ier et de Claude de France mort en 1536.

(3) Regist. aux comptes Y, 3, 92 : Guillaume Arthus ; dîner à l'ostel des Cloquiers au retour de la procession générale le 8 mars pour la naissance du dauphin avec tous les officiers de la ville. Huit des échevins y avoient porté la fiertre de saint Firmin xxii^l xix^s viii^d.

A Nicolas de la Motte rhétoricien demourant à Amiens lx^s pour avoir composé et fait jouer avant lad. ville certain jeu qu'il a fait de la charge de mesd. sieurs pour les joyeuses nouvelles qu'ils ont receus puis nagaires de la naissance de Monsg^r le Daulphin par mandement du xe jour de mars, an de ce compte.

A Robert Cain rhétoricien xl^s à luy et à ses compaignons pour le jeu d'esbatement qu'ils ont joué par la ville pour la naissance de Monsg^r le daulphin.

Nous avons dit qu'Adrien de Monsures avait été envoyé à Amboise pour obtenir du roi un subside sur ses aides pour continuer les travaux de la ville. Il y avait en effet à ouvrer à la tour de la Haye, aux halles, aux fours du Four des Camps, à la tour du pont à Cornailles, à la tour Poupée, au puits des Watelets, au Beffroi, aux boucheries, l'on augmentait enfin par l'acquisition de diverses maisons l'emplacement du carrefour de la Belle-Croix sur lequel se tenait le Marché au blé (Regist. Y 3, 92). Le Maréchal de Châtillon gouverneur de Champagne et de Picardie (1), d'un autre côté, tenoit beaucoup à mettre la capitale de cette dernière province en parfait état de défense, comme on le voit par les extraits suivants des registres aux comptes : « A Andrieu de Moncheaux peintre la « somme de vi¹ que mesdits sieurs luy ont tauxé pour avoir tiré et pourctrait les « les murs et fossés de la forteresse d'icelle ville d'Amiens pour lesd. pourctrait « et figure envoyer au roy en ensuivant l'ordonnance de Monsʳ le Maressal de « Chastillon aprez avoir par luy veu et visité lad. forteresse, en faisant laquelle « figure, ledit de Moncheaux a vacquié par divers jours. — A Andrieu de Mons- « sures l'un des eschevins d'icelle ville pour avoir esté de la charge de mesdis « sʳˢ par devers le Mareschal de Chastillon estant lors à Conty luy porter la « figure faicte et extraicte sur parchemin de la ville d'Amiens et luy commu- « niquer et monstrer ce qui est nécessaire à faire autour de lad. ville pour la « fortiffication d'icelle, ce que ledit sʳ de Chastillon avait naguère demandé, luy « estant en lad. ville commissaire du roy à visiter les villes de Picardie, et aussy « pour le remerchier des bonnes lectres qu'il avoit escriptes devers le conseil du « roy en faveur de ladite ville et le supplier qu'il olt icelle ville en bonne recom- « mandacion envers le roy notre dit seigneur. »

De telles précautions ne devaient pas être inutiles, puisque si l'on était en ce moment en paix, trois ans à peine après (1521), la guerre recommençait sur les frontières de Picardie. En ce moment, les cours de France et d'Angleterre s'étaient rapprochées. La France avait, moyennant rachat, recouvré Tournai par l'influence du Cardinal Wolsey que François Iᵉʳ avait su gagner à ses intérêts. Bien plus à cette époque si fertile en traités de mariage sans réalisation, l'on avait le jour même du traité qui restituait le Tournaisis à la France (4 octobre 1518) arrêté l'union du Dauphin ayant à peine atteint huit mois avec Marie

(1) Gaspard de Coligni maréchal de France en 1516, mort à Dax le 24 août 1522, fut le premier de sa famille qui prit du service en France après la réunion de la Bourgogne à la couronne. Il avait épousé Louise de Montmorency sœur du Connétable. Le P. Daire l'a omis dans son catalogue incomplet des gouverneurs généraux de la Picardie et de leurs lieutenants.

d'Angleterre fille d'Henri VIII (1) âgée de quatre ans. C'était le favori, Guillaume Gouffier seigneur de Bonnivet amiral de France, qui par son faste, ses prodigalités et ses riches présents avait en cette circonstance sû captiver le ministre anglais (2).

Philippe Clabault, réélu échevin du jour à la Saint-Simon 1518, mourut à Amiens (peut-être de la peste qui régnait encore) dans le courant du mois de mai, ainsi qu'il résulte du registre Y 3, 93 : « Audit Arthus vi¹ ii² iii deniers à « luy deue pour despence faite comme dessus au retour du service de feu sire « Philippe Clabault en son vivant eschevin et à son tour maïeur d'icelle ville, « déduction faite d'un noble à la roze donné à mesdis sʳˢ par les exécuteurs du « testament dudit deffunt par mandement du xviiiᵉ de may et quittance. »

(1) Marie Tudor fille d'Henri VIII et de Catherine d'Arragon née à Greenwich le 18 février 1516 morte le 17 novembre 1588 à Londres, reine d'Angleterre.

(2) Présents de vins faits : A Monsʳ l'admiral et autres ambassadeurs au retour du voyage d'Engleterre où ils estoient allez pour faire le mariage de Monsʳ le daulphin et de la fille d'Engleterre (octobre 1518, Y 3, 92.

Simon CLABAULT

imon Clabault était le dernier des enfants de Jacques Clabault et de Marie Truquet. Par un acte du 5 septembre 1504, il transige avec Loys Dequen escuier et demoiselle Marie Pèredieu sa femme demeurans à Amiens au sujet de terres à Fluy, retraictées en la pluspart par feu, lors vivant, sire Antoine Clabault escuyer seigneur d'Hédicourt en partie comme cousin et proche parent lignager de Jehan du Cange qui les avait vendues à Jehan le Verrier et dont Antoine Clabault se disait héritier du lez de sa feue mère fille de défunt sire Philippe de Morvillers. Simon s'en prétendait à son tour héritier au moyen du don et legs qu'Antoine lui avait faits par son testament de toutes et chacunes les terres qu'il avait acquises et séans oudit terroir de Fluy et de ses environs (Titres de la famille de Mons) (1). D'abord clerc et contrôleur des ouvrages de la ville en 1505, 1508, 1509, 1510, 1511, dernier échevin du jour en 1512, il avait obtenu en 1515, du roi, l'office de contrôleur des deniers communs de la ville, mais par un traité avec l'échevinage il se dessaisit moyennant finance de cette charge (2). Onzième échevin du jour en 1517, collecteur de

---

(1) Loys Dequen était maistre des ouvrages de la ville (1507).

Il résulte des comptes de la ville Y 3, 109, que sa femme Marie Pèredieu mourut au mois de juillet 1528.

(2) Registre aux comptes Y 3, 90, année 1515-1516. A esté paié à Symon Clabault par l'ordonnance de mesd. srs la somme de IV livres à tout moyns des sommes et partyes à quoy a esté traictié avec ledit Symon pour le depport par luy fait de l'office de contrôleur des deniers communs de lad. ville dont il avoit esté pourveu par le roy nostre sire, ainsy qu'il appert par mandement de mesd. srs datté du 29e jour de janvier, an de ce compte. — Item a esté payé aud. Symon Clabault la somme de IIc livres faisant partie de vc XL livres en quoy maistre Jehan de Saint-Fuscien prévost et Philippe de Conty eschevin de lad. ville estoient obligez pour lad. ville et avoient promis et acquitté led. Simon envers Monsr le trésorier Morlet comme par quittance passée par Jehan de Soissons receveur du domaine d'Amiens et d'icelluy Simon par devant notaires royaux de date du dernier jour de janvier, an de ce compte. — Audit Simon Clabault IIc livres faisant partie de vc XLl etc....... en fait par led. Symon traitié et accord avec mesd. srs de l'office de contrôle.

33

l'aide du passage des blés en 1517, receveur des rentes en 1518, échevin du lendemain en 1520, 1521 et 1522 (cette année il remplit les fonctions de prévôt) en 1523, 1524, 1525 et 1526, il fut élu maire aux élections de 1527.

Le roi François Ier fait prisonnier à Pavie avait été rendu à la liberté par l'onéreux traité de Madrid. Il s'était empressé de conclure une alliance avec le roi d'Angleterre Henri VIII et, quelques mois avant, en juillet 1527, il s'était rendu à Amiens avec Mme d'Angoulême, la reine de Navarre, l'archevêque de Lyon François de Rohan, Charles de Rohan et d'une cour brillante pour y recevoir le Cardinal d'Yorck qui traversait la mer pour traiter avec lui des graves résolutions que nécessitaient l'ambition de Charles-Quint et la captivité du Pape après le sac de Rome par le connétable de Bourbon. Le Cardinal Wolsey dans cette entrevue déploya toute la pompe dont il avait coutume de s'entourer et le 19 août l'on publia dans cette ville la paix conclue entre les deux nations (1) et que suivit bientôt un nouveau traité signé à Londres (2) le 18 septembre.

Mais il fallait acquitter l'énorme somme due pour la rançon du roi et les bonnes villes du royaume furent taxées pour subvenir à cette dette. En Picardie, Abbeville devait fournir mille écus tournois, Amiens 12,000 livres. Voici ce qu'on trouve à cet égard dans les comptes municipaux :

« A Guille de Flandre et Nicolas Mouret....... pour faire venir les manans et
« habitans d'icelle ville d'Amiens à eulz trouver par deux fois en la Halle d'icelle
« ville et une autre fois en l'hostel des Cloquiers pour qonclure et délibérer la
« responce que l'on ferait au roy nostre sire sur la demande de xiim livres qu'il
« faisoit auxdits manans et habitans pour furnir à sa ranchon ; sur mandement
« et quittance du dernier jour dudit mois (avril 1528) (Regist. aux comptes Y 3,
« 109). »

On obtient cependant quelque délai pour en faire le versement.

« vi escus soleil bailliés au secrétaire de Monsgr d'Amiens (3) envoié devers
« le roy porter la response faite sur la demande desd. xiim livres, lequel secré-
« taire rapporta lettres de surséance de lever ladicte somme et pour sa bonne
« dilligence luy seroient donné lesd. vi écus (Mandement du 1er jour de mai.
« Ibid.).

« xviii livres xixs à maître Jehan de Rely procureur du roy au bailliage
« d'Amiens et l'un des eschevins de lad. ville pour deux voyages qu'il a faits,

(1) Daire., Dusevel, Histoire d'Amiens.
(2) Hume. Histoire d'Angleterre.
(3) François d'Hallwyn évêque d'Amiens.

« l'un en la ville de Paris pour soy enquérir de la forme tenue par les prévosts
« des marchands, eschevins, manans et habitans de lad. ville de Paris en
« l'assiète de 150,000 livres en quoy ladite ville avoit esté chargié pour la
« rançon du roy et la délivrance des mess^{rs} les enffans de France », et l'autre
voyage par devers Monsg^r l'évesque d'Amiens luy communiquer les affaires de
ladite ville (Ibid.).

Visite est faite par les paroisses de la ville pour connaître la valeur des
maisons et des locations dans leur ressort, afin d'établir l'assiette des 12,000
livres demandées pour la rançon du roi ; mandement du 28 mai (Ibid.).

Le roi avait demandé la moitié des deniers communs de la ville. François
Castelet et Antoine d'Ardres échevins furent députés pour solliciter, à cet effet.
ouquel voyage ils avoient tellement besoingné qu'ils obtindrent surséance dudit
paiement jusques à deux ans, et après avoir fait par les dessus dicts le rapport
dudit voyage et despêches en l'hostel de lad. ville furent advisé que pour les
bonnes nouvelles qu'ils apportoient on les festoyeroit au disner ce qui fut fait, et
a monté lad. despence à vi^l ix^s par mandement et quittance dudit Artus (1). (Ibid.)

Les négociations avec l'Angleterré n'arrêtaient pas. Une nouvelle ambassade
anglaise traversa la ville, elle allait porter au roi, suivant les registres aux
comptes, l'ordre d'Angleterre (2), et François Ier avait recommandé de lui faire le
meilleur accueil que possible serait. On lui présenta quatre quennes d'hypo-
cras (3) et des dons de volailles (Ibid.) achetées chez Guillot.

Un événement mémorable dans les fastes d'Amiens marqua la mairie de Simon
Clabault. Le 15 juillet 1528, après une belle journée, il s'éleva sur les dix heures
du soir une telle tempête de pluie, de grêle, d'éclairs et de tonnere que la
foudre brûla le clocher doré de la cathédrale. Tous les historiens d'Amiens,
notamment Pagès dans la Promenade du rempart, et M. Ch. Dufour dans le

(1) Guillaume Arthus dit Guillot pâtissier, dont le nom passera à la postérité grâce au souvenir que
lui ont consacré Rabelais et Montaigne, paraît avoir été l'un des plus célèbres cuisiniers-traiteurs de
cette époque. Il fut le cuisinier favori de la municipalité amiénoise au XVIe siècle comme on peut le
voir par les nombreuses citations de son nom dans les registres aux comptes. Il demeurait dans la
maison du Dauphin rue des Chaudronniers.

(2) Nous ignorons quel ordre Henri VIII pouvait offrir à son bon frère François Ier. Les deux
souverains avaient déjà échangé leurs colliers. En 1532 Henri VIII donna la Jarretière au Maréchal de
Montmorency et à l'amiral de Chabot. Par réciprocité François Ier décora de l'ordre de Saint-Michel les
ducs de Norfolck et de Suffolck.

(3) A Pierre Boistel merchier la somme de cIV^s à luy ordonnée estre payée pour IV quennes d'Ypocras
présentez aux ambassadeurs d'Angleterre dernierement qu'ilz ont passés par lad. ville, par mandement
et quittance du 3e jour de février v^c XXVII.

tome XIX des Mémoires de la Société des Antiquaires de Picardie, d'après un poëme contemporain, ont raconté ce grand désastre (1). Les registres aux comptes contiennent quelques détails à propos de cet incendie, mais nous ne jugeons pas à propos de les reproduire, puisqu'ils figurent déjà dans le travail de cet antiquaire.

D'importants travaux s'exécutèrent cette année dans Amiens, entr'autres à la plate-forme édifiée entre la neuve et la vieille muraille de la porte Montrescu. Le Maire accompagné des officiers du roi, alla au dehors de cette porte faire visite des environs de la ville « pour illecq drescher un bon et seur chemin et réduire tous les aultres chemins à ung mesme endroit (Ibid.). On travailla au boulevard de cette porte, et Jehan Harcq entailleur d'ymages demourans à Amiens, sculpta en pierre de la Faloise, pour la somme de 25 livres, un escu de France et deux sallamandres mises et posées au coing du boulevart de cette porte. Andrieu de Moncheaulx peintre de la même ville, reçut XII escus, pour avoir richement doré cet écu avec deux anges et les salamandres. Pierre Cornouaille et Jehan Rabache (2) maistres peintres pour leur paine d'avoir contrôlé ce travail touchèrent 20ˢ. La chaîne qui fermait le cours de la Somme au dessus du Pont Ducange près de la tour de Guyenne fut attachée à un grès de vingt-six pieds de long du prix de 3 écus soleil, soit six livres trois sous. Enfin des travaux considérables sous la direction de Loys Dequen étaient exécutés pour la réparation de la chaussée de la porte de Noyon jusque au pont de Longueau. Les comptes, pour le rabaissement et racoutrement des chemins rabaissés depuis ce pont jusqu'à la Croix couverte du grand chemin de la porte

(1) Quant à la date de l'événement M. Dufour s'est mépris. L'incendie eut lieu en 1528 et l'auteur de *la rhétoricque pour le feu de meschief advenu au clocher de l'église Notre-Dame d'Amyens et pour les guerres régnans en ce temps qui estoit l'an mil Vᶜ vingt-sept et vingt-huict* ne s'est nullement trompé comme a semblé le penser M. Ch. Dufour qui a oublié que l'année commençait alors à Pâques. François Iᵉʳ est venu à Amiens en juillet 1527, et l'incendie étant arrivé sous la mairie de Simon Clabault maire du 28 octobre 1527 au 28 octobre 1528, la date de ce sinistre est donc en juillet après Pâques 1528. C'est pour avoir oublié cette vérité que toutes les observations chronologiques de M. Dufour portent à faux. La plupart des historiens d'Amiens du reste ont donné à cet événement la date de 1527. M. Soyer dans ses notices sur les évêques d'Amiens reconnaît que la date de 1528 a aussi ses partisans qui invoquent en leur faveur, dit-il, des arguments assez sérieux. Or ces arguments sont la pièce de poésie dont on vient de parler, les comptes de la ville de 1527-28 et la mairie de Clabault que tous indiquent et citent comme étant maire à l'époque du sinistre. Ajoutons que déjà en 1871, M Darsy dans la *Picardie* nᵒ de juillet avait rectifié l'erreur de M. Dufour.

(2) Jehan Rabache est le pintre qui fut chargé de la dorure du clocher de la Cathédrale qui remplaça celui détruit par l'incendie de 1528 et qui existe encore aujourd'hui, ce qui fit donner à ce clocher le nom de clocher doré. On y aperçoit encore quelques rares indices de cette décoration.

de Noyon, fournissent la preuve d'une dépense pour cet objet de 463¹ 13 sous 11 deniers (Ibid.).

La ville d'Amiens en définitive se tira bien de la charge qui lui était imputée pour la rançon du Roi. Au lieu de 12,000 livres, sa part fut réduite à 3,000 écus soleil, qui fut fournie au moyen de prêts faits par plusieurs communautés ou citoyens de la ville à la commune, qui, suivant l'usage, leur délivra des lettres obligatoires revêtues de son scel et les remboursa peu après, à raison de XLI° VI deniers suivant le cours ordinaire. Sire Simon Clabault figure au nombre des prêteurs pour le chiffre de 25 écus (Regist. aux comptes Y 3, 112, 1528-1529).

Quatrième échevin du jour en 1528 et les quatre années suivantes (2), Simon Clabault fut une seconde fois élu maire le 28 octobre 1533. Sous son administration, on exécuta dans la ville certains travaux, à la maison de Sainte-Claire, aux dortoirs à la gehenotte et à la chambre de la chapelle du Beffroi, à la cheminée du Pilori, à la porte Beauvais, aux ponts des Minimes, des Célestins, de Miorre, au puits de la rue des Cordeliers, au boulevart de la porte Montrescu. Bien que l'on fut en paix, l'on poussait toujours activement l'achèvement de cette importante fortification (Regist. Y 3, 121, 1533-1534).

Déjà les doctrines de Luther et de Calvin commençaient à se propager dans Amiens. Louis de Berquin qui devait être l'un des premiers martyrs de la religion réformée, et que la tentative de demi-tolérance que François Iᵉʳ avait essayé de pratiquer en faveur des réformateurs aristocratiques et savants, ne put sauver du bûcher du Parlement et de l'Université, s'était réfugié dans cette ville d'où il continuait son œuvre de propagande, en traduisant et en répandant en France les écrits d'Erasme. L'évêque François d'Hallwyn demanda au Parlement de faire prendre au corps Berquin qui résidait dans son diocèse et le scandalisait par sa conduite. Ceci se passait en 1526, durant la captivité du roi. Berquin fut de nouveau appréhendé et ramené à la Conciergerie de Paris dont il ne devait plus sortir que pour aller au supplice. Mais en 1533, c'est un ecclésiastique, un chanoine même de la Cathédrale, Jean Morand, natif de Vraignes, docteur en théologie, qui ose, préchant l'Avent de 1533 dans l'église Saint-Leu, avancer des propositions hétérodoxes du genre de celles-ci : *La foi seule justifie, le nombre des commandements a été tant augmenté par nos supérieurs que la fidélité nous est plus difficile qu'aux Juifs. Je ne trouve pas en la Sainte-Ecriture qu'il y ait différence entre péchés mortels et péchés véniels* etc.

(2) Cinquième en 1529, troisième en 1530 et 1531, deuxième en 1532.

Incarcéré à la Conciergerie, il fut déclaré avoir encouru l'excommunication pour avoir conservé chez lui les ouvrages de Luther. On ordonna que ces livres, ceux de Jean Huss et d'autres hérétiques trouvés en sa possession, seraient brûlés devant la principale porte de l'église d'Amiens, qu'il se ferait à cette occasion une procession solennelle au retour de laquelle Thomas de Laurens jacobin commissaire délégué de l'Inquisiteur de la foi exposerait au peuple le contenu du jugement et la fausseté des doctrines émises par Morand, qui serait interdit l'espace de dix ans, enfermé un an dans un monastère et condamné aux frais du procès. Moins ferme que Berquin, Morand avait eu la faiblesse de désavouer les propositions incriminées, ce qui lui évita une condamnation plus sévère. Le jugement fut exécuté devant le portail de la Cathédrale le 20 octobre 1534 (1).

Le schisme existait donc déjà au sein de la population amiénoise. En 1528 Jehan Blandurel et Jacques Pya avaient été condamnés à avoir la langue percée pour plusieurs reniements de Dieu (Regist. Y 3, 109). L'année 1533 est fructueuse pour l'exécuteur de la haute justice et les comptes comportent ses salaires pour des exécutions capitales, des fustigations, des mutilations d'oreilles. Nous n'en trouvons aucun qui ait trait à l'auto-da-fé des livres de Jehan Morant. Il est vrai que ce n'est pas là un cas de justice municipale.

C'est aussi à cette époque que l'usage de placer des statues de la Vierge aux angles des étages des maisons paraît avoir pris une certaine recrudescence. Pagès raconte, suivant Mézeray, que vers l'année 1557 sous le règne de François second, le peuple de son mouvement ou par suggestion, s'avisa d'élever des images au coin des rues, principalement des Notre-Dame, il les parait, allumait des cierges devant et s'y assemblait par bandes, chantait des litanies et autres prières et si quelqu'un passait sans s'y arrêter ou s'il oubliait de mettre dans le tronc, il passait pour luthérien et etait battu et traîné dans la boue, quelquefois en prison. Les plus sages ecclésiastiques qui considérèrent que le culte des choses sacrées ne doit pas se traiter en des lieux profanes ny par des personnes de cette sorte, retirèrent tout autant qu'ils purent de ces images dans les

---

(1) Soyer. Notice sur les Evêques d'Amiens. — L. Rossier. Histoire des Protestants de Picardie, in-8°, 1861, p. 12 et suiv.

Aux sergents à mache d'icelle ville et aux sergents de nuit Lˢ pour avoir assisté à l'exécution de l'arrêt de la court et fait plusieurs dilligences pour demouvoir et faire faire bonne silence par les habitans d'icelle ville estans en gros nombre à ladite exécution d'arrest donné contre Mᵉ Jehan Morant, cy par mandement et quittance Lxˢ (Regist. aux comptes, Y 3, 122).

églises (1). L'Echevinage d'Amiens paraît avoir été un des promoteurs de cet usage, car nous trouvons pour la première fois en 1528, figurant comme dépense municipale soixante-douze livres de chandelles brûlées chaque nuit, depuis le 19 mai jusques au 26 octobre devant les images de la vierge Marie estans au coing du Beffroy et de la tour du Marchié (Ibid.).

Echevin en 1534 (2), 1535 (3) et 1536 (4) Simon Clabault rentra à la mairie en 1537. La situation de la ville d'Amiens commençait à s'améliorer depuis les graves événements qui venaient de se succéder. Après les sièges de Péronne, d'Hesdin, de Saint-Pol, de Montreuil, une trêve conclue pour les Pays-Bas et la Picardie permit un peu à cette province quelques instants de repos.

Le mauvais état des registres aux délibérations de cette époque, et l'effacement presque complet de l'écriture qui a blanchi, ne nous laissent rien à dire sur cette mairie. Nous trouvons seulement dans les registres du maître des ouvrages que certains travaux furent entrepris ou continués, à l'engin de la porte Saint-Pierre, aux prisons du Beffroi, aux portes de Gayant et de Duriame, à l'abreuvoir du Quai, aux portes de la Hautoie, de Beauvais, de Montrescu, à l'engin de la porte Paris, à la tour du Vidame, du Marché et du pont à Moisneaux, aux Halles, au Windas du Quai, aux puits publics, au chemin du Pont-de-Metz et à la chaussée de Ham, etc. (Y 3, 129). Nous pouvons lire seulement qu'en juillet 1537, comme les deniers communs de la ville ne pouvaient fournir aux ouvrages des fortifications, l'argent nécessaire fut avancé par les notables et que le maire (Jean de Soissons) souscrivit pour sa part pour cent livres et sire Simon Clabault pour 50, et que durant sa mairie l'échevinage ordonna la vente d'un certain nombre de robes de drap noir avec parements doublés de satin, restant du temps de deux ans environ que le roy estoit en cette ville faisant la monstre des vi^m légionnaires de

---

(1) Pagès. La Promenade du Rempart. T. II, 117 et suiv. Lire dans cet annaliste la répétition de cet usage en 1716 et ses réflexions à cet égard (Ibid. p. 117).

Le Maire Simon Clabault était, par suite de l'héritage de son oncle Antoine, paroissien de Saint-Firmin. Il avait fait, on l'a vu plus haut (p. 56), renouveler à ses frais la pierre Saint-Firmin. En 1533 l'on trouve dans les registres aux comptes cette nouvelle mention : xvi^s pour avoir tendu au devant de Saint-Firmin-à-la-Porte la tente nouvelle faite pour la révérence de la procession du Saint-Sacrement. C'est de la même époque aussi que les 24 sergents de nuit portant les torches de la ville à cette cérémonie, ont chacun un chapeau de fleurs sur la tête (Regist. Y 3, 121).

(2) Quatrième du jour.

(3) Cinquième du jour.

(4) Quatrième du lendemain.

Picardie (1), au profit de la bourse des pauvres. Si les propriétaires se présentent, dit la délibération, ils seront satisfaits sur les deniers d'icelle bourse (Regist. aux délib. T. 23).

Avec l'année 1538 dans laquelle il figure comme troisième échevin du jour le nom si longtemps connu de Clabault disparaît des annales municipales. Simon Clabault serait mort le 28 janvier 1541 d'après l'indication de l'épitaphe suivante, gravée sur une lame de cuivre attachée sur un pilier à gauche du chœur de l'église de Saint-Firmin-à-la-Porte, sa paroisse, faisant clôture de la sacristie :

> Cy gist le corps de noble homme honorable
> Simon Clabault de Hédicourt seigneur
> d'Amiens cité habitant tant notable
> que plusieurs fois en a esté maïeur ;
> du bien public courageux zélateur
> administrant à ses sujets justice
> des orphelins et veuves protecteur,
> vers pauvres gens usant de bénéfice
> mais mort nous a par son dard maléfice
> frustré de luy trop tôt le surprenant,
> Puisque jadis faisoit à tous service
> Jesus luy soit propice maintenant.
> Mourut le vingt-huict janvier
> Mil cinq cent quarante et un (2).

Simon Clabault avait-il été marié ? Pagès semble le croire, puisque parlant de la pierre Saint-Firmin posée en 1525 et des armes sculptées sur ce monument, il dit : « On voit l'écu de M. Dainval qui porte d'argent au chef emmanché de « gueules à la bande d'azur cottoyée de deux cotiches de même brochantes sur « le tout. Cet écu peut être celuy de l'épouse de ce M. Clabault. »

_____

(1) Cette revue eut lieu le 20 juin 1535 dans la vaste plaine de la Montjoie en présence de toute la cour.

(2) Goze. Histoire des Rues d'Amiens. T. III, p. 179. Le docteur Goze a donné cette inscription d'après une copie qu'il a trouvé dans les papiers de la famille de Mons, mais la date de 1541 est évidemment une faute du graveur ou du copiste puisque nous allons voir plus bas, que l'inventaire fait après le décès de Simon Clabault est du 4 février 1539 et jours suivants. Nous croyons donc que la vraie date du décès doit être fixée au 28 janvier 1539. Pagès dans sa description de l'église Saint-Firmin n'a pas fait mention de cette inscription.

Cette supposition est erronnée car si Simon Clabault avait bien effectivement été marié comme l'avait pensé Pagès, ce ne fut pas avec une Dainval mais avec une demoiselle Jacqueline de Soissons ainsi que l'établit l'inventaire fait après son décès en 1539, et que nous reproduirons plus loin aux pièces justificatives. La concordance des armes des familles Clabault et Dainval sur la même pierre ne peut s'expliquer selon nous que par ce fait qu'elle aurait été refaite en 1525 aux frais de ces deux familles, toutes deux paroissiennes de Saint-Firmin-au-Val (2). La famille de Soissons était aussi une famille municipale. Antoine de Soissons figure comme neuvième échevin du lendemain dans les élections de 1511, Pierre de Soissons comme dixième échevin du jour en 1514, douzième en 1515, Jehan de Soissons apparaît comme neuvième échevin du lendemain en 1523, sixième en 1524 et 1525, quatrième échevin et prévôt en 1526, maire en 1536, quatrième échevin du jour en 1537 et 1539, quatrième, second et troisième échevin du lendemain en 1540, 1541 et 1543. Il était seigneur de Bellegarde (Daire. T. I. Regist. aux comptes Y 3, 136) et receveur du domaine du bailliage d'Amiens du costé de France (Regist. aux comptes Y 3, 130, 1538-1539). Il fit plusieurs voyages tant auprès du duc de Vendôme lieutenant-général pour le roi en ce pays de Picardie, qu'à la cour en 1541, pour l'exemption du ban et de l'arrière-ban auquel, contrairement à leurs privilèges, on voulait astreindre les Amiénois (1).

De son mariage avec demoiselle Marie Arach, dame de Bellegarde-lès-Bougainville (1) était issue une fille unique Marie mariée à noble homme Charles de Raincheval. Les registres 61 et 66 série B des Archives départementales de

(2) Nicolas d'Ainval habitait en 1490 la maison du Blanc Rosier rue au Lin. Son fils Claude d'Ainval fut mayeur d'Amiens en 1547, Hiérome d'Ainval en 1556.

De grands travaux furent exécutés dans le cours du XVIᵉ siècle a l'église Saint-Firmin-à-la-Porte. La tour de son clocher fut commencée en 1513 et achevée en 1526. On y plaça deux grosses cloches. L'église fut consacrée en 1541. « On voit par la clôture d'un compte de sa fabrique rendu en 1557, dit « Pagès, que MMʳˢ les curé et marguilliers résolurent de faire recouvrir cette tour d'un beffroi de char-« pente semblable à celui de l'église paroissiale de Saint-Germain ou de celle de Saint-Sulpice, ce qui « ne s'exécuta qu'en 1539 et 1540. Les deniers employés pour cette dépense furent pris dans les aumônes « données à cet effet par les paroissiens de cette église dont les plus considérables furent celles des « personnes de la famille de M. Clabault qui demeuroient dans son étendue. »

A la Révolution, l'église Saint-Firmin venait d'être entièrement restaurée par les soins du curé, aidé par les dons de la famille Morgan. Convertie en magasin à fourrages, elle fut vendue en 1799 comme bien national à deux maçons qui la démolirent. La chaussée Saint-Leu, dit le docteur Goze, fut relevée avec ses décombres.

(1) Voir au sujet de cette question du ban et de l'arrière-ban Aug. Thierry, II, 637-644.

34

la Somme contiennent copie de donations faites par la veuve de Jean de Soissons le 23 juillet 1562 et le 23 janvier 1562 à sa fille Marie de Soissons, et à sa petite-fille Jeanne de Raincheval épouse de Nicole Judas conseiller au présidial d'Amiens.

Quoiqu'il en soit Simon Clabault, lui aussi, ne laissait pas d'héritier mâle et ses biens et la seigneurie d'Hédicourt passèrent à sa sœur aînée, Jacqueline Clabault épouse de Jehan Leberquier seigneur de Verneuil près Breteuil. Leur fille Jehanne le Berquier dame d'Hédicourt épousa Guillaume Le Matre sieur d'Oméricourt et par le mariage de leur fille Antoinette avec Jehan de Mons sʳ de Broyes, la terre d'Hédicourt entra dans la famille de Mons qui l'a depuis possédée.

Avec lui s'était éteinte la grande famille municipale des Clabault.

PIÈCES JUSTIFICATIVES

ET

NOTES

A

De l'aide des waides cœuilli et receu en le main de le ville par Jaque Clabaut grant compteur de la ville d'Amiens, depuis le Saint-Simon l'an ᴍ ᴄᴄᴄ ɪɪɪɪˣˣᴠɪ pour un an finant à le Saint-Simon l'an ᴍ ᴄᴄᴄ ɪɪɪɪˣˣ ᴠɪɪ ensuivant, et à cause de lequelle aide la ville prent sur chascun tonnel ɪɪ francs qui valent xxxɪɪ sˡᵗ.

Waides menés hors en tonneaux, coques et barraux en le manière qui s'enssuit :

De Jehan Grisleu le premier iour de novembre l'an ᴍ ᴄᴄᴄ ɪɪɪɪˣˣ ᴠɪ pour dix barraux de waides à carque xxxˢ, et le ᴠɪɪᵉ jour dud. mois pour ᴠɪɪ barreaux à caucques xxɪˢ, et le xxɪɪᵉ iour de décembre enssuivant pour xv barraux xʟɪɪɪɪˢ ɪɪɪᵈ, et le xɪɪᵉ iour dudit mois pour xɪɪɪɪ barraux xʟˢ ᴠɪᵈ, et le xɪxᵉ iour dudit mois pour xxɪ barails ʟxɪˢ ɪɪᵈ, et le xxxᵉ iour dudit mois pour xxxɪ barails ʟxᴠɪˢ ɪɪ deniers, pour tout ce, de lui xɪɪ livres xᴠɪɪˢ ɪɪ deniers.

Nous supprimons ici le détail oiseux de la perception pour ne donner que le chiffre total du droit d'aide payé par chaque négociant.

De Jehan le Monnier xxɪɪɪˡ ᴠɪˢ ᴠɪᵈ. — De sire Willame de Conty ᴄɪɪɪˡ. — De Riccard le Rique xxᴠɪɪˡ ᴠɪɪɪˢ. — De Jehan Quillet xʟˡ xˢ. — De Chrestien de Hanchies ɪɪɪɪˣˣᴠɪɪɪˡ. — De Robert de Saint-Fuscien xʟᴠɪɪɪˡ ɪɪɪɪˢ. — De Jehan de Conty fil Estienne pour tout ce de lui ʟɪɪˡ. — De la vesve Jacques le Comte du Berch ʟxˡ. — De Jehan du Cange de l'Aguillier xxɪᴠˡ ᴠɪɪɪˢ. — De Jacques de Coquerel xᴠɪɪˡ xɪɪˢ. — De Aubinet Hardi xxᴠɪɪˡ ɪɪɪɪˢ. — De Willamme de Breneux xʟᴠˡ xɪɪˢ. — De Pierre d'Aut ᴄᴠˡ xɪɪˢ. — De Fremin Boullie xxɪᴠˡ. — De Colart Grimault (doit) xxɪɪɪˡ xᴠɪˢ. — De Fremin Piedeleu xʟɪɪˡ ᴠɪɪɪˢ. — De sire Jehan Lorfevre xxxɪᴠˡ ᴠɪɪɪˢ. — De Willemot Goddart xɪɪˡ. — De Colart de Rumaisnil boucher xxxˡ xᴠɪᵈ. — De Thomas de Hénault ʟᴠˡ ɪɪɪɪˢ. — D'Hemry Binet xxxᴠˡ ɪɪɪɪˢ. — De Jehan de Wailli ᴠɪɪˡ ɪɪɪɪˢ. — De Jehan Lemaire de la rue au Lin xɪᴠˡ ᴠɪɪɪˢ. — De Jehan le Roy xxɪˡ xɪɪˢ. — De Jacques Bernier. — ɪxˡ xɪɪˢ. — De **Jacques Clabaut** xxxɪᴠˡ ᴠɪɪɪˢ. — De Hue le Boucher xˡ ᴠɪɪˢ. — De Jehan Capellain xᴠˡ. — De Jean Lermite ɪxˡ xɪɪˢ. — De **Pierre Clabaut le Joule** xxxi^l iiii^s. — De Fremin Audeluie xx^l xvi^s. — De Jehan de Gouy bouchier xxxvi^l xvi^s. — De Philippe le Maire ix^l xii^s. — De Estienne du Blancfossé liiii^s. — De Jehan Truault thanneur xxiv^l. — De sire Jehan Piquet xxxvi^l. — Jehan Lecomte xxiii^l xii^s. — Jehan Liesse xii^l. — Fremin de la Goudaille xiii^l xii^s. — Vinchent le Joule xxi^l xii^s. — Pierre de Costenchi xix^l iiii^s. — Jaquot de Lully xviii^l viii^s. — Jaque de la Motte x^l viii^s. — Jehan le Prevost et Hue Bernart xxii^l viii^s. — Jehan Mellin xii^l viii^s. — Jehan de Vaulx xx^l. — Simon le Bourguegnon xiii^l xii^s. — Jaque d'Oresmaux vi^l viii^s. — Jehan de le Faloise xi^l iiii^s. — Fremin de Beauval xiv^l viii^s. — Pierre de Bove xxii^l viii^s. — Andrieu Desmares lxii^l viii^s. — Jehan Marbot xvii^l xii^s. — Vinchent de Mantil viii^l. — Raoul Dupille iv^l xvi^s. — Pierre de Fontaines xlvi^l vi^d. — Clément le.............. — Fremin Candeillon lxxviii^s. — Pierre de le Croys sergant du roy vi^l viii^s. — De Pierre Lamaury. — De Gilles de Mallers iv^l vii^s. — De Pierre d'Arras ix^l xii^s. — de Willame Regnier viii^l. — D'Andrieu Frérot x^l viii^s. — De Jehan Baudiquel. — De Mikiel Accateblé et Regnault de Quevauvillers....... — De Fremin Candeillon xvi^l iv^s.

De l'aide du Waide vendu en poudre pour lequel on paie au pris de xxxii sols du tonnel :

De Jehan du Bosquel devant Saint-Leu xvi^l v^s. — De Jehan Lemaire de Sailli ix^l xii^s. — De Jehannin le bastard des Rabuissons xxxiii^s vi^d. — De Colart de Rumaisnil bouchier iv^l x^s. — De Toussaint Conin merchier vii^l iv^s. — De Mahieu le Rat lii^s vi^d. — De Thomas de Puchevillers vi^l iiii^s vi^d. — De la veuve Rolland du Bos pour sept tonnes vendues à Pierre Clabaut fils Simon, xi^l iv^s.

De l'aide du Waide à teinture :

De Robert Pinguet pour l'aide de iii tonneaux et une pippe de waide part lui despensées à tainture cxii^s rendus portés en recepte et reprins en despence pour ce l'on doit ledit Robert pour lui de ce cxii^s. — Adam Ducroquet tainturier. — Colart le Maire tainturier. — Robert Barron tainturier. — Jehan Cosete tainturier. — Jehan de Breneux tainturier.

De l'aide des Waides en tourtel :

Enguerran Blavel de Saint-Pierre. — Jehan Warnier demourant au Grand-Pont. — Robert Mantel. — Fremin de Sainz. — Estienne Pacoul demourant en la rue de Cokerel.

Somme toutes des waides xvii^c lxxiiii^l ix^s.

[Archives municipales d'Amiens. Registre aux comptes Y 3, 1386-1387].

A cette liste, pour donner encore une idée du commerce des waides, nous ajouterons qu'en quatre années prises au hasard, Jacques Clabault l'aisné acquitte les droits pour 180 tonneaux une pipe et un baril, Colart Clabault pour 61 tonneaux 2 pipes, Simon Clabault 48 tonneaux 2 pipes, Pierre Clabault 91 tonneaux. En 1425-26 les droits d'aide levés sur 1,378 tonneaux, produisent la somme de 6,859¹ six deniers parisis.

B

Liste des Mayeurs de Bannières des Waidiers et des Drapiers.

WAIDIERS.	DRAPIERS.
1345 Fremin Rabuisson.	Mahieu de Revelle.
Jehan le Monnier de la rue as fromages.	Raoul de Caveillon.
1346 Jacques de Hourges.	Willaume de Cavellon.
Liénart de Conti.	Regnaut de Clari.
1347 Jehan de Lorchi.	
Jehan fil de feu sire Jehan de Saint-Fuscien.	
1348 Jaque de Montdidier.	Honeré de Clari.
Liénart de Saint-Fuscien.	Jehan Blondel.
1349	**Pierre Clabaut.**
	Jehan de Hailles.
1351 Thumas de Hangart.	Mahieu de Monstiers.
Jaque de Saint-Fuscien fil Lyénard	**Pierre Clabaut.**
1352 Pierre de Coquerel.	Jehan de Saint-Fuscien fil Jaque.
Wille des Rabuissons le joule.	Colart du Gard.

1353 Fremin de Coquerel fil Jaque.	Jehan du Gard.
Fremin de Coquerel fil Paris.	Jaque de Mes.
1354 Jaque de Saint-Fuscien.	Mahieu de Monstiers.
Thumas de ilangart.	**Pierre Clabaut.**
1355 Wille des Rabuissons le jŏule.	Jehan de Saint-Fuscien fil Jaque.
Pierre de Hangart.	**Symon Clabaut.**
1356 Fremin de Coquerel fil Jaque.	Jehan du Gard.
Jehan des Rabuissons fil Wist.	Jaque de Mes.
1357 Jaque de Saint-Fuscien fil Lienard	Colart du Gard.
Thumas de Hangart.	Wille le Messier.
1358 Pierre Lecomte.	**Simon Clabaut.**
Liénard de Hangart.	Pierre du Gard.
1359 Jehan des Rabuissons fil Wist.	Raoul Lemaire.
Gille Beaupaigne.	Fremin Lemaire.
1360 Wille de Conti.	Colart de Linières.
Colart de Naours.	Wille le Roy.
1361 Pierre Lecomte.	Colart du Gard.
Robert de Hangart.	**Colart Clabaut.**
1362 Lyénart de Hangart.	Andrieu du Quarrel.
Hue le Gorrelier.	Pierre de Guard.
1363 Jaque Lecomte Liguot.	Jehan de Monstiers.
Colart de Naours.	Jehan Allou.
1364 Pierre Lecomte.	**Colart Clabault.**
Jaque de Hangart.	Raoul Lemaire.
1365 Gille Beaupigne.	Andrieu du Quarrel.
Liénart de Hangart.	Colart du Gard.
1366 Jehan de Rabuisson fil Wistace.	Pierre Du Gard.
Jehan de Conti fil Jehan.	Jehan Allou.
1367 Pierre Lecomte.	**Colart Clabault.**
Pierre Audeluye.	Chrestien de Hanchies.
1368 Jaque de Hangart.	**Jaque Clabaut.**
Pierre Audeluye.	Estienne de Monstiers.
Gille Beaupigne.	•
1369 Jehan Piedeleu.	Colart du Gard.
Jehan fil Wistace des Rabuissons	Jehan Allou.
1370 Hue de Saint-Fuscien.	**Colart Clabaut.**
Jehan de Conti fil Esteul.	Jehan de Buillu.

1371 Pierre Audeluie.	**Jaque Clabaut.**
Pierre de Conti.	Chrestien de Hanchies.
1372 Jehan Piédeleu.	Jehan Allou.
Jehan des Rabuissons fil Wistace	Andrieu du Quarel.
1373 Hue de Saint-Fuscien.	Pierre du Gard.
Jehan de Conti fil Estenne.	Estienne de Monstiers.
1374 Pierre Audeluie.	Colart du Gard.
Esteule le Petit.	**Colart Clabault.**
1375 Jehan Pié de Leu.	Jehan de Monstiers.
Jehan des Rabuissons fil Wistace	**Jaque Clabaut.**
1376 Hue de Saint-Fuscien.	Jehan Allou.
Jehan le Monnier de Baiart.	Estienne de Monstiers.
1377 Pierre Audeluie.	**Colart Clabault.**
Jean de Conti fil Estienne.	Chrestien de Hanchies.
1378 Jehan des Rabuissons fil Wistace	Pierre du Gard.
Wille Piedeleu.	**Jaque Clabaut.**
1379 Jehan Piedeleu.	Estienne de Monstiers.
Hue de Saint-Fuscien.	Jehan Allou.
1380 Pierre Audeluye.	**Colart Clabault.**
Jehan de Conti fil Estienne.	Thomas de Hénault.
1381 Jehan des Rabuissons fil Wistace	Jaque du Gard fil sire Jehan.
Ville Pié de Leu.	Jehan de Hénault.
1382 Colart Grimaut.	**Jaque Clabaut.**
Fremin Pié de Leu.	Jehan de Ramburcles.

(Archives municipales de la ville d'Amiens. Registre aux chartes F).

C

Hôtel des Cloquiers.

La Maison des Cloquiers ou l'Œurieul aux Cloquiers, comme disent les **regis-**
tres de la ville (1) était le petit échevinage où se tenaient les plaids.

(1) Oriolum : porticus, Atrium ; vocis etymon non cognosco. Du Cange Glossaire latin.

35

La ville acheta au mois de décembre 1316, moyennant 500 livres parisis payées comptant et un cens annuel de 14 sols et 15 chapons, dont elle était chargée, de Pierre Pié de Leu et des héritiers de Pierre de Canaples, la maison dite às Cloquiers sise à Amiens au marché à fromages et séparée par une ruelle de l'église Saint-Martin-au-Bourg ou aux Waides. Elle tirait ce nom des clochetons qui la décoraient. Cet édifice municipal se composait, d'après les indications que fournissent les registres aux comptes, d'un rez-de-chaussée, d'un étage et d'un comble surmonté de clochetons ou d'épis de plomb et comprenait une cuisine, une chambre où habitait au xvᵉ siècle le clerc de la commune Pierre de Machy, une salle pavée, la salle d'en bas ou plaidoir. En 1453 Simonnet Marmion peintre avait décoré ce prétoire d'un tableau où figuraient les représentations de Notre-Seigneur, de Notre-Dame, de saint Jehan-Baptiste et autres personnages ouvragées d'or et d'azur et d'autres fines couleurs, pour remplacer le vieux tableau qui y étoit auparavant où l'on ne voyait plus que quelques figures effacées (Regist. aux comptes Y 3, 39, 1453-1454). Deux ans après la ville achetait encore au prix de trente-huit sols d'un marchand d'images d'Allemagne un crucifix peint sur toile avec les images de Notre-Dame, de saint Jean l'évangéliste et autres qui fut mis à l'œurieul des Cloquiers pour la décoration dudit lieu afin de faire faire serment aux bonnes gens qui ont affaire à Monsieur le Maire. Ce tableau fut nettoyé, repeint et doré au xviᵉ siècle par Jacques Platel (Regist. Y 3, 90).

D'après un inventaire du xviᵉ siècle (1551. Regist. S, III, mˢ in-4°) voici quelques-uns des objets existant alors aux Cloquiers : Cinq coins de fer servant à faire monnaie, deux boucliers de fer, une croix d'argent avec haut pied doré, un *Agnus Dei* enchâssé d'or avec deux tours à côté, un reliquaire de saint Eloi cuivre et argent, un grand tableau attaché sous l'image de Notre-Dame où se trouvait représenté le Christ mis au tombeau, un autre grand tableau à revers dans lequel était un crucifix, un tableau contenant les ordonnances, droits et salaires des déchargeurs de vin, un autre sur parchemin contenant ceux du cheppier du Beffroi, un petit coffret doré garni de huit pommes madrées servant à mettre les clefs des portes de la ville pour les présenter au roi quand il venait à Amiens (1).

C'était l'usage au Moyen-Age de décorer les murs extérieurs des édifices des images de saints pour les préserver des souillures des passants. On voit dans le

---

(1) Eglises, Châteaux, Beffrois et Hôtels-de-Villes les plus remarquables de la Picardie et de l'Artois. Amiens. Alfred Caron. 1850. II.

registre de 1421-1422 : à Jehan Sauwal peintre pour avoir peint, de plusieurs couleurs, le mur de pierre faisant clôture à la maison des Cloquiers à l'endroit de l'église Saint-Martin-aux-Waides et fait plusieurs peintures affin que aucunes ordures ny feussent mises ni getées comme on faisait auparavant. Encore en 1482-83 à Pierre Barbe pour avoir peint aucuns ymaiges de Monsei' saint Anthoine et aultres paintures en la ruelle emprez de luis derrière de la maison des Cloquiers xii'.

La vieille maison des Cloquiers fut abandonnée et démolie en 1595 en raison de son état de vétusté.

L'hôtel des Cloquiers avait une horloge au xvi° siècle comme l'indique ce passage du registre aux comptes de 1514-1515 : A Jehan Parent serrurier, vii livres pour l'achapt à luy fait de l'orloge mise à l'ostel des Cloquiers par mandement du iii° jour de février.

En 1481 (sous la mairie d'Antoine Clabault), l'on voûta la trésorerie ou salle des archives tant on prenait soin de ce dépôt qui est un des plus précieux, dit avec raison le docteur Goze, qu'on puisse trouver dans les communes de France. L'échevinage d'Amiens avant le dernier inventaire de Gresset, en avait déjà fait dresser trois, en 1458, 1488 et 1551 qui sont parvenus jusques à nous, dans les registres aux chartes cotés S¹, S², S³.

D

Ordonnance sur les Incendies.

Les incendies, on le sait, n'étaient que trop fréquents au Moyen-âge, en raison des constructions dans lesquelles le bois entrait en si grande proportion et du défaut de moyens propres à les combattre avec efficacité. Aussi l'échevinage d'Amiens se montra-t-il toujours préoccupé des mesures destinées à combattre ce péril. Nous en donnons un exemple par l'ordonnance de police suivante, datée du 8 décembre 1472, sous la mairie d'Antoine Caignet.

On vous fait assavoir de par Mess'' maïeur et eschevins d'Amiens que pour ce que feu de meschief se prend en plusieurs lieux et maisons de lad. ville, parquoy il est grant besoin et nécessité de pourvoir et remédier quand ledit cas y advient, et pour ce mesd. s^{rs} en ensuivant les anciennes ordonnances ont conclud et délibéré que se ledit cas y advient, que Dieu ne veulle, tous couvreurs de tieulle, derbe et de ros, pailloleux, torqueurs, carpentiers, tainturiers, cervoisiers, goudalliers, boullanguiers et leurs valletz et serviteurs, voisent incontinent et sans délay avec dilligence pour rescouvre led. feu et y facent porter lesd. cervoisiers, goudalliers et autres dessus nomez leurs tynes, seaulx et waisseaulx portans plains d'eaue affin d'estaindre led. feu, et aussy que toutes femmes de joye portent des seaulx plain d'eaue à icelluy feu, adfin que plus grant inconvénient n'en advicngne. Et quant auxdits carpentiers et machons, ils mettront toute peine et dilligence de tirer à grans hocqs et esquelles et autres habillemens qu'ils auront, les maisons joignans à celle où ledit feu se prendroit, pour eschiver plus grant meschief, dommaige et inconvénient. Et aussy que chacun habitant de lad. ville facent sans delay et hâtivement tirer de l'eau et le mettre en cuves, cuviers et autres waisseaulx au dehors de leurs maisons et hosteulx pour porter l'eaue audit feu.

Et pour ce que plusieurs gens et habitans de lad. ville, quant aucun feu de meschief se prent, vont à icelluy feu, le regardent sans rien faire, et destournent ceulx qui vont pour rescouvre ledit feu, mesd. s^{rs} ordonnent que tous ceulx qui ainsy regardent ledit feu sans rien faire et autres subgietz de lad. ville se retrayent soigneusement et dilligemment, quant ilz oront sonner la cloche pour led. feu, à leur garde ou au lieu là où ils seront ordonnez de faire guet et garde sur la forteresse de lad. ville à paine de c sols parisis d'amende et pugnicion à la volonté de mesdis s^{rs}, et que ceulx des dizaines obéissent à leurs dixainiers. les X^{niers} à leurs connestables, et les connestables à leurs quarteniers.

Pareillement mesdis s^{rs} deffendent à tous hostellains et autres qui auront gens estrangiers logez en leurs maisons et hosteulx qu'ils facent tenir au cas dessus dit iceulx estrangiers logés en leurs maisons et hosteulx sans en partir ne issir, se n'est par le congié de mesd^{rs} maïeur et eschevins, à paine de c^s d'amende et pugnicion de prison comme dessus.

Item et aussy que audit cas dud. feu de meschief, chacun tiengne au dehors de sa maison lanternes, clarté et lumière parquoy on puist voir clèrement à aller parmy lad. ville à paine de x^s d'amende et pugnicion de prison.

Publié en la ville d'Amiens en plusieurs lieux à son de trompe et cry publicque le viiie jour de décembre l'an mil iiiie lxxii.

(Archives municipales d'Amiens. Regist. aux chartes M, f°s 69-70).

E

Testament de Pierre Clabaut.

In nomine patris et filii et spiritus sancti amen. Je Pierre Clabault citoyen d'Amiens, chevalier, et primes, je laisse l'âme de my à Dieu et men corps à estre en l'église Sainct-Fremin men patron au lès devers le capelle Notre-Dame et Saint-Mahieu, entre ladite capelle et l'estaplier dudit renc où on faict l'eau benoiste, et vœulx et ordonne que à ladicte église soit baillié et livré de ma part de mes biens, une casuble tunique dalmatique et les estoles en faiçons de bleux velloux estoffées duement d'orfrois et y ayt ung image de Dieu et de Notre-Dame au devant desdits ornemens, que soient armoiés lesdis orfrois de mes armes plaines et des armes de Ysabel ma femme à moittié. Item vœulx et ordonne que sur mon corps soit mist et posée une tombe belle et notable de marbre ouvrée de laiton, bien richement ouvrée comme est celle de mon père qui est aux Augustins, et si vœul que ma pourctraiture soit faicte oudit laiton sur ma dicte tombe et se Ysabel ma femme vœult estre enterrée je vœul que sa pourctraiture pareillement y soit faicte avec le myenne et aussi soient mes enffans pourctraits au bout de lad. tombe en bas et sy vœul que le fosse où mon corps sera mis soit bien machonnée et y ait quatre barrières de fer pour soustenir mon corps en l'ayr en lad. fosse, et ancores je vœulx que lad. tombe et lame de marbre soit de tout preste et ordonnée et lesd. ornemens faits en dedans l'an de mon trespas que on fera mon serviche au bout de l'an. Item je laisse à la fabricque de ladite église vingt livres pour la réfection de lad. église à la discrétion des gens notables de la paroisse et des manengliers d'icelle. Item je laisse à sire Pierre Lefeuvre men curé, ung marc d'argent. Item au cappelain de lad. église cc^s. Item au clerc de lad. esglise seize sols. Item à la fabrique de l'église Notre-Dame d'Amiens une bonne houppelande fourrée de costez de martres. Item aux Béguines de lad. ville xx^s. Item à l'Ostel-Dieu trente-deux sols. Item je laisse aux trois ordres mendians c'est assavoir frères Mineurs, Jacobins et Augustins à chacun ordre xx^s pourveu qu'ils soient tenus de dire vigilles pour l'âme de moy et avec ce je vœulx que lesdits Augustins portent mon corps en terre, auxquelz Augustins en oultre lesd. xx sols je laisse la somme de dix livres pour convertir en la réfection du cloistre de leur église et non ailleurs. Item je laisse aux pouvres clercs de Saint-Nicolay la somme de xx^s pour convertir en pitanche le jour de mon serviche. Item je vœulx que xii enfans desdits pouvres clercs portent les torses et la vraye croix et l'eau benoiste devant mon corps au jour de mondit service et leur soit donné à chacun deux aulnes de drap gris pour faire une robe. Item vœulx que le jour de mon service soit donné pour Dieu aux pouvres la somme de xx^l en monnaie de iiii deniers la pièce, et que lesd. pouvres soient ayrengiés derrière le Beffroi en la plache et assis à terre, affin que puis aisément lesd. vingt livres soient données. Item je donne et laisse à Ysabelot ma fille, la somme de douze livres parisis de rente héritable qui m'apartiennent à cause de mon acqueste sur la maison et appartenances du coing du Bar, parmy ce que elle et ses hoirs seront tenus de payer chun an nœufves livres parisis perpétuellement et entièrement pour dire et célébrer deux messes chacune sepmaine en l'église Saint-Fremin men patron, perpétuellement est assavoir : au lundi une basse et au vendredi une messe, chacune messe au pris de xx^d p. tel monnoie que l'oste qui demourera en lad. maison paiera, pour les âmes de my, men père et me mère et de mes amis trespassés et ad ce submectra et obligera lad. Ysabelot, lad. rente et tous ses biens, meubles, catheux et héritages de ses hoirs présens et advenir, et si ladite Ysabelot va de vie à trespas sans hoirs de sa chair nés et procréés en léal mariage, je vœulx que lesd. xii livres reviengnent à dame Jehenne se seur me fille, à la charge desd. deux messes comme lad. Ysabelot est, à ce obliger lad. rente avec tous ses biens et héritaiges et de ses hoirs à les faire dire et entretenir et si lad. dame Jehenne va de vie à trespas sans hoirs de sa chair nés en mariage comme dit est, je vœulx et ordonne que lesd. xii livres reviengnent, compétent et appartiengnent à Anthonin son frère, et dudit Anthonin audit cas à Jacotin et dudit Jacotin à Perinot mes enffans du tout à pareille charge comme dit est et dudit Perinot revenra lad. rente à son plus prochain hoir malle de le costé et ligne des Clabeaux par condicion que lesd. Ysabelot, dame Jehenne, Anthonin, Jacotin et Perinot ne leurs hoirs ne porront lesd. xii^l de rente vendre, engager et charger en quelques manières, mais demoureront du tout chargié ainsi que dessus dist est déclairé. Item vœul et ordonne que ung anuel de messes soit dit et célébré pour l'âme de my en ladite église de Saint-Fremin, à commenchier le jour de mon service. Item je laisse oudit Anthonin men fils me grant maison et gardin où je demoure à présent séant en la rue au Lin tenant d'un costé à le maison

Alphonse le Mire, d'austre costé à une maison où demœure Nicaise Martin
et par derrière à la maison Thomas le Josne et à le maison qui fut à demoiselle Jacq Picquette pour en joir ledit Anthonin et ses hoirs héritablement et
à tousiours et son plus prochain hoir du costé des Clabaux. Item je laisse
audit Anthonin medite maison où demeure ledit Nicaise Martin, ainsy que
elle se comporte en tous sens, par paiant les cens d'icelles par telles condicions et manières que je luy laisse lad. grant maison et gardin. Item je laisse
à Jacotin men fils me maison des Escureuls avec les appartenances et appendances ainsy qu'elle se comporte et estent de tous costez, tenant d'un costé à
la maison et hostel de la Harpe, d'autre costé à le maison où demeure Jehan
Hémery et je luy laisse trente-trois sols et quatre deniers de cens que je
prends sur la maison dudit Hémery pour en joyr par led. Jacotin et ses hoirs
héritablement par condicion que il ne porra lad. maison et cens vendre ne
engagier que ce ne retourne tousdis à son plus prochain hoir du costé des
Clabaux. Item je laisse audit Anthonin mes terres que j'ai à Hédicourt terroir de
Monsg[s] le vidame d'Amiens et de Jehan du Bos, laquelle je os et retrais avec mes
bos d'accens qui me appartiennent à cause d'acquests pour en joir par ledit
Anthonin et ses hoirs héritablement par condicion qu'il ne les porra vendre ne
engager qu'ils ne retournent toudis à son plus prochain hoir du costé des
Clabaux et seront tenus lesd. Anthonin et Jacotin de retenir et maintenir bien et
souffisamment lesd. maisons, lieux et héritages dessus déclarés sans les laisser
aler à ruine ne désolation et se de ce faire estoient défaillans ou négligeans je
vœulx que à la requeste de leurs aultres frères et sereurs il y soient constrains
par Monsr le bailly d'Amiens à remettre sus et refectionner lesd. héritages,
maisons et tènemens. Item je laisse à lad. Ysabelot ma fille me maison ou
demeure Coppin le Mercier séans auprès le Molin du Roy pour en joyr par elle et
ses hoyrs héritablement et sera tenue de la retenir bien et souffisamment et de
le faire paver et y faire faire une logette en la courcelle (1) pour aler les eaues en
la rivière de Merderon, par condicion que se elle va de vie à trespas sans hoir de
sa char, que elle retourne à lad. dame Jehenne sa sereur et de lad. dame Jehenne
à ses frères et de hoir en hoir comme les aultres lais dessus desclairés. Item je
laisse audit Perinot men filz ma terre de Fluy et ma terre de Dours pour en joir
héritablement par luy et ses hoirs et par les conditions et lais fais auxd.
Anthonin et Jacotin. Item je laisse à ladite Ysabelot ma fille ma maison de la
Seraine pour en joir par elle et ses hoirs héritablement et se elle va de vie à

(1) Courcelle, petite cour. Du Cange au mot Coursiera.

trespas sans hoir comme dict est, que elle retournera à dame Jehenne sa sereur
et de lad. dame Jehenne à mes autres enffans par la manière dicte soubz les
pareilles conditions tous aussy que les aultres lais que j'ai fait à elle et à mes
autres enffans. Item je laisse encore audit Anthonin me maison et appartenances
du Blanc Bœuf et une maison où demeure à présent Alain Chauvin et celles où
demeurent Jehan Baugois et maistre Jehan le Barbier pour en joir héritablement
par luy et ses hoirs par condicion qu'il ne porra vendre ne engagier comme
dessus et soubz les condicions dessus déclairées et ou cas que mesdis enffans ou
aulcuns d'eulx voldroient contredire à aultres des lais dessus déclairés je laisse
le quint de tous mes héritages au prouffit de ceulx aultres enffans qui n'y
contrediront point. Item je laisse à Ysabel me femme le grant gardin et le petit
gardin de dehors le porte pour en joyr sa vie durant, et aprez son trespas je
vœulx que ce soit à Anthonin mon fil. Item je laisse le résidu de tous mes
héritages rentes et revenus à mesd. enffans tous ensemble autant à l'un comme
à l'aultre et s'il défalloit de l'un qu'il retourne à l'aultre. Item je laisse le coroye
d'argent que fust men père aux Augustins pour aidier à parfaire leur cloistre.
Item je laisse à ma niepce la femme sire Jehan l'Orfèvre ung annel d'or au pris
de deux escus. Item à Belot sa fille ung anel d'or aud. pris. Item je laisse à me
femme tous ses habis, joyaulx et chainctures. Item je vœux que mes draps de
chéans qui ont esté faits de laine d'Engleterre soient et appartiennent à Ysabelot
et à dame Jehenne mes enffans et à Ysabel me femme à elles trois autant à l'une
que à l'autre. Item je laisse à Jacot Clabaut mon nepveu tous mes waides de mes
deux celiers tant en tourteaulx comme autrement et vœulx qu'il les ayt à son
prouffit. Item je laisse tout le résidu de mes biens meubles ou qu'ils soient à
mes enffans autant à l'un comme à l'autre et s'il défalloit de l'un que sa part
retourne aux aultres. Item je laisse à mademoiselle mère? de mad. femme
ung annel d'or au pris de deux escus, à me fillœul le fils Pierre de Machil ung
annel d'or audit pris. Item je vœulx que ung pélcrinage soit fait à Monseigneur
Saint-Michel-au-Mont et que à l'église soient offerts quatre livres de chire en
cierges. Item à Notre-Dame de Boulongne ung pareil pélcrinage. Et fays et eslis
mes exécuteurs de Monsg^r l'official d'Amiens maistre Estienne de Blangy, sire
Pierre Lefevre mon curé, Jacot Clabault mon nepveu, Isabel me femme et Pierre
de Machy, à chacun desquels je laisse ung marcq d'argent, et vœulx et ordonne
que toutes les choses dessus déclairées et lais par moy fais soient paiés et
accomplis aux despens de mes biens, et affin que ce soit ferme chose et estable
j'ay pryé et requis de sire Pierre men curé que en approbation de vérité, il
vœuille mettre le scel d^e se cure à cest mien testament. Et je Pierre Lefevre

prestre, curé de lad. église Sainct-Fremin-ou-Val à Amiens, à la prière et requeste de sire Clabault citoyen d'Amiens, testateur nomé en cest présent testament, ay mis le scel de lad. cure à icellui testament. Ce fust fait et recongnust, par icelluy testament, présens demoiselle Ysabelle de Morviller femme dudit sire Pierre, Jacot Clabaut, son nepveu, moy et Pierre de Machy le mercqredy syziesme jour du moys de mars l'an mil quatre cens quarante-deux.

Copie sur papier appartenant à Mme de Mons. Il existe encore deux autres copies de ce testament dans la collection du docteur Goze à la bibliothèque communale ; elles ont été faites le 30 août 1846. Sur l'une d'elles se trouve cette mention : « M. Dusevel membre de la Société des Antiquaires de France et du « même comité (le docteur était correspondant du comité des Arts et Monu- « ments près le Ministère de l'Instruction publique) a traduit les anciennes « écritures. »

F

Terre de Hédicourt.

Hédicourt aujourd'hui Saint-Sauveur, canton Nord-Ouest d'Amiens, 1,164 habitants.

On trouve en 1197 un Enguerran seigneur d'Hédicourt qui fit édifier une chapelle dans le prieuré de Saint-Sauveur, et donna vingt sols pour l'entretien à perpétuité d'une lampe brûlant nuit et jour devant le crucifix.

En 1284 un Jehan sire d'Hédicourt, sans doute le même que celui appelé Jehan Poncheau dans un autre titre de 1288.

Nous ignorons à quelle époque et par quelle voie, cette terre appartint ensuite aux Clabault, mais elle dut leur revenir par suite de l'exercice d'un droit de retrait lignager.

En 1380 on rencontre un Simon Clabault homme du château de Picquigny.

Dans son testament du 6 mars 1442, Pierre Clabault laisse à son fils Antoine ses terres à Hédicourt, terroir de Monseigneur le Vidame d'Amiens.

L'inventaire des terres, titres dénombrements et enseignements appartenant à Charles d'Ailly vidame d'Amiens seigneur baron de Picquigny, fait à Rayneval le 2 août 1515, publié par V. de Beauvillé dans le troisième volume de ses Documents Inédits concernant la Picardie, sous la rubrique Hédicourt *aliàs* Saint-Sauveur indique :

Une lettre sur parchemin du 29 avril 1484 faisant mencion de la vendicion faite par feu Mons' Jehan d'Ailly à sire Anthoine Clabault de la terre et seigneurie de Hédicourt.

Une autre du 24 mars 1491 par laquelle Antoine Clabault donne à Charles d'Ailly pouvoir et autorité de racheter toutes les fois que bon lui semblera, en dedans seize ans, la terre et seigneurie d'Hédicourt.

Quatre autres lettres en parchemin : l'une sous le sceau royal de la prévôté de Paris du 17 avril, veille de Pasques communaux, faisant mention de la vendicion faite par Jean d'Ailly à Antoine Clabault de la terre et seigneurie d'Hédicourt, la seconde du 27 d'avril 1484 contenant la desaisine et saisine de la terre d'Hédicourt au profit d'Antoine, la troisième également sous le sceau royal de la prévôté de Paris du 4 mai 1484, par laquelle appert que ledit sieur vidame a réuny plusieurs fiefs ensemble et sy contient le rachat donné audit seigneur vidame par ledit seigneur Clabault de ladite terre et seigneurie de Hédicourt et de ses appartenances, la quatrième du bailli de Picquigny du 15 avril 1503 avant Pasques communaux, après le cierge bénit constatant que Charles d'Ailly a racheté lad. terre d'Hédicourt dudit seigneur Anthoine Clabault et qu'il en a été saisi.

Que conclure de toutes ces indications ? nous n'avons pas les pièces, et nous ignorons la nature de la vente faite par le vidame d'Ailly. Nous savons qu'Antoine hérita de son père de la terre d'Hédicourt, et qu'il la transmit à son tour suivant les dispositions testamentaires du défunt à son plus proche hoir du côté paternel M' Jehan Clabault des mains de qui elle passa à son frère Simon Clabault. La vente du 17 avril dont on parle ne parait avoir été que le gage d'un prêt. Le vidame Charles d'Ailly était un besoigneux, mangeant, comme l'a dit le poète, son fonds avec son revenu, en compagnie de maistre Jehan de Noyelles alors chanoine de Notre-Dame d'Amiens et de Picquigny, d'un nommé Majoris cordelier, d'un autre nommé le gros Guillemin, de Nicolas des Enclos et autres leurs semblables, lesquels estoient tous ivrongnes, prodigues, bordelliers et blasphémateurs du nom de Dieu et depuis sont mors à l'Ostel-Dieu, ou comme mendiens, et par lesquelz se gouvernait du tout ledit feu Monsg' d'Ailly, sans compter Jacquet Ragnier et plusieurs compagnons archers, lesquelz ne se souciaient de faire vendre audit deffunt Jehan d'Ailly ses terres et seigneuries et les engager pour faire bonne chère et après qu'il eut vendu plusieurs desdites terres, il engaigea ce qui luy estoit demeuré à plusieurs personnes. Ce sont les dépositions de l'enquête faite en 1507 au sujet de la vente à reméré des terres de Thory et de Louvrechy, par de nombreux témoins, tous unanimes sur les déplorables relations du seigneur de Picquigny, dont on retrouvera des détails bien plus complets dans la publication de M. de Beauvillé. L'un d'eux Jehan Gallet mesureur de grains, déclare que le vidame estoit de très petit gouvernement, fort prodigue, vivant prodigallement et donnant tant qu'il avoit sans regarder comment, ni penser de entretenir honnestement son estat, mais il vendist et alyéna plusieurs de ses terres et seigneuries à petit et vil prix et les autres il les ypothecqua et chargea de plusieurs grands debtes et envers plusieurs personnes et mesmes vendist les terres et seigneuries de Louvrechy, Thory et encores vendit lesd. bois oudit Robert de Pymont et la terre de Saint-Sauveur à sire Anthoine Clabault lors mayeur d'Amiens et estoit ledit feu Jehan d'Ailly tenu et réputé notoirement prodigue audit lieu d'Amiens (1).

Jean d'Ailly pressé d'argent aurait donc vendu à Antoine Clabault certaines portions de terre que celui-ci aurait ajoutées au domaine qu'il possédait déjà par voie d'hérédité. Cette vente à reméré comme nous venons de le dire ne pouvait être que le gage d'un prêt toujours nécessaire à un prodigue à court d'argent, et il est plus que probable qu'elle était surtout une cession de droits honorifiques, qui fut la cause du procès que nous allons indiquer.

Au xvii° siècle un différend s'éleva entre Claude-François de Mons, écuyer, seigneur d'Hédicourt-Saint-Sauveur, trésorier de France en la généralité d'Amiens et dame Catherine de Mons veuve de Jacques de Mons en son vivant écuyer seigneur dudit Hédicourt-Saint-Sauveur, conseiller du roy au présidial d'Amiens, dame douairière dudit Hédicourt-Saint-Sauveur, demandeurs en complaintes et deffendeurs d'une part, et le duc de Chaulnes, au sujet de la qualité de seigneur et des droits honorifiques qui en dépendaient, tels que la recommandation au prône en qualité de seigneur, le ban seigneurial dans le chœur de la paroisse et autres prérogatives semblables attachées à cette qualité.

Dans un mémoire imprimé, rédigé pour cette cause par Mesnart procureur de la partie de De Mons, Hédicourt aurait été composé de deux parties d'origine

(1) V. de Beauvillé. Ibid. T. IV, 186 et suiv.

bien différentes, l'ancienne seigneurie relevant de la baronne de Picquigny, la
nouvelle, acquise en 1679 par la dame de Mons, relevant de la principauté de
Poix. L'ancienne seigneurie d'Hédicourt y est-il dit, est passée successivement
par les femmes aux De Mons des Clabault qui en étoient propriétaires dès le
XIVᵉ siècle. Les Lematre ont succédé aux Clabaut et des Le Mattre elle est passée
aux De Mons.

La terre d'Hédicourt relevant de Picquigny, aurait été une seigneurie indivisée
au XVᵉ siècle entre un Renaud Pourchel et les Clabault jouissant de l'autre
portion indivisée dans tous les droits avec celle de Pourchel, que Raoul d'Ailly
aurait achetée en 1436, avec cette différence cependant que les Clabaut avaient
un préciput considérable.

« Il se trouve d'abord une transaction du 20 octobre 1463 (production de
« M. De Mons) par laquelle on cède à Antoine Clabault la terre et seigneurie
« d'Hédicourt que l'on dist Saint-Sauveur en laquelle il est dist que cette terre a
« esté acquise par retrait lignager par Pierre Clabault père dudit Antoine. »

Pierre Clabault présenta le démembrement de sa terre au seigneur de
Picquigny en 1436. D'après ce titre sa maison y est appelée l'hostel du seigneur.

Le préciput considérable dont jouissait la partie du fief appartenant aux
Clabault était : la banalité exclusive d'un moulin à waides, un préciput dans les
droits de champart, la justice, la seigneurie et les profits sur la rivière, la justice
et la seigneurie dans le fossé de Paris, le droit exclusif de corvées et autres
prérogatives le jour de la Trinité fête du patron de la paroisse et qu'explique
Mᵉ Mesnart par une alliance d'un Clabault avec une fille de l'aîné d'un des
anciens seigneurs d'Hédicourt.

Nous n'avons pas trouvé les originaux des pièces citées dans ce mémoire, qui
seuls élucideraient les causes du débat, car on sait avec quelle habileté, en
torturant les textes et en n'en faisant que des citations tronquées pour leur usage,
les praticiens du XVIIᵉ siècle savaient éterniser et grossir les affaires de leurs
clients. Une note manuscrite en tête du mémoire, supplie, au nom de Mʳ de Mons
la cour de n'avoir « nul égard pour une chronologie servant de factum que les
« gens d'affaires du duc de Chaulnes ont dressé avec artifice à dessein de
« brouiller l'affaire qui de soy est claire parce que cette chronologie est une
« histoire fabuleuse contraire aux pièces et destruite par les escritures du
« sʳ Demons. Il travaille à une response sommaire à ceste chronologie supposée,
« qu'il produira pour informer la cour de la vérité (1).

(1) M. Demons produisit entr'autres à l'appui de ses dires, l'épitaphe de sire Simon Clabault. Voici la

Quoiqu'il en soit le duc de Chaulnes fut il paraît débouté de ses prétentions. Claude de Mons d'Hédicourt l'un des membres de cette famille né en 1591 mort en 1677, conseiller au bailliage d'Amiens et poète, (il prouva dit le P. Daire dans son Histoire littéraire, qu'on peut être très honnête homme, magistrat intègre et mince versificateur) dans ses Chants oraculeux tant en acclamations d'honneurs et louanges pastorales, qu'en libres déclamations et pures vérités de Dieu, des saints pères et d'autres grands auteurs sur les abus, vanités et corruptions du monde, Amiens, Jacques Hubault, 1627, in-16 de 240 pages, a rappelé avec orgueil l'alliance de sa famille avec celles des Clabault et des Morvilliers.

> Monsois (1) un des pastoureux
> des Champs hédicuriaux (2)
> (en qui se joint et ramasse
> la jumelle antique race
> des Clabaults et Morvilliers
> (palladins et chanceliers)
> s'estant un peu mis en arrière
> des autres vers la rivière
> fit, des muses nourrisson
> bruire une telle chanson, etc.

note que nous trouvons dans les manuscrits du docteur Goze, à la suite de la copie de cette inscription d'après des papiers de famille.

Collation faite de la présente coppie à son original en lame de cuivre et icelle rendue conforme par moy Charles Lemarchant archiviste et huissier à la Maréchaussée de France résidant audit Amiens rue des Jacobins paroisse Saint-Remy, soubsigné, sur la requeste du sieur Demons seigneur d'Hédicourt-Saint-Sauveur, en présence de Me Pierre Watebled intendant de la maison de Monsgr le duc de Chaulnes, du sieur Charles Lefèvre soy disant avoir ordre dudit seigneur, de Jean-Baptiste Barré huissier audit Amiens et de Louis Carpentier record (sic) audit lieu, tesmoings appelés au présent compulsoire le 27 novembre 1696 qui ont signé.

Lequel acte j'ay signé aux protestations reprises au procès-verbal et que la qualité de seigneur d'Hédicourt doit estre raiée.

Signé WATEBLED,   DEMONS D'HÉDICOURT.

Lequel acte j'ay signé aux protestations faites par Me Watebled intendant de Monsgr le duc de Chaulnes.   Signé LEFEBVRE,   DEMONS D'HÉDICOURT, aux mesmes protestations et soustenues par luy, énoncées au procès-verbal.

Signé : BARRÉ, CARPENTIER, LEMARCHAND.

(1) Monsois, c'est Claude de Mons lui-même.
(2) Les champs hédicuriaux, Hédicourt-Saint-Sauveur.

G

Retour d'Amiens à la Couronne. — Siège de 1470.

La soumission volontaire d'Amiens à Louis XI, et le siège de 1470, par le Duc de Bourgogne, sont des événements trop importants dans l'histoire de cette ville pour être passés sous silence. A. Thierry (Recueil de documents inédits, T. II), a publié quelques pièces relatives à ces faits. Nous les complète-rons par les extraits suivants du registre aux chartes, côté M, qui ajouteront au récit trop succinct qu'en ont fait nos historiens locaux. C'est le seul document qui nous instruise à cet égard, puisque l'échevinage ne se réunit pas du 18 février 1470 au 22 avril 1471, à cause de la guerre « qui lors estoit entre le roy et « Monsg' le duc de Bourgogne, lequel duc s'estoit venu logier et toute son « armée devant la ville d'Amiens, laquele il greva moût de canon, serpentines « et culeuvrines qui fist getter en lad. ville, rompre les maisons et les églises « et y fu mêmes x sepmaines que trèves fut prins et formées entre le roy et luy « jusques au iiii° jour de juillet oudit an mil iiii°lxxi, » et que le registre aux comptes qui pourrait suppléer à ce silence n'existe plus dans la série des comptes municipaux, sans qu'on puisse s'expliquer sa disparition.

18 Février 1470.

Touchant les guerres.

Publié a esté, de par le roy nostre sire, que nulz des habitans de la ville d'Amiens, ne autres de quelque estat ou condicion qu'ilz soient, ne soient sy hardis, de achetter ou faire achetter, ne retenir quelques butins, ne biens que aient prins les gens d'armes, au dehors de ceste ville d'Amiens. Et se aucuns ont achetté d'iceulx biens, ou qu'elles aient en garde en leurs maisons, les aportent ou facent apporter en l'ostel des Cloquiers d'icelle ville, pour en faire ce qu'il appartiendra, sur le hart. Fait le xviii° jour de février l'an mil cccc soixante et dix (Regist. M, f° lv).

[20 Février 1470.

S'ensieut ce qui a esté ordonné par Messieurs.

L'on fait deffence de par le roy nostre sire, et de par Monsr le grant maistre son lieutenant général en ces marches, aux gens de guerre de l'ordonnance, à leurs varletz et serviteurs, qu'ilz n'aportent et ne amainent des champs en ceste ville ou ailleurs, aucuns vivres ne aucunes choses, sans estre payés raisonnablement, synon bois et paille, sur paine de le hart. Et s'ils amènent autres choses que bois et paille, que les portiers de ceste dicte ville ne les laissent point entrer dedans la porte, ains les prengnent et arrêtent pour les faire rendre et restituer aux bonnes gens. Et aussy, prengnent au corps ceulx qui les amèneront et amènent, devers le prevost des maressaux pour en faire faire telle pugnission qu'il appartiendra à l'exemple des autres, et s'il n'en fait justice, viengnent devers mondit s^r le grant maistre. Il en fera ainsi que sera de raison.

Item l'on deffend aux gens d'armes et de trait estans logiés en ceste dite ville qu'ils ne meffacent ne mesdiens à leurs hostes, hostesses ne à leurs familles en corps ne en biens et ne leur facent aucuns excès sur la peine dessus dite.

Item l'on deffend à toutes gens de guerre et francs archiers, qu'ils ne donnent aucuns destourbies ne empeschements aux laboureurs à battre leurs blez, aveines et tramois pour faire leurs semences, ne à faire leurs besongnes et labourages aux champs et à leurs maisons, ains les souffrent et laissent estre à demourer en leursdites maisons paisiblement et faire leursdites besongnes, semences et labourages, sans leur meffaire ne mesdire, prendre ne amener leurs chevaulx, jumens, bœufs, vaches, ustencilles d'ostel, ne autres bien mœubles, sur la peine dessus dite.

Item et se lesdits laboureurs veuillent amener du foin, de l'avaine, du forment et autres vivres en ceste dite ville pour vendre, l'on ordonne auxdis portiers qu'ilz les laissent entrer et deffend l'on auxd. gens de guerre, qu'ilz ne leur donnent aucun destourbier ne empêchement à mener lesd. vivres ne à eulz en retourner, sur la paine dessus dite.

Item l'on deffend auxdis gens de guerre qu'ils ne prengnent aucuns vivres ne autres choses sur les bonnes gens pour les vendre, et à tous marchans et autres qu'ilz ne les achètent d'eulx sur la paine dessus dite. Et synon que ce soit chose gaigniée sur les ennemis, et dont ceulx qui les vendront ayent congié de mondit s^r le grant maistre.

Item l'on deffend que aucuns ne facent aucune chose au contraire de la chose dessus dite ; viengnent les plaintifz devers mondit s^r le grant maistre et il en fera pugnicion.

Publié ès trois lieux accoustumés le xxe jour de février l'an mil cccc lxx.

S'ensuit ce qui a esté ordonné par Messrs.

Premièrement Monsr le bailly de Caux sera à la porte de Montrescu et aura lx hommes d'armes de la compaignie de Monsr le grant maistre et vi^{xx} archiers.

Item à la porte Saint-Pierre sera Monsg^r de Beaumont (1) avecques xl hommes d'armes de la compaignie de Monsr de Painthièvre (2) et de Monsr Lessanson et iiii^{xx} archiers.

Item à la porte de Gayant sera Guillaume Bournel avecques cinquante hommes d'armes de la compaignie de Monsr de Saint-Just et cent archiers.

Item Monsr de Torsy chevauchera par la ville avec lx hommes d'armes et ii^c archiers.

Item les gens de Monsr le Maressal demoureront aux fourbourgs et m francs archiers.

Item Monsr de Saint-Just s'il est nécessité de saillir dehors ou autrement avec luy Hector de Galars. Monsr Lessanchon, Monsr de Villebouche et le lieutenant de Monsr le grant maistre, iii^c hommes d'armes et leurs archiers.

Item tous les arbalestriers des compaignies venront tous aux portes.

Item et au regard de ceulx de la ville, ils tenront leurs ordonnances ainsy qu'ils ont accoustumé de faire et seront avec eulx Monsr de Rivery cappitaine de lad. ville, Monsr le bailly d'Amiens et Jaques de Rivery.

Item Monsr le grant maistre, Monsr de Painthièvre et Monsr le Maressal yront par la ville.

Item aux forbourgs aura m francs archiers et les cappitaines qui les gouverneront.

(1) Jacques de Beaumont, sire de Bressuire.
(2) Jean de Brosse époux de Nicole de Blois.

Item aura à la porte de Montrescu ᴍ francs archiers.

Item à la porte Saint-Pierre vᵉ francs archiers.

Item à la porte de Gayant vᵉ francs archiers.

Item pour saillir dehors ᴍ francs archiers.

Item pour le renfort de la ville avec trois cens hommes d'armes des nobles ᴍ francs archiers.

Item et le surplus des gens d'armes qui sont environ ᴨᵉ lances yront là où on leur ordonnera.

Item y aura ᴠɪᵉ archiers à pié qui seront conduis par trois hommes, l'un messire Josselin du Bois, l'autre Lepeche de Lainoy, et l'autre Jehan Derchière.

27 Février 1470.

Aujourd'huy xxvɪɪᵉ jour de février l'an mil cccc ʟxx a esté publié et deffendu de par le roy nostre sire et de par Monsʳ le grant maistre son lieutenant général en ceste partie, à tous de quelque estat qu'ilz soient qu'ils ne voisent ne envoient en ost ne en autres lieux tenans party contraire au roy, sur paine de confiscacion de corps et de biens. Et que aucuns demourans et conversans au party du duc de Bourgongne ne soient sy hardis de venir en quelques manières en la ville d'Amiens sur la paine dessus dite.

Item et s'il y a aucuns qui sachent que personne y ait esté et qu'ils le viengnent révéler et faire savoir à mondit seigneur le grant maistre ou à mondit sieur le prévost des Maressaux, sur la paine dessus dite, affin que pugnicion et justice en soit faite telle qu'il appartiendra à l'exemple des autres.

Item l'on fait comandement à toutes femmes qui ont leurs marys ou leurs enffans au party contraire oudit seigneur qu'elles wident cest dite ville d'Amiens en dedans demain midy sans plus y retourner, sur la paine dessus dite.

Item l'on fait deffence aux gens de guerre estans logez en ceste dite ville qu'ilz ne meffacent ne mesdient à leurs hostes, hostesses, enffans et serviteurs et ne prengnent aucuns vivres ne autres choses en leurs maisons sans les payer et contenter raisonnablement.

Item et pour ce que plusieurs personnes vont aux portes, parquoy ils empeschent les portiers et ceulx qui sont comis à garder lesd. portes, l'on fait deffence à tous de quelque estat ou condicion qu'ilz soient, qu'ilz ne voisent auxd. portes, ne empeschent lesd. portiers en gardant icelles, sur paine de confiscacion de corps et de biens.

Publié ès trois lieux à faire cris et publicacions ledit jour.

4 Mars 1470.

Aujourd'huy ɪɪɪ^e jour de mars l'an ᴍᴄᴄᴄᴄʟxx a esté publié de par le roy nostre sire que doresnavant nul ne soit si hardy ne s'efforce de faire prinses de quelques biens appartenans aux habitans de la ville d'Amiens ou à autres qui les aporteront en lad. ville sans le gré et consentement desdis habitans et de ceulx qui les aporteront. Et entièrement en soit fait payement et à autres, meismes qu'ilz ne s'efforcent de faire quelque autre force ne violence contre le gré et plaisir d'iceulx habitans ne autres qui amèneront lesd. biens et ce sur paine de le hart.

Pareillement que nul ne soit sy hardy de empescher les laboureurs qui labeurent aux champs, prendre leurs chevaulx ne harnas et leur laissent labeurer et semer esdits champs paisiblement sur la paine de le hart.

Item que nuls des habitans de lad. ville d'Amiens ne vendent que deux sols chacun sestier d'aveine et six deniers le toursseau de foing sans aucunement le renchérir en quelque manière que ce soit sur paine de ʟx sols d'amende et de pugnission de prison.

Publié ès trois lieux acoustumés à faire cris et publicacions ledit jour.

23 Mars 1470.

Aujourd'huy xxɪɪɪɪ^e jour de mars ᴍᴄᴄᴄᴄʟxx a esté publié de par Monsr le Connestable de France que nulles gens de guerre ne autres quelconques ne soyent se osez ne se hardis de donner empeschement aux laboureurs au fait de leurs labeurs, ne de prendre leurs chevaux, jumens, harnas, bestiaulx, biens, mœubles, ne ustencilles d'ostel sur paine de le hart.

Item que doresnavant aucuns buttins ne se facent par gens de guerre ou autres au marchié d'Amiens ne ailleurs que ès fourbourgs ou lieu que on dist le Four des Camps sur ladite paine de la hart.

3 Mars 1470.

Aujourd'huy ɪɪɪᵉ jour de mars l'an mil ɪɪɪɪᶜ soixante-dix a esté publié de par Messʳˢ maïeur et eschevins d'Amiens ce qui s'enssuit : que nulz grossiers vendeurs de hérens ne vendent lesd. hérens plus chiers ne plus grant pris qu'ilz ne les ont vendus jusques à présent et que les revenderesses desdits hérens ne les vendent plus chiers que les six pour ung patard. Et ce sur paine de cent solz d'amende et de pugnicion de prison de volonté de mesd. sʳˢ

19 Février 1470.

Aujourd'huy xɪxᵉ jour de février l'an mil cccc soixante et dix a esté publié de par Monsgʳ le grant maistre d'ostel de France lieutenant du roy que nulz des habitans de la ville d'Amiens, chiefs d'ostel qui sont chargiés de aler à la porte et au guet, ne autres de quelque estat ou condicion qu'ils soient ne se partent ne absentent de lad. ville pour aler à Saint-Mathias ne ailleurs au dehors de ladite ville d'Amiens, sur paine de confiscacion de corps et de biens jusques autrement en sera ordonné (1).

Et que pareillement nuls desdits habitans, estrangiers ne autres ne soient si osez ne hardis de renchérir pain, vin, chars, foing, avaines, bois et autres vivres, mais les vendent raisonnablement et ainsy qu'ils ont accoustumé faire, sur ladite paine de confiscacion de corps et de biens.

Ordonnance faite pour le bien, polisce et gouvernement de la ville d'Amiens qui a esté par le conseil du roy et estre mise par quartiers, pour remédier aux oultraiges et entreprinses que font chacun jour les gens d'armes aux bonnes gens de ladite ville.

Premièrement le premier quartier est prins depuis le pont aux Poulles jusques à la porte de Montrescu du costé de Saint-Leu en retournant au long de la rivière jusques à la porte.

Et pour gouverner ledit quartier et y entendre pour raison et justice sont comis Monsʳ le bailly de Caux et messire Minglos et avec eulx sire Hue de Courchelles et Jehan Ducrocquet.

(1) La fête de Saint-Mathias tombe le 24 février. C'est la foire d'Encre aujourd'hui Albert.

Item le second quartier s'estend depuis le pont aux Poulles jusques à la porte de Montrescu et depuis ladite porte de Montrescu jusques au Bos treué, et d'illec jusques audit pont aux Poulles au long de la rivière aux Thaneurs.

Ouquel quartier sont comis à y entendre pour raison et justice Monsr le maressal des logis et messire Josselin avec Hue de Lesmes et Jaques de May.

Item le iiie quartier s'estend depuis ledit pont aux Poulles jusques à la porte de Longue-Maisière du costé vers le Marchié jusques à la porte Saint-Fremin et audit Bos treué en revenant audit pont aux Poulles.

Pour lequel quartier gouverner sont comis le bailly de Vermandois, Guille Bournel maistre d'ostel, sire Fremin le Normant et maistre Jehan le Clerc.

Pour le iiiie quartier s'estend depuis ledit pont aux Poulles jusques à la porte de Longue-Maisière du costé vers Notre-Dame, en revenant à la porte Saint-Denis et à la porte des Ars au long de la rue jusques audit pont aux Poulles.

Pour lequel quartier gouverner sont comis le bailly de Rouen (1), le général de Normandie, Antoine Clabault et Colart Rendu.

Item ès forbourgs de lad. ville sont comis Monsr le bailly d'Amiens (2), Jaques de Rivery, sire Jaques Clabault et Hue Houcharı.

9 Mars 1470.

Boulengïers.

Aujourd'huy ixe jour de mars l'an mil quatre cent soixante dix a esté publié que pour ce que les boulenguiers de ladite ville ont grant paine et charge de cuire tout le pain qu'il convient en icelle ville et affin que chacun puisse avoir du pain pour mengier, ung chacun habitant qui a puissance et four en sa maison pour cuire pain, cuise du pain, pour eulx leurs maisnages, et que ceulx qui sont pourveus de blé en leurd. maisons ne voisent point achetter du pain aux boullenguiers adfin que deffaulte de pain ne adviengne à lad. ville. Et ce sur paine de pugnicion de prison et de amende arbitraire à la volenté de Mesdss^{rs}. Publié ès trois lieux ledit jour.

(1) Jean de Montespedou sieur de Beauvoir et de la Basoche conseiller et chambellan du roi, bailli de Rouen de 1462 à 1484.
(2) Artus de Longueval bailli d'Amiens.

13 Mars 1470.

Aujourd'huy xiiiᵉ jour de mars l'an mil cccc lxx a esté publié de par Messeigneurs maïeur, eschevins d'Amiens, que sur chacun habitant de ladite ville
demourans sur les rues alument au vespre à l'entrée de la nuit chandeilles à leurs
fenestres pour esclairer les gens du guet qui sont par les rues et que en ce n'ait
faute sur paine de xlˢ d'amende et pugnicion de prison.

Item que ung chacun portier soit en personne à clore les portes dès entre cinq
et six heures sur paine de lxˢ d'amende et de pugnicion de prison. Publié ès trois
lieux ledit jour.

15 Mars 1470.

Aujourd'huy xvᵉ jour de mars l'an mil cccc soixante et dix a esté publié de par
le roy nostre sire et Monsʳ le grant maistre, son lieutenant général en ceste
présente armée, à toutes gens de guerre et autres de quelque condicion et estat
qu'ils soient que nulz ne soient si osez ne se hardis d'envoyer devers les Bourguignons, ne de tenir aucune parole à eulx, soit de loin soit de prez, sans le
congié et licence de mondit sʳ le grant maistre sur paine de le hart.

Boulenguiers.

Et pareillement a esté aujourd'huy publié de par le roy, Monsʳ le grant maistre
lieutenant du roy notre dit seigneur en ces marches, et de par Messeigneurs
maïeur et eschevins d'Amiens, que tous les boulenguiers de lad. ville facent bien
et dilligemment du pain adfin [que] défaulte n'en adviengne en lad. ville et que
led. pain poise son poix. Est assavoir les fouaches : dix onches la pièche, le pain
à bourgois douze onches la pièche et le pain bis à son poix tel qu'il doit peser et
que en ce n'ait faulte sur paine d'estre tournay ou pilory.

15 Mars 1470.

Aujourd'huy xvᵉ jour de mars l'an mil cccc soixante et dix a esté publié de par
le roy nostre sire et de par Monsgʳ le grant maistre lieutenant du roy nostre dit

seigneur en ces marches, que nul franc archier ne soit sy osé ne sy hardy de couchier en la ville de nuyt, mais voisent couchier ès fourbourgs chacun desoubz de son enseigne ou son cappitaine. Et que faulte ny ait, sur paine de le hart, et aussy que nulz des habitans demourans en la ville, ne logent de nuyt ne soustiennent en leurs maisons en quelque manière que ce soit lesdits francs archiers et qu'ilz ne se veullent partir, lesdits habitans le viengnent dire et signiffier à mondit sieur le grant maistre en l'ostel de la ville, sur paine de Cent sols parisis d'amende et pugnision de prison si griefve que ce sera exemple à tous autres. Publié ès lieux à faire criz et publicacions ce l'an et jour dessus dits.

Artillerie.

Cy après s'enssievent les pièces d'artillerie appartenant à Monsg^r de Torssy lesquelles il a presté à la ville d'Amiens, et les a fait délivrer par Jaques de Rivery à Jehan le Seneschal et Jehan le Hérenguier comis par les maire et eschevins de lad. ville d'Amiens pour en rendre compte audit seigneur de Torsy ou à son commandement à quy qu'il lui plaira.

Premièrement une serpentine de fer de quatre piez de long ou environ, laquelle ne a qu'une chambre.

Item ung petit veuglaire de métail de deux pieds de long ou environ lequel à trois chambres de métail.

Item ung veuglaire de fer de deux pietz ou environ lequel ne a que une chambre.

Item ung autre petit veuglaire de ung piet et demye ou environ lequel ne a que une chambre.

Item ung petit querapaudin de cuivre de deux pietz ou environ lequel ne a que une chambre.

Toutes les pièces dessus nommées sont lyées de fer et encassées en bois et ont esté délivrées par Jaques de Rivery à Messrs maïeur et eschevins d'Amiens, et de la charge de mesdis s^{rs}, Pierre de Machy clerc de la ville d'Amiens, a signé ceste cédule le xxiie jour de mars l'an mil cccclxx, ainsy signé : Machy.

Note marginale. Toute l'artillerie que Monsr de Torsy avoit presté à la ville fu rendu et rebaillée à Jehan de Mausenguy escuier de l'ostel dud. s^r de Torsy pour mener à Blainville (1) par Jehan le Seneschal et Jehan le Hérenguier qui en avoient la charge le 25ᵉ jour de may l'an mil ccccLXXI.

S'ensieut ce que Monsgʳ le cappitaine a baillé et presté d'artillerie pour la ville.

Et primes :

Deux serpentines de fer à chacune deux chambres.

Item trois petis querapaudeaulx de fer à chacun deux cambres dont l'un est rompu.

Item une culevrine de cuivre (rendue audit seigneur pour porter à Hamel-lès-Corbie).

Et fu lad. artillerie baillié et prestée à la ville par mondit sʳ le cappitaine le xxIIᵉ jours de mars l'an mil ccccLXX.

Note marginale. Le xvᵉ jour d'octobre IIIIᶜLXXI Guille de Conti rendit, à Jaque de Rivery seigneur de Marchel, deux crapeaudiaux atout chacun II chambres de l'artillerie de Monsʳ de Rivery. — Rendu à Jaques de Rivery deux serpentines de fer....... du IIIᵉ de may M IIIIᶜLXXV.

S'ensieut l'artillerie qui a esté baillié par Bertran le Feure sergent à mache de Loys de Mareus escuier lieutenant de Monsʳ le Maressal.

Est assavoir : Trois canons et une serpentine avec six cambres servant audit canon et serpentines, laquelle artillerie a esté apportée à l'ostel de la ville et a esté prinse en l'ostel de Monsʳ de Noyon et appartient à Monsʳ de Torsy.

Item a esté baillié à Robin Pinet une culeuvrinne de couivre appartenant à Monsʳ de Rivery.

Item une culeuvrinne de fer de IIII à v piez de long appartenant à Monsʳ de Rivery qui a esté baillié à Forge Corne huchier qui l'a enchassée de nœuf bos.

Colin Grenet a eu ung crapaudel appartenant à la ville du xxIIII jour de mars oudit an.

Ector de Saint-Lanneloz a eu une petite serpentine de fer appartenant à Monsʳ de Rivery et a lad. serpentine deux cambres, dudit jour.

Ledit Ector a eu deux crapaudaux de fer d'un pié de long qui sont à la ville, dudit jour.

(1) Blainville seigneurie de Normandie possédée par la famille d'Estouteville.

29 Mars 1470.

Aujourd'huy xxix° jour de mars l'an mil cccc lxx a esté publié de par Messrs maïeur et eschevins d'Amiens, que tous carpentiers, manœuvriers et gens de labeur qui veulent gaignier, voisent tantost et sans délay atout cuignies, sarpes, piçs. pelles et autres oustieulx pour besongner par devers Monsr à la porte de Beauvais et ils seront très bien paiez comptant sans quelque faulte.

Boulenguiers.

Aujourd'huy les boulenguiers sont venus devers mesdits sieurs disans qu'ils ne pœuvent plus faire pain du poix que on leur avoit ordonné est assavoir : fouaches de x onches, pain à bourgois de xii onches, parce que blé estoit à plus haut pris qu'il ne souloit, est assavoir : xi blancs et si estoient fagos rainchieris, car on vendoit xxiiii^s le cent et on le soloit avoir pour v ou vi^s le cent, finablement tout considéré MM^{rs} ont ordonné que lesd. boulenguiers feront fouache de 1 denier la pièce pesant ix onches et pain à bourgois de 1 denier la pièce pesant xi onches tant que autrement y sera pourveu.

Ledit jour a esté publié de par Monsg^r le connestable de France que tous pioniers, manouvriers, vingnerons, machons, carpentiers et autres gens quelconques quy ont accoustumé de manouvrier viengnent incontinent et sans délay à l'Ostel-de-Ville atous leurs oustieux pour ouvrer et besongner au lieu que on les volra mener et ils seront très bien paiez.

31 Mars 1470.

Aujourd'huy pénultième jour de mars l'an mil cccc soixante-dix a esté publié de par Messrs maïeur et eschevins d'Amiens que tous les boulenguiers cuisent du pain incontinent et sans délay sur paine de xl^s d'amende et aussy que tous ceulx qui volront cuire et qui ne ont nulz fours tant de lad. ville que de dehors, cuissent du pain ès fours des pastichiers de lad. ville sans ce que lesdits pastichiers les destourbent ou empeschent en aucune manière sur paine pareillement de xl^s d'amende et de pugnicion de prison à la volonté de mesdis s^{rs}.

3 Mars 1471.

Aujourd'huy iii° jour de mars l'an mil cccc soixante-onze datte renouvelée (1), en notre eschevinage le jour Nostre-Dame en mars a esté deffendu de par Messeigneurs maïeur et eschevins d'Amiens, que nuls boulenguiers subgets de ladite ville ne soient sy osez ne sy hardis de faire pain de deux deniers la pièce, mais facent pain de ung denier la pièce seulement. Est assavoir fouaches pesans neuf onches et pain à bourgeois pesant unze onches, sur les paines à eulx autrefois introduites de par mesdits s^rs est assavoir de pugnicion de prison et de estre tourné au pillory.

5 Avril 1471.

Aujourd'huy v° jour d'avril l'an mil cccc soixante-onze, datte renouvellée il a esté publié et deffendu de par le roy nostre sire et Monseig^r le connestable de France que nuls de quelque estat et condicion qu'ils soient, ne soient sy osez ne sy hardis de aler acheter quelques vivres que ce soient tant vins, hérens, poissons comme autres vivres ne autres denrées et marchandises en lost des Bourguignons pour les dangiers et inconvénients quy s'en porroient ensuyr sur paine de confiscacion de corps et de biens.

5 Avril 1471.

Pareillement a esté publié ledit jour de par le roy et Monseigneur le connestable de France que pour ce que le roy notredit seigneur doit demain venir en ceste ville d'Amiens (2) parquoy il convient de nécessité que les rues et le marchié de lad. ville soient tenus nets à sa venue, on fait commandement de par le roy et mondit s^r le connestable à tous les marchans quy vendent denrées et marchandises sur ledit marchié, excepté viii, qu'ils voisent vendre leursd. denrées derrière le Beffroy jusques à ce que lesd. rues et marchiés soient nectoiés pour lad. venue du roy et que chacun habitant sur ledit marchié face assambler au

---

(1) Il faut lire sans doute avril.
(2) Louis XI ne vint pas à Amiens. Il resta à Beauvais à la tête de l'arrière-ban. Nul autre document n'indique que ce projet de voyage du roi ait reçu son exécution.

devant de sa maison toutes les ordures et immondices qui y sont affn de les charger et mener aux champs et ce sur paine de cent sols parisis d'amende et pugnition de prison à la voulonté desd. seigneurs.

Item et que tous ceulx quy ont charios et charettes viengnent atout leurs chevaulx et harnas oud. marchié charger lesd. immondices, ordures et teraulx et prestement ilz seront paiés et contentés de leurs paines et salaires.

22 Avril 1471.

Aujourd'huy xxiii° jour d'avril l'an mil cccc lxxi a esté publié de par Messrs maïeur et eschevins d'Amiens pour ce qu'il est venu à la congnoissance de mesdis s^{rs} et par la visitacion qu'ilz en ont fait faire sur les rieux et cours d'eau courans parmy lad. ville que esdits rieux et cours d'eau il y a plusieurs hommes morts et noyez et plusieurs chevaulx qui sont esdits cours d'eaue parquoy elles sont infestés et corrompues et que ce soit grand péril, inconvénient et dangier de user desd. eaues dont mortalité, que Dieu ne vœulle, se porroit ensuir en lad. ville, mesdis s^{rs} deffendent à tous les brasseurs, goudalliers et boullenguiers d'icelle ville, que nul ne soit sy osé et sy hardy de brasser lesd. cervoises et goudalles des eaues desd. rivières. Et aussy que lesd. boullenguiers n'en prétrissent en quelque manière leurs ferines et pattes des eaues qu'ilz prendront et treyront aux puis de lad. ville. Et ce sur paine et amende de c^s parisis dont celluy qui les accusera en aura xx sols pour son pourffit, et de pugnission de prison à le volente de mesdis s^{rs} tant et jusques à ce que par mesdis s^{rs} en soient autrement ordonné.

Item que nulz ne nulle de lad. ville ne soyent telz ne sy hardis de gouverner ne tenir pourcheaulz en leurs maisons et hosteulz pour les pris, dangiers et inconveniens quy en puent ensuir, mais lesd. pourchiaulx qu'ilz ont en leursd. maisons et hosteulz s'en délivrent le plus brief que faire se porra en dedans viii jours, à paine de quarante solz d'amende et pugnicion de prison.

27 Avril 1471.

Aujourd'huy xxvii° jour d'avril l'an mil iiii° lxxi a esté publié de par le roy nostre sire et Monsr le grant maistre d'ostel de France que tous ceulx qui ont terres ou vingnes ou parc ou auprez où nagaires le duc de Bourgongne et son

ost estoient logiez au devant de la ville d'Amiens envers l'église et abbeye Saint-
Achœul facent tantost et sans délay restoupper et mettre à l'onny les fossez,
caves, cheliers, tureaulx (1), motes, voyes et allées que ceulx dudit ost ont fait
faire oudit parc et à l'environ et que tout soit remis souffissament en l'estat qu'il
paravant, meismes que toutes les bestes et charongnes mortes quy y sont soyent
enfouyes parfont en terre pour eschiver les dangiers et inconvénients quy en
pourroient advenir, et aussy que tous manouvriers et labouriers qui voulront
gaignier viengnent demain à la Croix couverte (2) pour besoingner là où il leur
sera ordonné.

30 Avril 1471.

Aujourd'huy pénultiesme jour d'avril l'an mil cccc lxxi, a esté publié de par le
roy nostre sire et Monsr le grant maistre d'ostel de France, Messrs maïeur et
eschevins d'Amiens que tous manouvriers, pyonniers, quy volront gaignier
argent, soyent prestz demain au plus matin, pour aller ouvrer aux fossez des
portes de Saint-Pierre, Montrescu et Saint-Mœurisse et ils seront tous bien payez
comptans sans quelque faulte.

2 Mai 1471.

Aujourd'huy second jour de may l'an mil cccc lxxi, a esté publié de par le roy
et de par Monsr le grant maistre d'ostel de France que tous les habitans et maisnages de la ville d'Amiens délivrent sans quelque faulte ung homme atout ung
picq ou une pelle et voisent demain au matin à la porte de Paris pour aller au lieu
où on le menra, à paine d'amende et de pugnicion de prison.

3 Mai 1471.

Aujourd'huy iiie jour de may l'an mil cccc lxxi, a esté publié de par le roy
nostredit sire et Monsr le grant maistre d'ostel de France, que combien que au
jour d'hier fust cryé et publié par lad. ville que pour le bien sceuretté tuycion

(1) Voir Du Cange, au mot Turella.
(2) La Croix couverte était près de la Fosse Ferneuse au faubourg de Noyon.

et deffence de la ville et pour le bien publicque que tous les habittans ayant maisnages en lad. ville d'Amiens furnissent et livraissent sans quelque faute ung
homme ayans ung pic ou une pelle pour aller besoingner ou mestiers seroit et
eulx assemblés à la porte de Paris, néantmoins on n'en a tenu compte et n'en
veullent lesdis habitans rien faire qui est monstrer grant désobéissance au roy
nostredit sire et dont grans inconvéniens, en porroient advenir et pour ce sans
plus désobéir, on leur foit scavoir que prestement et sans délay, chacun desd.
maisnages voisent ou envoyent ung homme atout lesd. picq ou pelles à lad.
porte de Paris ou synon ilz seront repputez rebelles et désobéissans au roy et en
seront tellement pugniz que ce sera exemple à tous autres.

4 Mai 1471.

Item (iiii° jour de may l'an mil cccc lxxi), a esté publié de par MM^{rs} mayeur
et eschevins d'Amiens que pour ce que plusieurs personnes apportent vendre
feurres, foings, herbes, fourraiges en grant habondance sur le marchié d'Amiens
auprez de l'estaple qui graivent, nuyent et empeschent ledit marchié. Et à ceste
cause y a plusieurs fiens et emondices, pour ce pourvoir et remédier, MM^{rs} ordonnent que lesd. feurres, foings, herbes et fourraiges seront désormais vendus
derrière le beffroy oultre le puich en allant devers les halles en faisait deffence
à tous hommes et à toutes femmes quilz voisent vendre iceulx feurres, foings,
herbes et fourraiges aud. lieu à eulz ordonné derrière ledit beffroy tant et jusques à ce qui autrement y auront pourveu, à peine de xx sols d'amende à appliquer à lad. ville.

Item pour ce que le roy notre sire a ordonné à mesd. s^{rs} maïeur et eschevins
que à toute dilligence ils facent ouvrer aux fossez des portes de Saint-Pierre,
Montrescu et Gayant pour le bien, sécurité, tuycion et deffence de lad. ville,
mesd. s^{rs} ordonnent aux connestables et dizainiers d'icelle ville que lundy prochain venant ilz ayent leurs gens pretz pour les ordonner et régler chacun à son
tour pour aller ès lieux et places qui leurs seront ordonnés par ceulx qui à ce
seront commis et que en ce n'ayt faulte pour eschiver aux grans maulx et inconvéniens qui en porroient advenir, que Dieu ne veulle si à ce n'estoit pourveu et
remédié.

6 Mai 1471.

Aujourd'huy vi⁰ jour de may l'an mil iiii⁰ lxxi a esté publié de par le roy
nostredit seigneur et de par Mons' le grant maistre d'ostel de France lieutenant
du roy nostredit seigneur, à tous ceulz qui ont maisons et édeffices en la rue de
la Haultoye au dehors de la porte, et aussy à ceulx qui ont maisons et édiffices
au dehors des portes de Saint-Pierre et de Montrescu mesment à tous les habittans de Saint-Meurisse que incontinent et sans délay, ils abbattent et démolissent
ou facent abattre et démolir du tout lesd. maisons et édiffices et voisent eulx
amaser et demourer et demourent ès forbourgs de lad. ville et on leur trouvera
lieu et place à pris raisonnable pour y habitter et demourer et sy joyront des
previllièges que le roy nostre sire a donné aux habitans desdis fourbours. C'est
assavoir qui seront francs, quittes et exemps de toutes tailles, aydes et imposi-
cions quelconques et sy joyront d'autres privillèges contenus ès chartres et
lettres du roy nostredit sire, et se lesd. habitans des lieux dessus dits sont reffussans et en demeure de démolir ou faire démolir et abattre lesd. maisons et
édiffices, icelles maisons et édeffices seront abatuz de par le roy, à leurs despens
ou autrement y sera pourveu come il appartiendra, meismement aussy que tous
les murs estans au dehors desd. portes qui ferment et closent les vignes et
jardins soient incontinent abattuz et démolis. Et est que lad. ordonnance fète par
le plaisir du roy a grant et meure délibéracion pour le bien, sceuretté, tuycion
et deffence de lad. ville d'Amiens et des habitans d'icelle.

21 Mai 1471.

Aujourd'huy xxi⁰ jour de may l'an mil iiii⁰lxxi a esté publié de par le roy notre
sire et Mons' le grant maistre d'ostel de France lieutenant du roy notre dit seig'
que tous chiefs d'ostel de lad. ville d'Amiens, en quel juridicion qu'ilz soyent
demourans, envoyent demain au matin au parc où estoient logiez les Bourguignons devant lad. ville d'Amiens pour remettre ledit parc à l'onny et les fossez
quy y sont et que en ce n'ayt faulte car le roy a commandé que ainsy soit fait et
ceulx qui de ce faire seront reffussans ou delayans, ils seront à lx sols d'amende
et pugnis de prison tellement que ce sera exemple à tous autres.

21 Mai 1471.

Pareillement ledit jour a esté publié de par Messrs maycur et eschevins d'Amiens que tous pyonniers, manouvriers et labouriers qui veullent gaignier argent viengnent lundy prochain venans ouvrer aux fossez des portes de Saint-Pierre, Montrescu et de Gayant et ilz gaigneront chacun ii^s le jour et seront payez comptant, soit une fois ou deux fois la sepmaine ainsy qu'ilz volront car l'argent est tout prest pour les payer.

28 Mai 1471.

Aujourd'huy xxviiie jour de may l'an mil iiii^c lxxi a esté publié de par le roy notre sg^r et Monsg^r le grant maistre d'ostel de France que nul quel qu'il soit, homme de guerre ou autres ne soient si hardis d'aller sur les murailles de ceste ville d'Amiens ne des fourbourgs aprez que le guet sera mis sus ou assis, s'il n'est ordonné estre dudit guet ou s'il ne scet le cry baillié pour la nuyt et ce sur paine d'estre pugnis de corps rigoureusement par justice.

5 Juin 1471.

Item pareillement a esté publié ce dit jour (5 juin 1471) de par Monsr le grant maistre d'ostel de France et de par Messrs maïeur et eschevins d'Amiens que tous les ouvriers, manouvriers, beleniers et pyonniers qui vont ouvrer aux fossés des portes Saint-Pierre et de Gayant soyent à journée ou à corvée voisent à l'ouvraige chacun jour à l'eure de la cloche aux ouvriers sonnée au matin et œuvrent et besoingnent jusques à la cloche sonnée à xii heures pour laisser œuvre et puis aprez-dîner retournent à leur ouvraige à une heure que la cloche aux ouvriers sonne en prenant leurs repas en la manière accoustumée, et apres œuvrent jusques à la cloche du vespre que ils retourneront en leurs maisons et ainsy continuant chacun jour en leurs ouvraiges sur paine de pugnicion de prison ou autre tèle qu'il appartiendra à la volonté de mesd. s^{rs}.

26 Juin 1471.

Aujourd'huy xxvi° jour de juing l'an mil iiii° lxxi a esté publié de par le roy notre sg^r, de par Monsr de Caucourt (1) son lieutenant et de par mesd. s^r maïeur et eschevins d'Amiens que nul ne soit sy hardy s'il n'est officier de la ville de aller parmy lad. ville depuis la dernière clocque sonnée au Beffroy s'il n'a tosse ardant ou aultre lumière. Et aussy que nul ne soit sy hardy de aler sur la forteresse de lad. ville depuis que le guet sera assis s'il n'est du get et de la garde de la ville et sace le cry de la nuyt. Pareillement aussy que nul ne soit sy hardy soient hommes, jônes compaignons ou enffans d'eulx aller baignier au soir de nuyt ès rivières estant et faisans fermeture ès fourbourgs de lad. ville comme à l'endroit de la Haye et environ tout du long et emies les fossés à l'endroit de l'ostel du Vidame et environ tout au long. Et ce sur paine de lx sols d'amende et pugnicion de prison à la volonté de mesd. seigneurs.

H

Lettre de Louis XI au Maréchal de Lohéac.

De par le roy,

Cher et féal cousin, les manans et habitans de nostre bonne ville d'Amiens nous ont fait remonstrer que, combien que libéralement et au mieulx de leur pouvoir, ilz avoient recueilly et traitié en notre dite ville nos genz de guerre qui par cy-devant y ont esté et que à présent y sont, et ancores ont désir de faire en toute douceur et amistié et néantmoins aucuns desdis gens de guerre leur ont

(1) Charles de Gaucourt, conseiller et chambellan de Charles VII et de Louis XI, Maréchal de France. En 1472 il fut nommé bailli d'Amiens qu'il avoit sur les ordres du roi ravitaillé l'année précédente, mort en 1482. Il ne figure pas dans la liste des baillis donnée par le Père Daire.

fait et font des ruydesses et meismement ne veulent paier les ustencilles selon
nos ordonnances sur ce faites, aussy vont qomme continuellement prendre les
pouvres laboureurs des champs qui sont de notre obéissance et de la banlieue
avecques leur bestail et autres biens et les amainent en icelle ville vendre et
apposer au butin, non pas seulement leurs bestes, mais les personnes desd.
laboureurs qui sont nos subgetz et ne tenant point du party à nous contraire,
parquoy les habitans d'icelle notre ville ont de grans dommages et que lesdis
laboureurs des champs ny porront ne oseront plus labourer, porront estre cause
de leur faire avoir meffiance de venir, nous ont ce fait remoustrer que en nostre
dite ville a deux lieutenans du prévôt des maressaux qui prendent sur chacune
pippe de vin mennée de l'estaple d'icelle ville ii^s, sur chacun ponchon de vin
xviii deniers, sur chacun bœuf xii^d, sur chacun mouton ou beste à laine iiii^d, sur
chacun pourceau iiii^d et autres treux (1) et exactions sur les autres marchandises
qui y viennent, au grand domaige et charge de notre dite ville, des marchans qui
y affluent et meismes de nosdis gens de guerre ausquelz par ce moyen les vivres
en sont plus chières, et délaissent plusieurs marchands de y venir et fréquenter.
Pour ceste cause, et pour ce que qomme sans ceulz de nostre bonne ville
d'Amiens se sont si entièrement démonstrés nos bons vrais et loyaux subgetz
que raisonnablement sommes tenus de leur avoir entre toutes autres villes de
notre royaulme en très cspéciale amour et qonsidéracion, et jamais ne doit et ne
porroit partir de notre courage, aussi ne vouldrions mettre en oubliance les
grans, bons et loyaux services qu'ils nous ont faits, pourquoy leur voulons et
désirons de tout notre cuer en toutes choses favourablement traitier, nous vous
prions et même commandons, sur tout que désirez nous complaire, que les gens
de guerre estans et qui seront en notre dite ville vous faites vivre avec les habitans d'icelle doucement et amiablement et pour ce, que raisonnablement ils
donneront tant d'ustencilles qomme autrement qu'ils n'aient cause d'eulx
douloir, ne plus en recommencer plaintes par devers nous, et au regard desdis
lieutenans du prévost des maressaux, nous ne voulons point que vous souffriez
de plus exiger les choses dessus dites, ne prétendre treux ne exactions quelconques sur les vivres denrées et marchandises que y viennent mais que le
défendiez expressément en leur signifiant que dès maintenant le leur défendons
sur paine de estre pugnis comme transgresseurs de nos volontés et ordonnances
et quant ilz feront le contraire voulons que les en pugnissiez tellement que tous

(1) Truagium. Voir Du Cange.

autres y prendent exemple. Et au sourplus pour la garde et seureté de notre dite ville vous rappelerons que nous y avons notre parfaite et générale confiance.

Donné à Amboise le ɪɪɪɪᵉ jour de novembre.

Ainsi signé : Loys.   Thɪʟart.

I

Biens et Maisons des Clabault.

Les diverses branches de la famille Clabault possédèrent ou habitèrent à Amiens, un certain nombre de maisons, dont nous donnons ici la liste la plus complète qu'il nous est possible, d'après les nombreux registres municipaux.

1° Rue de la Draperie (rue Saint-Martin), maison habitée par la veuve de Simon Clabault et ses enfants. (Rôle de l'Aide de 1386 pour le passage de la Mer, voir page 3). Elle appartenait en 1426, à Jehan Clabault de Roye.

2° Place du Pont Heugier. Le Pont Heugier ou Euger sans doute d'un nom de famille, appelé ensuite Pont as Glaines (poules, volailles) était situé sur le fossé converti en une sorte de vivier par de nombreuses sources, devant la porte de Saint-Firmin-au-Val avant sa démolition à la fin du xvᵉ siècle. Clabault le pipeur y avait une maison en 1386. (Regist. aux comptes Y 3, 1398-1399).

3° Au Don. Maisons aux hoirs de Simon Clabault 1391, 1432, elles sont au nombre de six. En 1440 elles appartiennent à Jehan Clabault de Roye. (Regist. aux comptes).

4° Place du Moulin du Roi, au bas du Marché-aux-Herbes, paroisse Saint-Germain. Maison dite du Four tenant d'un côté au moulin du Pont Baudry ou Moulin du roi. En 1440 sire Pierre Clabault paie les droits du froc du roi, au lieu de Jacques Hainselin boulanger et de feu Gille Catine. Il la laisse par son testament à sa fille Isabelle épouse de Jehan de Bournonville.

5° Marché au Charbon. Le Marché au charbon se tenait au xvᵉ siècle dans la rue de ce nom aboutissant à la porte Longuemaisière. Antoine Clabault y possé-

39

dait une maison en 1474. Il la vendit en 1478, pour le prix de 400 livres à Pierre Tarisel maçon de la ville. (Regist. aux comptes Y 3, 56). « Une maison jardin « lieu pourprins et ténement assis et séant dans la rue au Charbon avec une allée « par laquelle on va de lad. rue en la rue des Vergeaux, à la charge d'une maille « d'escu au franc du roy tant seulement, et moiennant 400 livres. Contrat du « 12 mars 1470. (Archives municipales, registres aux contrats). »

6° Marché aux Herbes ou place du Grand Marché. « Maison du Blanc Bœuf « au Grand Marquié pour laquelle il doit à ladite ville chacun an une canne de « claret et deux sols pour le mestier. » En 1409 à Jacques Clabault, en 1418 à Pierre Clabault, qui la lègue à son fils Antoine. Par bail du 25 février 1474, celui-ci la loue à Jehan le Queux pastichier moyennant 26 livres et 4 deniers au franc du roi, pour une durée de six ans. Elle est ainsi désignée dans cet acte : « Maison chellier et ténement sur le Marchié nommée le Blanc Bœuf, tenant « d'un côté à la rue qui fait le coin du Marché et mène au Beffroi, d'autre côté « audit bailleur, par derrière au Doffin et par devant sur ledit Marché. » (Ibid.) Elle est occupée plus tard par Guérard de Saint-Pierre aussi pâtissier.

7° Grand Marché. Le petit Blanc Bœuf séans où jadis furent les Grands Maiseaux appartient aussi à Pierre Clabault. (Regist. aux comptes Y 3, 17, 1418-1419).

8° Grand Marché. Maison de la Seraine dont la maison n° 6 occupe actuellement l'emplacement, appartenait à Pierre Clabault qui la lègue à Isabelle sa fille femme de Jehan de Bournonville, est en 1514 la propriété de Pierre Judas, sans doute comme héritier de Jehenne Clabault sa mère veuve de Laurent Judas.

Rue des Vergeaux. Maison du Coin du Bar (n° 74). Pierre Clabault lègue à sa fille Isabelle douze livres parisis de rente héritable qu'il avait achetés sur cette maison.

9° Rue Henri IV. Maison des Escureux léguée par Pierre Clabault à son fils Jacques. C'est dans cette maison suivant M. A. Dubois que mourut le 2 mai 1659 le sculpteur amiénois Nicolas Blasset.

Maison rue des Tanneurs devant l'eau de Merderon baillée à cens par Antoine Clabault et Pierre Pèredieu à Jehan Wiart tanneur. (Regist. aux contrats, 4 mai 1463).

10° Rue au Lin. La grande maison, l'habitation domaniale de la famille était située dans la rue au Lin. Son emplacement est aujourd'hui occupé par les maisons portant les numéros 19 et 21. En 1414 cette maison dépendait de la succession de Jacques Clabault le jeune comme le prouve le registre aux comptes

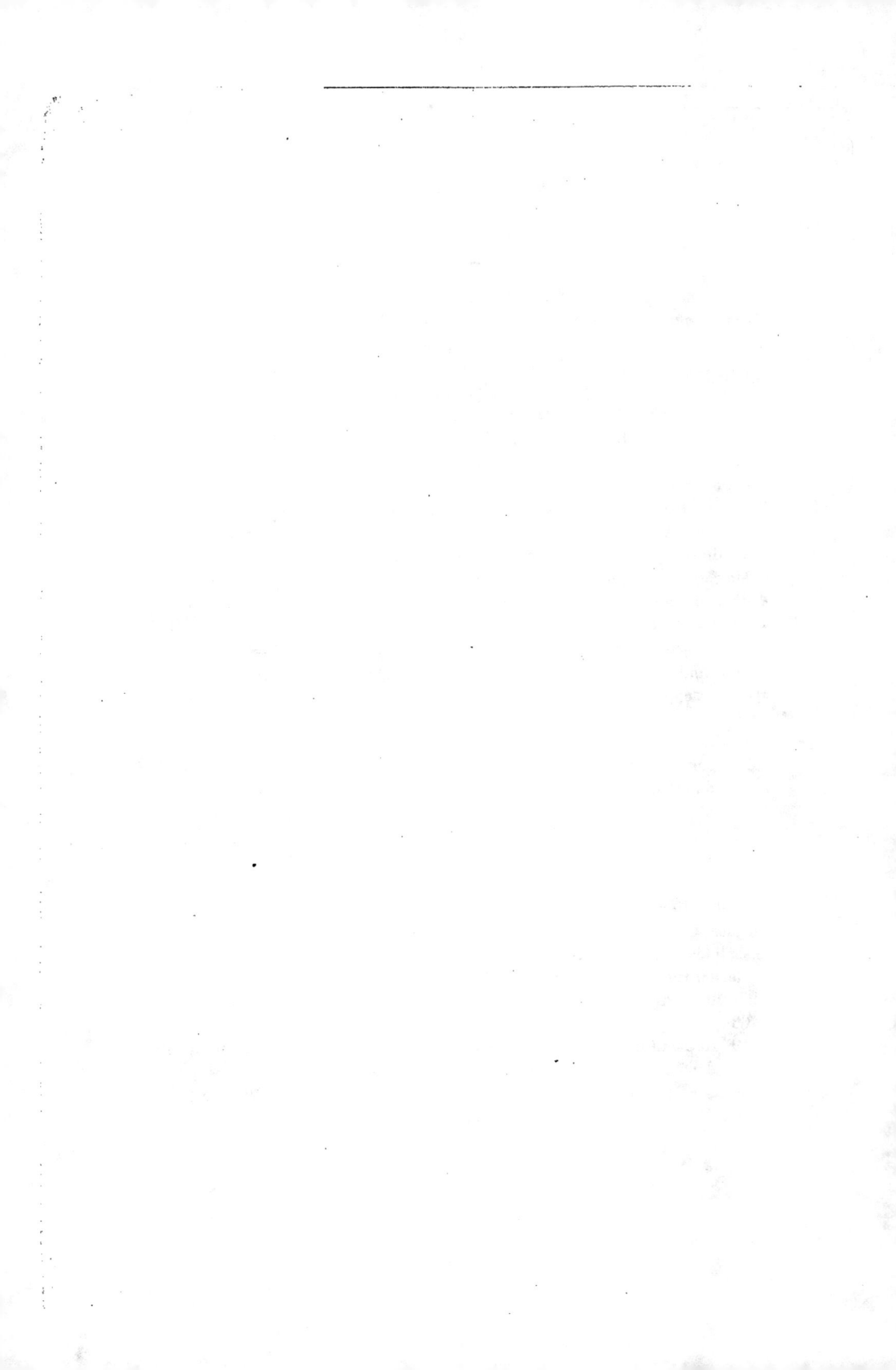

Ch. Pinsard

Plan de la rue au Lin et de ses abords indiquant l'emplacement des fortifications détruites au 15ᵉᵐᵉ Siècle et, par la lettre **A**, la maison de Antoine Clabault.

de cette année : « Des tutteurs et cureurs des enffans mensredans de feu Jaque
« Clabaut le jône pour le droit et issye de ville, de la vente faite par décret de
« par le roy nostre sire de la maison qui fut ledit feu, séans en la rue au Lin et de
« son gardin séans au dehors de la porte Saint-Fremin lesquels héritages sont
« demourés à Hue du Puys procureur du roy nostre sire moiennant la somme de
« xii˟˟ livres parisis comme au plus offrant et dernier enchérisseur, pour ce receu
« le xxiie jour de juing l'an mil iiiie et xiiii. »

La maison de la rue au Lin était sans doute restée indivise entre les deux
frères Jacques Clabault et les héritiers de leurs deux autres frères, Simon et
Pierre chanoine de Longpré car Jehan de Cailleu et sa femme (une Jehanne
Clabault) demourans à Montdidier paient le droit et yssue de ville de la vente
« par eulz faite au profit de Pierre Clabault, de la moitié d'une grande maison
« de pierre, en laquelle demourait sire Jacque Clabaut père dudit Pierre, assise en
« la rue au Lin, laquelle vente a esté faite moyennant la somme de 210 escus
« d'or » (Regist. aux comptes Y 3, 19).

Pierre Clabault avait à cœur de réunir dans sa main, tous les héritages de la
famille. A la même époque il rachète à Jehan Clabault de Roye, les deux sols six
deniers et deux chapons de cens assis sur la maison de Hue Poulette maçon
de la ville moyennant 107ˢ parisis (Ibid.). Aussi quand par son testament du
16 mars 1442, il laisse à son fils aîné la maison de la rue au Lin tenant d'un
côté à celle d'Alphonse Le Mire et la maison voisine occupée par Nicaise Martin,
c'est on l'a vu à la condition expresse, que ces propriétés soient toujours trans-
mises au plus proche héritier mâle de la branche des Clabault.

Obéissant aux désirs paternels, Antoine Clabault arrondit l'héritage.

En 1475 l'on rencontre un accord passé par lui avec demoiselle Jehanne de
Glisy veuve de deffunt, et Geoffroy le Vaasseur tuteur et curateur de Mariane de
Lignières fille menredans de défunt Jehan de Lignières au sujet de la [ruelle]
par laquelle on va de sa maison où il demeure en la rue au Lin, tenant d'un costé
à la maison des Bideaulx (celle d'Alphonse Lemire) et d'autre costé à la veuve
Hue de Sesseval en la rue de Mes, à l'encontre des cour gardin de la maison qui
fut et appartient audit deffunt Jehan de Lignières, et de présent appartient à lad.
veuve et fille, que l'on soloit nommer la maison du Paon, ayant son entrée en
lad. rue de Mes. (Octobre 1475. Regist. aux contrats).

Voici cet accord :

Comparurent en leurs personnes sire Anthoine Clabault à présent mayeur de
lad. ville d'une part, et demoiselle Jehenne de Glisy, vesve, et Geffroy le Vaas-

seur, tuteur et curateur de Mariane de Lignières fille menredans de feu Jehan de Lignières, en son vivant escuyer, et recongnurent, et chacun d'eulx, meismement led. Geffroy oudit nom, et pour le prouffit de lad. menredans, come lesd. parties fussent en voye d'avoir question l'une contre l'autre pour raison de la séparacion et entre deux, que icelluy sire Anthoine avoit intencion de faire ouvrir une autre alée à la (illisible) par laquelle on va de sa maison où il demeure adprésent, séant en la rue au Lin, tenant d'un costé à la maison des Bidaulx, et d'autre costé à la veuve Hue de Saisseval en la rue de Mez, à l'encontre des courts, gardin de la maison qui fut et appartenait aud. deffunt Jehan de Lignières, et de présent appartenant à lesd. vesve et fille, que l'on soloit nomer la maison du Paon, ayant son entrée en lad. rue de Mez, auquel entre deux a eu précédemment une haye où avoit plusieurs esboutures, sans autres limitacions certaines, finablement pour eschiver à tous frais que lesd. recongnoissans eussent peu à ceste cause encourir l'une contre l'autre, pour paix et amitié entretenir entr'eux, et adfin que chascun d'eulx puisse estre doresnavant certains de leur droit, ont sur ce fait traittié et accord ensemble ainsi qu'il s'ensuit : c'est assavoir que led. sr Anthoine ou lieu de lad. haye qui sera esrachié et ostée, fera faire et sera tenu de entretenir perpétuellement à ses despens ung palis de bois à hourdeys, telle qu'il appartiendra pour closturer entre deux voisins entre sondit alée et lesd. gardin et cours d'iceulx voisins et tuteurs, à commencer ung piet au bas l'arrête de luys par lequel on va de lad. maison dud. sieur Anthoine, en qontinuant jusques un piet entre l'arrête et coing de la chambre ou saloire d'icelle vesve et menredans, en tirant sur lesd. cour et gardin, sans que led. palis entrepraigne en riens sur led. piet de terre et alée dud. sr Anthoine, sur lequel palis icelle veuve et menredans porront édiffier ainsi et comme bon leur semblera faire, sans que led. sire Anthoine y peuct (produire protestacion), toutesvoies icelles seront tenues de recevoir toutes les yeaues procédans et fluans, desd. édiffices sans quelles chéent et ne dégoutent en lad. alée d'icellui sire Anthoine, promettans iceulx et a ce tenir, entretenir, faire souffrir, et laisser joyr, entretenir et acomplir iceux pour..... obligent lesd. parties, l'une envers l'autre, chacune pour tant qu'il leur touche c'est assavoir lesd. sr Anthoine et vesve tous biens et héritaiges et led. Geffroy oudit nom tous les biens et héritaiges appartenant à lad. menredans (illisible) et de leurs hoirs et héritiers. Passé le pénultième jour d'octobre l'an mil iiiie lxxv devant Jaque Groul (illisible) Aubert Fauvel et autres.

En 1478 Antoine Clabault achète encore la maison contiguë. Voici l'acte de vente :

Comparut en sa personne demoiselle Marie Le Prevost, vesve de feu Hue de
Saisse(val), en son vivant merchant demourant à Amiens, et a recongneue que
pour son prouffit *(lacune)* mieulx faire que laisser.....etc. (1) et a quoy elle ne peut
etc., ne mieulx pourvoir *(lacune)* synon en faisant ceste présente vendicion,
meismes pour soy acquistier, délivrer et despécher, plusieurs debtes et sommes
de deniers en quoy elle est tenue envers aucuns ses créanchiers, tant d'arrérages
de cens deubz à cause de la vendicion de la maison dont cy après sera touché,
comme autrement en plusieurs et diverses manières...... elle a affermé par serment sur *(lacune)* solempnellement fait (2), elle avoit et a vendu bien justement
etc., à sire Anthoine Clabault citoien de ladite ville d'Amiens, à son tour maïeur
d'icelle ville, une maison, chelier, court, lieu et ténement ainsy etc. séant en lad.
ville d'Amiens en la rue au Lin, tenant d'un costé et par derrière aud.si re Anthoine achetour, d'autre costé à Mahieu Monin sergent à mache de lad. ville, et
par devant etc., pour de lad. maison, court, chelier et ténement ainsy que dessus
est désiné, qui auparavant ceste présente vendicion appartenoit à lad. venderesse,
c'est assavoir : moictié à cause de l'acqueste faite par son dit feu mary, et elle
durant leur.........., et l'autre moitié par don et légat à elle en fait par sondit
feu mary, par son testament fait en deraine volonté, joyr, user et possesser par
led. sire Anthoine Clabault, ses hoirs etc., héritablement etc., à la charge et par
paiant chacun an, aux termes de lad. ville d'Amiens, somme de cent sols,
monnoie à présent courant, c'est assavoir chinquante sols envers ledit sire
Anthoine Clabault, envers sire Jehan Loys chappellain de la chappelle Nostre-
Dame du rouge pillier fondée *(lacune)* l'église Notre-Dame d'Amiens (3) à cause

(1) Nous devons faire observer que le scribe par ces etc. supprime la formule habituelle et de style
des contrats, toujours identique.

(2) Ce serment est la preuve de la nécessité jurée Plusieurs coutumes voulaient que les biens propres
passassent d'héritier en héritier, par une sorte de substitution légale et perpétuelle. A cet effet elles
défendaient à ceux qui possédaient d'en donner, plus que la portion qu'elles fixaient, soit par testament
ou donation, et défendaient même de les vendre sans le consentement de l'héritier apparent, ou dans le
cas d'une nécessité jurée par le vendeur et suffisamment prouvée par deux témoins dignes de crédance.
(Denisart. Collection de décisions nouvelles et de notions relatives à la jurisprudence actuelle, 9e édition.
Paris, 1777, in-4°. Coutumes d'Amiens. A. Thierry, I, p. 130 § 17, p. 165 § 40).

(3) La chapelle du Rouge pilier ainsi dénommée de la couleur du pilier contre lequel elle était adossée
fut fondée en 1348 par Firmin de Cocquerel chanoine d'Amiens puis doyen de N.-D. de Paris, évêque
de Noyon et chancelier de France. En 1500 l'autel du rouge pilier fut attribué à la confrérie de Notre-
Dame du Puy pour la célébration de ses messes ordinaires. La chapelle de Notre-Dame du Puy fut
réédifiée en 1627 par le célèbre sculpteur et architecte amiénois Blasset, sous la maîtrise d'Antoine
Pingré seigneur de Genonville (Breuil : Les Œuvres d'art de la Confrérie de N.-D. du Puy. Ed. Soyer.
Deux chapelles de la Cathédrale d'Amiens. Revue de l'Art chrétien, IIe série. Tome VI.

de lad. chappelle, quarante sols cõme on dist, et *(lacune)*, dix sols envers les religieux de l'église Saint-Jehan-lez-Amiens. Ceste vendicion faite moiennant la sõme et pris de six vingtz livres francs deniers, monnaie à présent courant en ceste ville d'Amiens, que ladite demoiselle Marie en a confessé avoir eu et receu dudit Anthoine dont etc., et len a quitté etc., à laquelle vendicion passée, etc., recongnoissent frère Baudin de Bourzin, maistre, gouverneur et administrateur des frères et sereurs de l'Ostel-Dieu d'Amiens, Jehan Murgale l'aisné, et Mahieu Monin manengliers de l'église Saint-Fremin-à-la-Porte audit Amiens, après ce qu'il leur est apparu de ladite nécessité jurée, ont mis et mettent leur acourd en consentement etc., en tant que touche leur pooir....... en ceste partie, promettans etc., et à ce tenir garandir, faire souffrir, entretenir, furnir et acomplir avec (pouvoir) rendre despens etc., oblige lad. demoiselle Marie le Prevost, biens et héritages etc., renonchans etc...... passé devant Henry le Chirier, présents Jehan Bertin et *(lacune)* eschevins le xxiiie jour l'an mil cccc soixante-dix-huit. (Regist. aux contrats, T. XI).

Au décès d'Antoine, la maison de la rue au Lin passa à Jehan puis à Simon Clabault comme les plus proches hoirs mâles, en vertu des conditions du testament de Pierre Clabault (Voir p. 278) et des règles du droit coutumier sur les biens propres.

La rue au Lin était au xve et xvie siècle la rue aristocratique d'Amiens ; on y comptait les demeures des Du Gard, des Saisseval, des d'Aut, des Dainval, des Saint-Fuscien. « Au numéro 17, dit le docteur Goze dans son histoire des rues « d'Amiens était la façade de la maison des Clabault dont il existe encore « quelques parties et que nous avons vues presque entières il y a peu d'années. « La cour était en totalité circonscrite par des bâtiments en magnifique char- « pente fortement en saillie et soutenus par des consoles portant les écussons « des vieux mayeurs tels que les Clabault et les Fauvel ; toutes les fenêtres « étaient garnies de traverses en forme de croix décorées de belles moulures.

« En parcourant cette antique demeure qui avait un aspect grave et claustral, « il est des archéologues qui auraient cru être transportés en plein xve siècle ; « leur imagination leur aurait fait apparaître tour à tour les Clabault s'occupant « avec ardeur des intérêts de la ville confiée à leurs soins. » (Hist. des rues d'Amiens. T. III, p. 182).

Nous extrayons encore des manuscrits du docteur, conservés à la bibliothèque communale, la note suivante sur le même sujet : « Maison de la rue de Metz occupée naguères par M. Lenglier receveur de l'enregistrement et appartenant

par succession à M. Ducastel avocat. Elle avait été possédée au xviie siècle par
Mr Lecouvreur seigneur de Vraignes, châtellenie d'Hornoy, et de Renancourt et
lui était échue par son mariage avec une demoiselle de Mons dont la famille avait
hérité des Clabault. L'entrée était autrefois par la rue au Lin numéro.... [1]. La
partie qui donne sur la rue de Metz peut dater de 1664 date marquée par les
ancres en fer. Les bâtiments sont en briques et pierres, la corniche dans la cour
est soutenue par des modillons en talon qui occupent la frise. La lucarne en
pierre d'un pavillon au fond est couronnée d'un fronton circulaire avec une clef
qui broche sur l'entablement, le tout très élevé en cône est couronné d'épis en
plomb. A gauche de la porte est un écusson en accolade sommé d'un heaume de
chevalier avec ses lambrequins. C'est le blason des Lecouvreur : d'or au sanglier
de sable entrant dans un bosquet de sinople. C'est ainsi que le définit le nobi-
liaire de Picardie qui lui donne des licornes pour supports. Le puits carré couvert
d'ardoises en plomb soutenu par deux consoles en bois est très curieux. Au bout
de la cour de la même maison est une antique maison en bois avec premier étage
en saillie soutenu par des consoles élégantes, les fenêtres sont en croix et
bordées de belles moulures. Les écussons au rez-de-chaussée portent les armes
des Clabault seules ou partie de celles d'Aubert Fauvel ancien maïeur d'Amiens
(d'azur à la croix d'argent cantonné de quatre étoiles d'or), armes que l'on
retrouve sur la maison du Grand-Marché n° 13 au fond de la cour. Cette dernière
maison est désignée dans le livre Noir contenant les ordonnances de l'échevinage
d'Amiens en 1586; on y appelle la Maison du Blanc Pignon où pend l'enseigne
de l'Austruche. » (A. Goze. Notices généalogiques, H V 2).

En 1859, l'on démolit la maison de la rue au Lin. Il y existait encore une
cheminée en pierre, ornée de cariatides, surmontée d'une frise courante et de
colonnes cannelées, et des poutres, des solives et des pendentifs décorés
d'armoiries. La Société des Antiquaires de Picardie, se retranchant derrière
des difficultés matérielles, eut le tort, à notre avis, de laisser disparaître ces
restes (2) sans en faire l'acquisition. L'inventaire fait après le décès de Simon
Clabault fera connaître la disposition intérieure de cet immeuble.

Outre sa seigneurie d'Hédicourt, ses terres de Fluy et de Daours, Antoine
Clabault possédait aussi des cens à Raincville.

« Jehan de Saint-Fuscien citoien d'Amiens fils de deffunct Jehan de Saint-
« Fuscien en son vivant citoien d'Amiens et de demoiselle Jehenne Dippre qui fut

(1) Le numéro est resté en blanc. C'est aujourd'hui la maison de la rue de Metz n° 34.
(2) Bulletin de la Société des Antiquaires de Picardie. T. VII, 1859-61, p. 42.

« sa femme ad présent sa veuve et D^{lle} Sebille Lecarpentière femme dudit Jehan
« de Saint-Fuscien vendent à honnourable home sire Anthoine Clabaut citoyen
« d'Amiens et noble ténement qui se comprint en la somme de 20 livres
« monnaie courant à Amiens de rente adnuelle et héritable à prendre et avoir
« chacun an héritablement aux termes de Pasques qraulx, saint Pierre entrant
« en aoust et Noël, à chacun terme un tiers sur toutes les terres, censives,
« maisons, jardins, revenus et appartenances qui furent audit feu sire Jehan de
« Saint-Fuscien de présent appartenant à Guillemot de Saint-Fuscien son fils et
« frère dud. recongnoissant, séant en la ville et terroir de Raineville, tenue de
« noble D^{lle} Mlle Jehenne de Poix fille meured. de deffunt Anthoine de Poix à
« cause de sa seigneurie desd. Raynneville, moiennant la some de 460 francs
« 16° monnaie dicte pour chacun franc.
« Pénultième jour décembre 1475. » (Voir Registre aux contrats 9).

J .

S'ensievent les choses nécessaires d'avoir en une bonne ville quant elle est assiégé.
Primes, du bois pour taudis et pour l'artillerie en ce qui sera nécessaire.
Item du charbon pour forgier.
Item du bois de sausaige (chauffage) et pour fours.
Id. de chars salées, tant lars que bœufs.
    du vin.
    du poisson salé.
Item d'aviser comment l'on porra avoir des chars fresches et là on tenra le bestail pour de fois à autres en avoir quand faire se pourra.
Item du sel.
    du bois à faire traict.
    du bois pour brûler.
    des farynes.
    du mil.
    des fèves.
    des pois.

Du miel, du burre, des willes, du vin aigre, œufs ou poulles pour les malades, fromaiges, oignons, aux, orges, avaynes, foins, pailles, souliers, chauces, chemises ou toilles pour les faire, fil pour poulies, fil pour cordes d'arbalestres, chanvre pour cordes d'arch, artilleurs ouvriers d'arbalestrier d'achier, fer, achier, lanternes, suif, cire, falos, chaufvisve, pos de terre, chercles. (Regist. aux chartes M, f° 87, v°.

K

Lettres de Charles VIII aux habitants d'Amiens.

A nos chers et bien amez les gens d'église, nobles, bourgeois, manans et habitans de notre bonne ville d'Amiens. De par le roy : Très chers et bien amez, nous avons ordonné mener et conduire notre très chière et très aimée cousine Marguerite d'Autriche jusques en notre ville de Hesdin et là entour. Et pour ce que son droit chemin est à passer par notre ville d'Amiens, nous vous prions que si elle y passe, que la vœuillez bien et honnourablement recevoir et recueillir et la traitiez pendant qu'elle sera en notre dite ville, ainsy qu'il appartient, et la logiez au plus beau lieu que adviserez estre plus propice pour elle. Sy ne y ferez faulte.

Donné à la Ferté-Alex le iiii° jour d'aoust.

Ainsy signé : Charles,   Et par en bas : d'Aumont.

L

Entrée de Charles VIII à Amiens. (1)

Nos historiens ont fixé la date de l'entrée de Charles VIII à Amiens au 11 juin

(1) Voir ci-dessus page 197.

40

1493. Cette date m'étonnait. Le roi vient de Boulogne ; il a passé, comme on l'a pu voir par les lignes qui précèdent le 7 à Noyon, puis à Ham, à Hesdin, à Montreuil, il a le samedi 15 juin à Boulogne, offert à la Vierge le cœur d'or dont il lui doit hommage. Il était accompagné de plusieurs grands seigneurs entre autres du Maréchal d'Esquerdes (Haigneré. Histoire de Notre-Dame de Boulogne 1864, p. 116. — Journal de Dom Gérard Robert, religieux de l'abbaye de Saint-Vaast d'Arras publié par M. Godin archiviste du Pas-de-Calais; 1852. p. 122-123). Il est le 17 à Abbeville, en part à trois heures d'après-dîner. suivant Louandre, et va coucher à Picquigny. Le 16 juin l'échevinage d'Amiens prenait encore une délibération sur sa réception et députait vers le Maréchal d'Esquerdes pour faire entrer le roi par la porte Montrescu, et aussi pour voir les entrées de Hesdin. Monstrœul et autres villes de par de là, c'est-à-dire savoir comment avaient eu lieu ces entrées. Le lendemain de son départ d'Amiens, Jacques Groul lui est adressé à Folleville et à Saint-Just. Il ressort donc évidemment de ce qui précède que l'entrée à Amiens dut avoir lieu le 18 juin 1493, et non le 11. C'est la conséquence forcée de l'itinéraire que nous venons de reconstituer.

M

Un mot sur la Bibliothèque de l'Echevinage Amiénois.

L'inventaire des archives municipales de 1551 (Regist. côté S. 3., nous donne la liste des manuscrits et des imprimés qui à cette époque existaient dans le trésor de l'Hôtel-de-Ville. Nous ne croyons pas indifférent de la reproduire ici.

« Item ung livre de pappier couvert de cuyr thanné contenant les ordonnances des marchands et eschevinaige de Paris, imprimé au mois janvier mil cinq cens.
Item les commentaires de Julles César estans en petit volume couvert de cuyr noir.

Item ung livre couvert de vert intitulé livre des prouffictz champestres et ruraulx touchant le labeur des champs.

Item le livre de Flave Vegèce René (1) homme noble et illustre du faict de guerre, couvert de cuir thanné.

Item ung livre en pappier couvert de noir contenans les ordonnances royaulx de la jurisdition de la prevosté des marchands et eschevinaige de la ville de Paris.

. . . .

Item ung petit livre en parchemin contenant le calendrier des mois et aulcunes évangilles.

Item ung livre de médecinne couvert de cuyr thanné commenchant par : Tabula ; liber creaturae sive de homine compositura.

Item le décret, les décretalles et la sixiesme (2) de droit canon estans en petit volume couvertz de cuyr noir.

Item les Institudes, le Code, la Digeste vielle et le Inforciat en petit volume et la digeste nove.

Item la digeste vielle en grand volume, la digeste nove, le code aussy en grand volume, et le petit volume du cours mis en grand volume.

Item Sopholigyum Jacobe magni Augustini, en petit volume (3).

Item Textus biblii en grand volume.

Item Buernus sur les coustumes de Bourges.

Item Virus sur les coustumes d'Orléans et Saxon sur les coustumes de Tours en petit volume (4).

Item Rationale divinorum officiorum en petit volume (5).

. . . .

Primes le second volume de la mère des histoires estans en pappier couvert sur bois de cuyr thanné.

(1) Vegetius Flavus Renatus. L'inventaire le nomme homme noble et illustre, les manuscrits lui donnent en effet l'épithète de *Vir illustris*.

(2) Les décretales du pape Benoit VIII sont connues sous le nom de Sexte.

(3) Sophologium ex antiquorum poetarum oratorum atque philosophorum gravibus sententiis collectum de Jacques Legrand prédicateur français religieux Augustin qui en 1405 osa reprocher en chaire leurs désordres à la reine Isabeau de Bavière et au duc d'Orléans.

(4) Il faut interpréter ces noms par ceux de Nicolas Bohier, de Pyrrhus Engleberme et Sainson qui ont effectivement commenté ces coutumes.

(5) Il y a deux traités sous ce nom. Celui de Jehan Beleth chanoine d'Amiens au XIIᵉ siècle, celui de Guillaume Durant évêque de Mende. Nous ne savons auquel des deux l'attribuer.

Le second volume des Croniques de France couvert sur bois de cuir thanné.

Le premier volume de Orose couvert comme dessus.

Le second volume de Orose couvert sur bois de cuir thanné et par dessus de cuir blanc.

Les Rubricques du quind livre de Valère en grand volume couvert sur bois de cuir thanné.

Les Rubricques du livre Valerius Maximus translaté de latin en françois couvert comme dessus.

Le livre de Jehan Bocache de Certat (1) en grand volume couvert de noir.

Item la Rubrice du premier livre du Vergier estans en pappier escript à la main couvert sur bois de cuyr blancq commenchant par ces mots : *Audite somnum meum.*

Trois aultres livres de pappier escriptz à la main couverts de cuir noir où sont contenus les histoires de la passion de notre Seigneur joués en la ville d'Amyens en l'an cincq cens les deux trois et quatriesme journées.

Item huict trousseaulx de pappier faisans mention des rimes de la passion nostre Seigneur.

Le Somme rural en grand volume couvert sur bois de cuir noir.

On remarquera que dans cette liste ne figurent pas le livre de Philippe de Morvillers, la Légende dorée, le Flavius etc. que nous avons indiqués dans les pages qui précèdent. Peut-être en était-il fait mention dans les premiers feuillets de cet inventaire qui manquent malheureusement.

Si nous comparons cette librairie municipale avec celle d'une autre ville voisine importante, la bibliothèque des échevins de la ville de Rouen, d'après la notice que lui a consacrée en 1845 M. Ch. Richard conservateur des archives municipales, ne comprenait, d'après un inventaire dressé en 1674, que 21 manuscrits, entr'autres : la Cité de Dieu, les Cent nouvelles de Boccace, la Bible en français, un missel : de lira super psalmos, Valère le grand, Suétone, la conquête de la Terre-Sainte par Godefroy de Bouillon, la coutume de Normandie, les décrétales, le rustique planteur, Froissard, les Etiques et politiques d'Aristote, le régime des princes, etc., dont les plus beaux passèrent quelques années après, par des circonstances curieuses que révèle M. Richard, dans la riche bibliothèque de Colbert, et 28 imprimés in-folio dont : la Bible en français, les hommes illustres et les œuvres nouvelles et meslées de Plutarque, deux tomes de Tite Live, la mer des histoires, Cambden, de Thou, l'histoire de France de Dupleix,

(1) Jean Boccace né à Certaldo (Toscane) en 1313.

deux histoires de Normandie, la coustume de Normandie, la république de Bodin, l'histoire de Louis XI et d'Henri IV par Mathieu, les œuvres de Sénèque et de du Bartas, etc.

N

Les Manuscrits des Clabault.

N° 661 (198 T. L. (Théologie latine). Evangéliaire pour toute l'année à l'usage d'Amiens, musique notée.

F° 1 propre du temps, folio 145 propre des Saints, A noter évangile pour la fête de SS. Warloy et Luxor d'Amiénois, f° 163 v° Commun des saints, folio 177 évangiles pour les messes votives, folio 159 *bis* ajouté sur papier : Evangile pour la fête de la décollation de S. Firmin.

Parchemin 182 feuillets plus le feuillet 159 *bis*, 284 sur 208 millim., écriture du xv° au xvi° siècle à longues lignes, 13 grandes miniatures aux fol. 1 (deux dans la bordure), 11 (sept dans la bordure), 17 v° (trois dans la bordure), 84 v° (deux dans la bordure), 97 (trois dans la bordure), 100 (deux dans la bordure), 104 (trois dans la bordure), 106 (deux dans la bordure), 151 (trois dans la bordure), 153 v° (deux dans la bordure), 156 (trois dans la bordure), 160 (trois dans la bordure), 162 (deux dans la bordure). Au bas de toutes ces miniatures, armoiries de sinople à l'escarboucle pommetée d'or au franc canton de sable à la croix ancrée d'argent. Ces armes sont celles de la famille Clabault de Picardie. Aux fol. 7, 17 v°, 106, 151, on trouve l'écu brisé en pal comme dessus, et d'azur à la croix d'argent, cantonnée de quatre étoiles d'or. Les écus sont soutenus par des personnages. Autour des écus les lettres A Y (1), rubriques en or. Initiales ornées en couleurs, sur or.

De la bibliothèque de M. de Paulmy 456 A. Ce manuscrit doit provenir d'Amiens, peut-être des Célestins d'Amiens auxquels la famille Clabault a fait plusieurs donations.

(1) Initiales d'Antoine et d'Ysabelle.

Reliure en maroquin rouge avec fils et fleurons d'or, tranches dorées.

N° 602 (199 T. L.) suite du précédent. Epistolaire pour toute l'année à l'usage d'Amiens.

F° 1 propre du temps, fol. 93 propre des saints. A noter épîtres pour les fêtes des SS. Ache, Acheul, Warlois et Luxor d'Amiens, fol. 110 v° commun des saints, fol. 125 v° épîtres pour les fêtes votives, fol. 83 bis ajouté sur papier, épître pour les fêtes de S. Firmin.

Parchemin, 130 feuillets plus le feuillet 83 bis ; 274 sur 195 millim. Ecriture du xv° au xvi° siècle à longues lignes. 13 grandes miniatures aux fol. 1 (deux dans la bordure), 8 v° (deux dans la bordure), 11 (deux dans la bordure), 54 v° (deux dans la bordure), 62 v° (trois dans la bordure), 66 (deux dans la bordure), 71 v° (deux dans la bordure), 73 (deux dans la bordure), 98 v° (deux dans la bordure), 101 v° (deux dans la bordure), 104 v° (deux dans la bordure), 107 (deux dans la bordure), 109 v° (deux dans la bordure). Au bas de toutes les miniatures armoiries de sinople à l'escarboucle pommetée d'or, au franc canton de sable à la croix ancrée d'argent. Ce sont les armes de la famille Clabault de Picardie. Aux fol. 8 v°, 54 v°, 66, 73, 101 v°, on trouve l'écu brisé en pal comme dessus, et d'azur à la croix d'argent, cantonnée de quatre étoiles d'or. Les écus sont soutenus par des personnages. Autour des écus les lettres A Y, rubriques en or, initiales ornées en couleur sur or.

De la bibliothèque de M. de Paulmy, 456 B. Ce manuscrit doit provenir des Célestins d'Amiens. Voyez le volume précédent.

Reliure en maroquin rouge avec fils et fleurons d'or. Tranches dorées.

Catalogue général des manuscrits des bibliothèques publiques de France. Paris. Bibliothèque de l'Arsenal. T. 1, p. 498-499. Paris. Librairie Plon. E. Plon, Nourrit et Cie imprimeurs-éditeurs, 10, rue Garancière, 1885.

M. Fernand Poujol de Fréchencourt avait fait une description de ces manuscrits dont il a bien voulu se désintéresser en ma faveur (1). C'est ce travail qu'on va lire dans les lignes suivantes :

1° Evangéliaire du xv° siècle. Tableaux fort curieux par leur naïveté, accompagnés chacun en différentes places des lettres A et Y reliées entr'elles par des

(1) Outre M. Fernand Poujol, je dois encore mes plus vifs remerciements à mes autres collègues de la Société des Antiquaires de Picardie, qui ont bien voulu me fournir des indications précieuses ou me faire communiquer certains documents particuliers, notamment à MM. Robert Guerlin, De Calonne, Robert de Guyencourt et Pinsard. Ces deux derniers en outre m'ont prêté le concours de leurs crayons pour la plupart des planches de ce travail. Je ne dois pas oublier non plus MM. Niquet et Durand archivistes de la ville et du département dont j'ai souvent mis la patience à l'épreuve.

lacs de différentes formes, avec un écusson de sinople à l'escarboucle pommetée d'or, au franc quartier de sable à la croix ancrée d'argent. Quelques écussons sont partis d'azur à la croix d'argent cantonnée de 4 étoiles d'or.

Dans l'une de ces miniatures deux espèces de guerriers fantastiques à cheval, l'un sur un ours, l'autre sur un lion, tiennent chacun sur l'épaule une bannière bleue et verte sur laquelle sont les lettres A. Y, en or, toujours avec l'ornement qui les enlace. L'écusson Clabault le plus souvent seul est en bas de chaque miniature maintenu soit par un homme soit par un ange.

En certains endroits la bannière supportant le chiffre est rouge et bleue. Reliure du siècle dernier.

N° 664. Ce manuscrit de la taille d'un in-quarto contient comme il est dit au catalogue 182 feuillets. il est à la bibliothèque de l'Arsenal depuis 1877. Il ne contient pas tout le Nouveau Testament mais seulement les évangiles pour les dimanches, fêtes et tous les jours de l'année. Il y a dans l'évangéliaire treize grandes miniatures. Elles sont disposées ainsi: le sujet principal occupant presque toute la page, les armes et les chiffres la partie inférieure. les médaillons se rattachant au sujet principal en bordure. Quelquefois il y a trois médaillons sur le côté, d'autres fois deux médaillons et le chiffre au milieu.

1ʳᵉ MINIATURE. — Au premier feuillet sans aucun titre auparavant. est une miniature représentant l'entrée de N.-S. J.-C. à Jérusalem. L'encadrement d'un côté et en haut ne comprend que des motifs d'architecture. De l'autre côté également dans un motif architectural se trouvent 2 médaillons : 1° N.-S. J.-C. au milieu des docteurs ; 2° Les disciples amenant l'âne du Castellum. Entre ces deux médaillons l'A et l'Y entrelacés. le bas est divisé en 4. Sous le tableau principal : 1° Un ange ; 2° Un ange tenant l'écusson Clabault ; 3° Un ange sonnant de la trompette ; 4° Enfin sous les médaillons décrits précédemment un 4° ange jouant des cymbales. Au-dessous de la scène principale est écrit : « Dnica prima advetus. In illo tempore cum appropinquassit Jhesus Herosolimis « et venisset..... » Le reste commence la page suivante. Belles marges. mais complètement nues. 21 lignes par page. Fort belles initiales en peinture sur fond or.

La généalogie de N.-S. J.-C. pour la veille de Noël est notée.

2° MINIATURE. — La naissance de N.-S. J.-C. Encadrement de fantaisie. Sur le côté trois médaillons absolument ronds. Apparition d'un ange à un berger, à un roi mage, à saint Joseph.

Dans le bas trois ronds semblables. Au milieu un sauvage soutient l'écusson Clabault accolé de l'autre ci-devant décrit. Dans chacun des deux autres ronds les lettres A, Y entourées d'ornements.

3e MINIATURE. — Adoration des rois mages. Le 1er à genoux semble être le portrait du propriétaire du manuscrit. Il est tout différent des deux autres qui ont des types orientaux. Longue robe bleue dorée. Espèce de pélerine d'or. Deux bandes de fourrure partent des épaules et se perdent aux genoux dans les plis de la robe. Deux médaillons : La fuite en Egypte, les noces de Cana. En bas le baptème de N.-S. J.-C. A droite et à gauche deux anges portant l'un l'écusson Clabault, l'autre l'écusson double. Entre les deux médaillons de côté se trouvent les lettres A. Y.

4e MINIATURE. — La résurrection de N.-S. J.-C. Sur le côté, deux médaillons : L'apparition de N.-S. à sainte Madeleine, N.-S. avec les disciples d'Emmaüs. Dans le bas au milieu d'un cercle formé par une couronne d'épines, un vieillard soutient l'écusson Clabault. Dans deux autres ronds plus petits se trouvent les lettres A. Y. toujours avec les lacs.

5e MINIATURE. — Ascension. On ne voit que les pieds de N.-S. J.-C., tout le reste du corps est caché par un nuage. Deux médaillons : La résurrection des morts, L'apparition de N.-S. J.-C. à un personnage, que je ne puis désigner. En dessous un ange soutient par deux cordons rouges l'écusson des Clabault, de chaque côté un paon porte peintes sur le corps les lettres A. Y.

6e MINIATURE. — Descente du Saint-Esprit. Deux médaillons : Baptème de N.-S. J.-C., Apparition de N.-S. J.-C. sur le Thabor. En bas un ange vêtu d'une robe bleue et or tient l'écusson Clabault. A sa droite et à sa gauche deux anges plus petits sonnant de la trompette portent chacun une petite bannière bleue sur laquelle sont représentées les lettres A. Y. toujours jointes ensemble par le même motif.

7e MINIATURE. — Je crois qu'elle représente le Paradis terrestre. Multitude d'arbres et d'animaux, au milieu un tertre sur lequel est la croix à laquelle est attaché N.-S. J.-C. Au-dessus de la croix le Père Eternel tenant d'une main le globe du monde et bénissant de l'autre main. Entre le père et le fils se trouve le Saint-Esprit planant au-dessus de la croix. Au bas un vieillard tient l'écusson Clabault, il est accosté des deux sauvages habillés en guerriers dont j'ai parlé au commencement.

8° MINIATURE. — La Cène. N.-S. J.-C. et les douze disciples sont assis autour d'une table ronde. N.-S. J.-C. donne la sainte communion à saint Pierre. Tous les apôtres sauf Judas ont les mains jointes et lèvent les yeux au ciel. Deux médaillons : dans l'un on voit un homme complètement nu, les mains liées derrière le dos. Deux personnages le frappent. La scène se passe dans un bois. Le second médaillon représente une femme de qualité accompagnée d'une suivante. Elle offre un pain à un guerrier à cheval suivi d'une troupe de cavaliers. Entre les deux médaillons deux anges portent chacun d'une main un cierge allumé, de l'autre ils soutiennent ensemble un calice surmonté d'une hostie entourée de rayons. Dans le bas, un sauvage velu, la tête entourée d'un long ruban rouge tient l'écusson Clabault, accolé du second écusson. D'un côté un homme de l'autre une femme velus, les pieds, les mains, les genoux, les seins couleur de chair. Ils tiennent chacun un cartouche bleu sur lequel apparaissent les initiales A. Y.

9° MINIATURE. — La vie de saint Jean-Baptiste. La grande miniature représente la naissance du saint. Sainte Elisabeth est couchée, une femme tient l'enfant, une autre allume le feu, la troisième est près du lit, une autre entre dans la chambre un panier à la main, la cinquième plus âgée est assise et récite le chapelet. Trois médaillons : 1° L'apparition de l'ange à Zacharie ; 2° La décollation du saint. Le corps est étendu par terre et le bourreau place la tête dans un plat que lui présente Hérodiade ; 3° Dans le troisième médaillon, Hérode est assis à une table. Une femme se trouve placée à côté de lui. Hérodiade apporte sur un plat la tête de saint Jean-Baptiste.

Dans le bas, un ange vêtu d'une robe bleue et or, les ailes peintes de même, tient l'écusson accolé. De chaque côté, à un arbre dépouillé de ses feuilles est attaché un cartouche sur lequel sont peintes les lettres A. Y.

10° MINIATURE. — Très curieuse. Une sainte enveloppée d'une longue tunique rose, sorte de châle. Les cheveux longs ramenés en avant cachent la poitrine. Les mains jointes. Les pieds et le commencement des jambes nus. Elle est littéralement portée par les anges. Un ange semble accroupi en dessous d'elle et lui soutient les deux pieds. Deux autres lui tiennent les jambes d'une main presqu'au dessus de la cheville, et de l'autre la soutiennent par derrière à la hauteur des genoux. Deux autres anges encore semblent tenir la sainte en équilibre ayant une main passée derrière le dos et l'autre par devant à la hauteur des cuisses, enfin un sixième ange dont on ne voit guère que la tête et les ailes développées parait soutenir la sainte par les épaules. Cette miniature fort singulière par sa

41

composition est placée en regard de l'Evangile de la fête de sainte Madeleine. In festo s° Mariæ-Magdalenæ : In illo tempore rogavit Jhesum quidam Phariseus ùt etc. Est-ce l'Assomption ? Est-ce une apothéose de sainte Marie-Madeleine ? Je n'oserais me prononcer. Les 3 médaillons qui accompagnent le sujet principal ne semblent pas se rapporter à la Sainte-Vierge.

Le 1ᵉʳ, une sainte assise au dehors d'une maison sous une sorte de hangard lit les saintes écritures.

Dans le 2ᵉ, un moine tient une cruche de la main gauche, les yeux et la main droite levés vers le ciel. Le bas du corps disparaît derrière une claie dorée à laquelle est attaché le cartouche contenant les lettres A. Y.

Dans le 3ᵉ, on voit la sainte dans une chaire. Elle semble parler. Un personnage debout richement vêtu, plusieurs assis, paraissant d'une moindre condition, l'écoutent.

Au bas, un sauvage placé de profil, un genou en terre, maintient de la main gauche l'écusson Clabault qui est suspendu par un cordon lui passant sur les épaules. De la main droite il soutient une bannière dont la hampe est placée sur son épaule. Cette bannière est bleue et rouge, les lettres A et Y en or sont inscrites sur le fond bleu. Tournant le dos à ce sauvage un nègre vêtu d'une jupe rayée bleue et rouge, les manches blanches relevées au coude, les chausses vertes, le reste des jambes nu, un cordon blanc autour de la tête, ayant aussi un genou en terre, mais retournant la tête vers le sauvage, porte aussi sur l'épaule une bannière semblable à la précédente.

11ᵉ Miniature. — In Die Assumptionis : La mort de la Sainte-Vierge. Un grand lit à baldaquins bleus semés de fleurs de lys d'or. La Vierge étendue sur le lit. Elle est vêtue d'une longue robe bleue et or. Le lit est rouge, l'oreiller blanc. La Sainte-Vierge tient entre les mains un cierge allumé. Plusieurs apôtres l'entourent, l'un soutient le cierge de la main droite, la main gauche est levée, il semble parler à la Vierge. Un second vêtu d'une aube et portant une étole rouge et or porte un encensoir. D'autres dont on ne voit que la tête sont derrière le lit, cachés par les deux précédents. En avant on en voit un à genoux les mains appuyées sur un escabeau, il lit des prières. Un autre à demi couché par terre est endormi le bras et la tête sur un coffre en bois, sa main laisse échapper le livre qu'il tenait. A l'autre extrémité de la chambre, un apôtre assis devant une table lit attentivement, enfin un dernier assis dans un grand fauteuil, tenant les mains jointes, paraît considérer ce qui se passe autour du lit.

Trois petites miniatures sur le côté : 1° Un ange apparaît dans la campagne à un personnage qui a les mains levées vers lui. L'ange plane dans le ciel ; 2° Un personnage (sans doute saint Luc), ayant devant lui un pupître, écrit, les pieds placés sur un bœuf couché ; 3° Les apôtres examinent avec stupéfaction le sépulchre vide rempli de feuilles de roses.

Dans le bas. Un sauvage demi-profil, un genou en terre soutient l'écusson Clabault, deux jeunes filles revêtues de longues robes blanches portent chacune un cartouche aux lettres A. Y.

12° MINIATURE. — In Die s¹ Firmini martyris, sècundum Lucam. In illo tpe « Ibant turbæ multæ cum Jhesu, et conversus dixit ad illos : si quis venit post me « et non odit.... » Saint Firmin, à genoux, les yeux bandés, est vêtu d'une robe bleue. La scène se passe sur une place pendant la nuit. Plusieurs soldats tiennent des torches allumées et des falots. A leur lueur on aperçoit au fond du tableau plusieurs monuments se détachant sur l'azur du ciel, malheureusement d'une façon assez confuse. Un personnage qui semble commander se tient au premier plan vêtu d'une longue robe rose avec pèlerine de fourrure noire, un serre-tête vert et un large chapeau bleu. Il tient une canne à la main. Le bourreau s'apprête à frapper. Sur le côté 4 motifs : 1° 3 personnages portent le corps du saint ; 2° Motif d'architecture dans lequel est placée une tête de bélier qui tient entre les dents le cartouche aux deux lettres A. Y ; 3° Le bourreau fait entrer le saint en prison ; 4° Le saint assis, revêtu de sa mître, de sa chape et la crosse en main. Robe bleue, tout le reste d'or. En bas un ange vêtu d'une robe rose tient l'écusson Clabault, il est acosté de deux coqs qui ont dans le bec le cartouche aux lettres A. Y.

13° MINIATURE. — Fête de la Toussaint. Splendide tableau contenant une infinité de détails qu'il me sera bien difficile de décrire convenablement.

Dans le fond grand cloître en forme de fer à cheval. A chaque travée paraît un groupe de saints. Les papes, les évêques, les martyrs, les moines, les religieuses, les laïques. Au milieu du tableau, un autel très élevé sur lequel se trouve l'agneau debout. Il est placé sur un petit piédestal de la forme d'un coffret bleu et or. Sur le rétable de cet autel, les instruments de la passion : la croix, l'échelle, la lance, la colonne, le coq, les clous, les tenailles, les fouets, les verges, les dés, l'éponge, le roseau. L'autel est à jours, il est supporté par quatre pieds. Dans l'espace vide se trouve une fontaine à double bassin dont l'eau coule à flots. Des deux côtés de l'autel en bas, deux anges adorateurs. Au-dessus du rétable trois anges planent dans le ciel. Au pied de l'autel des évêques, des prêtres, des fidèles sont en prières.

Dans la travée du cloître où se trouvent les laïques, ils sont représentés de la façon suivante : Une certaine quantité d'hommes vêtus de tuniques ouvertes sur le devant laissant voir la robe. Ces hommes portent un grand chapeau noir, le col et les manches de la tunique sont en fourrure. Le premier a une robe bleue, la tunique rose est bordée de fourrure grise. Ses mains croisées tiennent une baguette d'or relevée en l'air.

Sauf les évêques, tous les personnages au bas de l'autel sont à genoux, la tête nue, les uns lisent, les autres disent le chapelet. Le portique décrit précédemment tient toute la largeur de la page, mais à la hauteur des personnages qui sont placés au-dessous de l'autel, se trouve à droite un motif d'architecture remplaçant les médaillons que l'on voit dans les autres miniatures. Dans ce motif d'architecture sont à genoux plusieurs personnages tout en blanc, l'un a un capuchon.

Au bas de cette miniature un ange vêtu de blanc tient l'écusson Clabault. Deux arbres tout en feuille à droite et à gauche de l'ange ; un cartouche aux lettres A, Y, est attaché à chacun d'eux. Ce dessous de la treizième miniature est partagé en quatre parties. Outre l'ange et les deux arbres dont je viens de parler, immédiatement au-dessous du motif d'architecture où sont les personnages habillés en blanc, on voit un saint qui écrit, un ange tient l'encrier.

Dans ce manuscrit, il y a l'évangile pour chaque jour de l'année avec indication de la fête du saint. Lorsque l'évangile a déjà été écrit on y renvoie non en indiquant la page, mais les premiers mots de l'évangile en question. A la fête de saint Firmin, à côté de la miniature est collée une feuille de papier ordinaire plus petite que le manuscrit, sur laquelle est écrit en assez grosses lettres, écriture d'impression : « In festo decollationis s^i Firmini sequentia s^i evangelii secundū « Matthæū. In illo tempore, dixit Jesus discipulis suis : Ecce ego mitto vos sicut « oves in medio luporum, jusqu'à ces mots : qui autem perseveraverit usque in « finem, hic salvus erit. » Quelques fioritures en encre bleue, de mauvais goût, autour de la page. Très mal fait.

Petite note manuscrite : « T. L. 199. Evangéliaire du commencement du « xve siècle. Tableaux fort singuliers par le choix des sujets. Chacun est accom- « pagné des lettres A et Y liées, avec un écusson de sinople aux chaînes d'or « posées suivant toutes les partitions de l'écu, brisé au franc quartier de sable à « la croix ancrée d'argent. A certains endroits ces armes sont parties d'azur à la « croix d'argent cantonnée de 4 étoiles d'or. »

ÉPISTOLAIRE. — MANUSCRIT N° 162. — MINIATURES.

I

Au Ier dimanche de l'Avent.

Dans les nues la Vierge tenant l'Enfant-Jésus. Quatre grands personnages portent des banderolles sur lesquelles sont écrites des devises ayant trait à la naissance du Sauveur : Egredere Domine de sancto loco tuo, Ecce Virgo concipiet et pariet Filium. Les deux autres sont à peu près effacées. Dans le motif d'architecture placé sur le côté deux personnages apparaissent également avec des banderolles dont le texte n'est plus lisible. Ils sont séparés par le chiffre A. Y. En bas un ange soutient l'écusson accosté des mêmes lettres.

II

Nativité.

Songe de Nabuchodonosor. Le roi est couché dans un grand lit, la couronne sur la tête. Les murs de la chambre sont couverts des lettres N. R. On aperçoit une immense statue qui n'a plus ni tête, ni bras, ni jambes. Dans les médaillons : 1° La statue d'or adorée par les courtisans ; 2° Les trois jeunes hommes dans la fournaise.

III

Epiphanie.

Un roi sur son trône entouré de guerriers dont un à genoux devant lui. Dans un coin un paon fait la roue. Médaillons : 1° L'intérieur d'une ville assiégée ; 2° L'armée assiégeante, les tentes dressées.

IV

Résurrection.

Un jeune enfant nu sort de la gueule d'une baleine entièrement plongée dans l'eau et dont on n'aperçoit que l'énorme tête. Au loin un bateau. Sur le rivage des personnages bibliques en prière, les yeux fixés sur l'enfant. Médaillons : 1° L'enfant tombe du bateau dans la gueule du monstre ; 2° Des personnages debout, les mains jointes, les yeux levés vers le ciel. Des rayons d'or dans la nuée.

V

Ascension.

Elie emporté au ciel dans un char de feu laisse son manteau à Elysée, enfant. Des personnages regardent avec étonnement ce spectacle. Trois médaillons. Ils ont trait à des miracles d'Elie et d'Elysée : 1° Une femme fait un pain ; 2° Elle le présente au prophète ; 3° Une autre lui remet un bâton d'or brisé.

VI

La Pentecôte.

Dans le haut Moïse reçoit les tables de la loi. Au-dessous de nombreux personnages ramassent la manne dans des brocs, d'autres debout la regardent tomber. Deux médaillons : 1° Les Hébreux conduits par la nuée passent la Mer Rouge ; 2° Les Egyptiens sont engloutis.

VII

La Trinité.

Le Ciel. Le Père céleste tenant le globe du monde. N.-S. J.-C. bénissant. Le Saint-Esprit. Dans les deux médaillons des anges en adoration.

VIII

Le Saint-Sacrement.

Les Juifs debout autour d'une table mangent l'agneau pascal, les reins ceints, le bâton à la main. 2 médaillons : 1° Un grand prêtre tient un vase et un pain, un personnage armé d'une lance lui parle avec respect. Derrière lui, des guerriers ; 2° Deux armées en présence, costume militaire de l'époque.

IX

Fête de saint Jean-Baptiste.

Le saint précurseur prêche devant le peuple. Il a son costume de peau et est entouré d'animaux ; il est séparé des auditeurs par une barrière, il semble être dans un bois. Derrière la foule apparaît N.-S. J.-C. Saint Jean indique aux assistants la présence du Sauveur.

Deux médaillons : 1° Naissance de saint Jean-Baptiste ; 2° Il reproche à Hérode son adultère.

X

Sainte Madeleine.

N.-S. J.-C. est assis. Deux personnages seulement mangent avec lui. Sainte Madeleine à genoux sous la table prend le pied du Sauveur et l'essuye avec ses cheveux. Dans un coin un chien ronge un os. Deux médaillons : 1° La sainte pénitente achète un pot de parfums. Curieuse boutique d'un riche apothicaire de l'époque ; 2° Prédication de N.-S. J.-C. Au premier plan sainte Madeleine assise écoute attentivement. Les autres personnes sont debout.

XI

Fête de l'Assomption.

La Sainte-Vierge debout sur un croissant d'argent. Elle porte une robe rouge et or. Ce riche vêtement relevé d'un côté laisse apercevoir une jupe d'un rouge plus vif, semé de petits points d'or. Manteau bleu, aussi pointillé d'or. Cheveux pendants. Couronne royale. La Reine du ciel porte le petit Jésus étendu sur ses bras, d'une main elle le soutient sous les aisselles, de l'autre sous les jambes. 2 médaillons : 1° L'arbre de Jessé. Un personnage assis sur un tertre de gazon maintenu par une muraille de pierres blanches. Derrière lui l'arbre avec 12 personnages à mi-corps. En haut la Vierge portant son divin fils ; 2° Un personnage à cheval veut avec un fouet en frapper un autre qui se présente devant lui, l'épée haute. Ce dernier est vêtu d'une robe grise, il porte les cheveux longs et il paraît jeune. Le dos étant caché on ne voit pas si c'est un ange ou un homme.

XII

Un saint ou tout autre personnage car il n'a point de nimbe est suspendu par les pieds à une poutre, deux bourreaux commencent à le scier en deux. L'instrument du supplice est introduit entre les jambes. Le sang coule à flots. Deux autres personnes semblent regarder avec indifférence cet affreux spectacle. 2 médaillons : 1° Caïn tue Abel ; 2° Deux personnages à moitié nus et presque à genoux tiennent un bâton. A quelques pas d'eux, de l'eau. Au-dessus des gerbes de feu. L'épître placée en face de cette miniature commence par ces mots : Justus cor suum tradidit ad vigilandum diluculo ad Dominum qui fecit illum et in conspectu altissimi......

XIII

La Toussaint.

Le Père Eternel dans une nuée. Un ange tient une banderolle. De nombreux personnages, pape, rois, reines, cardinaux, évêques, religieux etc., à genoux regardent le ciel. Deux médaillons : 1° Prêtres et religieux ; 2° Laïques. Ils sont tous à genoux.

O

Comparurent en leurs personnes Simon Clabault s^r de Hédicourt, bourgois d'Amiens frère et héritier en ceste partie de deffunt maistre Jehan Clabault en son vivant prêtre, licencié ès loix, seigneur dudit Hédicourt d'une part, et Jehan Leberquier et demoiselle Jaques Clabault aussy sœur et héritière dudit deffunct maistre Jehan Clabaut d'autre part...... et recongnusrent chacun d'eulx, lad. demoiselle Jaques souffisamment authorisée de sond. mari, laquelle auctorité etc., comment........ maistre Jehan soit naguères allé de vye à trespas, laissant plusieurs cens et héritages séans en la ville d'Amiens.... led. Simon et demoiselle Jaques ses frère et sœur ausquels de la succession d'icellui feu a competé..... lesd. cens et héritages et au regard des biens mœubles par luy délaissés, il en aroit disposé par son testament et fait led. Simon son légataire universel après son trespas lesd. parties se sont trouvés ensemble.... l'un avec l'autre de lad. succession, ensemble de douze livres de cens que lesd. conjoints devoient moins prendre et.. emporter après le trespas dud. feu maistre Jehan, sur la part et porcion qui escherroit audit Simon de lad. succession.. et ainsy avoit esté fait traitié et accord par lesd. parties.. aprez le trespas de feu sire Anthoine Clabault qui fut leur oncle, comme il appert par lettres sur ce faites et...... Et tellement ont pourparlé qu'ils ont fait le présent traitié et accord tant desd. cens que d'autres biens de la succession de feu Pierre Clabault qui fut leur frère, qui piéçà est allé de vye à trespas, en la forme et manière que s'ensuit: c'est assavoir que audit Simon Clabault compétera et appartiendra....... de cens qui se prendent sur la maison où pend pour enseigne le Corbillon, Item lii^s vi deniers sur la maison où pend pour enseigne le Gros Tournois séant sur le marchié d'Amiens, Item seize sols sur la maison Jaques Moictier séant à Saint-Pierre hors des portes, Item sur le pré Coppe oreille, six sols ; Item sur les Mallars en la Cauchie au blé viii^s, Item sur la maison Jehan Rabache quarante-cinq sols et sept deniers, Item

sur la maison Pierrre Estène xx sols, sur la maison Martin Hénocque xl sols ;
sur la maison qui fut à Nicolas Féron iiiˢ iiii deniers, Et ausd. Jehan le Berquier
et sa femme compestera et appartiendra tant pour leur part de lad. succession
que desd. xiiˡ de cens qu'il devoit avoir par led. traitié dont dessus est touché
aussy les cens qui ensuivent, assavoir: xxvi livres sur la maison où pend l'enseigne
de la Cheraine sur le marchié d'Amyens, Item sur la maison Pierre Norquet en
la rue des Feures xvˢ, sur la maison Mahieu Féron dix sols huit deniers, Item
sur la maison Bernard Pollet iiiˢ, sur ung jardin appartenant aux héritiers Hue
d'Aut et maistre Robert Auxcousteaux iiiˢ, sur ung gardin appartenant à J.....
tisson viˢ, sur la maison de Jehan de Flers viiiˢ vi deniers, sur un pré séant
à Saint-Maurisse appartenant aux héritiers Cuignet xxxvˢ, sur la maison Jaques
Obry près les Escureux xxxˢ iii cappons, sur une maison séant en la basse rue
appartenant à Nicole de Rocourt xxiˢ vi deniers, Item pareille somme sur la
maison Jehan du Poistel et Martinet Scellier, et sur la maison où pendent les
Balanches xiiiˢ ;...... chacun en son regard héritablement et à tousiours, et partant lesd. conjoints comparans, ont consenty et accordé que le testament d'icellui feu Mᵉ Jehan partisse son plain et entier effet et que led. Simon qui en est
légataire universel dud. feu, soit tenu et décrêté de droit par justice en tout led.
legat et sans que jamais ils puissent aucunes choses clamer et..... desdis biens
délaissés par led. feu maistre Jehan et aussy led. Simon a quité et tient quictes
lesd. conjoints des biens moeubles que lesd. conjoints porroient avoir en leur
gouvernement et de toutes debtes..... (le reste illisible). (Regist. aux contrats
34, 12 août 1509).

P

Testament de Jacques Clabault.

In nomine Patris, filii et spiritus sancti, amen. Je, Jacques Clabault demourant
à Amiens, en la paroisse Dieu et Monseigneur Sainct-Fremin-le-Confès, estans
en mon bon sens et entendement, pensant au proufit et salut de l'âme de my,
considérant qu'ilz n'est chose plus certaine de la mort, ni même du jour d'icelle,

fais et ordonne mon testament, désir et ordonnance pour derraine vollonté, des biens que Dieu m'a prestés en ceste mortelle vie, par manière et condition que je le puisse croistre ou diminuer, révocquier ou rappeler toutes les fois qu'il me plaira et dès maintenant je révocque, ravalle et metz au néant tous aultres testaments que je puis avoir fait pour cestuy, et voeulx que cestuy soit tenu ferme et estable jusques à men rappel, en la fourme et manière qui s'ensuivent.

Primes, je layz et recommande l'âme de my à Dieu mon père créateur, à la glorieuse Vierge-Marie, à Monseigneur saint Mikiel l'angle et généralement à tout le court de Paradis, et mon corps, quant l'âme en sera séparée, à estre mys et enterré au cimentière Dieu et Monseigneur Sainct-Denis en ladicte ville d'Amiens, auprez du bon évesque lequel est enterré ou millieu de ladicte cimentière (1). Item je voeulx et ordonne que aprez mon trespas je soye porté en terre par les vicaires de ladicte église dudit Sainct-Fremin-le-Confès comme deffuncte Mademoiselle mienne (2) que Dieu pardonne. Item je lays et donne à la fabricque de l'esglise dudict Sainct-Fremin-le-Confès mon patron, ma bonne fourrure de martre. Item je lays à la fabricque de Nostre-Dame d'Amiens cl francs. Item je donne et lays à la confrairie Saincte-Barbe qui se faict aux Jacobins xx⁵. Item je lays à la confrairie de Monseigneur Sainct-Sébastien qui se faict en ladicte esglise de Nostre-Dame d'Amiens cl francs. Item je lays à l'Ostel-Dieu et de Sainct-Jehan d'Amiens cent sols. Item je lays à la noeufve cappelle de Sainct-Jacques située en ladicte cimentière de Sainct-Denis c⁵. Item je lays aux sereurs de Saincte-Claire xl⁵. Item je lays à mes deux curez à chacun x⁵, aux deux chappellains à chacun viii⁵, et aux deux clers à chacun iiii⁵. Item je voeulx et ordonne que le jour de mon service soient dictes les vigilles et commendacions par les trois ordres mendians, c'est assavoir: Augustins, Jacobins, frères Mineurs et par les frères de l'Ostel-Dieu et Sainct-Jehan d'Amiens et par mesdits curez, capellains et clercs comme il est d'usage et de coustume, et lays à chacune d'icelles ordres pour ce faire à chacune xvi⁵. Item ledict jour de mondict service voeulx et ordonne que xxx messes basses soient dites et célébrées pour le remède de l'âme de my et de tous mes bons amys trespassez. Item je voeulx et ordonne que soient faits aux despens de madicte exécution deux pellerinages l'ung à Nostre-Dame de Grâce à Monstroeul, par une personne à piès et l'auctre à Nostre-Dame de Liesse en pareil cas. Item ung autre pareillement à Nostre-Dame de Liesse à piès nus et sans coucher au lit. Item je lays à Philippotte Russelle pour les bons

(1) L'évêque Philibert de Saulx, voir page 22.
(2) Peut-être faut-il lire : ma mère.

services qu'elle m'a fait et aux miens diz francs. Item je lays et donne à Jehennet, Perrinet, Jacquelline et Simon mes enffans, tous mes biens, héritages et revenues par sy que Marye Truquette ma femme aura sa demeure en ma maison avec ses enfants sa vie durant, èt que madicte femme rechevra et jouira desdites rentes et revenues jusques à ce qu'ils seront en aâge souffisamment, par manière et condicion qu'elle sera tenue les alimenter, gouverner et entretenir jusques à leur aâge, et si l'ung de mesdits enfans, alloit de vie à trespas, je voeulx que sa part et portion retourne aux aultres et ainsy jusqu'au dernier.

Item je voeulx que madicte femme jouisse et possesse, depuis que mesdits enffants aront leur aage, de la moitié de toutes mesdites rentes pour son douage sa vie durant, par sy que ladicte moictié desd. rentes retournera à mesdits enffans aprez son trespas. Item le résidu de tous mes biens, quelz qu'ils soient, moeubles, immoeubles, nobles catheux or, argent, hors icelui légays pour Dieu et en aumosnes, à Marie Trucquette maditte femme, parsy qu'elle sera tenue de acquitter bien et duement mes debtes, laigs, obssecque et funérailles premièrement paié et (lacune) mien testament acquitter. Item je fay, nome et establi exécutaires de mes bons amis c'est assavoir : Mᵉ Jehan Pèredieu, mon frère et de *(lacune)* Trucquet esquelz....... poor et auctorité et transporte leur (Il existe ici des lacunes nombreuses causées par l'usure du papier).

Et affin que ceste mien présent testament se trouve ferme et estable et que foy y soit adjouté je prie à sire Jehan de Vendoeul prestre vicesgérant de discrette personne Monseigneur maître Guille le Rendu curé en ladicte portion (1) dudict Sainct-Fremin-le-Confès, qu'il voeuille sceller cest même présent testament du sceel dont on use en ladicte cure. Et Je, Jehan de Vendoeul prestre vicesgérant dessus nommé à la requête dudit légateur, ay scellé cest sien testament dudict sceel en approuvant le contenu en icelluy estre vrai, lequel fut faict, passé et recongnust le pénultième jour du moys de septembre l'an mil iiiᶜ lxxix en la présence de Pierre Pèredieu, Jehan de Lully et autres (2).

(1) La paroisse de St-Firmin-le-Confesseur fut desservie par deux curés jusqu'en 1694 (voir Pagès, à l'article de cette église). Elle était à la fois collégiale et paroisse.

(2) Vidimus sur papier du 21 janvier 1541 délivré par de Myraulmont et Lemattre notaires à Amiens sur l'original en parchemin. Appartient à Madame de Mons.

Q

Testament d'Antoine Clabault.

L'on sait par la transaction de 1504 (Voir ci-dessus page 235) et par la délibération du 10 septembre 1506 (page 238) qu'Antoine Clabault avait fait un
testament par lequel il laissait divers biens à sa veuve Eléonore Du Caurel et à
Jehan Clabault son plus proche parent. Cette pièce, nous l'avons dit n'est pas
arrivée jusqu'à nous, mais nous connaissons au moins par les registres aux
comptes, qu'il avait chargé son beau-frère Nicolas Fauvel de l'exécution de
certains legs pieux comme l'indique cette mention, annuellement répétée.

Aumosne sire Anthoine Clabault dont s'est chargé feu sire Nicolas Fauvel :

« Aux relligieux des frères prédicateurs Cordelliers Augustins et sereurs de
« Sainte-Claire a esté délivré au jour de la purification de la Vierge-Marie, la
« quantité de trois coquetz d'huille pour entretenir les lampes estant pendans
« aux églises desdits monastères devant le Saint-Sacrement de l'autel en ensui-
« vant la fondacion faitte par les veuve et héritiers dudit Fauvel le dernier jour
« de mars v^e et xix avant Pasques dernier, renouvellée en l'eschevinage d'icelle
« ville le jour Notre-Dame oudit mois de mars pour lesquels trois coquetz
« d'huilles délivrés aux dits relligieux chacun à porcion a esté paié à Pierre
« Delewarde la somme de xx^l tournois xviii sols.

« A esté délivré auxd. frères prédicateurs en ensuivant la fondacion faite audit
« jour par lesd. vesve et héritiers ung millier de fagotz pour ung an escheu au
« jour Saint-Jehan-Baptiste v^e et xxii an de ce compte et ensuivant, de pareille
« quantité que mesdis sieurs ont puis furni chacun an auxd. relligieux en l'acquit
« desd. vesve et héritiers pour lequel millier de fagotz a esté paié la somme
« de x^l.

« De laquelle fondacion d'huilles et fagotz mesdis s^{rs} pourront descharger
« ladicte ville à tousiours en rendant à lad. vesve et héritiers ou leurs succes-
« seurs la somme de xiie livres comme par l'acte de ladicte fundacion peut
« apparoir. »

L'aumône de sire Anthoine Clabault fut religieusement acquittée par la ville jusques à la Révolution. On lit dans le compte du Trésorier municipal Bernard de Cléry pour l'année 1789 : Dépenses, chapitre 3, article 25, cette mention : 3° Soixante livres de l'aumône sire Adrien *(sic)* Clabault pour le coût d'un millier de fagots suivant le mandement, quittance et registre sous le n° 3,620. — Article 26, de la somme de deux cens quarante livres payée aux relligieux Cordelliers, Augustins, Jacobins et religieuses de Sainte-Claire pour le prix de trois barils d'huille de navette qu'ils ont à prendre sur la ville pour l'entretien des lampes de leurs églises à cause de la fondacion de sire Clabault à raison de quatre-vingt livres le baril prix commun du jour de la purification, jour de l'échéance pour l'année 1789, échue le 2 février suivant mandement, quittance et registre n° 3,366.

Antoine Clabault avait aussi laissé une certaine somme en faveur des pauvres, c'est ce qui résulte de la délibération suivante :

29 octobre 1669, Jacques de Mons, escuier, seigneur d'Hédicourt, premier échevin. (Regist. T 72, f° 31).

« Sur ce quy a esté représenté par ledit sieur premier, qu'au jour de Toussaint
« et celuy des âmes dans la cérémonie qui se fait dans la tour du cloistre Saint-
« Denis, l'on y a tousiours distribué l'aumône de douze livres de sire Anthoine
« Clabaut ancien maïeur, et dans ce même temps, emploié celle de trente livres
« de sire Andrieu Malherbe aussy maïeur, en petits draps pour les pauvres, mais
« comme les pauvres de ladite ville sont à présent renfermés, ledit sieur premier
« estimoit qu'on devoit donner à l'Hospital, l'une et l'autre aumône, sur quoy il
« prioit la compagnie de délibérer tant sur lesd. aumônes qui sont d'obligacion
« que sur la cérémonie. A esté résolu que les deux aumônes se feront à l'avenir
« à l'Hospital général, où le corps de ville accompagné de tous les officiers, ira
« au retour de Saint-Denis audit jour de Toussains où l'aumône de douze livres
« sera délivré pour les pauvres enfermés audit hospital, comme aussy celle de
« trente livres destinée pour les draps ce quy se continuera à l'avenir.

« NOTA (note marginale) la distribution en draps fondée par sire Antoine
« Clabault n'étoit que de 18ᵉ comme on le remarque dans tous les anciens
« comptes, elle n'a commencée à être portée à 12 livres sous son nom qu'en celui
« de 1648 à 1649 qui est à voir pour les causes de l'augmentation; ce compte est
« sous la cotte 303, Y 3.

On lit en effet dans ce compte pour distribuer aux pauvres le jour de Toussaint dix-huit sols comme ordinaire . . . . 12 livres

Et en marge cette annotation : passé comme ordinaire pour douze livres sur ce qu'il nous a esté représenté par le comptable qu'il a paié la présente somme, ainsy qu'il nous a esté certiffié par les officiers de la ville, et que ladite somme se fournit à présent ; celle de xviii sols n'estoit suffisante.

Antoine Clabault avait aussi fait des dons importants à sa paroisse. Mon collègue M. Robert Guerlin, m'a fait connaître l'existence aux archives départementales d'un manuscrit ayant pour titre : Recherche de tout ce qui s'est passé de plus considérable touchant l'établissement de l'église Saint-Firmin-le-Martir ditte à la Porte d'Amiens etc. et dans lequel se trouve cette indication : Il paroit oudit compte (Compte des marguilliers pour l'an 1505) que sire Antoine Clabaut maïeur d'Amiens a donné deux beaux livres de vélin couvert d'argent doré, l'un pour chanter les évangiles, où est notre Seigneur J.-C. en croix et l'autre pour chanter les espîtres sur lesquels est saint Paul, le tout en bas-relief, qu'on estime six cens livres, de plus leurs boistes enrichies de fer.

Ledit sire Clabault a encore donné une robbe de drap gris qui a esté vendue au profit de ladite église.

Lorsqu'en 1569 l'église fut imposée de 250 livres dans la taxe de 5,000 livres tournois levée par le roi Henri III sur la ville d'Amiens, le même manuscrit constate, que les sommes dont elle pouvait disposer ne suffisant pas pour y faire face, on fut obligé de vendre le jeu d'orgue et d'engager les deux beaux livres d'argent doré à Simon Le Mattre comme venant de ses ancestres, pour le restant de la somme qui luy a esté payé petit à petit.

Ces manuscrits dont les lignes qui précèdent, nous révèlent la haute valeur, ne seraient-ils pas, par hasard, ceux que possède la bibliothèque de l'Arsenal et que nous avons décrits plus haut ? Antoine Clabault aurait donc eu, deux riches Evangéliaires et deux Epistolaires dont il aurait donné l'un au couvent des Célestins, l'autre à sa paroisse de Saint-Firmin-à-la-Porte. Pour ce dernier don, j'ai on le voit une assertion précise : les comptes des marguilliers de la paroisse en 1505 et en 1569. Pour le don fait aux Célestins, je me trouve seulement en présence d'une supposition du catalogue de la bibliothèque de l'Arsenal. *Ce manuscrit doit provenir d'Amiens, peut-être des Célestins d'Amiens auxquels la famille Clabault a fait plusieurs donations.* D'Amiens, oui ; des Célestins, peut-être ? J'ai cherché longtemps et patiemment tout ce qui avait trait à cette famille et je n'ai trouvé nulle trace de ses libéralités en faveur de ce couvent, tandis que j'en rencontre les preuves authentiques à Saint-Firmin-à-la-Porte et au couvent des Cordeliers. Autre raison que je puise dans l'histoire littéraire de la ville d'Amiens par le P. Daire, l'un des derniers Célestins de cette ville, qui s'était le plus opposé, au Chapitre général de Mantes-sur-Seine en 1770, au projet de sécularisation de son ordre. Cette opposition, dit-il. « n'empêcha pas « Mgr l'évêque de Rhodès commissaire de Sa Majesté de charger le P. Daire de « la bibliothèque de Paris, du soin de déposer à celle du Roi, les manuscrits et « les livres imprimés les plus intéressants qui se trouvaient dans les maisons de « la congrégation. » On a souvent incriminé le Père Daire en raison de ses nombreuses erreurs comme historien, mais nous répugnerions à croire qu'il ait enrichi la bibliothèque de Mr de Paulmy, au détriment de celle du Roi, comme il en avait reçu la mission. Enfin dernier détail et qui a bien sa valeur juridique. Au folio 59 *bis* du manuscrit 661 et 83 *bis* du manuscrit 662 ont été intercalés sur papier, l'évangile et l'épître pour la fête de la décollation de saint Firmin, témoignage assez probant que ces manuscrits ont dû servir à l'usage d'une église sous le patronage de ce saint et que cette interfoliation avait été rendue néces. saire pour les besoins du service divin.

Les legs d'Antoine Clabault, on l'a vu, furent mis en gage en 1569, pour subvenir aux frais de la taxe levée par le roi sur l'église Saint-Firmin. Qui peut dire que lors de la réédification de la paroisse, quelques années avant la Révolution, la fabrique n'ait point aliéné le don que lui avait fait l'ancien maire d'Amiens ? Il y a toujours eu des amateurs riches et des fabriques pauvres et malheureusement trop enclines à se faire des ressources de ce qu'elles ont sous la main, quand elles ont besoin d'argent. Qui pourrait résoudre la question ? A coup sûr MM. les savants conservateurs de la bibliothèque de l'Arsenal, s'ils peuvent retrouver la date même approximative de l'entrée de leurs manuscrits dans la collection du marquis de Paulmy.

R

Inventaire de Simon Clabault.

Inventaire faicte en la ville d'Amiens le jeudy iiiie jour de février an mil ve xxxix et autres jours enssuivant par moy Nicolas Mouret sergent estans assisté de Robert Obry aussy sergent, appellé à ce faire par le commis du greffier de lad. ville et Wallet Brassart priseur juré, des biens, meubles, lettres, tiltres et enseignements délaisséz après le trespas de deffunct sire Simon Clabault à son tour maïeur d'icelle ville, trouvés en une maison séant en la rue au Lin et à la requête de Guillaume le Mattre et demoiselle Jehenne le Berquier sa femme niepce et sculle héritière d'icelluy feu; de laquelle inventaire, ensemble de la prisée d'iceulx biens la déclaracion enssuit :

Et Primes :

Trouvé en une sallette basse respondant sur la rue ce qui s'enssuit Assavoir une cramelye à ung branchon et deux petis andiers de fer forgé prisé ensemble   x'

Item une petite table de bois de chesne assise sur une cayelle à dos prisé.   v111ᵈ

Item ung buffet de bois de chesne à ung huisset et tiroir prisé . . .   L'

Item ung tableau voirrée auquel est emp1·ainct ung véronnicle prisé . .   x'

Item une cayelle à dos garnye de cuyr thenné prisé . . . .   x'

Item ung lict et traversain garny de plumes prisé . . . .   x lᵇ

Item ung couvertoire de castelonne blanche (1) ung loudier et deux draps de chanvre prisé. . . . . LX'

Item quatre pièces de courtaines de saye fonchée de rouge avec gouttières, franges et ciel prisé ensemble. . . . . LX'

Item une couche de bois de chesne à pilliers prisé. . . . .   c'

Item ung autre petit lict et traversain garnye de plumes, ung couvertoir de drap thenné rouge, ung petit loudier, trois pièces de couvertoire de saye rose et orenge et avec le ciel et franges prisé ensemble . . . . vi lᵇ

Item une couche de bois de noyer prisée. . . . .   c'

Item une cayelle à dos de bois de chesne avec deux escabelles prisé ensemble . . . . XII𐑈

Trouvé en une petite garde robbe ce qui s'enssuit :

Assavoir ung petit bancq de bois de chesne, deux scabelles, ung petit blocq prisé ensemble . . . . XVI'

Item ung petit lit et deux traversains garnis de plumes, ung couvretoir de tiretaine prisé. . . . . L'

Trouvé en la salle terrée de devant ce qui s'enssuit :

Assavoir ung chariot branlant garny de cuyr prisé . . . . XL'

---

(1) Couverture de laine blanche venant de Catalogne. Oudin, dictionnaire. Jouancoux, études pour servir à un glossaire étymologique du patois picard au mot Catelogne.

Item ung bancq de bois de chesne, ung aultre petit bancq à dossier prisé
ensemble . . . . xl^s

Item une grande table de poirier avec deux trétaux et une escame de bois de
chesne (1) prisé . . . . xxx^s

Item une lanterne de voirre prisé . . . . x^s

Item sept picques de diversses longueur prisé ensemble . . . . xvi^s

Item quatre blocqs de bois prisé . . . . viii^s

Trouvé en l'allée deux petites tables prisées . . . . xv^s

Trouvé en la grand salle basse respondant sur la cour ce qui s'enssuit :

Assavoir deux chynons de fer forgé et à pommes de cuyvre prisée . . . ix l^t

Item une table de bois de pomier, deux trétaux, prisées . . . . xxiv^s

Item ung bancq de bois de chesne à-puyé et passet prisé . . . . xxiv^s

Item deux cayelles à dos de bois de noyer prisées . . . . xxiv^s

Item neuf scabelles de bois de chesne prisé ensemble . . . . . . xxvii^s

Item l'imaige de saint Michel avec le cappitteau et deux petites courtaines de
scapulaire bleu et vyollier prisé . . . . c^s

Item ung tableau ouquel est empreint l'ymaige Notre-Dame garnie de deux
manteaulx prisée . . . .

Item ung myroir enchâssé et en bois doré en partie prisé . . . . . iv^l x^s

Item une cuvette d'estain tierchain que ladite demoiselle (2) a déclairé luy
avoir esté baillée en garde par Mr Simon Brocquier lieutenant de Saint-Pol, pour
ce non prisé.

Item ung petit tableau de bois ouquel est enchassé ung *Ecce Homo* prisé   xx^s

Item six chandeliers d'arain estans attachés en lad. salle prisées . . xxx^s

Item a esté trouvé en six bancqs de chesne estant de . . . . de la
maison ce qui s'enssuit :

Item ung manicordion (3), ung blaizon et plusieurs chapelletz dosiers, escuelles
de bois et plusieurs maisnaiges aussy de bois prisés ensemble . . . . xv^s

Item au second bancq deux petits tableaux et deux autres petits prisé. . viii^s

It. un chief saint Jehan de bois doré prisée . . . . xx^s

It. ung petit forgier (4) de cypres ouquel y a plusieurs petites pièces de
drap prisé. . . . . xx^s

---

(1) Escame, escamette, banc. Jouancoux, Ibid. Escamette, Ducange, v° Escame.

(2) Cette demoiselle qui apparaît ici inopinément, est comme on le verra plus loin la veuve de sire
Simon Clabault, Jacqueline de Soissons.

(3) Instrument de musique.

(4) Coffre, cassette. *Forgerium.*

Trouvé en une petite chambre derrière ce qui s'enssuit :

Assavoir deux petits andiers de fer fontif prisé. . . . . xii*

Item une cayelle à dos de bois de noyer prisé . . . . xx*

It. une petite table de bois de chesne et deux trétaux prisé . . . . x*

It. une selle perssée et deux escabelles prisées . . . . xii*

It. ung petit bancq de bois de chesne à puyé prisé. . . . . xl*

It. Ung petit buffet de bois de chesne à ung huisset et tiroir prisé . . xl*

It. ung lict et traversain garnis de plume prisé. . . . . c*

It. Une couverture de bureau thenné et ung loudyer prisé . . . . xl*

It. deux pièces de tiretaines de saye thenné de bleu prisé. . . . . xx*

It. Ung petit lit et traversain garni de plumes, ung couvertoire de tiretaine blancq prisés ensemble. . . . . l*

Item a esté trouvé dans une grande chambre nattée ce quy s'enssuit :

Item deux andiers de fer forgié, ponmetés de cuyvre prisé . . . . . vi^t

Item une petite table et deux trétaulx de bois de chesne prisé . . . . . xii*

Item ung bancq de bois de chesne à puyé et passet prisé . . . . . xx*

Item une cayelle à dos de bois de noyer avec une autre de blancq bois cordée et quatre scabelles prisé ensemble . . . . xx*

Item ung buffet de bois de chesne à deux huissets, deux tiroirs et revers prisé . . . . c*

Item l'ymaige Notre-Dame dorée prisée. . . . . xx*

Item ung lict et traversain garnie de plumes prisé. . . . . xii l^t

Item ung couvertoir de drap rouge de deux lez prisée . . . . . . xl*

Item une coeutepointe estant sur ledit lict, prisée. . . . . xl*

Item trois pièces de courtaines de saye gris et vyollet avec ciel, dossier et gouttières prisé ensemble . . . . iiii^t

Item une couche de bois de noyer prisée. . . . . xv l^t

Item ung autre petit lict et traversain garnis de plumes prisé . . . . lx*

Item une couverture de saye verd avec trois courtaines de saye gris et vyollect avec gouttières et franges prisé . . . . xl*

Item ung petit candélabre d'arain prisé . . . . x*

Item a esté trouvé en la court d'icelle maison ce qui s'enssuit :

Assavoir deux petites escames de bois de chesne et ung petit blocq prisé ensemble. . . . . viii*

Item trois cuviers, ung lavoir et ung cuvron prisé ensemble . . . . xii*

Item ung mortier de grez assis sur un pied de bois prisé . . . . . x*

Item a esté trouvé en ung plat cellier près la cour ce qui s'enssuit :

Assavoir ung bureau, deux trétaulx, une flurière, une moes prisé ensemble   x^s

Item une cuve baynoir et une table ronde de bois d'ormeau prisé.   .   .   xvi^s

Item quatre blocqs de bois de chesne prisé ensemble . . . . vi^s

Item ung garde meingier prisé . . . . x^s

Item ung pied à buée prisé avec ung saloir . . . . vi^s

Item ung beneau de bois prisé . . . . x^s

Item a esté trouvé en une gallerye ce qui s'enssuit :

Item une vielle huche avec quelque quantité d'estouppe prisé . . . . xii^s

Item ung sacq de toille d'estouppes prisé . . . . iiii^s

Trouvé en une chambre haulte sur la cuisine ce qui s'enssuit :

Item deux petit andiers de fer forgé, deux tenailles et une pallette prisées   x^s

Item une petite table et deux tréteaulx prisé . . . . xii^s

· Vendredy cinquiesme jour de février an mil v^c xxxix par lesdis Mouret, Obry, commis du greffier, et Nicolas Benoit priseur juré.

Item ung lit et traversain garnys de plumes prisé . . . . x^l

Item une couverture de drap blancq avec ung loudier garny de boure prisé . . . . lxx^s

Item une paire de draps de toille de chanvre prisée . . . . xxx^s

Item trois pièces de courtaines de toille de lin avec gouttières et franges prisé . . . . c^s

Item une autre pièce de courtaines de toilles de chanvre avec le ciel prisé   xvi^s

Item une petite sarge rouge prisée . . . . xii^s

Item une cayelle de bois de chesne et une autre petite couverte de drap vert prisé ensemble . . . . xx^s

Item ung tableau ouquel est emprainct un Dieu de pitié prisé . . . . xii^s

Item ung benistoir d'arain prisé . . . . iiii^s

Item trois scabelles de bois de chesne, deux cayelles de blanc bois prisé   xv^s

Item ung bancq de bois de chesne à dossier prisé . . . . xx^s

Item ung cruxifix de bois doré, deux ymaiges Notre-Dame et saint Jehan, deux chandeliers d'arain, deux petites burrettes d'estain prisé ensemble . . . iiii l^t

Item ung buffet de bois de chesne à ung huisset et tiroir prisé . . . . lxx^s

Item ung petit lict et traversain garny de plume, ung loudier, une couverture de tiretaine, deux draps de toille d'estouppe, une sarge rouge prisé ensemble lxx^s

Item trois pièces de courtaines de toille de lin, que lad. demoiselle a déclaré appartenir à sa belle-sœur femme de Monsr le Receveur de Soissons (1), pour ce non prisé.

Item une pièce de gouttières et ung drap de toille de chanvres prisé. .   xx^s

Item deux coffres de bois de chesne prisé ensemble. . . . . . . xLii^s

Item deux couches de bois de chesne prisé. . . . . xL^s

Item deux petites scabelles de bois de chesne prisées . . . . . . iiii^s

Trouvé en une petite chambre joignant celle dessus dite environ quatre fais de charbon prisé avec deux bouts de torsses. . . . . xL^s

Item en ung petit grenier y joignant quarante gerbées, quelque quantité de foing, aucuns waratz de vesche, ung callit, deux scabelles, ung deswidoir, ung petit blocq perssé prisé . . . . iiii l^t

Trouvé en une autre petite chambrette ce qui s'enssuit :

Assavoir une lanterne, ung couverchier d'arain, deux petits coquets servant à mettre du sel, ung petit mortier de fer fontif cassé, prisé ensemble . . xxiiii^s

Item deux scabelles de bois de chesne, ung pannyer d'ozier, une petite escame une petite aumaille de bois prisé ensemble. . . . . xx^s

Item ung tapis de drap vert viel et usé contenant quatre aulnes demye de lez prisé . . . . xx^s

Item cinq pièces de courtaines de saye verd et rouge avec gouttières et franges, une courtaine de sarge rouge et une autre sarge rouge prisé ensemble. . vi l^t

Item une couverture de tiretenne persse, fourrée de peaulx de loups prisée   x^s

Item une robbe de demy ostade noire à usage de femme prisée . . . xxx^s

Item trois orillers garnis de plumes prisés. . . . . xxx^s

Item six chappelletz d'ozier prisé . . . . iii^s

Item neuf serviettes de toille de lin avec pourpoint de pareille toille prisé   xv^s

Trouvé en ung petit coffre de bois de chesne dix chemises à usage de femme de toille de lin et xiiii chemises à usage d'homme prisé ensemble . . ix^{lt} xii^s

Item deux petites toyes de chanvre et ung petit coeuvrechief de nuit prisé. . . . . 2^s vi^d

Item deux petits coppons de toille de chanvre prisé ensemble. . . . xxx^s

Item trois eschevaux de chanvre, treis coings de fer à fendre bois prisé   vi^s

Item unes aumailles de bois de chesne à deux huissetz prisé . . . xvi^s

Item une grande cayelle à dos à ung coffre prisé . . . . xxiiii^s

Trouvé en une grande salle repondant sur la court ce qui s'enssuit :

(1) Jehan de Soissons receveur du domaine, beau-frère de Simon Clabault.

Assavoir en une grande huche une robbe de demye ostade doublée de sarge drappée fourrée par les manches de conyns noire à usage de femme prisé. viii l^t

Item une autre robe de camelot thenné fourrée d'aigneaulx noire à usage de femme prisée . . . . ix^t

Item une cotte de satin reversé doublé de doublure noire prisée, avec une autre petite cotte simple d'escarlatte prisé . . . . lxx^s

Item ung manlteau de demy ostade à usage de femme prisé . . . . xvi^s

Item une cotte de drap noire doublée de doublure noire prisé. . . . lx^s

Item ung tapis de coulleur jaulne et rouge prisé . . . . xvi^s

Item ung autre tapis semé de verdure prisé . . . . lx^s

Item une couverture de tapisserie rouge avec deux paroirs de buffet de saye rouge et verd prisé. . . . . lx^s

Et led. coffre ouquel ont esté prins et remis lesdits biens prisé . . . xxiiii^s

Item a esté trouvé en une grande huche en ung petit forgier y estans deux paires de gans, trois petites boursses de velours et de soye, deux paires d'heures, ung ruban d'orange, trois douzaines d'aiguillettes et deux scutiers de soye et un petit tissu d'argent, deux paires de cousteaulx et unes petites patenostres d'ambre prisé avec ledit forgier . . . . lxx^s

Item audit grand coffre, une grande tente de toille de chanvre avec gouttières franges et cordail y servant prisé . . . . xl^l

Item une autre tente de scapulaire de gris et vyollet gouttières et franges, une autre tente de pareille coulleur garnye de franges et gouttières prisé . . viii^l

Item ung tapis de buffet fait à l'aguille de coulleur de jaulne, vyollier et gris, prisé . . . . xxxvi^s

Item trois quarreaulx de scapulaire garnis de bourre prisé . . . . xxx^s

Item six autres quarreaulx de tapysserye faits à l'aguille prisé . . iiii^l xvi^s

Item deux coeutepoinctes de satin reversé de couleur jaulne, vyollect, et blancq prisé avec deux armoyries . . . . xvt

Item une pièce de rozent ? de diversses sortes, que lad. demoiselle a déclairée luy avoir esté baillié en garde par le p^r de Monseigneur de Heilly, icelly pour ce non prisé.

Item ledit coffre ouquel lesd. biens ont esté prins et remis prisé . . . xl^s

Trouvé en ung grand coffre ce qui s'enssuit :

Item six aulnes et demye de drap vert prisé xv^s l'aulne font. . . . . cxii^s vi^d

Item la couverture de trois quarreaulx de tapysserye faits à l'aguille prisés xxx^s

Item deux aultres quarreaulx de scapulaire avec ung petit bancquier de sarge rouge prisé. . . . . xviii^{s}

Item une petite pente de gris et vyollier prisé . . . . vi^{s}

Item six pièces de drap vert servant à la chambre nattée prisé . . . xv^{l}

Item ung petit tapis semé de verdure, un petit carreau de drap rouge et noir, ung patron de tapisserye et deux petits orilliers garnis de plumes prisé ensemble . . . . l^{s}

Item en une petite toyette de toille de chanvre, a esté trouvé huit livres tant de laynes que fil de laine prisé . . . . iiii^{l}

Item une boitte à corporaulx de velours noir et toille d'or et une couverture de calix fait à l'aguille prisé ensemble . . . . lx^{s}

Item ung *Agnus Dei* enchâssé en voirre, avec une petite croix de soye et deux petites ymaiges de Notre-Dame prisé . . . . l^{s}

Item une petite bougette couverte de cuyr ferrée à l'entour prisé . . . xv^{s}

Item trouvé en ung petit coffre de cuyr rouge ferré, treize serviettes de toille de lin à laver ouvraigé de points prisé . . . . vii^{l} xvi^{s}

Et ledit coffre prisé . . . . x^{s}

Item deux petits Jesus de bois doré prisé . . . . lx^{s}

Item unes heures de velin enlumynées couvertes de velours thenné à deux fermoirs d'argent, quatre pommes rondes, servant à une couche, paintes de cassidoine et ung petit benistoir prisé ensemble . . . . lx^{s}

Et ledit coffre ouquel lesd. biens ont esté prins et remis prisé . . . xxx^{s}

Trouvé en ung petit coffre de bois de chesne ce qui s'enssuit :

Item ung bassin d'arain argenté avec deux voirres de cristaile prisé. . xxvi^{s}

Item une nappe de toille de lin ouvraigée de fleurs de lys contenant vii aulne, une douzaine de serviettes de pareille toille et ouvraige prisé. . . . . . x l^{t}

Item une pièce de toille de lin façon de Desvres ? contenant xiiii aulnes trois quars prisé vi^{s} par aulne sont . . . . iiii^{l} viii^{s} vi^{d}

Item une autre pièce de nappe façon de Venise, de toille de lin contenant quinze aulnes sont . . . . lx^{s}

Item une pièce de serviettes de toille de chanvre, ouvraigé de damas contenant xxvi aulnes trois quars au pris de iiii^{s} l'aulne sont . . . . . cvii^{s}

Item une pièce de nappe de chanvre, ouvraigé de damas contenant xxix aulnes demy au pris de v^{s} l'aulne font. . . . . vii^{l} viii^{s} vi^{d}

Item une nappe de lin façon de damas contenant vii aulnes de long et ii aulnes demye de large avec deux douzaines de serviettes de pareille toille et façon prisé . . . . xii^{l}

Item dix-neuf serviettes de toille de lin, ouvraige de Venise au pris de vii˟ vi ᵈ
la serviette sont. . . . . vii^l ii˟ vi^d
Item une douzaine de serviettes de lin, ouvraigé de chappeau à coeur et quatre
autres façon de feuilles de quesne et trois teneilles de chanvre prisé . . . viii^l v˟
Item une pièce de serviettes de toille de lin bize, ouvragé de petits chappelletz
contenant xx aulnes au pris de iiii˟ l'aulne font . . . . iiii^l
Et ledit coffre prisé . . . . xx˟
Trouvé en ung petit coffre deux petits tableaux et deux blazons et ung petit
cruxifix de bois, ung petit benistoir d'arain, ung chappeau de feutre et une
couvertoire d'un gect de chemynée prisé avec led. coffre . . . . . . xxx˟
Item une chaudière d'arain prisé. . . . . xxxii˟
Item une selle à femme, une couverture de drap noir, un coussinet et une bride
prisé ensemble . . . . xxiiii˟
Item ung trépied de fer forgé, ung petit gril rond, une payelle de fer à queue,
ung chauderon d'arain, ung bassin, deux lèchefrittes, ung gril, une payelle de
fer à queue, ung autre petit gril, le tout prisé ensemble . . . . . . lxx˟
Item quatre chandelliers d'arain prisé . . . . x˟
Item deux potz de cuyvre, une pallette de fer et unes tenailles . . . xxxii˟
Item ung (pot) de chambre d'arain, ung réchauffoir, deux coings de fer prisé
ensemble . . . . vii˟
Item trois coeuvrechiers de fer, une main de fer, unes anssette, un estrille,
ung cousteau de cuysine, ung petit chandellier de bois, un hocq de fer et ung
crasset prisé ensemble . . . . x˟
Item quatre tréteaulx de bois, deux douzaines de tranchoirs painets prisé xii˟
Item ung petit cocquet à demy plein prisé . . . . viii˟
Item ung espieu et deux maillets de plomb et une javelaine prisé . . xviii˟
Item une mesure au blé et un rouet prisé . . . . vii˟
Item quatre hottes d'ozier prisé. . . . . xvi˟
Item ung petit orillier garny de plumes prisé . . . . viii˟
Item une bride à cheval, deux mors et ung licol de cuyr prisé . . . xii˟
Item une lanche, unes fourchefière et trois perches paintes prisé . . viii˟
Trouvé en ung grenier respondant sur la cour ce qui s'enssuit :
Assavoir ung cramelye à trois branchons et cinq verges de fer prisé . xxxii˟
Item deux cousteaulx de cuisine, une sarpe, ung cousteau à chappeller pain,
prisé. . . . . x˟
Item ung fer à gauffre avec une lanche de fer, ung escumoir, prisé ensemble xxx˟

Item deux broches de fer avec deux verges de fer, une pelle de fer, une fourchefière, ung picq, une cuignée, ung louchet, deux heuaulx et une becque, prisé ensemble . . . . xxiiii*

Item ung blazon de bois. . . . . iiii*

Item une mande, une pennyer, quatre mandes et ung deswidoir, deux rondets et ung tamis prisé . . . . vi*

Une payelle bachinoir, ung chauderon, ung reschauffoir, six cuillères de laiton, trois coeuvrechiers et unes estenailles d'arain, ung pot à barbier, une lampe, le tout d'arain (1) . . . . xl*

Une poyelle de fer à queue, une mesquinne de fer, deux anssettes, ung greuet, deux coeuvrechiers, une cuillère de fer et une pelle de fer une quenne ferrée xiii*

Deux seaulx carclés de fer, ung cuveron et une mesure de demy sestier prisé ensemble avec eschinolle . . . . x*

Trouvé en une petite chambre haute respondant sur le jardin ce qui s'enssuit :
Assavoir trente-huit livres de fil de chanvre en escheveaux et loisseaulx iiii¹ xv*

Quatre bottes de chanvre au pris de vi* la botte sont . . . . . . xxiiii*

Trois bottes de boucquetz de chanvre prisé iiii* la botte sont . . . xii*

xxiiii¹ de chanvre en cordons prise xiiᵈ la livre sont . . . . . . xxiiii*

Deux bottes de lin prisées xii* la botte sont. . . . . xxiiii*

Quatre livres de lin en cordons prisé iii* la livre font . . . . . . xii*

Une fourche de fer et une pelle à trois pommes d'érain . . . . . xxx*

Deux cayelles à dos de bois de noier couvertes de tapisserye faites à l'aguille où sont les armoieries d'icelluy deffunct et de lad. demoiselle sa femme, et cinq bouzins aussy de tapisserye faites à l'aguille. . . . . viii¹

Ung bureau, deux tréteaulx, une escame et ung huys et plusieurs pièces de vieil bois et quatre aussaielles estant attachez en divers lieux de la chambre xxxii*

Unes estimettes d'arain ronde. . . . . vi*

Ung bassin d'arain à laver . . . . xii*

Deux pourpoints de demye ostade les bas de manche de velours doublez de futaine blanche . . . . iiii¹

Une chemise de drap rouge . . . . xx*

Une robbe de camelot noir à usage d'homme fourée par les paremens de martres et le reste d'aigneaulx noirs . . . . xii¹

Une robbe de demye ostade aud. usage bendée de velours noir fourrée d'aigneaulx noirs. vi¹

1) Nous supprimons à partir d'ici les formules : Item et prisé qui se rencontrent à tous les articles.

Une robbe de demye ostade oud. usage fourrée de diverses fourrures vielle et
usée . . . . LXX^s

Ung saye de frizé d'Espaigne fourré de diverses fourrures, les paremens de
martres . . . . c^s

Ung bonnet de velours noir, à ung rebras . . . . XL^s

Deux chappeaulx de layne . . . . VI^s

Ung bonnet noir à ung rebras . . . . V^s

Une toillette bleue prisée avec deux quarreaulx de scapulaire garnis de bourre
de coulleur rouge et jaulne et ung bancquier aussy de scapulaire . . . XXX^s

Deux septiers de poix et trois septiers de canuys . . . . LXIIII^s

Trouvé en une petite garde robbe joignant la chambre dessus dite ce quy
s'enssuit :

Estain.

Assavoir ung grand bassin à laver, trois grands platz, six autres platz moiens,
xxv plats de diversse grandeur, deux douzaines d'assiettes, une douzaine de
sausserons, xxi assiettes, deux grandes quennes, deux aultres quennes à pied,
deux potz, trois petites quennes à pied, trois petits brocqs, ung bassin de
chambre, six gobelez, six gattelettes à oreilles, ung esgouttoir et deux sallières
pesant ensemble neuf vingt-trois livres au pris de III^s V^d la livre sont. XXXII^l VI^d

Tierchain.

Une quenne, une grande gatte, ung flacon, ung demy lot et une pinte le tout
pesans ensemble XXXVIII^l au pris de II^s VI^d la livre font . . . . . IIII^l VI^s VI^d

Huit chandelliers d'estain de cornouail, façon de Paris . . . . IIII^l XVI^s

Quatorze livres de fil de chanvre en loisseaux prisé III^s la livre sont . X^l II^s

Ung petit lict de can à quatre pilliers . . . . XXX^s

Une fontaine de plomb prisé avec ung petit auger . . . . . XV^s

Ung flacon de cuyr boully . . . . XVIII^d

Trouvé en ung petit grenier sur lad. chambre ce qui s'enssuit :

Une fustaille plaine de cendres . . . . VIII^s

Ung deswidoir prisé avec une pelle de bois . . . . II^s VI^d

Trouvé en ung grand grenier respondant sur la rue ce qui s'enssuit:

Assavoir deux cens et demy de fagotz au pris de xxv^s le cent sont. LXXII^l VI^d

Une petite charrette avec les roues. . . . . XVIII^s

Ung petit bureau, une selle à cheval à usage de femme et une eschelle. VIII^s

Une pollye avec la corde . . . . X^s

Ung bleneau sans roues . . . . VI^s

Item en ung grand grenier plus bas joignant cestuy dessus déclairée la quantité de cinq muys de blé prisé VII^l IIII^s le muy sont . . . . XXXVII^l VIII^s

Item en la grand salle sur la cour XXIIII sestiers de blé au pris de VIII^s le sestier font . . . . IX^l XII^s

Trouvé en la salle pavée sur la rue quatre fustailles . . . . . . XVI^s

Trouvé en une grande chambre respondant sur le jardin ce quy s'enssuit:

Item une cramelye à ung branchon et une pallette de fer prisée . . . VI^s

Ung bancq à dossier prisé. . . . . XXVI^s

Une couche à quatre pilliers . . . . IIII^t

Six carreaulx de tapisserye garnyes de bourre avec ung petit banquier prisé ensemble avec un drap de toille painct vieil et usé . . . . IIII^t X^s

Deux hallebardes. L^s

Une espée . . . . XV^s

Ung hallecret, une secrette (1), ung gorgerin, ung cabasset et une sallade, prisé . . . . LX^s

Ung petit benistoir de tierchain . . . . XVIII^d

Item a esté trouvé en un grand coffre ce qui s'enssuit:

Assavoir huit pièces de tapisserye façon de Turquye prisé ensemble . VI^{xl}

Cinq bancquiers de tapisserye façon de Turquye. . . . . XXX^l

Cinq pentes de deux ciels de lictz de drap découppé par feuillaiges avec les deux cielz de scapullaire de coulleur vyolliet, jaulne et blancq avec six pièces de courtaines aussy de viollet, jaulne et blancq . . . . XL^l

La garniture d'une cayelle à dos faicte à l'aguille . . . . . . XXX^s

Une pièce de courtaîne de scapulaire de coulleur gris et vyollier. . . XXV^s

Une pièce de demye ostade . . . . XV^l

Une pièce de demye ostade façon de camelot sans onde . . . . . XVI^l

Une fourrure de martres . . . . XLV^s

Une pièces de serviettes de toile de chanvre ouvraigée de Rouen contenant xxv aulnes trois quars au pris de II^s VI^d l'aulne font. . . . . LIII^s

(1) Calotte d'acier.

Ledit coffre ouquel lesd. biens ont esté prins et remis prisé . . . . . LXX^s

Item une robbe de drap noir fourrée d'aigneaulx noirs que lad. demoiselle a déclairé estre legattée à ung nommé Compaigne pour ce non prisé.

Trouvé en une grande garde robbe couverte de cuyr en forme de bahuts ce qui s'enssuit :

Item une pièce de satin de soye noire contenant dix aulnes demy (mesure) de Paris prisé . . . . XLV¹

Une robbe de sarge noire à usage d'homme. . . . . XII¹

Une robbe de damas noir à grand figure single, bordée de velours à usage de femme . . . . XX¹

Une cotte de damas noir à grand figure, doublée de drap noir . . . . VI¹

Une robbe de taffetas noir à usage de femme, bordée de velours noir . XXVI¹

Une robbe de demye ostade noire à usage d'homme, bordée de velours. VI¹

Une cotte de velours thennée, doublée de petit drap noir. . . . . XXV¹

Une robbe de satin de soye thenné à usage de femme, fourrée d'aigneaulx noirs . . . . XXXII¹

Une robbe satin reversée noire, aud. usage doublée de serge drappé et les manches de velours noir bordée de velours. . . . . XXIIII¹

Ung saye de velours thenné doublé de drap noir . . . . XVI¹

Ung pourpoinct de velours cramoisy doublé de futenne blanche . . XII¹

Une robbe de satin de soye noir à usage d'homme, doublée pour les paremens de velours noir et bordée de velours . . . . L¹

Une robbe de drap noir à usage de femme, doublée de satin de soye noire . . . . XXXVI¹

Une robbe de drap noir à usage d'homme, bordée de velours . . . . XV¹

Unes heures de vellin escriptes à la main, enlumynées, couvertes de velours thenné à deux fermoirs d'argent et XII merchs aussy d'argent doré. . . . X¹

Ung bonnet de velours noir à ung rebras. . . . . L^s

Ung atour de velours noir à usage de lad. demoiselle . . . . L^s

Unes patinostres d'argent à douze merchs d'or . . . . XV¹

Une paire de mancherons et ung collet de velours noir . . . . . XIII¹X^s

Ung chapperon de velours noir avec les atours et ung collet aussy de velours prisé avec ung tablyer de taffetas . . . . X¹

Deux paires de pastinostres de jeet et ung petit tableau de bois voirrée ouquel est emprainct une croix et en icelle escript *In principio* . . . . L^s

Une paire de mancherons de satin de soye noir . . . . XXV^s

Et lad. garde robbe prisée . . . . xx^l

Trouvé en la cuisaine d'icelle maison ce qui s'enssuit :

Assavoir une cramelye à trois branchons, deux grilz, deux andiers, une anssette, une lampe, ung treppied, deux hattiers et trois broches le tout de fer forgié prisé ensemble . . . . vi^l

Une chaudière d'arain . . . . l^s

Une payelle ronde, ung bassin plat, une payelle [ba]chinoire, une guingande et une lèchefritte d'arain . . . . LX^s

Ung pot de cuyvre . . . . xxxii^s

Deux lèchefrittes et une payelle le tout de fer . . . . xxxvi^s

Deux payelles rondes d'arain et deux chauderons prisé avec une cuillère d'arain et une autre de fer . . . . LXX^s

Deux couverchiers de pot et ung hocq de fer prisé avec deux mortiers de pierre . . . . xii^s

Une table de bois de chesne, deux tréteaulx, une escame, quatre selles, ung tourret de bois, deux cuverons, ung blocq prisé ensemble. . . . . . XLV^s

Une payelle d'arain à queue . . . . vi^s

Ung cuvyer et ung lavoir . . . . x^s

Ung pan et deux pannesses . . . . LX^s

Ung sansonct prisé avec une grande caige. . . . . XLV^s

Item a esté trouvé en ung coffre de bois de charme ce qui s'enssuit :

Assavoir quatre douzaines de grosses serviettes de diverses façons. iiii^lxvi^s

Deux douzaines et demye de grosses nappes de diverses longueurs et façons prisé x^s la pièce sont . . . . xv^l

Une pièce de nappe de toille de chanvre ouvraigé de Venise, contenant quinze aulnes au pris de iiii^s l'aulne sont . . . . LX^s

Une nappe de toille de lin, ouvraigé de Venise, contenant six aulnes de long et deux aulnes et demye de large . . . . iiii^l

Une autre nappe de toille de lin ouvraigé de Venise contenant v aulnes de long . . . . LX^s

Une aultre nappe de toille de lin ouvragée de damas contenant vii aulnes . . . . iiii^l x^s

Trois douzaines et demye de serviettes de toille de lin, ouvragée de Venise . . . . xxi^l

Deux paires de draps de lin de deux lez . . . . xiii^l

Ung coppon de toille de lin contenant vi aulnes ung quart prisé viii^s l'aulne sont . . . . L˚

Une paire de draps de toille de chanvre de lez et demy prisé avec ung coppon
de toille contenant ɪɪ aulnes ɪɪɪ quars. . . . . xxxɪɪˢ

Trois paires de draps de toille d'estouppe . . . . xʟvɪɪɪˢ

Estain.

Ung grand bassin à laver, deux douzaines de grans platz, une douzaine de
petits platz, deux petites gattes, ung bassin de chambre, ung plat au burre, deux
esguyerres, quatre sallières, trois esgouttoirs, six gattelettes à oreilles, six
sausserons, trois douzaines d'assiettes, une quenne à pied le tout pesant
ensemble vɪɪxxvɪɪɪˡ au pris de ɪɪɪˢ vɪᵈ la livre sont. . . . . xxvˡ xvɪɪɪˢ

Tierchain.

Trois pots de chambre, ung pot, ung lot et demy, deux lots, deux demi lots,
trois pintes, ung moutardier pesant ensemble xxxvɪˡ au pris de ɪɪˢ vɪᵈ la livre
sont. . . . . ɪɪɪɪˡ xˢ

Deux grands chandeliers d'arain, quatre moyens et trois petits. . . xxvɪˢ

Ung grand cocquemard et ung petit . . . . xˢ

Deux réchauffoirs d'arain . . . . xɪɪˢ

Trouvé en ung grenier sur le grand chambre respondans sur le jardin six muys
d'aveine au prix de ɪɪɪɪˡ xˢ le muy sont . . . . xxvɪɪˡ

Du samedy sixiesme jour de février an mil vᶜ xxxɪx.

Item a esté trouvé en la grant salle respondant sur la cour le linge qui avoit
esté mis en la lessyve quy enssuit :

Assavoir une nappe de toille de lin ouvraigé de Venise contenant cinq aulnes
et demye de long . . . . xxxvɪɪˢ vɪᵈ

Deux autres nappes de diverse toille et ouvraige . . . . xvˢ

Vingt-six grosses serviettes de diverse toille et façon . . . . . xxxɪxˢ

Une paire de draps de toille de lin de deux lez contenant v aulnes de long. ʟˢ

Trouvé en ung grenier sur la chambre nattée le linge qui enssuit :

Assavoir cinq paires de draps de toille de chanvre contenant chacun quatre
aulnes et demye de long pris xxxvɪˡ paire sont. . . . . ɪxˡ

Trois autres draps de diverse toille . . . . xxxii[s]

Une nappe de toille de lin ouvraige de Venise contenant v aulnes et demye de long et deux aulnes de large . . . . xxviii[s]

Deux autres nappes de diverse toille et façon . . . . xxx[s]

Trois aultres nappes de toille de chanvre ouvraigés de panches de vache . . . . xviii[s]

Trois douzaines et deux serviettes de diverse toille et façon vieilles et usées . . . . lxxvi[s]

Six chemises à usage d'homme de diverse toille . . . . lx[s]

Trois chemises à usage de femme. . . . . xxi[s]

Trouvé au premier cellier d'icelle maison ce qui s'enssuit, assavoir ung gros blocq de bois à trois pieds, deux mandes, une serainne, ung cocquet, ung grand entonnoir de bois, une gatte et un lavoir prisé ensemble . . . . . . xviii[s]

Une eschelle et seize pièces de vieil bois. . . . . xv[s]

Sept cordes et demye tant de gros bois que de menu bois prisé iiii[l] la corde sont . . . . xxx[l]

Item à ung second cellier y joignant ce qui s'enssuit :

Deux demy ponchons de vrejus . . . . lx[s]

En ung salloir neuf flèches de lard et dix-sept jambons . . . . . xl[lt]

Huit pièces de vin que lad. demoiselle a déclairé estre du cru de Boves prisé iiii[l] la pièce font . . . . xxxii[lt]

Item en ung grand cellier plus bas une pièce de vin de Soissonnais et une autre pièce du creu de Longueau. . . . . xii[lt]

Deux fustailles et quatre guantiers . . . . vi[s]

En ung grand cellier respondant sur la rue dix-sept pièces de vin du creu de Boves, huit ponchons du creu de Longueau et ung demy ponchon du creu de Cotenchy et une demye pièces prisé iiii[l] la pièce sont . . . . cvi[l]

Une grande cuve, deux petits cuvatres, une chausse de bois et le pied de bois prisé ensemble. . . . . xviii[lt]

xxiiii pièces de bois servant de gantiers . . . . xxxii[s]

Trouvé au comptoir d'icelluy deffunt ce qui s'enssuyt :

Assavoir deux espées d'armes prisées ensemble . . . . xxx[s]

Deux jaivelines de bard ? ung jaivelot, ung becq de faulcon le tout prisé ensemble. . . . . xlv[s]

Une hacquebutte à crochet que lad. demoiselle a déclairé avoir esté légatté à ung nommé Campaigne . . . . xlv[s]

Ung arcq de Brésil . . . . xv^s

Deux petites fourches, deux pelles de bois ferrées . . . . x^s

Une cuigniée de fer forgé . . . . iiii^s

Huict torsses entamées . . . . vi^t

Deux torsses noeufves que lad. demoiselle a déclairé avoir esté donné à l'église Saint-Fremin-le-Martir pour ce non prisées.

Une paire de broudequins de marroquin rouge . . . . viii^s

Une paire de botinnes de marroquin fourrées de regnarts blancqs que lad. demoiselle a déclairé appartenir à Monsr le maistre d'hostel Monseigneur de Saint-Pol pour ce non prisées.

Ung pourpoinct de satin reversé doublé de toille de chanvre . . . . xii^s

Ung saye de satin reversé fourré d'aignaulx blancqs. . . . . . xxiiii^s

Ung livre intitulé les Cronicques de Normandye, ung autre intitulé Speculum passionis, ung aultre aussy intitulé le Doctrinal de sapience, ung aultre livre intitulé le Compot et Kalandrier des Bergiers, ung autre livre escript en latin couvert de cuyr vert, ung autre livre començant Quant à parler de noblesse etc., ung autre livre intitulé la Vye des Sainctez en françois, ung autre livre commençant au premier feuillet : Oraison de sainctes Apolyne le tout prisé ensemble. lx^s

Unes paires de bottes, deux paires d'esperons et ung chappeau de poil prisé ensemble . . . . xxx^s

Une petite brigandine couverte de futenne rouge et deux manchettes de haubre gereye. . . . . lx^s

Une lanterne de fer blancq . . . . viii^s

Une cayelle à dos cordée . . . . ii^s

Une custode garnye de treize cousteaulx et d'une fourchette de diversse grandeur, sept autres petits cousteaulx et ung petit poignart et ung cousteau prisé ensemble . . . . xxiiii^s

Ung estuye garny de deux pignes de bois et ung myroir . . . . . xv^d

Ung soufflet painct de vert et rouge, trois racquettes et la custode, d'ung manycordion, le tout prisé ensemble . . . . x^s

Une petite soye, deux villeborquins, unes espinches, trois marteaulx de fer, une tenaille, ung paroir, et trois ostilz de menuysiers et ung esperon. . . x^s

Deux paires de soulliers vielz et usés . . . . viii^s

Cinq petits painnyers d'ozier . . . . ii^s

Unes paires d'heures de velin, enlumynées, couvertes de velours thenné à deux fermoirs et les coings garnys d'argent. . . . . lx^s

Une table de bois de chesne . . . . III^s

Ung coeuilloir en papier couvert de parchemin faisant mencion des bois d'Acon et de la terre et seigneurie de Hédicourt (1), cotté. . . . . . . A

Ung trorsseau de lettres tant en parchemin que papier faisant mencion des affaires d'icelluy feu, cotté . . . . B

Ung coeuilloir en papier faisant mencion des cens et rentes appartenant audit feu en sa terre et seigneurie de Hédicourt, cotté C

Ung autre coeuilloir couvert de parchemin faisant mencion de plusieurs terres et héritaiges de la seigneurie de Saint-Saulveur, cotté . . . . . . D

Ung coeuilloir en papier faisant mencion des cens et rentes que led. feu avoit droit de prendre chacun an sur plusieurs maisons scituées en la banlieue d'Amiens, cotté . . . . E

Une coppie du testament de feu Pierre Clabault en son vivant citoyen d'Amiens contenant quatre feuillets de papier le deux feuillets et troisième à demye escript commençant : In nomine patris et filii, et au dernier feuillet de la dernière page de la pénultième ligne : le mercredy vi° jour du mois de mars an mil iiii° xlii, cotté . . . . F

Une autre coppie de testament de feu Anthoine Clabault citoyen d'Amiens contenant vi feuillets de papier, les quatre escripts en date du dernier jour de juing an mil v° iiii, escript en la fin : P. Canesson et G. Defer, cotté . . . G

En ung petit coffre trouvé aucuns papiers entr'aultres l'un faisant mencion de l'appointement faict par Loys et Guillaume de Quen.

Trouvé en ung coffre estant en la grand salle lambrissée en une layette estant en icelluy les lettres quy s'enssuyvent :

Une sentence de maintenue et garde obtenue par led. feu sire Simon Clabault allencontre de sire Jehan Maillart pour raison d'un droit de teraige, rentaige et

---

(1) Ce n'est plus que dans les titres qu'on trouve aujourd'hui trace de ces bois qui ombrageaient autrefois la vallée d'Acon qui descent de Bertangles et Montonvillers au camp de Tirancourt. Outre ceux appartenant à la famille des Clabault, la Maladrerie de la Magdelaine en possédait trente-trois journaux *assis dessoubz Saint-Waast en la cauchie en une pièce qui est appelé le bois de Rouvroy et quarante-neuf journiaulx de pré assis en une pièche du costé le terroir qui est appelé Wé d'Ascun.* Elle avait fait cette acquisition en février 1241 moyennant 350 livres parisis d'Enguerran chevalier sire de Sesso-lieu, du consentement de son suzerain le vidame d'Amiens sire de Pinkeigny. L'acte de cette vente est transcrit au registre aux chartres J des archives municipales. Il porte ce titre plus moderne : Acquisition des bois et prez de Rouveroy nommés à présent les bois et prez d'Accon appartenans à la Maladerie de la Magdalaine-lès-Amiens. Les bois d'Acon au xvii° étaient aussi communément appelés bois des Malades.

campart qu'il avoit droit de prendre sur plusieurs pièces de terres séans au terroir dudit Hédicourt en date du xve jour de septembre mil v^e xxxviii, signé J. Le Dieu, cottées au dos par II

Unes lettres en parchemin faisant une mencion du relief fait par ledit feu comme frère et héritier de feu maistre Jehan Clabault en son vivant licencié en décret d'un fief de noble teneure séant au village de Hédicourt dit Saint-Saulveur en date du xxviiie jour de juing an mil v^e ix, signées sur le repply Mr Lymède, ensellées de trois sceaulx de cire vermeil, cottées . . . . J

Unes lettres en parchemin données de Philippe de Morviller premier président en Parlement dactés du xviiie jour d'avril mil iiii^c xxiii après Pasques faisant mention d'un appointement de par luy données entre sire Jehan de Morviller D^{lle} Gilles sa femme et Firmin le Normant et demoi^{lle} Marie sa femme d'autre part, frères dud. s^r premier président signées sur le reply Morviller et scellées d'un sceau emprainct sur cire vermeil, cottées . . . . K

Unes autres lettres en parchemin données de Loys Scorion garde du scel royal estably à Amiens passées par devant Nicolas Lallemant et Jehan Cosette auditeurs royaulx dactées du xxiiiie jour de mars mil iiii^c iiii^{xx} xi faisant mencion d'un appointement par transaction fait par Messire Charles d'Ailly chevalier et vidame d'Amiens avec sire Anthoine Clabault touchant sa terre de Hédicourt signées sur le reply le Jonne et scellées d'ung petit scel emprainct sur cire verd allentour duquel est escript scel Jehan Cosette, cottées. L

Unes autres lettres en parchemin données de Messrs maïeur, prévost et eschevins d'Amiens dattées du ixe jour de février mil v^e xxxiiii signées sur le reply N. de Saisseval et scellées du scel aux causes de lad. ville, faisant mencion de la résignation faite par Loys Dequen de l'office de maître des courtiers de poisson de mer de la ville d'Amiens au profit dudit sire Simon Clabault et ung rescrit de Mahieu Courtois sergent à mace de lad. ville, daté du xixe jour de février audit an portant qu'il a mis en possession et saisine dudit office led. sire Simon Clabault, ycelles lettres cottées au dos par . . . . M

Unes lettres de rescrit en parchemin données de Pierre Jouglet bailly du chapitre d'Amiens, du dénombrement d'un fief quy se comprend en deux muys de blé de rente sur le molin de Clenquain à Amiens en date du xe jour de décembre l'an mil iiii^c xxviii, cottées au dos par . . . . N

Unes autres lettres en parchemin données de Jehan de Collemont lieutenant de Monsr le bailly d'Amiens dattées du xxiie jour d'octobre l'an mil iiii^c lv faisant mention d'une transaction et accord fait par Pierre Pèredieu et demoiselle Ysabel

de Morviller sa femme paravant femme de feu sire Pierre Clabault d'une part et
Anthoine Clabault fils aisné dud. feu et de lad. demoiselle Ysabel d'autre part
pour raison de deux fiefs scituées en la ville et terroir de Hédicourt signées sur
le reply Harlé, cottées . . . . O

Unes autres lettres en parchemin données de Nicaise Le Mercier bailly de
Hédicourt dactées du xiᵉ jour de mars l'an mil iiiᶜ xxxvi portans la vendicion
faite par Colard de Wailly à sire Pierre Clabault d'un journal de terre séant au
terroir de Hédicourt lesquelles signées sur le reply N. Lemercier, cottées. . P

Unes autres lettres en parchemin données de Jehan Leclerc bailly d'Argœuves
dactées du second jour de mars l'an mil iiiᵉ xxxvi, faisant mention de la vendition faite par Colart de Wailly à sire Pierre Clabault d'une pièce de trois journeaulx et demy de terre séant au terroir d'Argoeuves, lesd. pièces cottées . Q

Unes autres lettres en parchemin données de MM. les maïeur et eschevins
d'Amiens dactées du xxviiiᵉ jour de janvier l'an mil iiiᵉ et xxxvii portant la
recongnoissance à presme faicte Jaques de Gouy au prouffit de sire Pierre
Clabault de trois journeaulx de terre tenus en cottroye de Clément. . . . .
cottées . . . . R

Deux aultres lettres en parchemin annexées l'une dedans l'autre données de
Clément . . . . l'unes dactées du xxvᵉ jour d'octobre mil iiiᵉ xxxvi,
l'aultre dactés du iiiᵉ jour de novembre audit an faisant mention de la dessaisine
faite par Collinet Clabault seigneur de Rumeigny au prouffit de Jacques de Gouy
des trois journeaulx de terre dessus mentionnés et de la saisine baillée audit de
Gouy collationnées sur le dos par . . . . S

Unes lettres en parchemin données de Guillaume de Lespière bailly de Pincquigny dactées du xvᵉ jour de juing l'an mil iiiᶜ et xxvi faisant mention de la
vendicion faite au prouffit de sire Pierre Clabault d'un fief quy se consiste en
lxxii journaux de bois que on dist les bois d'Acon lesquelles lettres scellées de
quatre sceaulx sur cire vert, cottées . . . . T

Unes autres lettres en parchemin données de Jacques Havée, garde du scel
royal estably Amiens dactées du xvᵉ jour de juing an mil iiiᶜ xxvi portant la
vendicion faite audit sire Pierre Clabault desd. lxxii journeaulx de bois nommés
les bois d'Acon signées sur le reply Ledieu et scellées de dix petits sceaulx
empraints sur cire verd, cottées . . . . U

Ung décret en parchemin signé de Jehan de Cambrin lieutenant général de
Monsʳ le bailly d'Amiens dactées du xxviiᵉ jour de juillet l'an mil iiiᵉ xxxv faisant
mencion de l'adjudication par décret de deux fiefs séans à Hédicourt esquelles

lettres sont annexées cinquante petites lettres en parchemin, l'une de Guillaume de Lespiere bailly de Pincquigny, l'autre de Hue Harlé bailly de Jehan du Bos à cause de son fief de Hédicourt, unes autres données de Jehan de Cambrin lieutenant de Monsr le bailly d'Amiens portant la retraite par prosme faite sur lesd. deux fiefs par sire Pierre Clabault, unes autres lettres données dud. de Cambrin portant la taxation des despens, des cryées et autres lettres données d'icelluy de Cambrin et autres lettres portant quittance desd. taxe de despens ; toutes lesd. pièces cottées V

Unes lettres en parchemin données de Jacques le Vasseur garde du scel royal estably à Amiens dactées du viiie jour de juillet l'an mil iiie lxxi faisant mencion de la vendicion faite par Jacques de Long Roy et Gilles de Long Roy de deux fiefs ses appartenances et appendances cottées . . . . Y

Unes autres lettres en parchemin données de Me Jehan Rohault bailly de Pinquigny dactées du xxve jour de juillet l'an mil v^e iiii faisant mention du relief fait par Mr Jehan Clabault d'un fief séant au terroir de Hédicourt et ung autre fief nommé les bois d'Acon, lesd. lettres signées sur le reply Le Scellier et scellées de trois sceaulx sur cire vermeil, cottées . . . . Z

Unes autre lettres données de Guillaume de Lespiere bailly de Pinquigny dactées du xxve jour d'octobre l'an mil iiiie xxviii scellées de quatre sceaulx empraincts sur cire verd, cottées au dos. . . . . *

Unes lettres données des Célestins d'Amiens dactées du vi^e jour de septembre l'an mil v^e lviii faisant mencion de la fondation d'une messe chacun jour pour le salut de l'âme de feu sire Philippe de Morviller, cottées au dos par . . . **

Unes lettres en parchemin données des doyen et chappitle de Pinquigny dactées du xie jour d'aoust l'an mil iiie iiii^{xx} ix faisant mencion de la fondation d'un obit solempnel au second jour de mars, icelles lettres cottées au dos par . . . . Au

Unes autres lettre1 en parchemin données de Jehan de Collemont lieutenant de Monsr le bailly d'Amiens dactées du xxie jour d'octobre l'an mil iiiie lv faisant mencion d'un accord fait entre Pierre Pèredieu, demoiselle Ysabel de Morviller sa femme et Anthoine Clabault fils aisné d'icelle demoiselle scellées sur cire vermeil et cottées au dos . . . . Bu

Unes lettres en parchemin signées de Jehan Vilain bailly de Pincquigny portant que Anthoine Clabault a fait le serment de fidélité à Monsr le vidame d'Amiens pour deux fiefs l'un nommé les bois d'Acon et l'autre situé à Hédicourt dactées du xxviiie jour de janvyer en l'an mil iiiie lxviii, cottées . . . . . Cu

Lesd. lettres remises en lad. layette où elles ont esté prinses.

Une aultres lettres données de Honoré le Prevost bailly de Revelles dactées du iii° jour de septembre mil iiii° iiii²ˣ ii faisant mention d'une donacion faite par Jehan Fouquier à sa fille à son traictié de mariage d'une maison séant à Revelles lesquelles lettres cottées au dos . . . . Dii

Un feuillet de papier faisant mention de la déclaration des terres cultivées séans à Fluy avec autres déclarations de terres escriptz en plusieurs brevetz tous enveloppés ensemble et cottées sur le dos . . . . Eii

Ung registre en papier couvert de parchemin sur laquelle couverture est escript : Dénombrement Anthoine Clabault de sa terre et seigneurie de Hédicourt et des bois d'Acon, cottée sur lad. couverture. . . . . Fii

Ung autre registre en papier couvert de parchemin sur le dos duquel est escript : C'est le registre aux cens et censives deubz à sire Pierre Clabault à cause de sa terre de Hédicourt, cotté . . . . Gii

Ung sachet de toille bize ouquel y a plusieurs lettres, sur lequel sacq y a ung brevet de papier portant : lettres d'aucunes terres de Revelles lesquels me servent de registre, cottées. Hii

Ung compte en papier signé A. Clabault, Sadriaut couvert de parchemin, sur le premier feuillet de la couverture duquel compte est escript : Comptes Jehan Sadriaut, pour sire Anthoine Clabault, cottée . . . . Jii

Ung registre liez de estrunc couvert de parchemin sur laquelle couverture est escript : Registre ordinaire de Anthoine Clabault, cottée . . . . . . Kii

Ung trousseau de lettres de parchemin sur le dos desquelles est escript : Lettres de traictié de mariage, d'accord de plaige de cens et une pièce de ratification de l'héritage de deffunt Jacques Clabault, cottée. Lii

Une autre trousseau de lettres en parchemin sur le dos desquelles est escript : Lettres de Corbillon séant en la rue Saint-Germain où pend pour enseigne saint Michel, lesquelles lettres cottées avec unes autres lettres faisant mention de xlˣ de cens fonssier sur la maison de Corbillon, cottées. . . . . Mii

Ung pacquet de lettres faisant mencion de xxˢ de cens sur la maison de Jehan Gayant bouchier, cottées . . . . Nii

Unes autres lettres en parchemin données des maire et eschevins d'Amiens dactées du iii° jour de novembre l'an mil iiii° xix faisant mention de la constitution de xviii¹ de rente au prouffit de Madame Jehenne Clabault par Simon Clabault son frère lesquelles lettres cottées au dos par . . . . Oii

Unes autres lettes en parchemin données de Messeigneurs maïeur et eschevins d'Amiens dactées du xiie jour d'aoust l'an mil v^e et iiii faisant mencion de partaige entre Me Jehan Clabault, Simon Clabault, Jehan Le Berquier et sa femme de deux maisons situées, une en la rue au Lin, l'autre de la maison des Escureux quelles lettres cottées au dos par . . . . P ii

Ung trousseau de lettres en parchemin sur lequel est escript : Lettres de six livres de rente sur une maison séant en la rue des Trippes de présent apartenant à Nicolaie de Crayn, icelles lettres cottées au dos . . . . Q ii

Ung autre trousseau de lettres en parchemin sur lequel est escript : Lettres du jardin de la rue Saint-Jacques, cotté . . . . R ii

Ung autre trousseau de lettres sur lequel est escript : Lettres d'une maison séant près le Molin du Roy de dix livres de rente, cotté . . . . S ii

Unes autres lettres en parchemin portant l'extrait d'une vendicion faite par Collechon bosquillon à Philippe Cannesson d'une maison séant en la rue des Prieurs? à la charge de iiii^l de cens envers Simon Clabault lesquelles lettres cottées. . . . . T ii

Ung autre pacquet de lettres sur lequel est escript : Lettres du coing du Bar séant au marchié, lequel pacquet cotté . . . . U ii

Ung autre pacquet de lettres sur lequel est escript : Martin Hénocque pour cens à Simon Clabault, cotté. . . . . V ii

Ung autre pacquet de lettres sur lequel est escript : Lettres de xx s. de cens sur la maison des Malars en la cauchie au blé où pend l'enseigne saint Anthoine cotté . . . . Y ii

Ung autre pacquet de lettres sur lequel est escript : Lettres de xlv^s viii^d de cens sur Jehan Rabache thanneur sur l'eau de Merderon, cottée. . . . Z ii

Unes lettres en parchemin sur le dos desquelles est escript : Partage des cens qui furent à maistre Jehan Clabault venans et eschangez à Jehan le Berquier et Simon Clabault son frère, cottées. . . . . * ii

Ung pacquet de lettres sur lequel est escript : Lettres de vi^s de cens sur une maison séant à Saint-Pierre appartenant à Jacques Martin, lesd. pièces cottées . . . . ** ii

Unes lettres en parchemin données des maire et eschevins d'Amiens dactées du xiie jour de may l'an mil v^e xviii faisant mencion du droict congneu passé par demoiselle Colaye Wallet vefve Mille le Maréchaux de iiii^{lt} de cens sur une maison séant en la rue des Crinons au prouffit dud. s^r Simon Clabault lesquelles cottées . . . . A iii

Ung pacquet de lettres en parchemin sur lesquelles est escript : Lettres de xii^s

de cens sur le pré Coppe-Oreille de présent appartenant à Jehan Chantereine lesquelles cottées . . . . Bɪɪɪ

Deux lettres en parchemin faisant mencion du droict congneu de xxvɪɪɪˡ vˢ de cens sur la maison du Blancq-Bœuf, cottée . . . . Cɪɪɪ

Unes lettres en parchemin sur le dos desquelles est escript : Lettres d'accord et appointement fait entre la vefve de feu sire Anthoine Clabault et Mᵉ Jehan et Simon Clabault, lesquelles lettres cottées . . . . Dɪɪɪ

Unes lettres en parchemin données de mesd. sʳˢ maïeur et eschevins d'Amiens dactées du pénultième jour d'octobre l'an mil ɪɪɪɪᵉ ʟxxv faisant mention d'un appointement et accord fait entre sire Anthoine Clabault et demoiselle Jehenne de Glisy touchant une allée servant à la maison de la rue au Lin pour aller en la rue des Bidaulx, lesd. lettres cottées au dos par . . . . Eɪɪɪ

Une inventaire de lettres contenant six feuillets de papier commençant par ces mots : Lettres estant dedans la layette du bois d'Acon, led. inventaire cotté Fɪɪɪ

Lesd. lettres remises en une layette fermant à deux manteaulx de bois.

Du vɪɪɪᵉ jour de février an mil vᵉ xxxɪx.

Lad. demoiselle a exhibé le linge qui enssuyt qui avoit esté porté au village de Sainct-Saulveur :

Quatre nappes de toilles de chanvre, deux autres nappes de pareille toille et ouvrage prisé ensemble . . . . cˢ

Deux autres nappes de toille de chanvre ouvragé de Venise l'une contenant vɪ aulnes et l'autre six aulnes prisé ensemble . . . . ʟxˢ

Trois douzaines et six serviettes de diverse toille et façon . . . . vɪˡ ɪxˢ

Une autre douzaine de serviettes de toille de lin ouvragé de Venise . . vɪˡ

Une petite hacquenée de poil noir. . . . . vɪˡ

Trouvé en ung grenier sur la chambre estant sur la cuisine ce qui s'enssuit :

Assavoir : une paire de vielz houseaulx, une paire de colliers à chevaulx, une petite table ensouchetz par pieds, une vieille hotte, une caige de fil de rechart, neuf grandes assiettes de blancq bois, huit viez vaissielles, deux picqs, une pelle de bois, ung trépied de fer servant à mettre un bassin à laver, une cscame, ung estocq à tronc, ung myroir, une rappe de plomb avec le bassin, une petite pressoir de bois, six espnches de bois, deux cuyllers garnies de cuyr noir, une cyvière et une lampe de fer, le tout prisé ensemble . . . . ʟxˢ

Ung muy et autre petit pour mettre quelque quantité de foing. . . . . xxˢ

Six grandes tasses d'argent à pied de bois dorés, six cullières fazées, autres six cuillers simples aussy d'argent, quatre grands gobeletz à pied, quatre autres

moyens aussy d'argent à pied de bois doré, une grande esguyère gaudronnée
avec le couvercle, partie dorée, une couples d'argent doré, ung petit pot d'argent
à becq, trois grandes sallières goudronnées à demy dorées, deux pieds d'argent
estant à une tasse de cristal pesant ensemble xxxviii marcs ii onces au prix de
treize livres le marcq sont . . . . iiiie iiiixx xixt

Une esguyère d'argent doré gauderonnée à biberons pesant deux marcs qu'elle
a déclairé avoir esté légaté à la femme Guille Lemattre, ce non prisé.

Unes lettres de parchemin données de Pierre de Monchy l'aisné avec quatre
autres de Monsr Anthoine de Villers seigneur de Villers-l'Isle-Adam faisant
mencion que maistre Jehan Clabault licencié en décret curé d'Abencourt s'est
refusé à relever en droiture desd. Monchy seigneur ung fief de noble teneure
séant à Fluy que on dit contenir xx journeaulx de terre audit Fluy venu à eschoir
par le trespas de feu Anthoine audit Jehan Clabault en dacte du premier jour
d'aoust an mil ve iiii scellées de deux petits sceaux de cire vermeil . . . Giii

Ung escript en papier signé de François de Mabillotte en dacte du xxviie jour
de juillet an mil vcccxxix faisant mention que Simon Clabault escuyer seigneur
de Hédicourt en partie à nampty et consigné ès mains Jehan le jeune bailly
de Molliens en Beauvoisis pour révérend père en Dieu Monseigneur Charles de
Villers seigneur dud. Mollyens (1) la somme de c sols pour les droits de relief
et chambellage d'un fief et noble teneure situé au village de Fluy à cause de
ladite seigneurie de Mollyens, cotté au dos . . . . Hiii

Unes lettres de parchemin faites et passées devant auditeurs royaux en dacte
du xviiie jour d'avril an mil iiiie iiiixx xvi faisant mention du traictié de mariage
de Jeh. le Berquier, cottées au dos . . . . Jiii

Ung trousseau de lettres escriptes au dos de l'une d'icelles lettres d'un fief
tenu de Monseigneur d'Offemont à cause de sa terre de Mollyens en Beauvoisis
au terroir de Fluy lyées d'un gartier noir cottées au dos . . . . . . Kiii

Unes autres lettres en parchemin données des maire et eschevins d'Amiens
dactées du ixe jour d'avril l'an mil iiiie xxxvii et scellées du scel aux causes de
lad. ville signées J. de Noyelle faisant mention que Colard de Wailly au nom et
comme procureur de Colinet Clabault fils de feu Colart Clabault des Escureux
jadis bourgeois d'Amiens, fondé par lettres royaulx de la baillye d'Amiens avoit
vendu, ceddé, transporté et délaissé à Jacques de Gouy une grande maison,

(1) Villiers de l'Isle-Adam évêque de Beauvais de 1530 à 1535 ; — Moliens et la Neuville canton de Formerie (Oise).

voultes et celliers et une autre maison séant en la rue de Mez cottée au dos par. Liii

Lad. vefve a déclairé avoir tant en or que argent monnoyé la somme de lx l[t]

Ung cachet d'argent auxquels sont gravées les armoyeries d'icelluy deffunt . . . . iiii l[t]

Lad. demoiselle a déclairé avoir presté à Madame de Contay deux pièces de vieille tapisserye et ung bancquier contenant six aulnes et demye de long qu'elle estime valloir . . . . iiii l x[s]

A aussy presté à Mademoiselle de Hodeng une sarge rouge qu'elle estime valloir . . . . xx[s]

Deux bancquiers de tapisserye vielz et usés et deux chinons de fer valissant . . . . l[s]

A Mademoiselle la lieutenante deux chignons de fer forgé valissant . . x[s]

Presté à lad. damoiselle ung tapis vert contenant trois aulnes et demye valissant . . . . xx[s]

Une pièce de serviettes de lin ouvraigé désirée que lad. damoiselle a déclairé avoir baillé à quelque femme pour vendre, contenant xxvi aulnes ycelle estimée valloir . . . . viii[t]

Oultre lad. damoiselle a déclairé avoir au village de Saint-Saulveur les biens moeubles quy s'enssuyent :

Assavoir deux buffetz, deux bancqs, trois scabelles, une table, une paire de tréteaulx, unes grandes aumaires, ung estal de cuysine, une mais, deux rondeaulx, ung pertrissoire, trois escames, cinq callitz, ung coffre de blancq bois, ung grand coffre sur lequel ycelle demoiselle a presté xlviii[s], ung cent de fagotz, quarante moutons, xxiiii brebis, deux vaches, ung bœuf, ung paon et une pannesse.

A lad. demoiselle déclairé lui estre deu par plusieurs particuliers, la somme de . . . . iiii[c] l[t]

Du v[e] jour de mars an mil v[c] xxxix.

En amplyant led. inventaire suyvant l'affirmation faite par lad. demoiselle sur les interrogatoires ont esté inventoriez les biens quy s'enssuyvent :

Sept septiers de blé mesure d'Amiens, et trois pièces de vin, les iii sestiers dud. blé au pris de xi[s] chacun sestier et les trois aultres xii[s] chacun sestier, l'une des pièces de vin dix livres et les deux aultres six livres chacune pièce; pour seize sols de fagotz, lx sols de gros bois. Et procedent lesd. vii sestiers de deux muys de blé quy ont esté livrez en la maison de Jehan de Soissons rece-

veur du domaine du bailliage d'Amiens frère de lad. damoiselle et que devait
aud. deffunct Jehan Lhostellier son censsier de Fluy.

xvi' pour avaine vendue quy est inventorié, une charrette de foing de marets
vendue xxx' depuis le trespas dud. feu.

Oultre a déclairé que la veuve Anthoine Chocquet demourant à Saint-Saulveur
doibt une somme de blé, une somme d'avaine, un cent de jarbées, ung cent de
lentilles, xii entes pour planter au jardin.

Que Anthoine Hochedé devoit aud. feu une somme d'avaine, trois bottes de
chanvre.

Pareillement Pierre de Vyon dit de Lahaut demourant audit Hédicourt doibt
ix sestiers de blé, vi l' pour vente d'une charrette xiii' de cens et iii chappons.

A déclaré avoir receu depuis led. trespas xix' xix' vi deniers de Arthus Tourtier pour vente d'un poullain, x l' xiii' iiii' receus de la damoiselle Dernencourt
pour censives, et xl sols de cens de quelque homme de ceste ville d'Amiens
qu'elle a cejourd'huy déclairié estre de Pierre de Louvencourt.

A déclairé avoir presté à la femme de Mons' le receveur de Soissons du vivant
dud. feu, vingt livres, aussy avoir presté à Jehenne Lemerchent vesve de feu
Thomas le Baron la somme de cinquante livres dont y a cédulle du xii° jour
d'octobre mil v° xxxix et laquelle somme est encoires deue.

A déclaré avoir presté environ deux ou trois mois paravant led. trespas à la
femme de Guillot Arthus paticier une nappe de lin et une douzaine de serviettes
qui ne sont comprinses aud. inventaire.

Pareillement a déclairé avoir plusieurs lettres à luy bailliées par led. feu xv
jours paravant son trespas desquelles la déclaration s'enssuit :

Unes lettres en parchemin passées par devant notaires royaux à Amiens le
xii° jour de novembre an mil v° xx portant la vendicion faicte par led. feu s' Simon
Clabault à Jehan Laloyer bourgeois d'Amiens de quinze livres de cens fonssiers
faisant partie de xxviii l v° qu'il avoit droit de prendre chacun an sur la maison
et appendances du Blancq-Bœuf moyennant la somme de trois cens livres tournois et xl' au vin, francs deniers, avec unes autre lettres y annexées données des
maire et eschevins d'Amiens dactées du xxv° jour d'octobre an mil v° xxi portant
la saisine bailliée aud. Laloyer desd. xv' de cens cottées au dos. . . . Miii

Unes autres lettres données desd. maire et eschevins dactées du xxii° jour
d'octobre l'an mil v° xxviii par lesquelles appert led. Jehan Laloyer avoir vendu
aud. deffunt sire Simon Clabault lesd. quinze livres de cens moienant pareille
somme de iii° l' francs deniers lesquelles lettres cottées au dos . . . . . Niii

Unes autres lettres en parchemin passées par devant auditeurs royaux à Amiens le vᵉ jour de septembre l'an mil vᵉ ɪɪɪɪ contenant certain traitié de transaction faite entre Loys Dequen, demoiselle Marie Pèredieu sa femme d'une part et led. feu Clabault d'autre part, pour raison de xxvɪ journeaulx et ung quartier de terre séant à Fluy, lesquels xxvɪ journeaulx ɪ quartier de terre lesd. Dequen et sa femme ont ceddé et transporté par lesd. lettres aud. feu moiennant la somme de vɪˣˣ l. tournois cottées au dos par . . . . Oɪɪɪ

Unes lettres en parchemin données de Guillaume de Lespyère bailly de Pinquigny dactées du vɪɪɪᵉ jour de may mil ɪɪɪɪᵉ xxxvɪɪ par lesquelles appert Tassart et Maroye de Béthembos sa femme avoir vendu à Jehan Ducange ung journal de terre séant à Fluy cottées . . . . Pɪɪɪ

Autres lettres données de Nicaise le Mercier bailly de Fluy dactées du xxvɪᵉ de janvier mil ɪɪɪɪᵉ xxxvɪ contenant la vendicion faite par Jehan Duprée l'aisné à Jehan Ducange d'un journel et demye de terre séant à Fluy cottée . . . Qɪɪɪ

Unes autres lettres données de Jehan le Prevost bailly de Revelles dactées du vɪɪɪ février mil ɪɪɪɪᵉ xxxvɪɪ contenant la vendicion faicte par Robert du Prée à Jehan du Cange de demy journal de terre séant à Revelles cottée . . . Rɪɪɪ

Unes autres lettres données de Jehan Waterye mary et bail de Jehenne Harelle contenant la vendicion faite par Jehan Dargyes à Jehan Ducange de cinq journaulx de terre ou environ nommé le Camp Calippe séant au terroir de Revelles en dacte du xɪɪɪᵉ jour de juillet an mil ɪɪɪɪᵉ x, cottées au dos par . . Sɪɪɪ

Autres lettres données de Nicaize Lemercier bailly de Fluy dactez du xvɪɪɪ janvier an mil ɪɪɪɪᵉ xxxvɪɪ faisant mention de la vendicion faicte par Robert du Prée aud. Jehan Ducange de trois quartiers de terre séans au terroir de Fluy, cottéez . . . . Tɪɪɪ

Unes autres lettres données de Simon Dippre seigneur du fief que l'on dit des Bourgoises séant à Fluy dactées du xvɪᵉ jour de mars mil ɪɪɪɪᵉ xxxv contenant que Jehan Duprée a vendu à Jehan Ducange demy journal de terre séans au terroir de Fluy cottées . . . . Uɪɪɪ

Unes autres lettres données dudit Simon Dippre dactées du ɪx juing mil ɪɪɪɪᵉ xxxvɪɪ contenant que Jehan Dupré a vendu à Jehan Ducange six quartiers de terre séant au terroir de Fluy, cottées. . . . . Vɪɪɪ

Unes autres lettres données de Jehan Franchomme dactées du xvɪᵉ jour de janvier l'an mil ɪɪɪɪᵉ xxxvɪɪ contenant que Robert du Prée a vendu à Jehan Ducange ung journal de terre séant à Fluy cottées. . . . . Yɪɪɪ

Unes autres lettres données de Guille de Lespierre bailly de Pincquigny dactez

du xxiiii janvier mil iiiie xxxvii contenans la vendicion faite par Jehenne
Desyanis vesve de Robert Pinguet et Mahieu Pinguet à Jehan Ducange deux
pièces de terre séans au terroir dudit Fluy cottées au dos par . . . . Z iii

Unes autres lettres données de Jacques Havet garde du scel royal de la baillye
d'Amiens dactez du xv novembre mil iiiie xxii par lesquelles appert Jehenne
Desyanis vesve de Robert Pinguet avoir vendu aud. Ducange ung journal huit
verges de terre séans à Fluy cottées . . . . *iii

Autres lettres données de Colart le Scellier lieutenant du bailly de Fluy dactez
du xix mars mil iiiie xxii contenant que Jehan Mantel et Mégu sa femme ont
vendu à Jehan Ducange demy journal de terre séans aud. Fluy cotté au dos A iiii

Unes autres lettres données de Nicaize Le Mercier bailly de Fluy dactez du
xxvi juing mil iiiie xxxviii contenant que Guille Laignier a vendu aud. Ducange
ung journal et demy de terre séans aud. Fluy cottés au dos . . . . . B iiii

Unes autres lettres données de Pierre Cossart garde du scel royal de la baillye
d'Amiens dactez du pénultième de may mil iiiie xxxvii contenant Tassart le Caron
avoir vendu aud. Ducange ung journal de terre séans audit Fluy cottées. C iiii

Unes autres lettres données de Colart le Scellier lieutenant du bailly de Fluy
dactez du xviiie jour de janvier an mil iiiie xxxii contenant Villaume Sicart et
Jehenne le Caronnesse sa femme avoir vendu aud. Ducange ung journal et demy
de terre séans aud. Fluy cottées . . . . D iiii

Unes autres lettres données de Nicaise le Mercier bailly de Fluy dactez du xv
de février mil iiiie xxxvii contenant que Jehan de Flers et Maroye sa femme ont
vendu audit Ducange ung journal de terre séans aud. Fluy cottées. . . E iiii

Unes autres lettres données de Franchois Bigant garde du scel royal de la
baillye d'Amiens dactées du xxve jour de février mil v^e xxix faisant mention que
Charles Morel demeurant à Fluy a promis payer et devoir aud. feu la somme de
iiii^{xx} xi^l ix solz et deux muys de blé mesure d'Amiens cotté . . . . . F iiii

Unes autres lettres faictes soubz le scel royal de la baillye d'Amiens dactées
du viie jour de janvyer de v^e xvii contenant le bail fait par led. feu aud. Charles
Morel des terres dud. Clabault séans au terroir de Fluy, Hainneville et à l'en-
viron cottées . . . . G iiii

Autres lettres faites et passées par devant notaires royaux à Amiens dactées
du x janvier v^e xxix contenant que led. feu Clabault a baillé à title de ferme à
Anthoine Chocquet demourans à Saint-Saulveur la maison et terres dud. feu
séans audit lieu pour le temps de xii ans qui commencèrent au jour Saint-Remy
mil v^e xxxi cottées . . . . H iiii

Unes autres faictes et données comme dessus dactées du v novembre mil vᶜ xxxᴠɪɪɪ faisant mention du bail fait par led. deffunct à Pierre Domont laboureur de la maison, censse et terres de Hédicourt pour le temps de xɪɪ ans commenchans au jour de Saint-Remy mil vᶜ xlɪɪɪ cottées . . . . . . Jɪɪɪɪ

Unes autres données de Jacques Groul lieutenant de Monsgʳ le bailly d'Amiens dactées du xxɪx may mil ɪɪɪɪᶜ ɪɪɪɪˣˣ ᴠɪ contenant que Anthoine Clabault sʳ de Hédicourt a rembourssé de Jehan le Verrier les deniers de la vendicion de la vente faite par Jehan Ducange de plusieurs terres séans à Fluy cottées . Kɪɪɪɪ

Unes autres lettres faites soubs le sceel aux causes de la ville d'Amiens en dacte du dernier jour d'avril mil vᶜ xxxᴠɪɪ faisant mention du bail à cens fait par led. feu Clabault à demoiselle Philippes Bonvarlet vesve de feu maistre Pierre le Caron et maistre Nicole le Caron son fils d'une maison, jardin et ténement séant en la rue Saint-Jacques moiennant la somme de xlɪɪ¹ par an, cottées au dos Lɪɪɪɪ

Une mynute en papier signée Lemattre et Dubos en dacte du xɪᵉ jour de janvier mil vᶜ xxxᴠɪɪ contenant que led. feu sire Simon Clabault a baillié à ferme à Jehan Lhostellier demourant à Fluy toutes les terres que led. feu avoit oudit terroir pour ɪx ans commencées au despouillé en l'aoust mil ᴠᶜ xlɪ, ycelle mynute cottée . . . . Mɪɪɪɪ

Unes mynute en papier non signée du testament de feu damoiselle Marie Père dieu femme de Loys Dequen en dacte du ɪɪɪɪ avril mil vᶜ xxɪ cottée au dos Nɪɪɪɪ

Autre mynute en papier non signée du testament d'icelle demoiselle Marie Pèredieu en dacte du x de septembre mil vᶜ xxɪ cottée . . . . Oɪɪɪɪ

Une mynute en papier non signée faisant mencion du bail à ferme fait par Loys Dequen à Honoré Torillon du droict de disme qu'il avoit à Rayneval cottée Pɪɪɪɪ

Une mynute signée Carye et Crestu dactée du xxɪɪɪɪ janvier mil ɪɪɪᶜ ɪɪɪɪˣˣ v faisans mencion de la vendicion faicte par Jehan Ducange, Philippes, Jacques et Marguerite Ducange à Jehan Verrier d'aucunes terres séans à Fluy cottées Qɪɪɪɪ

Ung mémoire en pappier portent plusieurs parties que l'on dit estre deues à Jehan Laloyer, non signé, cotté . . . . Rɪɪɪɪ

Unes lettres en parchemin données des relligieux abbé et couvent de Sainct Jehan lez Amiens en dacte du xxᶜ jour de juillet mil ɪɪɪᶜ lɪɪ avec autres lettres y annexées faisant mencion d'une messe chacun jour en quoy ils se sont obligez envers Jehan Piédeleu, avec aussy autres lettres de ce faisant mancion prinses et remises dedans une boitte.

Une mynute en papier non signée faisant mention du traitié et appointement fait par led. Clabault comme nepveu et légataire universel de deffuncte damoiselle Marie Pèredieu en son vivant femme de Loys Dequen, avec iccelluy Loys Dequen en dacte du xxᵉ jour de septembre l'an mil vᶜ xxvııı cottée . . . . Sıııı

Le xᵉ jour de mars an mil vᶜ xxxıx par Jehan Corbin orfèvre a esté prisé une verge d'or garnye d'une turquoyse et une autre aussy d'or garnye d'une jacinte pesant ensemble sept estrelins moins cinq grains quy vallent à xvııı˟ l'estrelin vıˡ ıı˟ ıııᵈ et les deux pierres ensemble deux escus sols.

Une cédulle en papier dactée du xııᵉ jour d'octobre an mil vᶜ xxxıx par laquelle appert Jehenne le Marchant veuve de feu Thomas Le Baron devoir à damoiselle Jacqueline de Soissons vefve d'icceluy feu, la somme de cinquante livres tournois, icelle cédulle cottée au dos par. . . . . Tıııı

Ung coeuilloir en papier non signé contenant quatre feuillets, les trois escripts faisant mencion des cens deubz audit deffunct chacun an à cause de la terre et seigneurie de Hédicourt cotté . . . . Uıııı

Le xvıııᵉ jour de mars an mil vᶜ xxxıx icelle demoiselle a exhibé une nappe de toille de lin ouvraigée de damas, une autre ouvrage de chappeau roze et jaune de Venise aussy de toille de lin contenanct ensemble xvııı aulnes . . . ııııˡ

Une paire de draps de toille de chanvre de lez et demye. . . . . . xxıııı˟

Deux paires et demye de draps de toille de sacq . . . . xLˢ

Une nappe de toille de lin et une douzaine de serviettes de semblable toille ouvragée de Venise roze que lad. demoiselle a déclairé cy devant avoir presté à la femme de Guillot Arthus et quy luy ont depuis esté rendus . . . . ııııˡ

Du xxıııᵉ jour de mars an mil vᶜ xxxıx.

Ung testament en parchemin de Mʳ Jehan Clabault donné de l'official d'Amiens, signé Ducay, dacté du vıᵉ jour de juing mil vᶜ ıx cotté avec ung autre testament en papier de Peraingne Dept? vesve de feu Jehan Trucquet en son vivant sergent de messeigneurs doyen et chappitle] de l'église Notre-Dame d'Amiens, signé Ducay, dacté du xxvı juing de mil vᶜ vıı . . . . Xıııı

Icelles lettres remises en une layette avec d'autres fermant à deux manteaulx.

Somme de la prisée dudit inventaire ııᵐ vıııᶜ ııııˡ ııˣ ıııᵈ.

2,804 l. 2 s. 3 deniers (1).

(Archives municipales d'Amiens. — Inventaires).

(1) M. Devauchelle, juge de paix à Doullens, a bien voulu m'aider de ses connaissances paléographiques pour la transcription de ce document. Qu'il me permette de lui réitérer ici mes remerciements.

S

Accord entre Anthoine Clabault, Isabelle Fauvel et Jehan Havet.

Comparurent en leurs personnes : Anthoine Clabaut escuier seigneur de Hesdicourt et demoiselle Ysabel Fauvel sa femme demourans à Amiens, fille et héritière en ceste partye de deffunt Aubert Fauvel à son vivant citoien de lad. ville d'Amiens d'une part, et Jehan Havet marchand demourant audit lieu, et recongnurent et chacun d'eulx, lad. demoiselle souffisamment authorisée dudit s^r Anthoine, que ilz avoient et ont, sost assavoir : lesdits Anthoine et demoiselle sa femme, baillé et livré audit Jehan Havet, et icelluy Jehan Havet, prins d'eulx bien justement, léalement, sans fraulde, à title de cens, annuelz et héritables, une maison, cours, jardin, celliers, estables, pourprins et ténement, assis et séant en lad. ville d'Amiens assez près de la Belle Croix ayant son yssue en la rue qui vient de Saint-Denis oudit lieu de la Belle Croix où pend pour enseigne Sainte-Barbe, tenant d'ung costé à Jehan Sombret, d'autre costé à la maison où pend l'enseigne de l'abre d'or, par derrière à Jehan le Feuvre et par devant....... pour de lad. maison, lieu et ténement dessus dit qui appartenoit auxd. bailleurs à cause de lad. demoiselle Ysabel, de la succession d'icelluy feu Aubert son père, pour user et possesser par ledit preneur ses hoirs et ayant cause héritablement, à la charge et par payant chacun an, aux trois termes de lad. ville d'Amiens, la somme de vingt livres, monnaie courant à Amiens xx^s parisis, pour la livre, et cens annuels et héritables envers les personnes cy-après déclairiés c'est assavoir : xLvi^s iii deniers envers sire Jehan de May cytoien d'Amiens, iii^s iii cappons envers maistre Simon de Conty, six sols trois deniers envers...........et le surplus montant xvii^l ii sols envers lesdits bailleurs, leurs hoirs et dont le premier terme se paieroit aoust prochain venant, les second et tiers aux jours de Noel et Pasques qommunaulx prochains après ensuivant ; et ainsy par le traictié desquels bail et prinse led. preneur pour luy ses hoirs et ayant cause, promis comme est et sera tenu rachetter d'iceulx aux prochain terme la somme de huit livres d'iceulx cens, et pour ce leur paier du denier, xviii deniers francs deniers, c'est assavoir iiii livres en dedans le jour de Pasques qui sera l'an mil iiii° iiii** x et les autres iiii¹ en la fin de l'an prochain, enssuivant au jour de Pasques que l'on dira l'an mil iiii° iiii** xi, et sy ne porra charger lad. maison, jardin et ténement d'aultres ni plusieurs cens que ceulx dessus déclairés, ne y renonche que elle ne soit en bon et souffisant estat, que lesd. rachats ne soient faits et que tous les arréraiges qui seroient deubz à cause desdits cens, ne soient paiés et acquitiez pour lesquels arréraiges led. preneur, etc. (suivent les formules ordinaires de ces sortes de conventions).

Passé devant sirc Nicolas le Rendu et autres eschevins le xiiii° jour de may l'an mil cccc iiii** et neuf.

(Registre aux contrats ; Archives municipales d'Amiens).

T

Armoiries des Clabault.

Les archives départementales de la Somme conservent encore deux pièces revêtues du sceau des Clabault que décrit ainsi Demay, dans son Inventaire des sceaux de Picardie et d'Artois.

N° 716. Pierre Clabault fils de Simon Clabault homme lige du château de Picquigny. Dans un trilobe un écu portant les chaînes de Navarre au franc canton chargé d'une croix ancrée. 1er février 1380, acquisition du fief de la Motte-Rivery.

N° 994. Jacques Clabault auditeur en Ponthieu. Ecu portant une raie d'escarboucles pommeté, au franc canton chargée d'une croix resercelée, penché, timbré d'un heaume cimé d'une fleur de lys supporté par deux chiens.

Les armes des Clabault sont en effet, d'après les héraldistes, de sinople à la chaîne d'escarboucle pommetée d'or au franc canton de sable chargé d'une croix ancrée d'argent. Suivant Goze (Rue d'Amiens, III, 187) « Louis XI avait donné cette devise aux Clabault : *Mes fidèles sont mes Clabaut.* » Le canton de sable

CLABAULT

MORVILLIERS

FAUVEL

DU CAUREL

DE SOISSONS

LE MATTRE

DE MONS D'HÉDICOURT

R. de Guyencourt, del.

Imp. Lith. J. Moncourt, Amiens

fut sans doute ajouté par la branche amiénoise pour se différencier de celle d'Abbeville qui portait ses armes pleines.

Ces armoiries figuraient on l'a vu sur un grand nombre d'édifices d'Amiens. Outre la pierre Saint-Firmin et la maison de la rue au Lin, Pagès les indique comme sculptées en bas reliefs dans quelques endroits de l'église Saint-Firmin-à-la-Porte, et dans des arcades du cloître du cimetière Saint-Denis. Dans le couvent des Cordeliers (aujourd'hui église paroissiale Saint-Remy) ces armes étaient peintes sur les vitraux de la nef de l'église du côté de l'épitaphe de Mme Dufresne d'Espaigny. « Sur un autre vitrail du côté opposé dit-il est peint « un seigneur de la maison de Clabaut de cette ville, vêtu en ancien chevalier « avec une cotte d'armes de coulleur verte parsemée de ses armes dont il a été « parlé dans la description de la grande pierre placée dans le carrefour proche « l'église de Saint-Firmin-à-la-Porte. » Nul doute pour nous que cette représentation n'ait été celle du maïeur Antoine.

U

Généalogie des Clabault.

Nous donnons ici la généalogie de la famille Clabault, aussi exacte que nous avons pu la rétablir d'après les titres que nous avons eus l'occasion d'examiner.

Pierre CLABAULT

Maïeur des drapiers 1349, 1351, 1354, d'où :

I. Simon CLABAULT ci-après d'où :
1. Pierre Clabault chanoine de Longpré-les-Corps-Saints.
2. Jacques CLABAULT l'aîné ci-après.
3. Jacques Clabault le jeune prévôt des marchands de guèdes d'Amiens 1410.

47

I

Simon CLABAULT maïeur des drapiers, 1355, 1358, époux de Jeanne de Tricot, mort le 25 août 1383 (Regist. aux comptes 1385-86) d'où :

1. Colart Clabault maïeur des drapiers 1361, 1364, 1367, 1370, 1374, 1377, 1380, époux de Anne le Petit fille d'Estienne le Petit et de Marie Hauchepié.

2. Simon Clabault marié à Mahaut le Comte d'où un fils Colart Clabault.

C'est à cette branche des Clabault que se rattachent :

Jehan Clabault dit de Roye et Isabelle Clabault enfants de Colard et d'Anne Lepetit. Jehan Clabault dit de Roye était huissier d'armes du roy (Comptes de 1416) écuyer, garde du scel du bailliage de Vermandois. En 1432 il est représenté par un Ferry Clabault pour la vente d'un ténement rue du Don.

En 1426 il avait vendu une maison rue de la Draperie comme l'indique la délibération suivante datée du 13 décembre :

« Item pour ce qu'il est venu à la congnoissance de l'eschevinage, que Jehan
« Clabault demourant à Roie, est en traitié de vendre sa maison, séant en la rue
« de la Drapperie, moiennant la somme de ii⁵ et l escus, à la charge de huit
« livres de rente à la vie de la vesve Simon Mile et de maistre Hue de Moreul
« son frère, considéré l'estat de sa personne, qu'il est natif et extrait de ceste
« ville, avec sa boine gréance et revesrence, les grâces et amours que souvent il
« poeut faire à lad. ville, aux bourgeois, manans et habitans en icelle, et pour
« autres causes et qonsidéracions qui ont meu et moeuvent ad. ce lad. esche-
« vinage, que pour le drois de ventes et yssue de la ville que pour ce poeuvent
« estre deubz à ladite ville, sera tenus de paier à icelle ville xii flourins d'or à
« l'escu et partant quicte.

Sa sœur Isabelle épousa Jehan Cailleu de Montdidier, probablement le père des Cailleu qui furent maires de cette ville.

On trouve encore en 1540 un Jehan Clabault écuyer à Roye. Ferry Clabault dont il vient d'être parlé était un des gentilshommes de Jean d'Applaincourt. Il fut tué en 1449 au siège de Pont-Audemer (Manuscrits du docteur Goze).

II

Pierre Clabault chanoine de Longpré-les-Corps-Saints sans postérité.

III

Jacques Clabault l'aîné maïeur d'Amiens en 1411, 1414, époux de Jeanne Waquette, mort en 1416 d'où :

1. Jacques Clabault ci-après.
2. Pierre Clabault ci-après II.
3. N.... mariée à Jehan l'Orfèvre, maire d'Amiens en 1424-1427, 1436, 1439, 1442, 1446, 1449 (dont une fille Belot).

1. Jacques Clabault exécuteur testamentaire du chanoine Pierre son oncle, marié à N.... (Regist. aux comptes 1392) dont :

Jacques Clabault époux de Jehanne Postelle maire d'Amiens en 1467 qui laisse :

1. Antoine Clabault s^r de Vercourt, Lincheux (1483) et de Vaux, époux de Marie Bertin. Il laisse trois fils dont l'un Claude Clabault paraît comme seigneur de Vaux en 1534. Il avait épousé une dame Françoise de Condignac dont il laissa des enfants et qui se remaria en secondes noces à noble homme Guillaume de Sambus. C'est cette famille qui paraît avoir possédé aussi des fiefs à Savières.
2. Philippe Clabault maire d'Amiens en 1513, 1517.
3. D^{lle} Barbe Clabault épouse de Louis de Gand écuyer s^r du Quesnel-en-Santerre, veuve en 1524.
4. Marie Clabault épouse de Louis d'Ault.

Les Archives départementales, Titres du Chapitre. Armoire VI, liasse 26, pièce 8, 27 septembre 1534, nous font connaître un différend entre Claude Clabault et le chapitre d'Amiens :

« Procès-verbal dressé par deux notaires de l'empêchement fait par M. Claude
« Clabault aux deux musiciens, tambourin et rebecq ou hautbois amenés à Vaux
« par les sergens de MM. du chapitre, en vertu de la procuration a eux donné
« le 26 septembre 1534, pour faire la danse accoutumée aud. village, de jouer
« de leurs instruments, les menaçant de leur casser la tête, se disant ledit
« Clabault seul en droit de donner congé et permission pour la danse de la fête
« patronalle. On voit par cette pièce qu'il avait deux frères qui lui prêtèrent aide
« en cette circonstance. »

II. Pierre Clabault, fil, hoir et exécuteur testamentaire de feu sire Jacques Clabault, maire d'Amiens en 1422, 1425, 1428, 1433, 1437, 1441, époux en 1422, d'Isabelle fille de sire Jacques de Morvillers dont :

Antoine Clabaut ci-après III.

Isabelle ci-après 2.

Jacques ci-après 3.

Pierre prêtre à Saint-Marc-lès-Soissons.

Jehenne morte avant sa mère avant 1449.

III. Antoine Clabault fils aîné de Pierre, maire d'Amiens en 1471, 1474, 1478, 1479, 1480, 1481, 1482, 1484, 1487, 1491, 1492, 1493, 1494, 1495, 1503, époux en premières noces d'Isabelle Fauvel et en secondes noces de Léonore Du Caurel, eut suivant nous, du premier mariage un fils Antoine Clabault (Voir p. 206).

2. Isabelle femme de Jehan de Bournonville dit Athis écuyer.

3. Jacques marié à Marie Truquet dont :

Jean Clabault prêtre licencié ès-loix, seigneur d'Hédicourt, mort avant 1509.

Pierre Clabault mort avant 1509.

Jacqueline Clabault épouse de Jean le Berquier.

} Enfants légitimés par son mariage.

Simon Clabault seigneur d'Hédicourt maire d'Amiens en 1527, 1533, 1537, mort le 28 janvier 1541 époux de Jacqueline de Soissons.

IV

Jacques Clabault le jeune laisse des enfants mineurs (Voir p. 25). Nous en ignorons les noms et la destinée.

V

Des Clabaut étrangers à la famille municipale.

L'on rencontre très fréquemment dans les registres municipaux, surtout aux xvᵉ et xviᵉ siècles, le nom de Clabaut, mais les personnes qui le portent n'appartiennent pas à la grande famille bourgeoise et municipale dont nous venons de retracer l'histoire. C'est ainsi que l'on trouve notamment les individualités suivantes :

1446 Lucas Clabaut cordonnier.

1448 Jehan Clabaut tisserand de drap reçu nouveau bourgeois.

1453 Andrieu Clabaut boulanger au faubourg Saint-Jacques. Bail à cens d'un jardin et ténement rue des Corroyers.

1459 Colart Clabaut vigneron reçu nouveau bourgeois.

1475 Guille Clabaut. Maison rue de Blanquetaque.

1477 Jehan Clabaut clerc jaugeur de vin.

1480 Jehan Clabault dit le Noir. Maison au petit quai.

Pierre Clabaut et Jehanne sa sœur. Est-ce celui désigné parmi les Picards dans l'état des gentilshommes de l'hostel du roy notre sire estans sous la charge de Miquiel Marquest en 1485 dans l'histoire de Charles VIII.

1482 Thomas Clabaut maçon.

1488 Simon Clabault laboureur demeurant à Amiens. Ses enfants Thomas Clabault, Philippote Clabault femme de Pierre de Villers, Jehan Clabault le jeune demeurant à Fosse-Manant et Jehan Clabault de Bougainville, se partagent sa succession par acte passé devant l'échevinage.

1491 Jehan Clabaut boulanger. Il achète en 1493 une maison au Four des Champs.

1502 Jehan Clabault procureur en la cour spirituelle de Révérend père en Dieu Monseigneur l'évêque d'Amiens, marié à Dᵉˡˡᵉ Colaye Buteux.

1505 Jacques Clabault boulanger comme son oncle Jehan ci-dessus nommé.

Oudart Clabault reçu nouveau bourgeois.

Sire Andrieu Clabault prêtre.

Jaspard Clabaut.

Fremin et Jehanne Clabaut rue de Beauvais.

1506 Jehan Clabaut mercier et Denise Coppin sa femme.

1515-1522 Antoine Clabaut boulanger rue de Beauvais. Barbette et Mariette ses sœurs. Il achète un office de flequeur et lieur de charrettes.

1518 Mahieu Clabaut prêtre curé de Rumigny.

1522 Henry Clabaut esward des sayes et satins.

Nous terminerons cette nomenclature qui pourrait encore s'étendre longuement par le nom de Jehan Clabault huissier et sergent à verge de la ville, mort subitement dans l'exercice de ses fonctions. Il les avait acquises au mois d'octobre 1550 et exercé vingt-six ans, jusqu'à l'événement que raconte tout au long, le procès-verbal suivant :

Assemblée tenue en la chambre du conseil de l'hostel commun de la ville d'Amiens le quatriesme jour de septembre an mil cinq cent soixante-seize........

En lad. assemblée Monsieur le Maire a proposé que le jourdhuis Jehan Clabault huissier et sergent à verge de lad. ville, assistant la pluspart de messieurs, lesquelz estoient allé en la cense d'Oissonville pour y faire la visitacion mentionnée en l'eschevinaige dernier, auroit rendu son âme à Dieu entre leurs brachs, d'une appoplexie qui luy seroit survenue soudainement, incontinent, et peu aprez qu'il seroit descendu du cheval en lad. cense, laquelle luy auroit tout à coup tellement bouché tous les sens, que par l'espace de deux heures ou environ qu'il auroyt esté en ceste maladie il ne auroit peu aucunement parlé ne recongnoistre aucuns, sinon que au commencement d'icelle, il se seroit plainct de ce que son cheval alloit trop dur, disans davantaige que ce jourd'hui le corps dud. Clabault a esté ouvert par M° Ymbert Chevalier médecin, M° Jacques Fournier et Noël Gorret chirurgiens, lesquelz en ce faisant ont trouvé que la cause de la mort est proceddée de ce qu'il s'est rompu ou ouvert une veyne au cerveau dud. feu, dont est sorty quantité de sang qui a remply tout à coup les ventriculles du cerveau et bouché les conduitz des espitz animaulx qui donnent sentiment et mouvement à tout le corps, ce qu'ilz dient estre procedé apparamment par le trop grand travail et esbranlement du cheval sur lequel avoit esté monté led. Clabault, joinct la repletion qui estoit en luy, lequel n'avoit accoustumé d'aller à cheval, et dient encore que sy led. Clabault ne fust monté à cheval, telle chose ne luy fut advenue, et eu peu sortir par le nez l'abondance et repletion du cerveau, mesmes dient que sy led. Clabault eust esté promptement saigné et ventousé, on luy eust grandement aydé et eust peu revenir à soy et vivre en paralezie le reste de ses jours comme appert par le rapport desd. médecyns et cirurgiens, disant oultre led. s^r maïeur que la vesve dud. feu Clabault supplie messieurs d'avoir pityé et commisération d'elle et de ses pauvres enfans dont elle est demourée chargée et que ayant esgard que led. feu est ainsy mort entre leurs brachs et en leur faisant service, il leur pleust luy permettre de trouver homme capable pour exercer son estat d'huissier comme faisoit led. feu et faire don et aumosne à elle et à ses enffans des deniers que en bailleroit celluy qui y seroit commis, sur quoy mesd. s^rs ont opiné comme il s'ensuit : (suivent ici les avis motivés des divers échevins présents) décision fut prise de choisir un homme capable et suffisant pour exercer lad. charge moyennant somme raisonnable donnée à la veuve et ses enfants, sous déduction des droits seigneuriaux dus à la ville comme si le défunt eut vendu lui-même cette charge. (Regist. aux délibérations. T. 52, f° 144.)

Le nom de Clabault nous l'avons dit n'est pas éteint dans la ville d'Amiens et dans le département. En 1789, un cultivateur de Tilloy-lès-Conty Louis Clabault fut au nombre des commissaires-délégués chargés de la rédaction des cahiers du bailliage. La Cathédrale d'Amiens comptait il y a quelques années encore parmi ses chanoines, le doyen Fulgence-François Clabault né le 24 mars 1792 à Baisieux, mort le 2 juin 1863.

X

Palamèdes Pourvenchal. (Page 208).

Philippe de Commines au livre VII de ses Mémoires a montré les intrigues de quelques gens de Provence qui mirent en avant le testament de Charles d'Anjou frère de saint Louis, pour démontrer que non-seulement le comté de Provence, mais encore le royaume de Sicile appartenaient à Charles VIII, au détriment du duc de Lorraine René d'Anjou, qui y faisait valoir des droits. Champollion-Figeac qui dans les Documents inédits tirés de la Bibliothèque royale, T. II, 478, a reproduit le rapport des députés d'Amiens sur l'assemblée de Lyon, nomme l'orateur qui leur exposait les droits du roi Palain de Pournechal, nous avons cru lire dans les registres aux délibérations de la ville d'Amiens : Palamèdes pourvenchal, qui s'appliquerait à un personnage ayant joué un rôle très important dans l'affaire de la succession d'Anjou et qui en connaissait par conséquent tous les détails mieux que nul autre.

Or celui que Mᵉ Jacques Groul appelle : ung nommé Palamèdes pourvenchal, ne serait autre, suivant nous, que Palamède de Forbin seigneur de Solies président de la chambre des comptes premier ministre du roi René à Aix, qui par l'influence qu'il exerçait sur Charles d'Anjou, sut lui persuader d'instituer par son testament le roi de France comme son héritier universel et amena ainsi la réunion de la Provence au royaume. Nul mieux que lui ne pouvait être choisi pour expliquer aux députés des bonnes villes, les droits de la maison d'Anjou sur le royaume de Naples, et par suite ceux du roi Charles VIII. Bien que Palamède sous la régence d'Anne de Beaujeu fut tombé en disgrâce et privé de son gouvernement de Provence, il n'en continua pas moins, suivant Moréri, à servir avec sa fidélité ordinaire et mourut dans la ville d'Aix au mois de février 1508. Il dut certainement, quand Charles VIII eut décidé son expédition d'Italie, reparaître à la cour et y servir les vues de Guillaume Briçonnet et d'Etienne de Vese. Il prit à coup sûr part à la conquête puisqu'on le rencontre en 1404 comme gouverneur de la ville d'Aquila dans le royaume de Naples.

Y

Nous avons cité page 232, d'après Daire, Dusevel et Goze, douze vers très connus et presque proverbiaux à la louange des Clabault, les seuls du reste qui aient jamais été publiés et qu'on indiquait comme tirés de manuscrits ayant appartenu à Mr de Montmignon. Ces douze vers ne sont qu'un fragment d'une ode de 75 strophes en sixains, composée à l'occasion de deux mémoires présentés au mayeur, prévost et échevins d'Amiens par Claude Lematre sieur d'Hédicourt pour mettre la ville à l'abri des attaques et des surprises de l'ennemi.

Après la mort glorieuse de Claude Lematre tué le 11 mars 1597, sur le seuil de sa maison, en essayant de défendre la ville qu'eut sauvée l'adoption de ses sages conseils, s'ils eussent été suivis, ces mémoires avec cette ode étaient passés dans les mains de Monsieur de Montmignon conseiller au bailliage et siège présidial d'Amiens et parent de cet illustre citoyen, chez lequel Pagès les avait vus. Ils sont aujourd'hui la propriété de la Société des Antiquaires de Picardie qui a bien voulu m'autoriser à publier cette dernière pièce. Je n'en donnerai cependant que les seules strophes qui intéressent les deux familles Clabault et Morvillers alliées à celle des Lematre, laissant à quelque autre, le soin d'apprécier l'auteur et son œuvre au point de vue de la littérature amiénoise à la fin du xvie siècle.

XXVII

Puys il faut que ma muze
outre cela samuze

à comprendre en ses chants
la surprenante souche
de celle quy tant douce
ta porté en ses flancs.

XXVIII

Pren donq ma souverayne
■n peu cy ton aleyne
pour mieux chanter le loz
de ces Clabaudz insignes
quy n'ont aux vertus dignes
jamais tourné le dos.

XXIX

Car je voys si je nerre
un Jaques un Pierre
Flipe Anthoine et Simon
lesquelz de notre vile
au tems plus dyficile
tiennent l'heureux thimon.

XXX

Je la voye gouvernée
desouz eux meynte année
en tryonfe et bonheur
et l'un plus cler qu'un astre
des ans quatre foys quatre
ateyndre cet honneur (1).

XXXI

Par leur songneuze cure
se dressa la ceynture
quy enferme dedans
cette vile frontyère
notre beau cymetyère
et les troys mandians.

XXXII

Par leur polyce utile
(riche en vertu), la vile
se monteygne le front
et manyfique évante
sa gloyre trionfante
partout ce globe rond.

XXXIII

Dont aucuns roys de France
les nomoient par plézance
leurs chyens bons et loyaux
dizans que pour la garde
d'Amyens vile picarde
il faloit des Clabaudz.

XXXIV

Ausy ont-ilz leur vye
pour leur chère patrye
prodigué au bezoyn
faizans vaillans gens d'armes
aux foudroyans vacarmes
craquer le fer au poingt.

XXXV

Cette croix argentée
en champ noir écartée
sur l'écu navarroys
n'est-elle pas indyce
du fidelle servyce
qu'ilz ont fait à nos roys (2).

XXXVI

C'est la croix patourelle (*sic*)
quy quatre cueurs en elle
tient conjointz et unyz
montrant que quatre frères
de vertus plus guerryères
furent vrément munyz.

XXXVII

Tu as pour témoingnages
de sy vaillans courages
lettres comme le roy
avec ces armes donne
un beau fief qui guerdonne
leur très loyale foy.

XXXVIII

Fief que tout chacun prize
comme terre conquize
au beau pris de leur sang
et nous servent de marques
que vers les grans monarques
ces Clabauds tynrent rang.

XXXIX

Mes quy est cette ligne
que je voy qui m'asigne.
ha c'est des Morvyliers
la très noble pratique
de notre république
les aseurez pyliers.

XXXX

Montrant en ses principes
entre autres un Philipes

quy premyer présidant
sa personne honnorée
de la robe pourprée
dedans ce parlement (1).

XLI

Où parmy tant d'afaires
et travaux ordynaires
d'Amyens estant absent
et y voulant revyvre
luy dédya un livre
pour un riche présent.

XLII

C'est un volume docte
trascé sur Aristote
où l'auteur est a prys
le corps par son ymage
et le sien espryt sage
par ses dyvins escrytz (2).

XLIII

Puys France qui épye
les beaux traitz de sa vye
J'apèle à chanceler
où d'une meyn il selle
et de l'autre il chancelle
comme bon chancelyer.

XLIV

Car sous la reyne femme
du roy Charles sixième

(1) Philippe de Morvilliers premier président
du Parlement de Paris sous Charles VI.
(2) Voir plus haut pages 70-71.

pour son sens éclipsé
prynt le soing du royaume
dont fut l'âme de l'âme
de ce prince ofensé (1).

XLV

En cet estat suprême
de souz Louis unziesme
et Charles huit son filz
je voy un Pierre encore (2)
qui honoré honnore
par son savoyr les lis.

XLVI

D'une âme bien famée
et du tout consommé
aux afayres d'état
à exercer justyce
au soyn de la polyce
prenoit tout son ébat.

XLVII

Datant sans entremize
ensuyvant sa devize
d'honneur le roq poyntu
dyzant autour d'une herse (3)

c'est par là qu'on traverse
le chemyn de vertu.

XLVIII

Sy d'actes d'importance
ce chancelyer de France
fut lors chargé en court
sa ligne de cette vile
ne porta moyns abyle
sur soy un fardeau lourd.

XLIX

Amyens tu participes
par un autre Filipes (4)
à un grand bien encore
quy t'exemptant de guerre
comme un rameus lycrre
te joindyt aux liz d'or.

L

Car par ses braves actes
te tira hors des pates
de ce duc Charroloys
qui t'avoyt occupée
et fermement serrée
souz le noeud de ses loyx.

LI

Et puis pour faire teste
à son camp qui se jette
contre tes murs encore
tout lybéral déplye

(1) Philippe de Morvillers fut chargé en 1418 d'établir à Amiens une cour souveraine de justice pour suppléer au Parlement de Paris. (Voir Monstrelet).

(2) Pierre de Morvillers chancelier de France de 1461 à 1464.

(3) En latin hars virtutis iter. (Note du manuscrit). La herse d'or (emblème de la mort) pendue à un Y de gueules par un filet d'argent était la devise parlante de cette famille, en rébus de Picardie : Mort vie liés.

(4) Philippe de Morvillers plusieurs fois maire d'Amiens, échanson du roi Louis XI joua un rôle important dans l'affaire du retour de cette ville à la couronne en 1470.

à la gendarmerye
Douze milz saluz d'or.

LII

Que le roy luy rembourse
et comme chef et source
de ta relianzon
son beau buffet luy donne
et de même l'ordonne
son fidel échanson.

LIII

Estat quy ont séance
avec les payrs de France
et premier présydoit
d'intégrité très prompte
pour le roy en tout compte
qu'en ce tems se rendoyt.

LIV

Dont sur le char d'ivoyre
de l'honnorable gloyre
tes parens excealtez
vindrent les privileiges
que nous avons pour pleiges
de noz fidélytez.

LV

Sy les grifons et tygres
logez parmy les nygres
planchent leurs petitz nyds
tout d'or, tout d'émeraudes
dont ces régions chaudes
ont leurs rocques garnyz.

LVI

L'anymal rézonnable
de sur tous socyable
n'enrychyra-t-il pas
la vile où il demeure
quy très douce à toute heure
le reçoit en ses bras.

LVII

C'est pourquoy ce Filipe
......par là anticype
la faveur de chacun
et zélé la dystile
au publiq de sa vile
soigneus du bien commun.

LVIII

Mais pour rien confondre
ou tant soit peu corrompre
du peuple les beaux droitz
refuse la mayrie
que le roy luy dédye
par deux diverses fois (1).

LIX

Se contentant modeste
avoyr vu sur sa teste
six fois cet honneur
duquel comme son père
de myns en myns prospère
fyt luyre la splendeur

(1) Voir pages 69, 70, 71.

LX

Meyn sur toutes heureuse
autant que très pyeuse
a fondé ces draps grys
pour au pouvre pupile
de cette syenne vile
faiçonner des abys (1).

LXI

C'est luy c'est luy qui done
sa fille qui flouronne
à l'un de tes ayeux
et la conjoint et lye
comme la pierrerye
à un or précyeux.

(1) Traictyé pour pouvres orfelyns de la ville.
(Note du manuscrit)

LXII

Insy que deux fontynes
baignans des verdes playnes
les bords pasementez
l'une à l'autre resemble
quand en un ils asemblent
leurs beaux flotz argentez.

LXIII

Tout insy ces deux races
joindant en un leurs graces
leurs biens et honneur beau
ne font qu'une lignée
par le saint hymenée
de Pierre et d'Yzabeau (2).

(2) Pierre Clabault et Ysabeau de Morviliers.
(Note du manuscrit).

INDEX DES AUTEURS CITÉS

(1) L'astérisque placée à côté du nom indique que cet auteur a appartenu ou appartient à la Société des Antiquaires de Picardie.

INDEX GÉOGRAPHIQUE

TABLE DES NOMS PROPRES.

BLAVEL DE SAINT-PIERRE, Enguerran, 270.
BLISBECK voir Wiswel.
BLOIS (de), Nicole, 288.
BLONDEL, Jehan, 271.
BOCCACE, Jehan, 316.
BODIN, historien, 317.
BOHIER, Nicolas, 315.
BOHIN, Henry, 185, 187.
BOISTEL, Jehan, 55.
— Andrieu, 242.
— Pierre, 259.
BONNES (de), Jehan, 47.
BONNIVET (Mr de), amiral de France, 243.
BONVARLET, Philippe, 365.
BOUBARME, Gille, 146.
BOUCICAUT, maréchal de France, 24.
BOUILLE, Fremin, 269.
BOURBON (duc de), Charles Ier, 23.
— Jacques, roi de Sicile, 62.
— Jeanne, 62.
— Marie, 62.
— Duc, 118, 173.
— François, 195.
— Connétable, 258.
— Pierre, voir Beaujeu.
BOURGUIGNON (le), Simon, 270.
BOURNEL, Guillaume, 288, 292.
BOURNONVILLE (de), Jehan dit Athis, 63, 305, 306, 372.
BOURSIN, Robert, 146.
BEAUDIN (de), 310.
BOURSSIN, Marquet, 251.
BOUTHORS, historien, 6, 79, 219.
BOUVREL, Guille, 93.
BOVES (de), Pierre, 270.
BRABANT (de), Hue,
BRACQUETTE, Nicolas, 177.
BRANTÔME (abbé séculier de), Pierre de Bour-deille, 246.
BRASSART, Wallet, 387.
BRENEUX (de), Willame, 269.
— Jehan, 270.
BRESSUIRE (Mr de), 119, 288.
BRETAGNE (duc de), François, 173, 178.
BREUIL, Auguste, historien, 190, 252, 253, 309.
BRIÇONNET (de), Guillaume, cardinal, 207, 376.
BRIMEU (de), Louis, 20, 25, 49.

BROCQUIER, Simon, 388.
BROKÈTE, Hugues, maire d'Abbeville, 2.
BROSSE (de), Jean, 288.
BRUGES (de), Jean, seigneur de la Gruthuse, 236.
BRUTUS, 163.
BUCHON, historien, 36, 46, 48.
BUILLIE (de), Jehan, 272.
BULLECOURT (de), Marie, dame de Cagny, 5.
BUTEUX, Colaye, 378.
BUYON (de), Jehan, 220.
CAIGNET, Pierre, 134.
— Antoine, maire d'Amiens, 108, 123, 131, 137, 142, 143, 155, 275.
— Nicolas, 232.
CAILLEU, Pierre, 55.
— Jehan, de Montdidier, 27, 370.
CAIN, 328.
— Robert, 254.
CALONNE (baron de), Albéric, 318.
CALVIN, 261.
CAMBRAY (de), Colart, 146.
CAMBRYN (de), Jehan, 112, 122, 355, 356.
— Robert, 122.
CAMDEN, historien, 316.
CANAPLES (de), Pierre, 27.
CANDAS (du), Jehan, 143.
CANDEILLON, Fremin, 270.
CANESSON (P.), 353, 358.
— (de) Hue, 231.
CANTELEU (de), Antoine, 160.
— Pierre, 164.
— Firmin, maire d'Amiens, 232.
CAPELLAIN, Jehan, 269.
CARDON, Nicolas, 250.
CARIN, 139.
CARON, Jehan, dit le Menteur, 218,
— Alfred, 274.
CARPENTIER (Dom), 19.
— Jehan, 241.
— Louis, 285.
CARYE, 365.
CASTELLAIN, Jehan, Gilles, Gilles l'aîné, 187.
CASTELET, François, 259.
CATELAIN, 187.
CATINE, Gille, 203.
CAUDAVEINE, Guille, 203.
CAUX (M. le bailli de), 222, 288, 291.

LEJEUNE, Jehan, maître des arbalétriers, 35.
— Jehan, 86.
— Jehan, bailli de Molliens-en-Beauvaisis, 360.
LE JONNE, 351
LELONG, Pierre, 198, 233.
LE MACHON, Pierre, 212.
LE MAIRE, Colart, 270.
— Fremin, 272.
— Jacques, 19.
— Jehan, de Sailly, 270.
— Raoul, 7, 272
— Robert, 47.
LEMARCHAND, Charles, 285.
LE MAITRE (Famille), 284.
— Guillaume, 231, 244, 266, 337, 360.
— Simon, 335.
— Claude, 376.
— Antoinette, 266.
LEMATTRE, notaire, 382, 365.
LEMERCIER, Coppin, 279.
— Nicaise, bailli de Fluy, 355, 363.
LEMARCHANT, Jehenne, 362, 366.
LE MIRE, Alphonse, 35, 279, 307.
LE MARÉCHAUX, Mille, 358.
LE MOINE, Firmin, 136.
— Jehan, 269.
LE MONNIER, Jacques l'aîné, 11.
— Jean, 11, 269, 271.
— Jehan, de Bayart, 273.
— Pierre, maire d'Amiens, 233.
LE MOYNE (le P.), 199.
LENAIN, Jehan, dit le Caron, 229.
LENGLET, Jacques, 219, 222, 233, 242.
— Mahieu, 161.
LENGLIER, Jacques, 127, 310.
LENONCOURT (de), Robert, 226.
LE NORMANT, Jehan, chanoine, 43.
— Jehan, 69, 87, 88, 155, 164, 170, 172, 189, 198, 205, 212, 227.
— Fremin, 100, 122, 123, 124, 131, 133, 142, 143, 155, 172, 181, 292, 351.
— Thibaut, 203, 220.
LENTAILLEUR, Jehan, 146.
LÉON X, pape, 254.
LEPECHE DE LAINOY, 289.

LEPETIT, Jacquot, 75, 76, 78.
— Esteule, 273.
— Estienne, 370.
— Anne, 370.
LE PLATIER, Mariette et Thomas, 112.
LE PORC, 80, 81.
LE POT, Jacotte, 146.
LEPREVOST, Jehan, dit Petit Roy, 230.
— Jehan, prévôt, 244, 247, 250.
— Marie, 309, 310.
— Honoré, bailli de Revelles, 357.
LEQUEUX, 231, 306.
LEQUIEN, Jehan, 243.
— Perrine, 146.
LERAT, Mahieu, 270.
LE RENDU, Colart, 131, 292.
— Jehan, 231.
— Nicolas, 143, 203, 205, 230, 231, 232, 368.
— Gilles, 332.
LERMITE, Colart, 146.
— Jean, 269.
LE RIQUE, Ricard, 269.
LE ROUX, Firmin, 1.
LE ROY, Jehan, 269.
LE SCELLIER, 356.
— Arthur, 246.
— Colart, 364.
LESCOCHOIS, Guillaume, 85.
LESCOURTE, Jehan, 146.
LESMES (de), Hue, 68, 292.
— Jean, 23
LESPIERRE (de), Wille, 50, 51, 355, 356, 363.
LESSANCHON (Mgr), 248.
LESTOCQ, Jehan, 220.
LETELLIER, Pierre, 249.
LEVASSEUR, Jacques, 356.
LEVAVASSEUR, Geoffroy, 307, 308.
LEVERRIER, Jehan 198.
— Martin, 146.
LEVISEUR, Jehan, 146.
LHOSTELLIER, Jehan, 362, 365.
LICE (de), Catherine, 184, 198, 199, 200, 202.
LIÉNARD LE SEC, Hugans, 9, — 75, 150.
LIESSE, Jehan, 270.
LIGNEY, Ligny, voir Luxembourg.
LIGNY (de), Isabeau, 248.

TABLE DES PRINCIPALES MATIÈRES.

ERRATA & CORRECTIONS.

Page 4, ligne 32, Mais déjà au commencement, *effacez* déjà.

— 6, note 2, ligne 1, a indiqué et donné, *lisez* et a donné.

— 7, ligne 18, d'Auiens, *lisez* d'Amiens.

— 19, — 21, paroisse, *lisez* église.

— 21, — 29, suivant le 26 août, *lisez* suivant 26 août.

— 30, — 17, le suivant qu'à titre, *lisez* celui-ci à titre.

— 43, — 8, les nécessités, grosses paines et pertes qui leur sont faites et à leurs censiers, fermiers, pour lesquels ils n'avoient dont bruire ne faire le service divin, *lisez* les nécessités, griefs, paines et pertes qui leur sont faites et à leurs subgez, censsiers et fermiers par lesquels ils n'avoient dont vivre ne faire le service divin.

— 47, — 30, Richemond, *lisez* Richemont.

— 50, — 35, maître ainsi, *lisez* maîtres ainsi.

— 56, — 7, les aumônes nécessaires, *supprimez* le reste de la phrase.

— 56, — 11, Soyer, *lisez* Soyez. — Même correction aux pages 249, 260 et 262.

— 58, — 25, celles des Papoires, *lisez* ceux des Papoires.

— 61, — 26, et leur faisait donner, *lisez* lui faisait donner.

— 65, — 20, (note), 1411, *lisez* 1401.

— 65, — 20, (note), *effacez* Simon de Buée. Cet évêque était Jean Dieudonné.

— 70, — 29, Morvillers mort en 1488 avait composé, *ajoutez* à l'imitation d'Aristote.

— 73, — 35, dura plus, *lisez* dura près.

— 83, — 20, bourguignone, *lisez* bourguignonne.

— 86, — 28, chantaiont, *lisez* chantoient.

— 89, — 13, bourguignones, *lisez* bourguignonnes.

— 111, — 24, citadelle, *lisez* forteresse.

— 114, — 14, Le Tronqoi, *lisez* Le Tronquoi.

— 124, — 3, en marge, *ajoutez* 1475-1476, Pâques 26 mars.

— 128, — 8, Lesterssier, *lisez*, le Messier.

— 132, — 9, *supprimez* l'historien de Saint-Germain jusques à la fin de l'alinéa, et la note 2.

— 134, — 12, en marge, *ajoutez* 1478-1479, Pâques 22 mars.

— 142, — 23, en marge, *ajoutez* 1479-1480, Pâques 11 avril.

— 151, — 28, estal, *lisez* espal.

— 160, — 2, impétants, *lisez* impétrants.

— 160, — 24, Anthoine de Cateleu, *lisez* de Canteleu.

— 163, — 14, profitable, *lisez* profitablement.

Page 184, ligne 16, Daupenfort. — Le scribe l'appelle comte d'Estafort puis d'Aupenfort, il est assez difficile de savoir quel est le véritable nom défiguré par sa plume.

— 197, — 11, soins, *lisez* soucis.

— 203, — 17, nombrux, *lisez* nombreux.

— 207, note 2, Guillaume de Rochefort, *lisez* Adam Fumée.

— 211, ligne 5, Bresle, *lisez* l'Arbresle (aujourd'hui chef-lieu de canton de l'arrondissement de Lyon).

— 214, — 36, à propos, *lisez* en raison.

— 244, — 1-2, *supprimez* les guillemets. Cette réflexion, le bon sens l'indique du reste, est toute personnelle à l'auteur.

— 245, — 23, sieur de Herucourt, *lisez* d'Heucourt.

— 247, note, ligne 10, périt, *lisez* périrent.

— 265, ligne 22, *supprimez* le second renvoi 1.

— 279, — 17, bos d'Accens, *lisez* bos d'Ascuns.

— 308, — 6, une autre alée (illisible), *lisez* une autre alée à celle.

— 312, — 13, *ajoutez* La famille Clabault avait en outre des propriétés rue de la Veillière, rue de Volant sur la rivière descendant au moulin de la porte de Grand-Pont, (Registre aux contrats IV), des cens à Septenville, etc.

— 315, — 18, Jacobe, *lisez* Jacobi.

— 326, — 10, Elysée, *lisez* Elisée.

— 357, — 4, Fouquier, *lisez* Touquet.

— 357, — 13, cens et censives, *lisez* cens et crutures. Ce dernier mot se trouve employé en Picardie dans les inventaires de cette époque, comme M. Devauchelle en a rencontré maints exemples. Il semble devoir être pris dans le sens d'accroissement, d'augmentation, plus-value.

— 357, — 21, liez de estrunc, *lisez* long et estroit.

— 358, — 14, rue des Prieurs, *lisez* rue des Préaulx.

— 359, — 31, ung estoc à tronc, ung myroir, une rappe de plomb, *lisez* un estoc à tenir ung myroir, une cappe de plomb.

— 359, — 32, six espnches, *lisez* six espinches.

— 360, — 11, s'est refusé à relever en droiture, *lisez* s'est offert à relever et droiturier.

— 360, — 12, audit Fluy venu à eschoir par le trespas, *lisez* à luy venus et escheus par le trespas.

— 360, — 27, gartier, *lisez* jartier.

— 376, — 6, Vese, *lisez* Vesc.

Amiens — Imprimerie A. DOUILLET et Cⁱᵉ, rue du Logis-du-roi, 13

PLANCHES

NOTE POUR LE RELIEUR

www.ingramcontent.com/pod-product-compliance
Lightning Source LLC
Chambersburg PA
CBHW071955270326
41928CB00009B/1442